苏电班组经验谈

国网江苏省电力有限公司“十三五”班组建设优秀典型经验集

国网江苏省电力有限公司工会　编

中国电力出版社
CHINA ELECTRIC POWER PRESS

内 容 提 要

“十三五”期间，国网江苏省电力有限公司的班组建设由精益化管理阶段迈入现代化建设进程。本书收录100个五星级班组的建设成果，围绕“生命体”班组建设、安全建设、优质服务建设、基础管理、队伍建设、创新创效、思想文化建设、技能建设、班组自主管理、“五小”供电所建设等方面对班组建设管理经验进行了展示，呈现了“十三五”期间班组管理的诸多层面，重点反映班组建设过程中重点、难点和突出问题的解决途径，具有创新性和示范性作用。

本书内容丰富、可读性强，读者通过班组建设实践中的先进经验，可以切实提高知识技能。本书适合能源电力行业从业者参考使用。

图书在版编目（CIP）数据

苏电班组经验谈：国网江苏省电力有限公司“十三五”班组建设优秀典型经验集 / 国网江苏省电力有限公司工会编 .— 北京：中国电力出版社，2021.12

ISBN 978-7-5198-6247-3

Ⅰ . ①苏… Ⅱ . ①国… Ⅲ . ①电力工业－工业企业管理－班组管理－经验－江苏 Ⅳ . ① F426.61

中国版本图书馆 CIP 数据核字（2021）第 246131 号

出版发行：中国电力出版社
地　　址：北京市东城区北京站西街 19 号（邮政编码 100005）
网　　址：http：//www.cepp.sgcc.com.cn
责任编辑：曹建萍（010-63412418）
责任校对：黄　蓓　朱丽芳　常燕昆
装帧设计：赵姗姗
责任印制：吴　迪

印　　刷：三河市万龙印装有限公司
版　　次：2021 年 12 月第一版
印　　次：2021 年 12 月北京第一次印刷
开　　本：710 毫米 ×1000 毫米　16 开本
印　　张：27.5
字　　数：555 千字
印　　数：0001—1200 册
定　　价：150.00 元

编 委 会

主　　编　吕文杰

副 主 编　姜　宁　戎　华　蒋金芳　潘茹娟

参　　编　睢　彬　戢李刚　盛本云　蒋　伟
杜　燕　赵　伟　王　言　孙浩然
关皓天　周　洋　戚　飞　汤　鹏
钱晶晶　钟　诚　王锦程　吴　桢
苏　燕　谢　振　成一峰　徐艺绯
周　涛　侍　晨　雍　志　张　奕
陈小强　孙　珺　刘后发　丁亚娟
王　进　吴建国　胡　宇　赵　军
彭丽娟　曹庆文　吉晓筱　方　余
薛倩倩

前　言

岁月不居，时光荏苒。2016～2020年，国网江苏电力人，守正出新，精业笃行，用智慧和担当谱写了一曲曲动人乐章。

“十三五”期间，国网江苏省电力有限公司工会按照“以人为本、规范高效、创新发展、整体提升”的总体思路，深入开展“班组建设再提升、建功建家创一流”活动，积极探索和实践新形势下班组建设新途径、新方法，全面落实班组减负增效措施，深入研究班组建设国际视野课题，“生命体”班组理念在基层落地生根，班组由精益化管理阶段迈入现代化建设进程。

本书围绕“生命体”班组建设、安全建设、优质服务建设、基础管理、队伍建设、创新创效、思想文化建设、技能建设、班组自主管理、“五小”供电所建设等方面对班组建设管理经验进行了展示，呈现了“十三五”期间班组管理的诸多层面，重点反映班组建设过程中重点、难点和突出问题的解决途径，具有创新性和示范性作用。

五年来，公司系统班组实现100%创建达标，三星级及以上班组4356个，其中五星级班组632个。26个班组被评为国家电网公司“一流班组”，2个班组被选树为国家电网公司“生命体”班组示范点，14个班组被选树为省公司“生命体”班组示范点。26个供电所打造成“五小”供电所示范点。班组基础进一步夯实，创新效果进一步增强，承载能力进一步提升。

前五年硕果累累，新五年任重道远。“十四五”期间，面临新的机遇和挑战，我们将启动“班组建设新跨越、战略落地争先锋”主题活动，砥砺深耕，踔厉奋发，推动班组管理迈上新台阶、实现新跨越。奋楫扬帆再启航，乘风破浪续华章。

编　者

2021年12月

目　录

前言

【“生命体”班组建设】

【安全建设】

【优质服务建设】

【基础管理】

【队伍建设】

【创新创效】

【思想文化建设】

【技能建设】

【班组自主管理】

【“五小”供电所建设】

“生命体”班组建设

生命聚融赋能　配网智汇管控

国网苏州供电公司
配电运检管控一班（原配电抢修班）

【摘要】配电运检管控一班（原配电抢修班）成立于2011年1月，多年来将班组建设与生产工作紧密结合，形成了独具匠心的班组管理风格。班组以建设"具有中国特色国际领先的能源互联网企业"战略为引领，围绕国际领先城市配电网试点建设目标，在2019年以"生命体"班组创建为契机，将班组建设与公司发展战略有机结合，从班组管理机制、组织形态、业务模式、创新创效、班组文化等方面，全方位打造配电核心业务数据枢纽，实现跨部门跨专业的信息、人才、成果的共享共赢。

一、实施背景

国网苏州供电公司大力推进智慧能源高效能的城市能源互联网建设，持续优化电力营商环境，进一步减环节、压时间、降费用、优服务，不断提升客户满意度。配电抢修班共有班组成员11名，日常负责信息管控、停电审批、抢修服务工作，同时负责必要时的应急抢修指挥和专项管控业务。随着设备量增加、新业务拓展、管理要求提升、客户服务要求持续提高，班组"人少活多"的矛盾在今天仍然凸显。为进一步提升基层生产班组的运营管理水平，满足高效的信息传递渠道和生产操作自动化处理模式的需求，在"大云物移智边"等技术迅速发展的今天，班组需要完成由下而上的自主效能提升，谋求班组从组织形态到先进技术的转变，才能实现最高效的凝心聚力共发展。

二、主要做法

（一）重塑管理细胞，铸造无形骨架

一是管理思路转变，实现由业务生成数据向数据指导业务的转变。以配网运营管控中心为平台，集成配电运维、抢修、工程、流转等四大类配电核心业务数据，通过大数据智慧分析指导精准开展配网设备巡视、缺陷管理、站所验收、抢修指挥等专业管理工作。班组成员从重复冗余劳动中解放，班组职能由原先相对单一的配抢管理和工单管理延伸拓展为抢修组织、服务跟踪、停电审批、信息管控等多专业融合的综合管控。同时构建水样组织架构（见图1），实现班组功能

柔性集成，组成信息管控、停电审批、抢修服务三个实体组以及应急指挥管控中心、专项管控组两个虚拟组，虚拟组按需及时调配，协同作战。

二是业务模式创新，形成"小前端+强中台"业务模式。依托"大云物移智边"等技术的应用，将具有独立ID的配网设备和携带单兵设备的运维人员接入平台成为"小前端"，向"强中台"即配网信息管理中心传输前端数据。"强中台"通过数据集成和智慧分析，对"小前端"进行状态感知，提供健康诊断、动作决策，给予信息和决策支持，动态整合团队，优化资源调配。

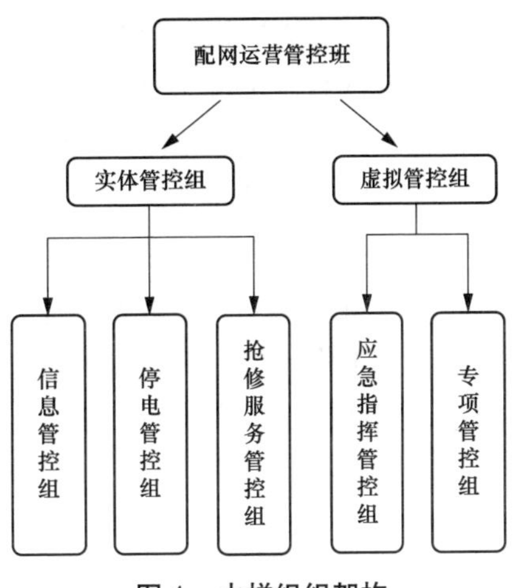

图1　水样组织架构

三是绩效模式变革，推进"KOV"综合绩效管理。"KOV"综合绩效管理即KPI（Key Performance Indicator 关键业绩指标）+OKR（Objectives and Key Results 目标与关键成果法）+Value（班组核心价值观）。KPI作为绩效考核工具，对班组日常生产指标、停电审批、投诉指标等工作进行硬性考核。OKR作为目标+关键结果管理方法，旨在鼓励班组成员自我管理、自我承诺、自我控制，提升整个团队的工作积极性。Value考核即班员对班组核心价值观的考核。新绩效考核管理提升了班组整体管理水平和工作效率。

（二）厚植文化细胞，进化铸剑基因

一是凝心聚力，培育"铸剑"文化。将班组发展成长过程凝炼为"选料""精炼""铸造""出锋"四个环节，形成班组"铸剑"特色文化。在生命体班组创建过程中进一步深化提炼出"生命聚融赋能、智汇配网管控"的班组信条，将公司战略与"精冶细铸、持之以恒"的工匠精神淬炼融合，立足"前方实务抢修"和"后台信息支持"两大作业流程，"双剑"合一，以亮剑精神直面各类考验。

二是六脉神剑，统一行为准则。积极践行公司"以客户为中心、专业专注持续改善"的企业核心价值观，形成班组价值体系六脉神剑，即"客户导向、协作互补、务实创新、好学笃行、精益求精、共享共赢"，形成团队认可、共同执行的工作方法和管理方式。

三是班组"三礼"，提升班员归属感。通过手机壳、笔记本、徽章、班员人偶等带有仪式感的衍生物定制，以及"欢迎礼""进阶礼""毕业礼"班组"三礼"文化，将班组特色文化融入工作日常中去，提升班组成员归属感和文化认同感。

（三）培育技术细胞，打通任督二脉

一是探索配电物联网示范，提升配网智能运维管控。创建具有“全息感知、状态评估、无人巡视”设备管理体系的示范区，实现电缆通道、配电房高智能化运维，配网作业安全监管全覆盖，班组业务定制化和精准派单，设备自检100%全覆盖，无人巡视100%全覆盖，配网线路故障停运率降低至2次/（百千米·年），提高配电网供电可靠性。

二是搭建配网运营管控平台，实现配电全口径管控。综合集成各平台数据，打破专业系统壁垒，撷取各专业系统中的设备台账、超重载、配网抢修服务、配变电压、工作计划、工程进度等配电所需关键信息和站所智能化巡视机器人动态信息，实现同步收集分析，指导配网运营策略。

三、实施效果

（一）工作效能显著提升

通过生命体班组建设，班组成员人均每年可管理设备信息量为线路600余条、站所2400余座、变压器6200余台，每年人均可维护竣工单350余份、中低压变更图纸4300余份。依托配网运营管控平台，配网智慧管理水平提升，停电计划管控由原来的人工管控变为精准智控，生成月度计划时间由原来5个工作日缩短至10分钟。

（二）设备运维成本大幅降低

创新业务模式和配电站所智能巡检机器人的使用，大幅节约人力、物力消耗，科学指导现场作业，智能识别缺陷、处置隐患，有效保障供电质量，持续提高供电能力。

（三）客户满意度显著提升

配网设备运营可靠、配网故障实现智慧抢修，客户服务“获得感”显著提升，加强了企业的用户黏性，塑造了企业的良好形象。

（撰稿人：戴文彬　钱怡如）

“柔性管理”打造“智能化”班组

国网无锡供电公司物流仓储班

【**摘要**】物流仓储班位于无锡市梁溪区石门路5号，成立于2015年，现有员工18人，担负着无锡市电力运维物资的实物管理、废旧物资管理、仓储运营管理等工作任务。物流仓储班针对仓储业务的数字化及智能化转型产生的一系列问题，通过“一来一走”开拓班组成员眼界，学习先进经验，基于“三个三”人才培养模式，培养知识型、复合型员工，应用柔性管理，实现班组自主管理和科学的激励政策，班组成员通过落实新技术的转化，探索形成物资、人员、车辆、“三防”、自动化设备和业务作业等仓库各个元素全过程“智慧”管控机制。2020年，班组完成国网江苏省电力有限公司（简称国网江苏电力）“智慧”仓库的试点项目的建设任务，并获得国网无锡供电公司“五星班组”及“工人先锋号”等荣誉称号。

一、实施背景

2019年国家电网有限公司提出打造“全链物联、全程管控、全息共享”的物资供应链体系，国网江苏电力提出建成互通互联的“智慧”仓库。

物流仓储班作为对内对外的物资服务窗口，近几年虽然对仓储硬件设施进行了升级，但业务的智慧化程度不高，以传统的人为经验管理为主，业务信息化水平有待提升，亟需班组运用“云、大、物、移、智”等技术完成仓储业务数字化、智能化转型。

班组组员对于现代物资供应链体系建设缺乏系统的学习，缺乏同行业先进的仓储建设经验。员工的培养模式不能满足现阶段业务要求，员工的创新意识需要激发。

二、主要做法

（一）建立班组“智能化”人才培养机制

打造“智能化”班组的核心为“智能化”人才的培养，努力将班组打造成学习型组织，提炼出班组“智能化”人才培养理念，采用“三个三”工作法（见图1），即：即三个围绕、三个适应、三个拓展。

明确“三个围绕”的培养范围：通过组织线下员工担任讲师组织培训，对自己擅长的物资业务进行分享，挑选班组骨干；重点提升班组成员发现、解决问题的能力，运用KPT及清单制工作法，围绕本职、围绕专业、围绕业务进行业务风险点、提升点的剖析，旨在提升班组仓储管理专业技能、业务服务水平。

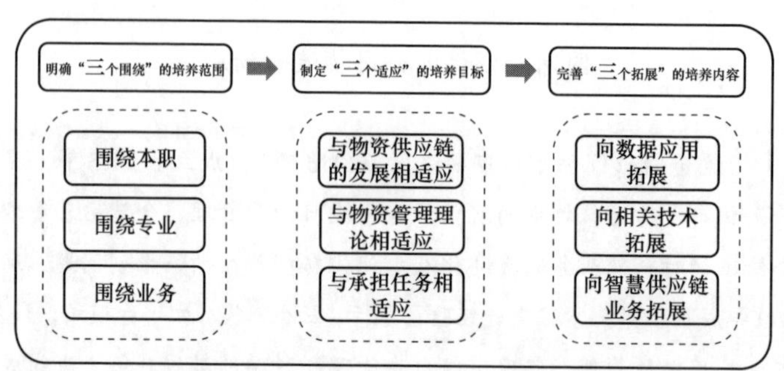

图1 班组“智能化”人才“三个三”培养工作法

制定“三个适应”的培养目标：与物资供应链的发展相适应、与物资管理理论相适应、与承担任务相适应。班组组织思想拓展活动，了解本班组的诞生历史，在物资供应链中扮演的角色及演变过程，学习《班组进化论》等书籍，了解未来班组发展趋势，帮助员工完成班组自我定位。以班组骨干牵头，成立创新小组，围绕本职、专业、业务中发掘的问题，结合物资管理理论，开展各项智能化业务创新。班组成员养成了与时俱进的工作思想，提出了班组的新愿景：“深化物联网新技术的运用，提升班组员工在信息化、自动化作业中的履职能力”。

完善“三个拓展”的培养内容：向数据应用拓展、向相关技术拓展、向智慧供应链业务拓展。组织参观京东物流智能仓库、上海洋山深水港等智能化港口，参加世界物流设施设备博览会等专业物流博览会、论坛。让组员打破束缚，结合业务实际，丰富未来智慧供应链的应用场景，打破内外网数据壁垒，通过仓储资源数据的采集、分析、应用，提升班组业务的运营质效。聘请专业机构进行信息系统、物联网、移动互联技术应用培训。

（二）柔性管理，业务智能化创新

1.管理决策的柔性化

班组改变传统班长决策组员执行的模式，管理权力下发，让班组的每个人成为日常业务改进创新的主宰者和参与者。运用KPT（Keep，Problem，Try，今天的工作事物，目前存在的问题，准备尝试的解决方案）工作法，每周组织碰头会，每个人分享负责项目的成果及问题，班组成员积极讨论，班长适当的时间对工作进行总结，表扬先进，鼓励后进。通过新的管理模式的应用，班组涌现一批先进创新骨干。

2.以需求为导向，业务智能化创新

班组运用KPT及清单制管理方法，收集日常业务中的服务客户的痛点，运用

物联网等技术，进行业务智能化创新。例如针对供应商送货、项目单位出入库业务办理所采用的电话预约的模式，班组协调供应商、项目单位参与流程设计，开发了业务预约服务平台。供应商和项目单位避免了以往的电话反复沟通，降低了沟通成本，实现业务"即来即办，即办即走"，切实提高了物资服务效率及品质。

（三）科学激励，实现自主化管理

为了充分调动组织成员的积极性、主动性和创造性，班组制订了科学的激励措施。针对班组建设中取得创新成绩的组员进行物质奖励，且设立流动班组榜样，并与绩效挂钩，同时通过公司内部新闻稿宣传先进创新经验，满足组织成员对尊重和实现自我的高层次需求。班组力求为班组成员创造宽松、平等、相互尊重和信任的工作环境，提供发展机遇，实行自主管理、参与管理等，大大提高了组员存在感及成就感。

三、实施效果

（一）取得的成效

在优良的沟通机制及创新氛围内，班组承接了国网江苏电力"智慧"仓库试点建设提升任务：一是通过落实新技术的转化，探索形成仓库、物资、人员、车辆、"三防"、自动化设备、业务作业等仓库各个元素全过程"智慧"管控机制（见图2）。二是优化业务管理机制，根据实际业务痛点，提高用户体验，完善服务体系，为物资供应链的数字化、智能化转型做出了积极探索。该项目成果获得了国网无锡供电公司青年创新创意大赛三等奖，2020年物流仓储班被国网无锡供电公司评为"五星班组"及"工人先锋号"等荣誉称号。

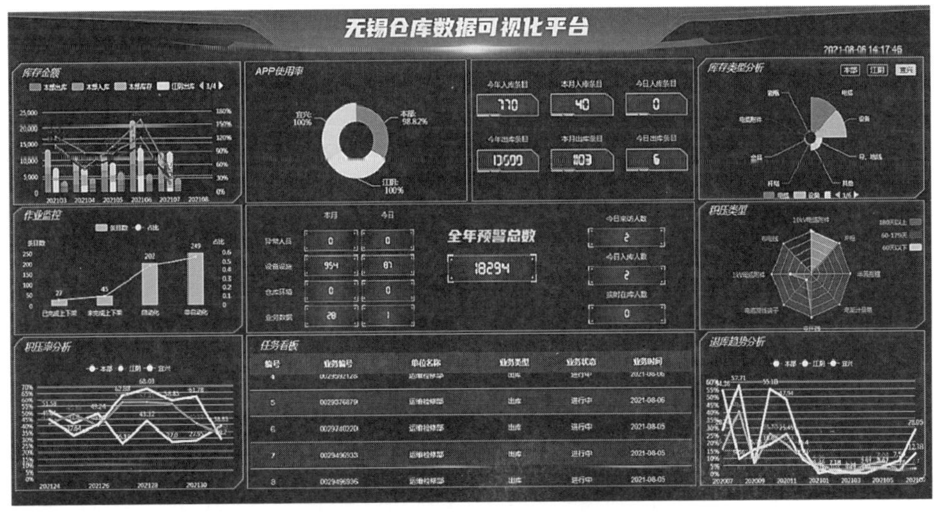

图2　班组业务全过程"智慧"管控数据平台

（二）待改进的问题

仓储业务的数字化、智能化升级后，需发布管理办法，建立新管理模式下的各项业务规范操作手册，完善作业标准，确保仓储业务全过程跟踪管控，便于优化改进，持续提升。

（撰稿人：陈　捷）

构建“人机协作，平台支撑”的全场景数字化输电智能运检班组

国网徐州供电公司输电运检五班

【摘要】面对改革与发展新形势，输电专业传统运检模式已无法满足能源互联网任务下的班组精益化管理要求。本班组作为国网徐州供电公司第一批生命体班组创建试点之一，通过整合资源、自主创新、优化关键业务流程等举措，持续深入开展“生命体”班组探索实践，并以信息通信新技术为支撑，充分应用自主开发的“基于输电线路杆塔信息的智能巡检机器人系统”和“输电智能管控平台”，促进业务前端和后台的高度融合，实现建设以数据为核心的集感知、分析、管理、决策一体化的全场景数字化输电智能运检工作新模式，推动了输电运检业务的数字化、智能化转型升级。

一、实施背景

（一）网省公司工作要求

通过新技术与业务融合形成具有自我驱动、价值创造、智慧分析、资源响应和创新创效特征的生命体班组。加快管理向高效智慧转型，让数字为管理赋能，推动电网智慧管理。

（二）一线班组工作困境

输电网规模持续稳定增长，班组人员老化、刚性缺员、人力资源素质不匹配等问题凸显，传统运检模式无法满足精益化运维管理要求；各种新技术手段独立运行，形成信息孤岛，由于数据分散，额外增加了班组工作量，工作效率不升反降，新技术赋能优势没有得到充分彰显。

（三）新技术应用趋势

无人机、可视化等新技术加速与传统模式融合替代，成为作业模式转型的重要助力。新技术、新装备产生的数据为我们谋求专业管理转型提供了关键资源。

二、主要做法

（一）结合生命体班组建设需要，整合三个资源

1. 人力资源整合

针对班组成员老龄化趋势与对高端技术人才的需求，集合无人机、视频监控等业务领域专业人才，选拔6名具有研究生背景的高素质青年员工组建“集约、融合、协同互动”的柔性团队，强化自我驱动，形成“生命聚力”，激发成员内生动力，实现团队活力突破。

2. 技术资源整合

完成基于电力北斗精准定位的自主飞行巡检验证，并采用公司统一的无线公网APN（Access Point Name接入点）通道和安全接入平台接入内网，通过微应用内网改造，实现与省级无人机巡检业务融合，为数据传输稳定性和安全性提供保障。应用输电通道健康状态分析软件，支撑输电通道的可视化管理，提升隐患推送的及时性和准确性。

3. 信息资源整合

针对数据分散、应用效果不佳等问题，参照中台理念，整合视频监控、无人机巡检和传统运维方式产生的数据，为各关键业务的自动化管理提供了信息支撑。

（二）围绕新技术与传统业务融合，研发两项创新成果

1. 研发应用“智能巡检机器人系统”，提高巡视作业效率

为满足输电线路精细化管理要求，以自动化作业提高传统巡视作业效率，根据实际作业需求，自主创新研发了“基于输电线路杆塔基础信息的智能飞行巡检系统”（见图1）。配合自研飞行巡检机器人，实现前端巡视由传统人工模式向智能化模式的转变。

2. 研发应用“智能管控平台”，支撑后台集约化管理

围绕输电运检业务3条工作主线，建立由核心数据库和业务管理层组成，具备数据感知、分析研判、管控执行、分层简报四大功能模块为支撑的输电智能管控平台（见图2）。将班组现场作业信息获取和传递过程简化，作业全流程信息化数据化，业务管理更加高效。

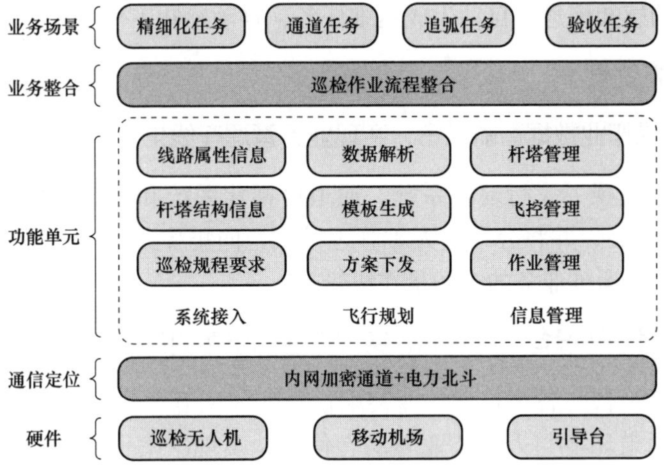

图 1　基于输电线路基础信息的智能飞行巡检系统

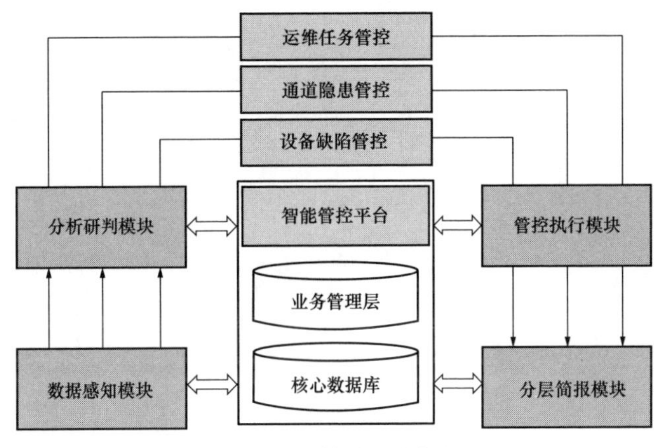

图 2　智能管控平台框架

（三）建立"大数据+互联网+移动终端"的智能作业模式，优化三项关键业务流程

1. 设备缺陷自动化管控流程

根本任务是管好设备本体，提升设备健康水平。将研发的自主飞行巡检系统应用于设备缺陷管理中，全过程"零"人工干预。

2. 通道隐患自动化管控流程

根本任务是管好通道环境，防范通道外破风险。打通信息壁垒，设计"实时感知－智能分析－精准处置－辅助决策"的通道管控业务闭环。

3. 运维任务自动化管控流程

根本任务是管好现场人员作业过程，提升现场管控质量。基于设备缺陷和通道隐患状态的感知信息，自动生成运维任务，自动感知工作成果。

三、实施效果

（一）多源作业数据智能融合，实现业务管理在线化

整合人工巡视、飞行巡检系统、通道可视化系统和在线监控系统等，构建“人机协作”机制，并将分散式人工管理模式，向集控式信息化、智能化模式转变，实现对输电运维业务的全场景在线管理。

（二）实时感知设备运维状态，实现作业信息透明化

智能管控平台与各个移动作业终端进行实时交互（见图3），实时感知设备运行状态，通道环境与人员作业等动态信息，实现缺陷、隐患作业数据自动流转、信息共享，在预警监测、推送、管理上更加透明，效率更高。

图3　智能管控平台实现与各个移动作业终端实时交互

（三）发挥数据辅助决策功能，实现运维任务自动化

利用图形视频AI（Artificial Intelligence人工智能）识别，量化数据自动分析等技术，进行缺陷、隐患的智能识别与告警，并自动形成各类工作任务，通过移动App自动下达给作业人员或无人机执行（见图4），让运维任务的安排更科学合理，更符合现场实际。

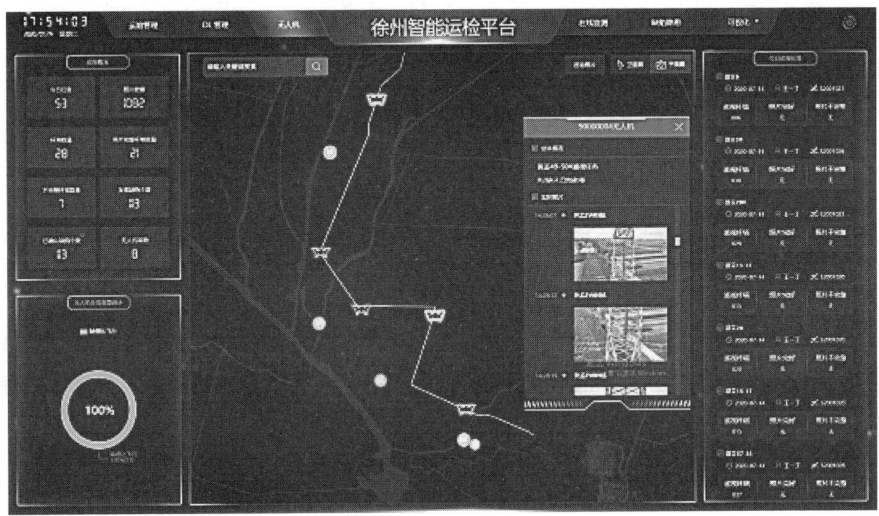

图 4　智能管控平台可自动下达工作任务

（四）以业务管理信息化为支撑，实现工作评价科学化

平台对运维人员的巡视作业量、隐患管控进度、质量等运维作业数据信息进行自动感知和记录，以员工承担设备运维量比重和移动App作业工单流转量为数据核心，建立数据关联分析计算模型，智能统计员工月度工作积分（见图5），使员工的绩效评价更加合理透明，科学规范。

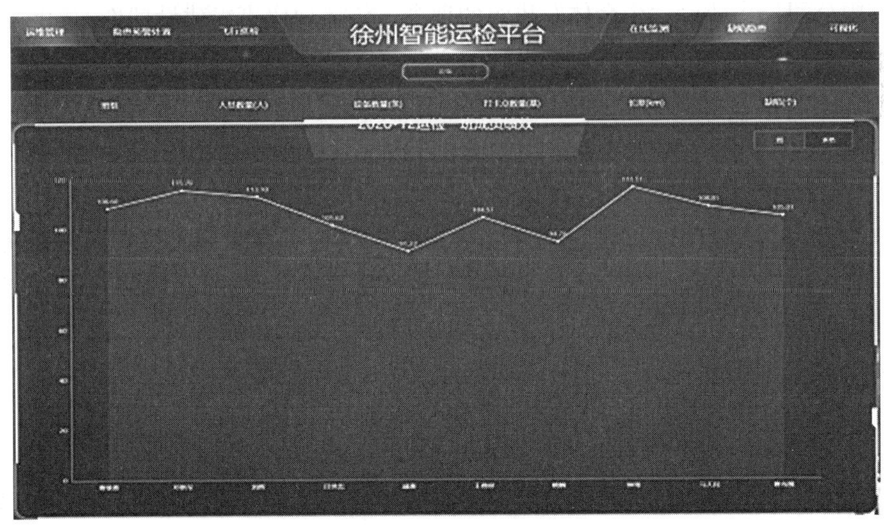

图 5　智能管控平台可实现对员工绩效的自动计算

（撰搞人：王建民　杜　静）

手持“精纲专” 打造“匠”型班组

国网泰州供电公司配网调控班

【摘要】为了将班组打造成“科技—管理—人”为主线螺旋进化型生命体班组，弘扬匠人精神，配网调控班提炼出“精纲专”班组管理理念，构建了“精”——作业流程再优化、“纲”——制度革新添动力、“专”——创新增效可持续三维坚硬骨架，推动班组由“细胞群”向“生命体”转型升级，真正做到“手持精纲专，敢揽瓷器活”。

一、实施背景

配网调控班于2011年7月成立，目前成员16人，其中国网专家1人，高级技师3人，硕士7人，班组平均年龄33.8岁，主要负责泰州市区10 ~ 35千伏变、配电设备的调度、监控运行管理、设备检修及事故处理等工作。随着当前配电网基建规模的不断扩大，同时配电自动化设备大量接入，配调智慧大脑、新配网调度管理系统等系统的智能运用，配网调控班在组织架构和生产业务上面临双重变革，对班组在安全生产、优质服务和人才培养方面都造成极大压力。此时国家电网有限公司提出建设“生命体”班组的理念，传播现代班组建设理论，配网调控班也走上了打造“生命体”班组的转型之路。

二、主要做法

（一）“精”益求精——作业流程再优化

坚持以客户为中心的服务精神，实行7×24小时全天候安全管控和服务响应。开发运用“三时态”工作法，优化停、送电操作步骤，提升配网故障处置效率，落实保电工作具体措施，梳理重要用户供电方式，做好配网调控管理“瓷器活”。

1.深入挖掘“过去时”

统筹分析配网运行数据信息和事故记录，对数据报表进行梳理，找到配电网薄弱点，通过对“过去时”的深度挖掘提高工作效率。定期梳理重要用户清单及供电路径，及时完成重要用户缺陷报备与督促，做到“日记录、周汇总、月考核”，促进调度台前端与班组后台协同。

2.扎实做好"现在时"

深化班组管理枢纽功能，针对新要求和新技术，主动响应科学决策，积极解决问题。组织实施营配调业务融合，建立班组横向协同机制，实现营配调信息共享，打造信息纵向互通平台，在配电网发生故障时能一体化管理统筹配置，缩短故障处理时间，尽快恢复送电。

3.提前谋划"未来时"

重点应用"大云物移智联边"等新技术，如配电自动化、配调智慧大脑等代替配调工作中重复、琐碎的工作，减少对人力资源的依赖，对配调未来工作进行早谋划、早布局、早行动，使班组由劳动密集型向科技驱动、知识驱动型组织转变。

（二）顿"纲"振"绩"——制度革新添动力

1.有"纲"可依

为促进调度台前端业务高效、服务优质，班组后台应做好业务支撑、科学决策。综合考虑智能应用流程的变化、重大事件的信息报备等新要求，运用思维导图与标准化SOP（Standard Operating Procedure，标准作业程序）流程设计，编写《班组配网故障处理标准化流程指导书》，以调规中事故处理四大原则为基础，细化不同场景下事故处理过程，围绕以人为本、快速响应、自我驱动的宗旨，在事故处理过程中坚持安全与服务两手抓。

2.有"绩"可循

基于SMART原则（Specific、Measurable、Attainable、Relevant、Time-bound，具体、可度量、可实现、相关性、有时限）管理班组绩效，开发班组管理小程序绩效管理体系模块，构建了以"移动化、平台化、扁平化、数据化"为特征的班组智能管理。其主要包括绩效计划、绩效评价、绩效反馈、绩效改进四大环节。班组制定绩效积分系数，对所有工作明细进行量化，班组长与小组长月底对所有班员绩效考核，实现班组绩效二次分配。

（三）"专"新致"智"——创新增效可持续

1.JQGY柔性创新团队

为激发创新动力，班组改革传统的"深井"式组织架构，结合工作风格测试工具（例如创新DNA测试工具、Four Slight风格测试工具等），组成价值探险者（J）、缺陷洞察者（Q）、过程把控者（G）、友好协调员（Y）灵活创新小队，构成专业多样、性格互补的创新型团队，并启动"创聚论坛""项目负责人制"等活动，促进班组成员向一专多能、高效协同发展，进一步提升创新、技能、服务水平，活动内容如图1所示。

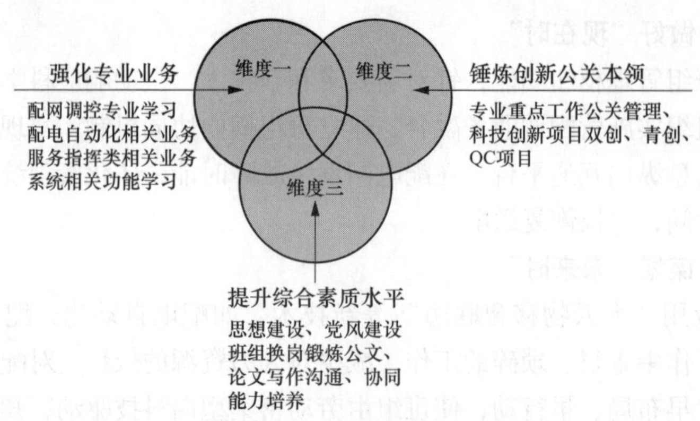

图1 JQGY柔性团队打造的主要内容

2.“九层塔”创新工具

班组独创“九层塔”框架思维工具，从组织架构、工作流程、合作伙伴、实施渠道、专业融合、应用平台、功能特点、用户体验、成果推广共九个维度，结构化拆解业务需求点，挖掘可替代点，置换旧要素，重组新要素形成创新想法，持续不断培育创新成果。

三、实施效果

自2018年打造“生命体”班组以来，配网调控班多次获得国家级、省级奖励，如4项管理科技创新项目，3部QC（Quality Control，质量控制）项目，2个专利等，期间获得2019年中国水利电力质量管理协会三等奖，获得2021年江苏省公司QC二等奖等。

在新闻宣传方面，已在《中国电力报》《国家电网报》《人民日报》等重量级媒体发表报道10余篇，并将“精纲专”班组经验辐射到部门兄弟班组。

（撰稿人：陈 笑 杨 飞 庞 翀）

“五智”创新激发“生命体”班组活力

国网海安市供电公司营配运维一班

【摘要】营配运维一班现有成员9人，其中党员3人，技师2人，工程师3人，班组平均年龄为31岁，管理辖区内9座变电所175条10(20)千伏线路，共计约1800千米。班组从建设“生命体”班组实际需求出发，在工作中总结归纳，提炼出五个智慧：“智绘队伍”“智慧管理”“智惠服务”“智汇创新”“智爱之家”，将五个智慧与组织架构转变、良性循环运转、营配业务贯通、数据平台搭建、员工梦想编织相结合，努力实现从精益化班组向“生命体”班组的蜕变。“生命体”班组创建后，营配运维一班在压降线路跳闸率、提升供电可靠性等核心工作方面取得了显著成效，在班组思想凝聚，班员技能提升等方面获得了长足的发展。

一、实施背景

为进一步探索班组建设新模式，促进班组向动态化、柔性化、平台化、信息化方向转型，将营配运维一班打造成“生命体”班组建设样板，班组从实际需求出发，主动适应新形势下的趋势和各专业改革发展的要求，挖掘班组活力，聚焦现有问题，精准发力，为全面实施“生命体”班组建设奠定扎实基础。

二、主要做法

班组从建设“生命体”班组实际需求出发，在工作中总结归纳，提炼出五个智慧：“智绘队伍”“智慧管理”“智惠服务”“智汇创新”“智爱之家”，将五个智慧与组织架构转变、良性循环运转、营配业务贯通、数据平台搭建、员工梦想编织相结合，努力实现从精益化班组向“生命体”班组的蜕变（见图1）。

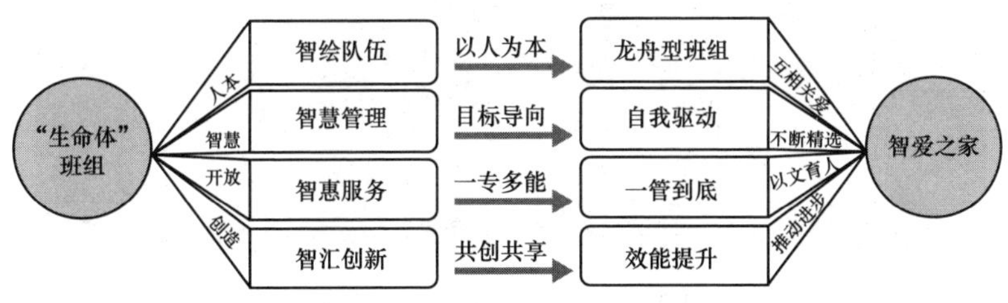

图1 “五智”创新助力“生命体”班组建设

（一）转变组织架构，打造智绘队伍

推进组织架构的转变，班组从以往的“金字塔型”班组向“龙舟型”班组转变（见图2）。“龙舟型”班组的典型特征就在于人人参与，人人担责。班组工作中，如果大家心往一处想、劲往一处使，龙舟就乘风破浪，稳步前进；如果有一个人三心二意，龙舟就只能原地打转，止步不前。在“龙舟型”班组中，依靠的是全员管理，即每个人都是班组管理的参与者、责任的承担者、问题的发现者、经验的传授者、创新的发现者。同时，以“以人为本”作为班组文化建设的核心，通过班组例会、班组活动增强班组成员的全局观念，打造教育经常化、管理民主化、文化活动群体化的班组，形成“人人有事干，人人都来管，人人都参与，人人都关心”的管理局面。“生命体”班组工作信条如图3所示。

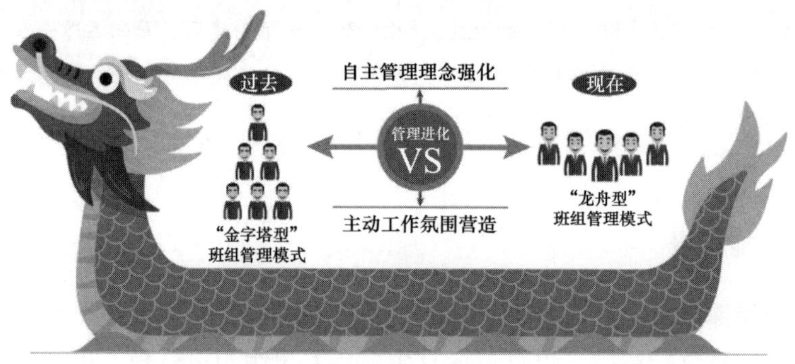

图2　打造“龙舟型”班组

图3　“生命体”班组工作信条

（二）敏捷反馈循环，升级智慧管理

将原先由配电各专职管控的配电运检、配电抢修、配网工程管理等专业工作细化至班组成员，一人专攻一个专业点，一个专业点管控全班组范围数据。重点管控电能质量、供电可靠性、同期线损率、配网自动化率等关键指标，指标分析指导现场施工、台账集成，基础数据的完整到位又助力指标提升，在班组内部形成正反馈机制，既敏捷又高效。

（三）贯通营配业务，感知智惠服务

营配运维一班作为江苏省首家县级公司"营配业务集约融合"试点班组，改变以专业界限为壁垒的部门设置模式，将专变用户的管理纳入日常巡视、维护工作中（见图4）。以客户为中心，实现"公用专用同标准"管理，打造"队伍一专多能、抢修一步到位、隐患一个不漏、设备一管到底"的精益化运维团队，将优质服务惠及专变用户，提升客户体验感，用户故障率也有了显著压降。

图4　为专变用户进行客户服务

（四）构建共享平台，赋能智汇创新

1.数据中台应用夯实创新基础

推进PMS2.5系统实用化，移动终端的运用确保设备台账信息准确、规范，线路单线图生成完整，作业票和缺陷故障等业务录入及时、闭环。深化配电自动化主站系统应用，通过对一次设备的数据采集与监控，监测配电网负荷分布，一旦发生故障即可快速定位故障点，从而实现提前检修、主动抢修，提高供电可靠性。

2.知识经验共享筑牢创新根基

加强班组员工专业技能培训，结合生产实际，通过培训授课、技能竞赛、现场实践等多种方式提升专业素养；建立"营销配电双导师制"，拓展班组专业技能广度；围绕"服务青年成长成才，实现队伍一专多能"一条主线，主动对接营销导师，提高班组营销服务能力，拓宽班组业务技能广度。加强班组员工专业技能培训如图5、图6所示。

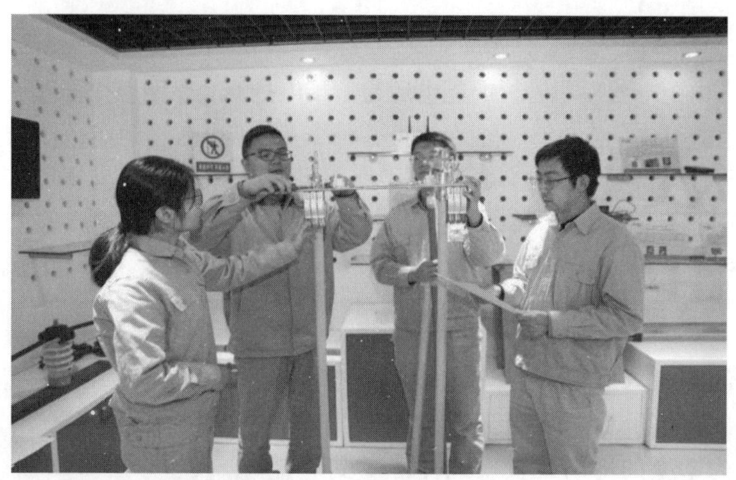

图5　头脑风暴

图6　创新微课

（五）用心编织梦想，经营智爱之家

因地制宜开展文化活动，例如班组微讲堂、我为配网献一策等活动，提高班组成员关注度与参与热情，让员工切实感受到文化的力量，积极投入到文化建设实践。广泛开展“我的班组信条”活动，发动员工认识班组工作性质和特点，提炼自己喜爱的口号，形成班组成员共鸣的班组精神、共守的行为规范。开展“文化看得见”活动，提倡文明办公，办公室整齐干净，资料柜摆放统一规范。按照共性和个性相结合的思路，打造班组企业文化墙，展示丰富多彩的文化活动，秀一秀班员的学习心得，评一评本周之星等，着力打造班组成员共同喜爱的“家”。

三、实施效果

（一）营配融合压降线路跳闸率

2020年营配运维一班巡检高压用户1154户，发出用户巡视检查通知单400余份，提醒、督促用户整改隐患1100余条，2020年因用户故障导致的线路跳闸相比2019年下降2条，同比下降22.2%，线路跳闸率明显下降。

（二）配电自动化主站系统应用提升供电可靠性

配网自动化建设以来，自动化终端在线率由76%提高至95%，自动化设备大量应用，缩短了故障范围，提升了故障抢修效率，2020年故障时户数18739.38时户，较2019年下降了7.12%。

（三）生命体班组获得荣誉

在班组成员共同努力下，班组先后获得工人先锋号、国家电网有限公司先进班组、质量信得过班组等荣誉称号，成为国家电网有限公司"生命体"班组建设过程中的标杆班组。

在取得成绩的同时，班组成员深入挖掘工作中的短板，积极思考，群策群力，补足短板，发扬优势。目前班组的技术创新能力是短板，班组将在今年的工作中进行技术创新尝试，如积极参与青创赛，自主研究QC课题《中压配电网直线杆针式绝缘子绝缘导线固定工具研制》等。

（撰稿人：周　琳）

“四轮驱动”打造“五星六型”生命体班组

国网盐城供电公司新城变电运维班

【**摘要**】新城变电运维班成立于2018年8月，现有成员16人，负责盐城市亭湖区、盐都区和建湖县电力负荷保障任务。新城变电运维班通过班组文化建设、安全平台建设、专业队伍建设、运维技术创新“四轮”驱动，探索“生命体”班组建设新模式，打造“星凝聚、星守护、星管理、星智慧、星承诺”五星团队和“安全型、学习型、管理型、创新型、服务型、和谐型”六型班组，使企业文化落地生根。以现场安全生产为抓手，总结提炼“运维员工五字诀”、巡视“六一”法、倒闸操作“六四八八一流程”法、工作票“十问十控”等核心工作方法。注重队伍建设，以文化凝聚班组力量，以文化激发动力，打造职工成长平台，打造智慧型“生命体”班组。

一、实施背景

首先220千伏业务划归后，班组经过二次融合是一个全新的班组，存在“结构性”缺员。如何激活员工活力，深挖班组潜力是管理之重。其次班组管辖18个变电站，工作量大，如何尽快实现班组力量凝聚，打造有战斗力、有文化引领的班组，这是班组急需解决的问题。新城变电运维班有幸作为国网江苏电力“生命体”班组示范点，抓住契机，从“被动落实”到“主动管理”，由“细胞群”向充满活力的“生命体”转变，将班组文化由内到外全新完善。

二、主要做法

为推进班组建设文化落地生根，班组以文化凝聚班组力量，以文化激发动力，“四轮驱动”为安全生产提供保障，提升员工主动性，激活班组的生命力，打造一个朝气蓬勃，凝聚力强的“生命体”班组。

（一）坚持文化驱动，激发“生命体”动力

班组坚持文化驱动，形成班组凝聚力。2019年初成立“星辰”团队——浩瀚星空，点点星辰，身为电网人，我们众志成城，不忘初心，努力工作，乐于

奉献，正如一颗颗星辰，带来光明。班组树立共同愿景和安全理念，设计班组LOGO，使企业文化落地生根，打造五星六型班组（见图1），通过多媒体展示与互动。班组通过开展“榜样的力量”“最美值班员”“优秀运维人”等评选活动，以及学习“劳模”“党员示范岗”安全手拉手等活动，迅速形成合力。

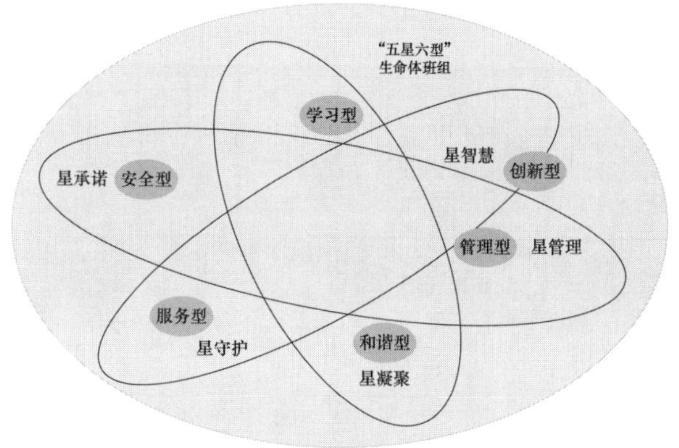

图1 “五星六型”“生命体”班组展示页面

（二）坚持安全平台驱动，深化安全管理

班组坚持安全平台建设，深化安全管理，以现场安全生产为抓手，精心打造“星智慧”安全角，将班组资深专家总结的“运维员工五字诀”、巡视“六一”法、倒闸操作“六四八八一流程”法、工作票“十问十控”法、新改扩建流程工作法等运维工作法书面化、图像化（见图2），将无形的经验转为可推广的文字进行发扬，实现技术传承提升。工作法在新员工培养和变电运维室的专题培训中全面推广。

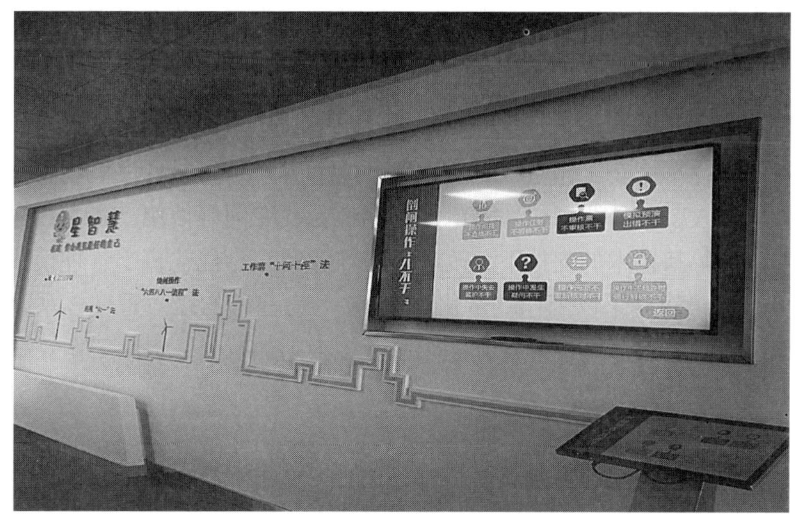

图2 运维专业工作法展示

班组大力实施220千伏变电站运行准备专业化、规范化管理。提前介入新建变电站的生产准备工作，组织“共产党员突击队”建立验收小组（见图3），全力以赴克服大型工作的困难，按精益化、标准化、五通通用标准规范要求全面介入，并编制新建扩建改造工程进度卡。在220千伏吉利变、学富变投运阶段，组织研读图纸，针对图纸的设计提出不少问题并讨论完善。

图3 “共产党员突击队”验收小组

（三）注重队伍建设，打造职工成长平台

班组通过新进人员“雏鹰计划”、生产骨干“磐石计划”、管理人员“精英计划”等培养计划，提升员工成长速度。多次开展“微课堂”、现场实训、岗位练兵、竞赛等活动，营造出“比、学、赶、帮、超”的氛围。以新投变电站运行生产准备为契机，以现场工作为抓手，以图纸学习为方式开展培训，一批年轻员工在220千伏新站投运中担任第一责任人，迅速成长为中流砥柱。

（四）创新激发动力，打造智慧型“生命体”班组

班组成立徐军创新工作室，打造智慧型“生命体”班组，开展群创和QC活动。加大巡检机器人、红外测温仪、蓄电池监测、无线专网等使用。在大数据、人工智能、物联网等新技术的支撑下，改进班组作业流程、优化班组管理模式，实施班组减负。班组建立了以工作“量化”“差异”为基础的绩效管理体系，从安全生产、班组建设、重点工作等各方面按照考核细则加减分，提高工作效率。

三、实施效果

班组通过深思、实践、激发活力自我提升，取得了长足的进步。

（一）"四轮驱动"合力，队伍成长快速

运维专业工作法的推广传承和各类专业培训，扩建第一责任人的现场锻炼，打造出一支技术力量过硬，能担重担的队伍。

（二）文化凝聚力量，"生命体"动力强劲

"星辰"团队建设深入全员心中，"五星六型"全面提升，实现班组文化的提炼和输出。班组用创新激发动力，开展群创和QC活动，打造出活力十足的温暖小家。

（三）提升管理水平，夯实安全基础

注重了规范化管理，梳理各项基础工作，编制典型的新建扩建改造工程进度卡和风险预警保供电方案。班组建立的绩效管理体系，形成按岗位可量化的绩效指标，真正实现"干多干少不一样、干好干坏不一样"。

未来之路任重道远，班组将继续保持使命之感、常怀责任之心、时求精益之谛，在创新成果的转化上努力，在激活"生命体"的活力措施上着手，推进各项工作规范化、标准化、精益化，全面提升班组管理水平，努力打造好"星辰"品牌，以"争第一、当排头"的精气神和务实的行动继续班组建设的探索之路！

（撰稿人：陈洁琳）

“3层级+6维度+5方面=365文化”管理法

国网淮安供电公司装表接电班

【摘要】装表接电班成立于2006年6月，负责淮安市区大用户、变电所、非统调电厂、关口计量点、光伏用户计量装置的安装、维护及高压计量装置现场检验任务。班组现有班员五人，是一个由老、中、青三代人组成的标杆班组。装表接电班通过构建“3层级+6维度+5方面=365文化”工作管理法，将班组日常工作和人员培养、业务培训、创新创优、文化建设、绩效管理建设紧密结合，畅通班组建立途径，提高班组团队素质，努力将班组的“细胞群”打造成活力四射、紧密结合的“生命体”。激发班组成员的归属感和使命感，树立主人翁意识，让每位班组成员在大家庭中找到位置，发挥作用。在“十四五”期间，班组将按照公司班组建设的总体要求，充分利用自身的现有条件，展现班组良好精神风貌，营造“当表率、做示范”良好氛围。

一、实施背景

班组建设精益化管理是一项长期的工作，要求班组必须在日常工作、技能培训、人员培养、创新创优、文化建设、绩效管理等方面严格遵守公司班组管理要求。目前装表接电班年龄结构不合理、文化层次差异大、现场工作能力都各不相同。为了最大程度发挥工作效能，班组创新性提出“3层级+6维度+5方面=365文化”工作管理法，将班组日常工作管理和人员培养、业务培训、创新创优、企业文化建设紧密结合，营造积极向上的365班组文化，进一步激发班组成员的归属感和使命感，树立主人翁意识，让每位班组成员在班组大家庭中找到位置，发挥作用。在“十四五”期间，班组将按照公司班组建设的总体要求，充分利用自身的现有条件，展现班组良好精神风貌，营造“当表率、做示范”良好氛围。

二、主要做法

以班组文化建设为抓手，通过分级管理、机制创建、工作实践，多方面调动班员的积极性，提炼总结班组365文化，解决了人员年龄结构不合理、文化层次有梯度、现场工作能力不均等问题。在解决各种问题的过程中逐渐形成了一套鲜明特色的“3层级+6维度+5方面=365文化”工作管理法，即通过从班到岗、从岗到人、从人到责的"3级"管理责任制，明确岗位职责，规范考核工作流程；将日常工作管理、文化建设、业务培训、人员培养、创新创优、绩效管理等6维度工作紧密结合，调动了班组成员的工作积极性、主动性；提出了服务一优、装表二看、校验三检、反措四步、大数据分析五平台5方面共管工作法，实现计量装置360°闭环管控，打造"精品计量"。365文化管理方法原理图如图1所示。

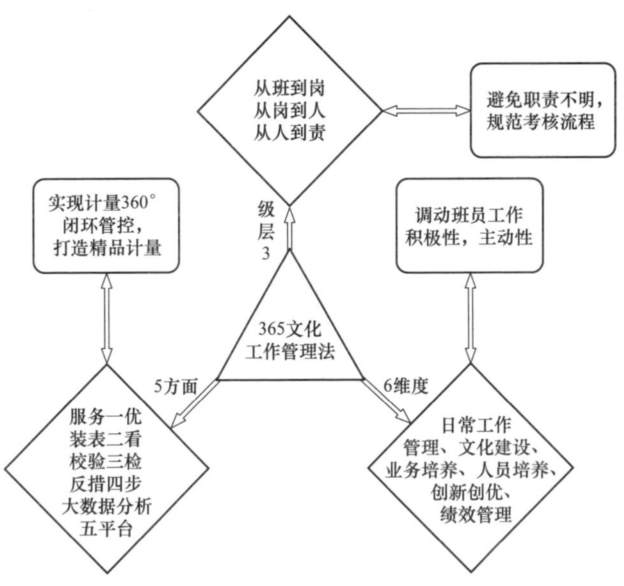

图1　365文化管理方法原理图

（一）"3层级"递进工作中有实效

为保证班组建设工作的实效性，组织成立执行小组，使班组建设首先从组织上得到落实，做到班组建设有人管、有人抓，建设的过程有督导、有考核。在机制上采取量化到岗、责任到人的办法，实施从班到岗、从岗到人、从人到责的"3级"管理责任制，形成了从上到下、环环相扣、各有侧重的矩阵保证体系，从而有效避免了职责不明、工作不到位等不良现象。同时，为了把各类管理体系、质量体系执行得更为彻底，班组建立"职工自评、班长考核、班委会讨论、民主公开、绩效面谈"的程序化、规范考核工作流程。"3层级"矩阵表如表1所示。

表 1　　“3 层级”矩阵表

层级	邬孝刚	于劲松	石为彰	洪刚	李雨鲜	陈鑫宇
班长	1. 履行班组设备第一责任人安全职责，负责班组管辖范围内设备管理工作，分解落实每位班员的设备主人职责。 2. 开展安全教育培训，组织学习相关法律法规、安全规章制度，定期开展紧急救护法培训					
副班长		1. 协助班长履行班组设备第一责任人安全职责，协助班长负责班组管辖范围内设备管理工作，分解落实每位班员的设备主人职责。 2. 协助班长编制并实施本班组年度反事故措施计划和安全技术劳动保护措施计划				
班员			1. 负责本岗位管辖范围内设备管理、消缺、台账资料维护等工作，落实本岗位设备主人职责。 2. 落实“六类现场、六个到位”要求，结合工作实际，做好安全生产风险管控平台信息资料上传、录入工作。 3. 负责做好高压用户疑义电能表现场检测服务。 4. 负责做好非统调电厂、光伏、储能、风电客户的现场服务			

（二）"6维度"齐抓管理中有机制

班组建立健全各项规章制度，形成责、权、利明确的管理体系，营造良好的工作氛围。班组将日常工作管理、文化建设、师带徒、人员培养、创新创优、绩效管理等6维度工作紧密结合，帮助班组员工成长。在制度上根据管理要求制定出严密的班组管理手册，实现班组管理标准化、制度化、规范化管理。在业务上积极开展"导师带徒""一帮一""岗位练兵"等业务培训模式。班长是班组的排头兵，在工作中，他们带领大家创新创优，将工作案例提炼转化成QC活动成果。他们总是把压力"抛"向自己，处处以身作则，凡是急、难、险、重任务，总是自己先上，带头做示范。目前，班组考核成果不仅与绩效奖金挂钩，还作为班组人力资源管理的依据。这种科学合理的管理与内部绩效考核机制，有力地调动了班组成员的工作积极性、主动性。"6维度"管理机制如图2所示。

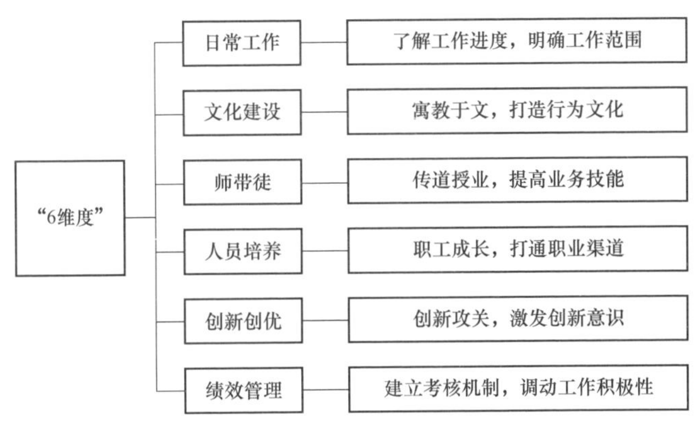

图2 "6维度"管理机制

（三）"5方面"共管实践中有方法

班组主业人员5人，二次班组人员6人，负责市区Ⅰ类、Ⅱ类、Ⅲ类大用户计量装置接线检查、周期检验、互感器现场测试、二次压降（负荷）测试；市区变电所考核用计量装置，全市网供关口计量装置，非统调电厂计量装置的电能表安装和运维等工作。如果没有科学的管理方法，是无法做好这些工作的。在班组建设过程中，班组提出了服务一优、装表二看、校验三检、反措四步、大数据分析五平台等5方面共管工作法（见图3），强化计量基础工作建设，细化工作环节，实现计量装置运维360°闭环管控，打造"精品计量"。由于技术能力不断提高，班组工作业务能力得到大大加强，其中《提高首检用户检验率》获得省公司QC成果发布二等奖。

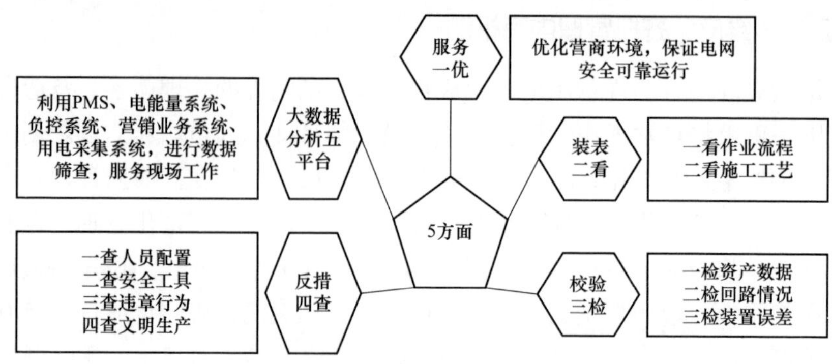

图3 “5方面”共管工作法

（四）365文化建设发展中有理念

在班组日常工作栏中，有这么一栏——“每次、每天、每周、每月、每季度、每年管理目标和内容”，工作栏里细致地记录着365天班组开展工作。仔细回味一下，其实，这就是班组文化。这几年，班组结合实际工作，创新理念，从建设思想文化、行为文化和情感文化入手，自行总结与提出“做好每一次、抓好每一环、干好每一天”的365文化管理口号，激励班组成员大力树立“细”与“全”的意识。通过这样强有力的班组文化建设和理念延伸，增强班组的凝聚力和向心力。将班组文化建设贯穿到每个环节和每个制度中去，用工作来育人，大家心齐气顺，各项工作将自然呈现出无限的生机和活力。

三、实施效果

（一）安全生产成效斐然

截至2021年6月，班组保持安全生产“零差错”纪录。保证电能表首检合格率、周检合格率、“两票”合格率、零投诉率均实现100%。

（二）员工素养显著提升

班组安全活动创建了员工的思维新模式；正向激励规范了员工的安全行为习惯，员工主动参与安全管理内在动力被充分激活。

（三）文化元素润物无声

通过文化塑魂，进一步推进安全文化进班组、进现场，使得安全文化不再形同虚设，安全生产人员更加自觉主动地投入到安全生产，严格巡守各项安全规章制度，将安全文化根植入心。

（撰稿人：李雨鲜）

“四抓”工作法打造“两型”“生命体”班组

国网宿迁供电公司变电运维三班

【概要】变电运维三班成立于2018年8月，主要担负着宿迁市宿城区、宿豫区范围内21座220千伏及以下电压等级变电站的运维工作。班组现有员工15人，其中党员6人，本科及以上学历13人，平均年龄30岁，是一个非常年轻的团队。为保证安全生产，实现员工多元化培养，班组以人为本，整合公司现有条件对日常管理模式进行优化，依托“大数据+互联网+移动终端”智能作业模式，以“四抓”工作法为手段，制定“五个一”的人才培养方案，完善“四个结合”的班组管理，通过“人文”“创新”“开放”三模块驱动，打造“智慧型、高效型”的新型班组，推动班组由个人“细胞群”向集体“生命体”转型升级。

一、实施背景

变电运维三班是一个年轻的集体，班组青年员工占比达到80%，为提升员工岗位胜任能力，夯实班组员工业务技能，实现以能力建设为核心的员工多元化培养，激发班组内生动力，促进人员梯次培养，班组根据青年员工的特点，以“四抓”工作法为手段，制定“五个一”人才培养方案，促进青年员工成长成才，推动班组由个人“细胞群”向集体“生命体”转型升级。

二、主要做法

（一）抓学习，提升本质安全

作为一线生产班组，安全工作是重中之重。为提升本质安全，班组一是定期开展集中技术研讨，通过“2+1”师带徒方式（见图1），即每一位青年员工配备两位技能、思想双导师，传授设备特点和倒闸操作技巧，了解员工思想动态，以夯实员工业务技能，提升员工岗位胜任能力，从技能上和思想上消除不安全因素，实现人员梯次培养，确保技术和安全管理有效传承。二是每周定期开展“安全活动会”，采用“四个一”的方式，提升安全成效。“四个一”即每周一学，学一个事故案例；每周一讲，讲一个专业知识；每周一评，评工作完成情况；每周一谋，谋下阶段工作计划。通过常态化安全学习活动，时刻为班组员工绷紧安全弦。开展“安全日”主题活动，将公司以往督察中发现的典型违章事例采用“微讲台”以图文并茂的形式进行展示学习，促使员工受到安全警示教育，增强反违章能力。通过对事故案例的学习，深入剖析事故原因，吸取事故教训，杜绝任何侥幸心理和麻痹大意思想，让安全思想入脑入心，为班组各项工作营造良好的安全氛围。

图1 “2+1”师带徒方式

（二）抓管理，促进青年成长

班组始终将提升员工素质作为践行企业文化在班组落地的核心。班组注重全面增强员工的政治理论和业务技术素质。在青年业务技能提升方面，结合青年员工人才培养特点，制定“五个一”的人才培养方案，即参加一次智能站的验收、投运工程，掌握一项变电运维技能绝招，撰写一篇安全生产论文，讲一堂微型技能培训课，熟悉一项安全生产技术管理工作，以提升员工岗位胜任能力，夯实班组员工业务技能，实现以能力建设为核心的员工多元化培养，激发班组内生动力。坚持“四个结合”的班组管理，即管理与安全生产相结合，管理与党团建设相结合，管理与人才培养相结合，管理与创新创效相结合，持续推动公司战略在班组的贯彻落地。青年员工讲解设备巡视要点如图2所示。

图2 青年员工讲解设备巡视要点

（三）抓创新，开启智能模式

班组始终将提高员工创新意识，作为践行企业文化在班组落地的驱动力。班组鼓励员工增强创新意识，通过创新绩效机制激励员工转化创新成果，不断激发员工创新热情。在变电站日常运维和安全管控过程中，班组利用智能巡检机器人、变电站高清视频等现代化智能设备，通过智能巡检、带电检测、智辅监控、数据抄录、现场管控等手段，有效避免运维人员长时间在高温或寒冷环境下作业，同时在班组任务繁重期间，机器人也可代替人工开展巡视工作，改变了班组传统的运维作业模式，大大提高了运维管理效率，实现设备监测、安全管控、班组管理的有机结合，保障了班组各项安全生产工作稳步开展。智能巡检机器人巡视设备如图3所示。

图3 智能巡检机器人巡视设备

（四）抓文化，凝聚团队力量

关心班组员工身心健康，改善班组工作、生活环境，因地制宜地给班组配备必要的硬件设施。建设班组图书角，为员工提供一个读书交流的平台，促进青年员工成长成才；创建班组文体娱乐平台，开展丰富多彩的文化、体育活动，通过每月一次的乒乓球比赛（见图4）、篮球比赛、读书茶话会等活动，增强班组内互动沟通，提升班组的凝聚力、向心力。同时，鼓励青年员工积极参与公司各项文体活动，展示他们的良好精神风貌。

图4　班组乒乓球比赛

三、实施效果

（一）圆满完成安全目标

通过常态化开展安全学习活动，时刻紧绷安全生产这根弦，班组实现生产计划完成率100%、两票合格率100%、两措计划完成率100%。高效实现“四零”年度安全工作目标（巡视零遗漏、填票零差错、操作零失误、安全零事故）。班组自成立以来，未发生一起有人员责任的人身、电网、设备事故，未发生一起同等及以上责任的交通事故，累计操作近12000张操作票、6万次以上操作无差错，发现重大缺陷200余起，累计安全生产零事故1012天。班组被评为国网宿迁供电公司2020年度实现“零违章”班组。

（二）青年员工屡获佳绩

通过“2+1”师带徒和“五个一”人才培养方案的实施，班组青年员工成长迅速，取得一系列优异的成绩。2019年宿迁市倒闸操作技能竞赛中，班组成员孙尧和邹麒分别取得第一名和第三名的好成绩。个人荣誉方面，孙尧获得宿迁市"五一劳动奖章"，邹麒获得宿迁市"岗位技术能手"荣誉称号，蒋硕获得国家电网有限公司"学习张黎明，争做时代新人"青年演讲比赛一等奖。

（三）创新工作卓有成效

2020年，智能巡检机器人累计派发红外测温、表计抄录、可见光巡视等各项巡检任务800余次，巡检点位完成数约50万个，2020年巡检点位完成率由一季度84.1%提升至四季度97.3%。班组利用智能巡检机器人、变电站高清视频等现代化智能设备，累计发现并经人工确认为缺陷的数量共有35次，按照缺陷程度划分，分为14起严重缺陷、21起一般缺陷；按照缺陷类别划分，包括刀闸、流变、电容器等设备发热缺陷12起，避雷器、SF_6压力表、开关柜状态指示器等表计缺陷23起，均及时进行了消缺。班组青年员工在日常工作中，也改良了诸多工具，如刀闸操作杆和接地线等，大大提高了工作效率，保障了班组各项安全生产工作稳步开展。

（四）班组建设成绩斐然

班组依托文化建设，增强了员工的凝聚力和向心力，班组成员心往一处想，劲往一处使，使得班组建设方面屡传捷报。近年来，班组先后获得宿迁市"杰出青年文明号"、国家电网有限公司"工人先锋号"、国网江苏省电力有限公司"生命体"班组示范点、江苏省总工会"工人先锋号"等荣誉。

（撰稿人：孙　尧）

提质增效“六个一” 助力班组全要素发力

国网灌云县供电公司变电运检综合班

【摘要】国家电网有限公司“两会”提出坚持“一业为主、四翼齐飞、全要素发力”总体布局，而基层班组是落实战略布局的重要层面。输变电运检中心积极响应战略要求，主动适应环境变化，持续发扬“一次就把事情做好”的工作理念，通过“机构改革、专业融合、流程优化、人员赋能、智慧作业”等创新举措，创建“六个一”班组工作管理体系，有效解决了县域公司变电专业班组老龄化、员工技能单一、结构性缺员、智能化水平较低等问题。

一、实施背景

2020年国家电网有限公司提出，要建成具有中国特色国际领先的能源互联网企业这一新时代战略目标，为此国网灌云县供电公司输变电运检中心积极响应，以设备安全为目标，以改革创新为动力，实施“生命体”班组建设，创新提出“六个一”班组工作管理体系，通过机构改革、业务融合、流程改善，进一步夯实设备管理基础，推进智能运检应用，解决班组缺员严重、精益化程度不高、智能化水平较低等生产管理突出问题，助力公司提质增效。

二、主要做法

“六个一”班组工作管理体系（见图1），即通过实施“一支队伍聚合力”“一个流程管到底”“一套体系育成才”“一个平台连成线”“一张清单配到位”“一份绩效激活力”，激发班组内驱动力，推动班组提质增效，助力班组全要素发力。

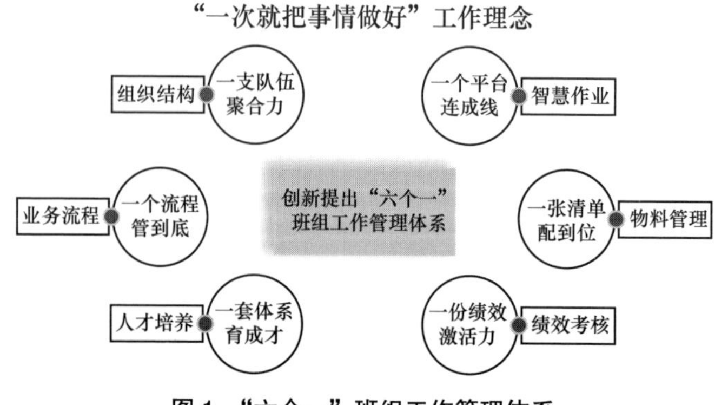

图1 “六个一”班组工作管理体系

（一）"一支队伍聚合力"，优化组织机构

建立变电运检综合班，涵盖运维、修试、保护三个专业。创新建立变电综合运检工岗位，根据专业类别"运、检、保"（运维、修试、保代）和等级水平"0、1、2、3"（实习、初级、中级、高级），重新划分各级运检工，见表1。

表1　运检工划分细则

运检工	等级加权值	组合形式	备注
实习运检工	0~2	运0、运1、运2、运1检1、运0检0保0等	
初级运检工	3~5	运3、运2检1、运2检2、运3检1、运3检2、运2检1保1、运2检2保1等	
中级运检工	6~7	运3检3、运3检3保1、运3检2保1、运3检2保2等	至少1个3级以上
高级运检工	8~9	运3检3保2、运3检3保3等	至少2个3级以上

岗位由原来的19个精简至7个，制定变电运检综合班各项业务、岗位职责和工作标准，确保安全高效开展变电运检一体化业务。

（二）"一个流程管到底"，整合业务流程

班组制定作业协同管理流程，实施班组工作"柔性化"管理，由班长统一安排班组任务计划，各小组长根据员工技能等级，按任务需要，组建工作小组。由班长进行工作闭环评定，实现班组统一管理，协同运转。协同管理流程图如图2所示。

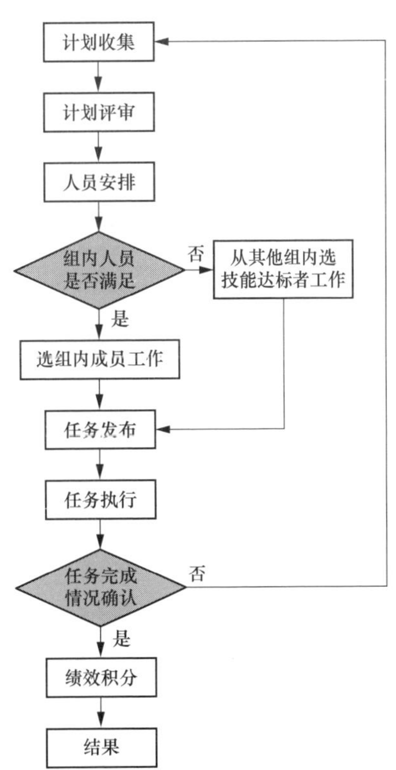

图2　协同管理流程图

变电综合运检工能够完成35千伏及以下单间隔"停役–修试及保护–复役"全过程工作，逐步实现运、检、保工作的运检一体，有效解决了专业间忙闲不均的矛盾，切实提高了劳动效率。

（三）"一套体系育成才"，培养全能员工

实施"8321"技能人才培养计划，利用"八小时之外"时间，通过"管理+技术+技能"三个维度进行强化培训、基础锻炼和综合培养，应用"仿真培训与考核系统"结合"理论+实践"两个方式，培养一批"全能型员工"。"8321"全能人才培养体系如图3所示。

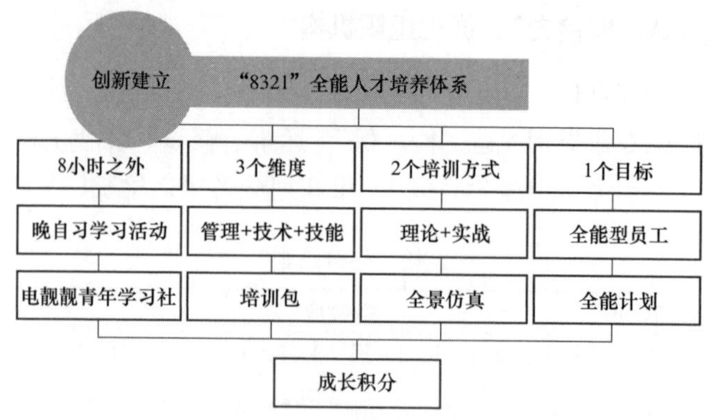

图3 “8321”全能人才培养体系

制定员工“饼状图”能力示意图板（见图4），建立变电运检工考核认定流程（见图5），促使员工主动跨专业学习，拓展人才培养的深度和广度，在工作实践中逐步提高运维、检修综合技能，实现多专多能，一岗多能。

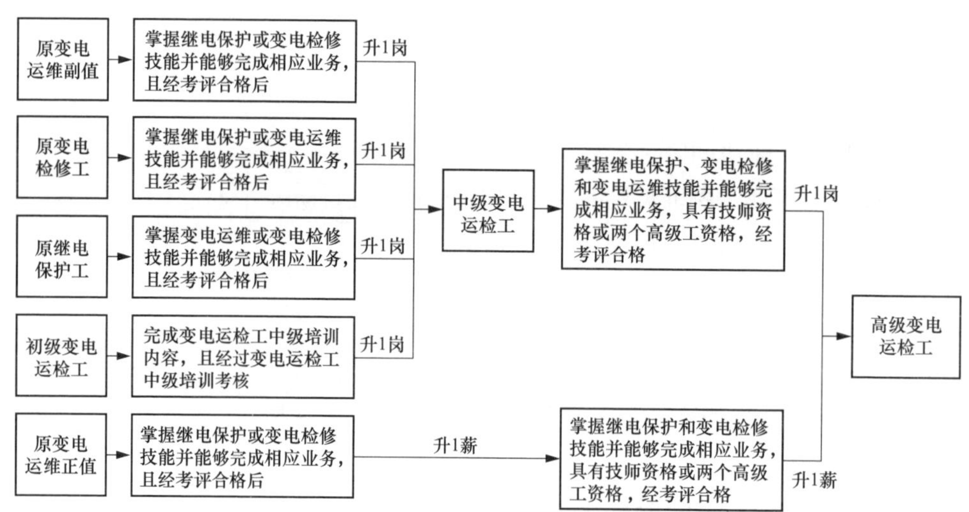

图5 变电运检工考核认定流程图

目前，班组开展运检一体化业务培训21批次共计126人次，综合技能逐步提升。现有3名实习运检工、4名初级运检工、11名中级运检工和2名高级运检工。

（四）“一个平台连成线”，推动智慧作业

通过应用“大数据+互联网+移动终端”智能作业模式，将日常监控、生产管理、工作计划、远程研判、作业支撑等功能集成到智能运检管控平台（见图6），从而实现工单电子化、作业可视化、信息共享化。

全能型员工培养饼图示意法

序号	员工姓名	培训内容												培训计划与目标					
		运维（运）				修试（检）				二次（保）									
		倒闸操作	五防逻辑回路排故	电气图识读	PMS系统维护	仪器仪表使用	开关类设备消缺	线圈类设备消缺	各类电气试验	保护装置校验	二次系统原理	一体化电源系统的原理结构	二次设备故障排除	培训内容	当前水平（A）	目标水平（B）	差异（A-B）	培训时间	培训师
1	陈梦楠	●	●	●	●	●	●	◑	◑	◑	●	●	◔	二次设备故障排除	1	5	–4	实操培训 3 个月	于 郑
2	邱宏修	◕	◑	●	◕	●	◔	◔	○	◔	◔	○	○	各类电气试验	0	5	–5	实操培训 1 个月	范育明
3	徐 凡	◑	◔	●	◕	◔	◔	◔	○	◔	◔	○	○	各类电气试验	0	5	–5	实操培训 1 个月	范育明
4	于 郑	◕	◑	●	◑	◕	◑	◑	◑	●	●	●	◕	倒闸操作	2	5	–3	实操培训 3 个月	陈梦楠
5	顾绍凡	◔	○	◕	◕	●	◕	◔	○	◑	●	◔	○	二次设备故障排除	0	5	–5	实操培训 3 个月	于 郑
6	任 飞	◔	○	◕	◑	●	◑	◔	○	◑	●	◑	○	线圈类设备消缺	1	5	–4	实操培训 1 个月	范育明
7	徐文静	○	○	◔	◕	◔	○	○	●	◔	○	○	○	电气图识读	1	5	–4	实操培训 1 个月	陈梦楠
8	范育明	●	●	●	○	●	●	●	◑	◑	●	●	◑	保护装置校验	2	5	–3	实操培训 3 个月	陈梦楠
9	唐加林	◔	◑	◕	○	●	●	●	◕	◔	◕	◔	◑	二次设备故障排除	2	5	–3	实操培训 3 个月	于 郑
10	武志宝	◔	◑	◑	◔	◕	●	●	◕	○	◑	◑	◔	五防逻辑回路排故	2	5	–3	实操培训 3 个月	范育明
11	金树林	◑	◕	◕	○	◕	●	●	◕	○	◑	◑	◑	保护装置校验	0	5	–5	实操培训 3 个月	陈梦楠
12	赵永生	◑	◔	◕	○	●	●	●	●	○	◔	◑	○	二次设备故障排除	0	5	–5	实操培训 3 个月	于 郑
13	孙顺兴	◔	◔	◕	○	●	●	●	●	◑	●	◕	◑	五防逻辑回路排故	1	5	–4	实操培训 3 个月	范育明
综合评价	各业务掌握人数	4	3	11	4	11	8	6	6	1	7	4	1	全员培训：电气一、二次识图基本方法：110kV 线路的倒闸操作票；110kV 线路的异常处理（一）					
图例注释		● 可指导别人操作			◕ 可独立操作			◑ 需在指导下会操作				◔ 仅掌握理论知识			○ 不会操作				

图 4 员工"饼状图"能力示意图板

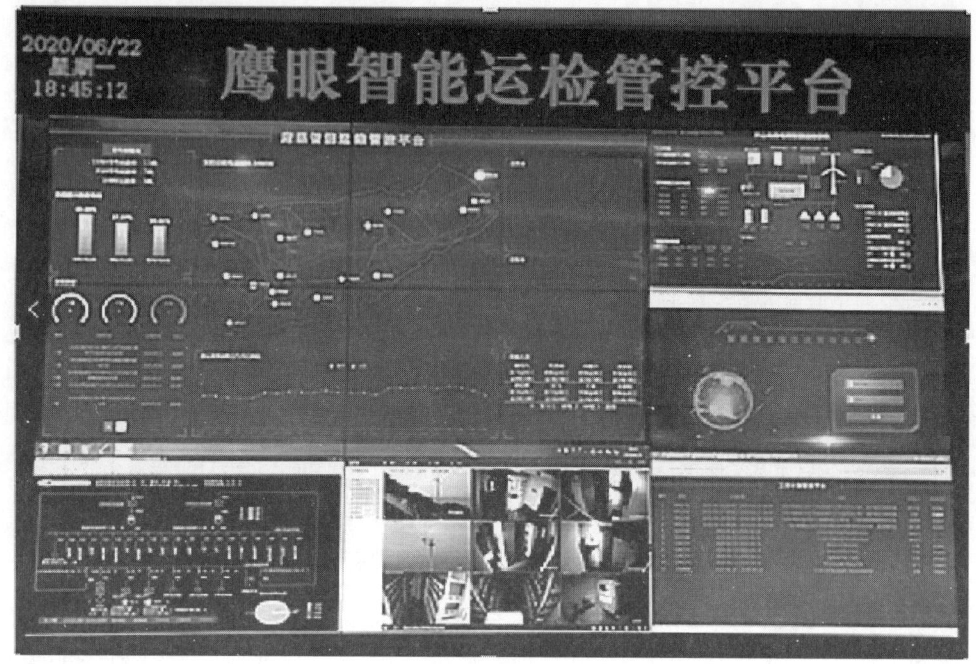

图6 智能运检管控平台

同时通过当班负责人制，盘活班组人力资源，做好工作计划的管理和现场的安全管控，减少现场巡视频次，实现工作效率最大化，推动班组向数字化发展。

（五）“一张清单配到位”，实现快速响应

建立智能仓库管理系统，从需求提出、准备、领用到归还实施全过程“一单式”智能管理。

简化物料领用作业流程和作业时间，只需要一键扫码便可以快速领取，消除了过程中“人耗”“物耗”的浪费，大大减少取物时间，实现了生产作业、应急抢修高效响应。同时根据系统应用数据统计分析，找出物料存在的问题点和改善点，实现物料安全库存和周期预警，为班组持续提升运检管理和物料质量提供决策参考。

（六）“一份绩效激活力”，激发员工干劲

班组建立绩效分配与员工贡献度相互匹配的积分机制，即“三得”绩效积分体系。将积分细则与班组员工实际工作有机结合，为每项工作都科学合理地设立了具体分值，根据积分结果，每季度评选出劳多者（工作量最多）、质高者（业绩最秀）和学优者（能力提升最快），树立典型先进，引领全员争先，促进了员工主动承担任务、学习知识和提升综合能力向重效果、提质量、强学习方向发展。

三、实施效果

班组全要素管理水平得到了提升，有效推动班组安全从“本质安全”向“全要素安全”转变，班组员工从“单一技能”向“能力复合”转变，设备从“精细作业”向“人机协同”转变，班组长从“专业型”向“专业+管理复合型”转变，班组考核从“单一评价”向“多元反馈”转变。班组日常管理工作量减少了50%以上，人均可承载业务量提升25%以上，减少不必要的信息传递800次/年，提升应急响应速度30%以上，有效推动班组减负、提质增效，实施成效如图7所示。

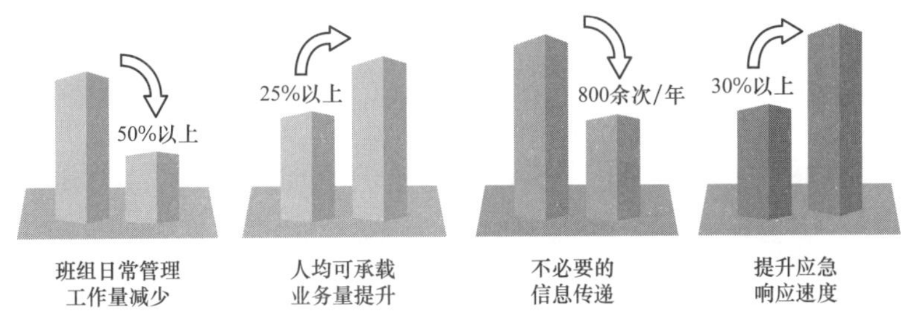

图7　实施成效图

（撰稿人：陈梦楠　李光熹）

激活内生动力　打造智慧型“生命体”班组

国网江苏超高压公司南京运维站
东善桥变电运维班

【摘要】 南京运维站东善桥变电运维班共有52名成员，负责南京地区6座500千伏变电站的设备巡视、倒闸操作、运行维护、事故异常处理等相关运维工作，为江苏电网乃至华东电网的安全稳定运维做出了重要贡献，为地区的建设、经济的发展，提供了有力的电力支撑。班组坚持以人为本、结合实际，开展“生命体”班组创建工作，探索“生命体”班组建设管理模式，持续激发班组员工活力、提升班组员工素质、推进智能化业务创新，加强班组自主管理、自主学习、自主提升，有效激活班组内生动力，全力打造适应公司新时代发展战略需求的智慧型“生命体”班组职工队伍。

一、实施背景

班组是企业的“细胞”，是最基层的管理和执行单元。“生命体”班组建设就是将班组由卓越执行的“细胞群”打造成为充满活力的“生命体”，由劳动密集型、专业精细化分工组织向知识驱动型、一专多能的高效协同化队伍转变。南京运维站东善桥运维班坚持以人为本、结合实际，开展“生命体”班组创建工作，探索“生命体”班组建设管理模式，持续激发班组员工活力、提升班组员工素质、推进智能化业务创新，加强班组自主管理、自主学习、自主提升，有效激活班组内生动力，全力打造适应公司新时代发展战略需求的智慧型“生命体”班组职工队伍。

二、主要做法

（一）激发班组员工活力

南京运维站贯彻公司人才强企战略，立足班组、面向职工，充分发挥班组在培养、评价、激励职工中的作用，为班组员工提供价值引导力和精神推动力。通过设立“智能运检联合攻关小组”“企业文化示范点建设小组”等工作团队，“田涛工作室创新团队”“陈昊工作室创新团队”（见图1）等创新工作队伍，以及“软件研发小队”“新闻宣传小组”等兴趣小组，积极为班组成员搭建展示能力的舞台，充分发挥职工的潜能和特长，引导班组成员自主发展、不断成长，充分激发班组员工活力。

图 1　陈昊工作室创新团队

（二）提升班组员工素质

班组既是完成生产经营任务的基本单元，又是锻炼人、培养人、教育人的重要平台。南京运维站东善桥运维班致力于把班组打造成员工劳动创造、技能提升、展现价值的重要舞台，持续提升员工整体能力素质，实现企业与职工共同发展。通过班组微讲堂（见图2）、“职工之家”等载体，举办“生命体”班组专题培训，对“生命体”班组理念的落地实践进行探讨，确保“生命体”班组建设在每位班组成员思想上落地生根。通过“互联网+”的方式，利用“学习强国”“书香国网”等软件组织线上学习；通过在所辖各站配置“读书角”，开展读书分享会、专业知识竞赛等活动，加强线下学习平台建设，线上线下双向衔接互动，努力培养“一专多能”复合型人才。

图 2　班组微讲堂

（三）推进智能化业务创新

在“生命体”班组建设过程中，南京运维站东善桥运维班聚焦业务模式创新、信息数据共享、专业工作智能化，积极推动智能运检业务创新，实现了状态感知、智能巡视、安全督查等智能化业务。基于蓄电池在线监测、SF_6气体在线监测等在线监测装置和灯光远控、门禁远控、视频远控、消防系统远控等远程控制手段，打通6座变电站信息数据，实现了所辖6站主设备、辅助设备、消防设备的状态感知、智能预警和远程控制；创新智能巡视作业模式，基于高清视频、巡检机器人和图像识别技术开发智能巡视功能，实现了班组巡视工作的智能化替代（见图3）；将智能化建设与现场工作安全管控相结合，基于安全督查机器人、移动式布控球以及人脸识别、空间精确定位技术实现了智能安全督察功能，提升了现场安全管控能力和安全督察信息化水平。通过以上智能化业务，东善桥运维班实现了多类运检业务的“生命体”化融合。

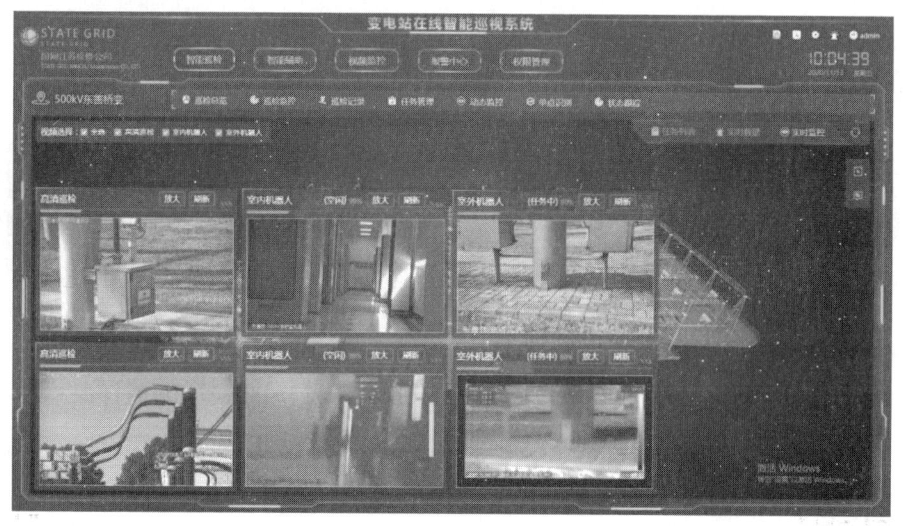

图3　东善桥变智能巡视系统

三、实施效果

班组兴则企业兴，班组强则企业强。南京运维站东善桥运维班自开展“生命体”班组建设以来，始终坚持边实践、边创新、边总结、边提升，形成有序推进、全面落地的智慧型“生命体”班组建设良好局面。

在激发班组员工活力方面，累计创建6个工作团队，在企业文化、新闻宣传、技术创新、管理创新等多个方面取得成效，先后荣获“全国青年文明号”“江苏省工人先锋号”“国家电网有限公司首批企业文化示范点”“省公司标兵班组”、中国质量协会“质量信得过班组”等光荣称号。在提升班组员工素质方面，班组内涌现国网专家级人才1人、省公司劳模1人、双师人才近20人，为上级单位输送管理人员和业务骨干近百人。在推进智能化业务创新方面，顺利完成500千伏东善桥智能运检示范站建设重点工作，实现部分班组业务智能化替代，推进传统运检向智能运检转型。

企业千根线，班组一针穿。南京运维站东善桥运维班将持续推进智慧型“生命体”班组建设，推动班组建设工作不断迈上新台阶。

（撰稿人：史俊祎）

安全建设

“数字化”班组赋能电缆管理

国网苏州供电公司电缆运检室电缆运维班

【摘要】电缆运维班成立于2014年5月，承担着苏州市区范围内35千伏及以上输电电缆的运维工作。班组围绕打造“国内一流高压电缆精益管理示范城市”战略目标，在示范区内打造全范围智慧电缆线路，运用先进数字化技术和互联网思维，推动电缆管理转型升级。班组以本质安全为核心，在示范区内强化新技术、新装备应用，建设电缆线路管控平台，推进“设备、作业、管理”三个数字化，提升状态感知、现场作业、安全保障、质量管控、决策指挥五项核心业务能力，实现了安全、高效、可靠、精益的目标。

一、实施背景

电缆是城市电力能源的动脉，它的安全稳定直接关系着国家电网为城市提供能源服务的品质。随着城市快速发展，城市电缆化率越来越高，国网苏州供电公司电缆运维班目前管辖35千伏及以上输电电缆1167千米，纯靠图纸和人脑记忆不可靠。

电缆线路具有三个特殊性：一是隐蔽性，敷设在地下肉眼不可见，电缆路径走向等数据的准确性对日常管理至关重要，数字化的运维模式能及时更新台账资料，避免人工记忆差错；二是开放性，像蜘蛛网一样密集分布在城市的大街小巷，容易受施工等外界环境的影响，需要依靠数字化手段提高电缆巡视管控质量，让每一个施工点都在可控状态；三是共存性，与燃气、通信等20多种管线存在地下有限空间当中，组成一个地下管网生态系统，彼此相互影响，每年单就致死伤的地下管线事故而论，就呈逐年增多趋势，这决定了电缆安全运行不但关系电网自身安全，也直接关系城市地下空间公共安全。

二、主要做法

（一）电缆设备数字化，筑牢安全之根

数据是电缆管理的基础，精确的数据是保证电缆运维和抢修的关键。在示范区将主要开展以下工作：一是积极推动电缆三维测绘工作（见图1），实现电缆专业数据与地理环境高度融合，解决电缆数据缺少真实地理信息背景的难题。二

是主动融入城市管线管理，深入推进电力管线数据与智慧城市数据的交互共享，打破不同管线单位间的数据壁垒。三是依托智慧电缆管理云平台（见图2），实现电缆属性数据、地理测绘数据、在线监测数据的深度融合，为电缆数据深化应用奠定基础。

图1　电缆测绘现场

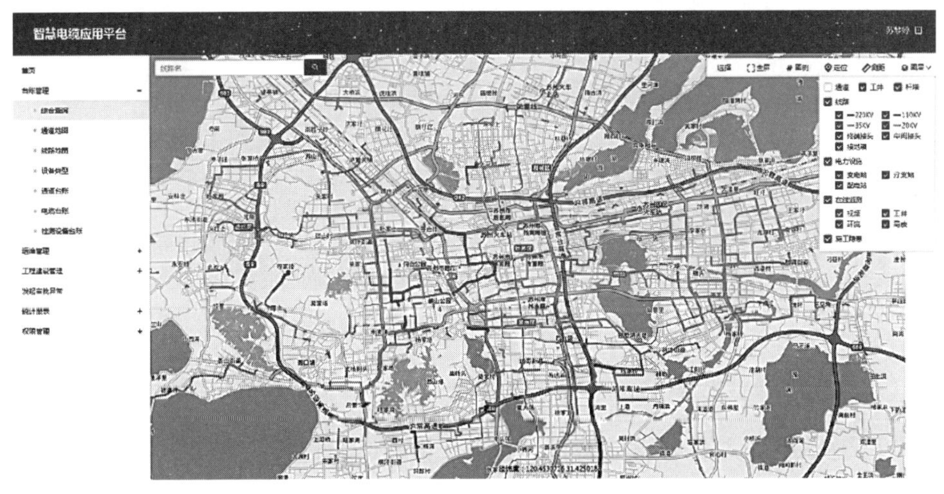

图2　智慧电缆管理平台

推进设备与传感、信息通信的融合，对面广量大的沟型敷设电缆，打造专属智能终端设备（见图3），实现对通道环境、局放、环流、电缆运行温度、有害气体泄漏等关键参数的实时监测，并将数据回传至电缆资产云平台（见图4），对海量监控数据价值进行深入挖掘，科学指导电缆运行维护工作，提升状态感知能力。针对重点、难点技术领域进行攻关，研发并安装护层故障环流在线监测系统以及探索应用故障脉冲信号等技术手段智能判断故障类型，进一步判断故障位置，结合地理信息的技术，最终实现混合线路故障的“一分钟”快速定位。

图3　智能终端设备

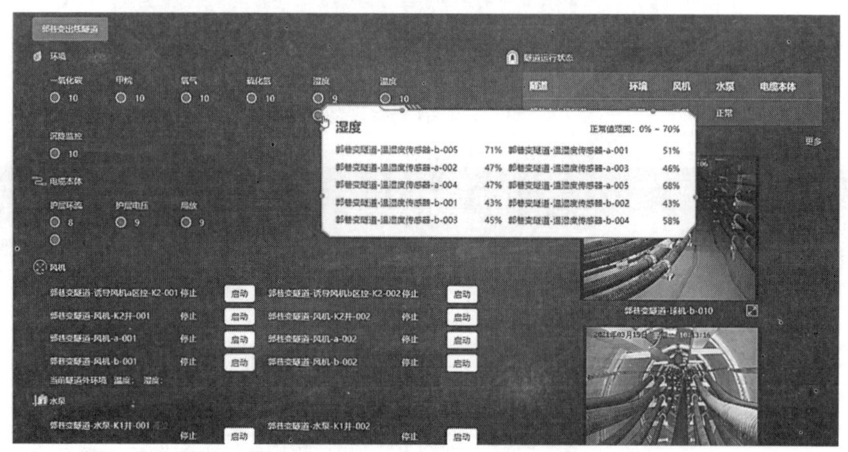

图4　电缆资产云平台实时监测界面

（二）电缆作业数字化，落实安全管控

开发人工巡视移动作业终端，具备人工辅助巡视和消缺管理等功能，打造少人高效的巡检体系、安全智能的监督体系。终端选用高精度手持定位设备，能实现对作业人员的作业过程进行全过程跟踪和管控，对异常事件进行高效指挥、快速处置，提高工作管理水平。移动作业终端与电缆线路智能运检管控平台信息数据互联互通，实时采集人巡、检测检修、缺陷处理、隐患上报等数据（见图5），通过大数据分析技术、可视化技术、GPS定位技术、智能运算等技术，基于电缆设备、通道、人员、作业、缺陷隐患等信息进行分析，构建了实时性、移动性、交互性、安全性、可管理性的电缆专业移动应用体系，提升现场作业能力。

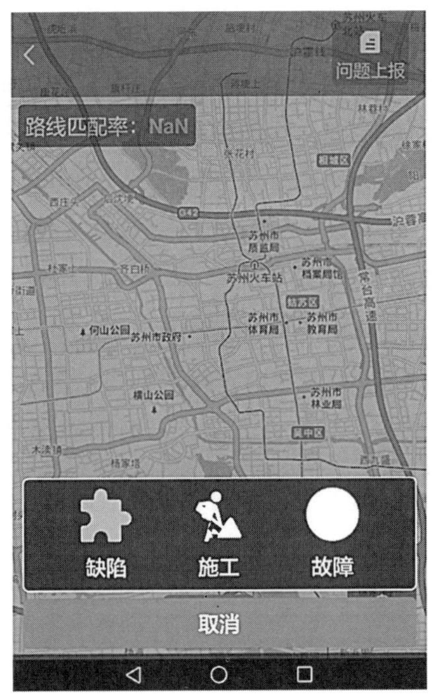

图5　数据上报界面

（三）电缆管理数字化，提升安全保障

在传统视频技术基础上开发基于AI智能的可视化系统，结合电缆线路运检实际需要，以涵盖线路基础、设备台账、危险源管理等强大的数据库作为信息支撑，从而实现从“千里眼”到“集成大脑”的转变，提升安全保障能力。在可视化深度应用的基础上，进一步强化特殊时段差异化运维策略，对各类营销、电网预警保电智能分类，联动多级保电防护机制，形成保电预案，提升质量管控。同时配合保电工作全流程管理，移动端以线路巡视督查为导向，对线路危险点督查、值守和保电巡视提出标准化管理，做到“中心—现场—中心”的精益化、智能化管控，提升决策指挥能力。

三、实施效果

（一）助力电缆安全运维

运用先进数字化技术和互联网思维，实现了设备、作业、管理全面数字化，实现了输电电缆线路移动巡检作业率100%，提高了现场响应能力，实现了安全、高效、可靠、精益的目标，创立了本质安全的智慧电缆运维模式。

（二）提高区域管控力

打造全业务智能化管理，大幅度提高了电缆通道的可视、可控水平，及时预控和处置线路通道内的危险源，提前预警高危施工。通过信息化缩短审批流转周期，形成了全面系统的标准规范、业务流程和工作机制，缩短审批流转周期达60%。

（三）提高经济效益

在示范区内融入全新运检模式，完全代替传统巡检方式，人力资源利用效率提升了96.3%。如可视化辅助人工巡视，按周期可节约巡视人力成本；测温传感监测可取代每年迎峰度夏前人工红外测温，及时消除隐患缺陷；接地电流监测，可代替人工周期接地电阻测量。

（撰稿人：苏梦婷）

“带电拆鸟窝专用绝缘子安全托盘”助力铸造安全标杆班组

国网无锡供电公司输电运检中心

输电运检五班

【**摘要**】带电拆鸟窝专用绝缘子安全托盘是一个极其“接地气”的小发明。对于拆除直线杆塔鸟窝这项作业，作业人员在作业过程中不可避免的会有少量树枝、铁丝等杂物掉落或者搭接在绝缘子串上，导致安全隐患。针对这种情况，输电运检中心线运五班研制了一种绝缘子安全托盘装置，可以有效接住拆除鸟窝时掉落的枯枝铁丝等杂物，避免杂物与悬垂绝缘子串相接触。该装置的亮点是实用，可以有效保障安全。

一、实施背景

近些年来，随着自然环境逐步改善，铁塔塔身鸟类筑窝的现象越来越严重，如果鸟窝不及时处理，任由其“做大做强”，可能会导致塔材变形或者线路跳闸。因此，铁塔中的鸟窝必须及时处理。输电线路现有的拆除鸟窝的方式是作业人员携带一个巨大的蛇皮袋至鸟窝处，把拆除的鸟窝枯枝放入袋子中取下。拆除鸟窝过程中不可避免会有断枝或者铁丝搭在绝缘子串上，有可能引起线路相间短路等事故，不仅危害电网安全稳定运行，更影响作业人员工作安全。

二、主要做法

针对上述问题，输电运检中心输电运检五班研制了一种绝缘子安全托盘装置，该装置主体是一个特制的轻质圆形托盘，该托盘圆心处有一个缺口，可将悬垂绝缘子串上端的球头卡进缺口。圆形托盘边缘与绝缘操作杆相连，后者对前者起到支撑作用。工作时，作业人员手持操作杆将托盘的缺口卡入绝缘子串上端球头金具进行固定，再将操作杆另一端固定在铁塔上。圆形托盘半径为50厘米，可以有效接住拆除鸟窝时掉落的枯枝铁丝等杂物，避免杂物与悬垂绝缘子串相接触。

模拟操作图见图1～图3。图1所示为安装前的位置图。作业人员手持绝缘操作杆，将圆盘的缺口对准悬垂绝缘子串上端球头金具的位置。

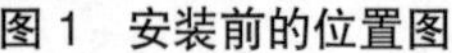

图1　安装前的位置图

图2　安装中的位置图

图2为安装中的位置图。作业人员向前推动绝缘杆，使绝缘子串上端金具连接处向圆盘中心移动。

图3为安装完毕的位置图。作业人员继续推动绝缘杆，直至绝缘子串上端金具连接处到达圆盘的中心。

图3　安装完毕的位置图

在此状态下，拆除鸟窝过程中掉落的树枝、铁丝等杂物能有效地被托盘接住，避免了与导线和绝缘子串等带电部位的接触。特别是针对某些大型鸟窝，往往里面有比较长的树枝或者铁丝，使用此装置后完全隔绝了带电部位，确保了拆除鸟窝作业过程的安全性，为打造安全班组提供助力。

三、实施效果

（一）作业过程安全性得到有效提升

在实际作业过程中，拆除鸟窝掉落的枯枝全部掉落在绝缘托盘上，全部被作业人员收入，确保拆除鸟窝过程中没有树枝等杂物掉落在绝缘子串上，有效提高了带电拆除鸟窝作业过程中的安全性，为铸造安全班组助力。

（二）作业效率明显提高

在原先的作业过程中，经常会发生有少量枯枝、铁丝等杂物搭接在绝缘子串上的情况，这种情况下作业人员得用绝缘操作杆去挑落杂物，造成二次重复劳动。该工具使用后可以有效避免二次重复劳动，提高作业效率。

（三）推广效果好

目前设备已经在江阴、宜兴广泛推广。截至2021年6月30日，无锡输电运检中心（不包括江阴、宜兴）共计使用该设备清除鸟窝702处，消缺安全性为100%，该设备的实用性得到了作业人员的一致好评。

（**撰稿人：**张卓成）

创新管控方法　护航电网运行

国网镇江供电公司输电运检一班

【摘要】安全是供电企业的永恒主题，班组安全管理永远是这个主题的主旋律。国网镇江供电公司输电运检室班组不断总结经验，勤加思考，结合工作实际，总结出一系列输电线路班组安全管理的先进制度和方法，效果显著，为更好地维护大电网的良好安全稳定局面提供了有力保障。

一、实施背景

近年来输电线路建设迅猛发展，保证输电线路安全运行已经是线路班组的首要任务，新的形势对安全生产工作提出了更高的要求，基层班组如何在新形势下做好线路安全工作成为一个重要课题。

二、主要做法

（一）优化管控机制，打造标准化运检

1. 开展多样巡视，前移防控第一线

电力设施保护工作的重点和难点首先在于发现隐患，如果发现及时，隐患就更容易扼杀在萌芽状态。然而早期的单一性人员周期巡视，往往发现隐患的效率较低，很多情况下因发现不及时造成的隐患难以处置，既对线路构成严重威胁，也会引起不必要的矛盾纠纷。

根据对周期性巡视发现的隐患点区域、施工时间等大量数据进行分析，找到隐患频繁发生的区域及时间段，针对不同电压等级、不同区段和不同投运年限的线路，执行灵活的巡视策略，特别对跨高铁、城铁、化工等重要用户的线路，以及重要的主供线路、变电站联络线缩短巡视周期，提高巡视频率，有针对性调整巡视时间。通过周期性巡视、标准化巡视、差异化巡视与值守巡查监护相结合的办法，大幅提高隐患发现的及时性。

2. 建立闭环机制，分级管控危险点

小隐患处理不及时会引发大问题，所以需要根据信息对隐患进行分类，对不同的隐患采取不同的处理办法。首先对隐患进行分类，针对潜在、一般类危险源，采取书面安全告知、签署安全承诺、设置物理警示标志等措施；针对严重类

危险源，除了采取一般类危险源的管控措施外，还需针对高压线路编制专项安全施工方案或安全措施、签订安全协议、外协队伍监控值守、建立专项安全管控微信群等；针对危急类危险源，立即采取紧急避险措施，如上报政府安全生产主管部门、向公安部门报警、中断供电等措施，降低危险等级后进行管控。从隐患的发现、上报新增、鉴定、管控、消除，整个过程建立"一患一档"跟踪记录，最终将隐患消除，成为管控经典案例。管控流程如图1所示。

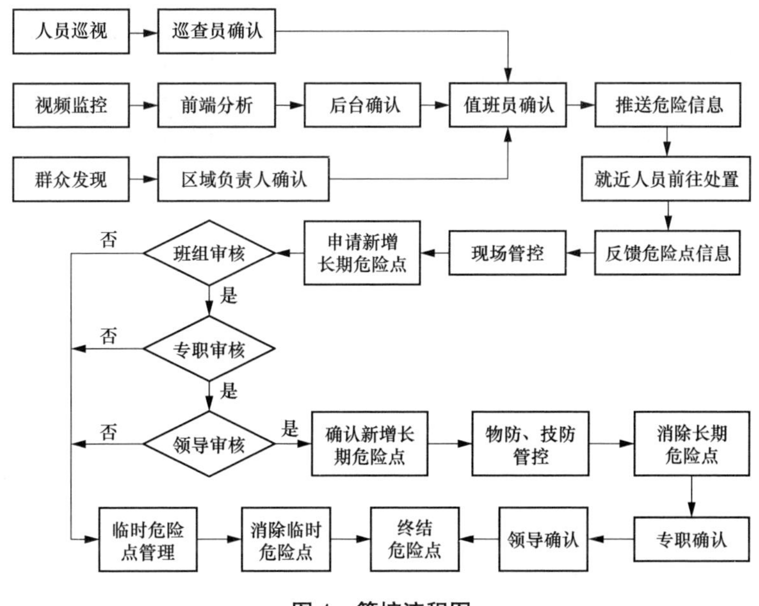

图1　管控流程图

3.协同外部力量，统一电保朋友圈

对于线路附近施工过程中遇到的水利、交通、城建、管网、绿化等部门，专业人员联系相应人员，对于施工吊车、泵车等特种车辆操作人员，建立吊车和泵车驾驶员群、水利工程保护电力设施群、铁路施工电力设施保护群等安全微信群，主动发布安全宣传信息。重点隐患重点对接，将安全活动开展到施工企业，主动上门服务（见图2），进行安全宣讲，由点到面，将周边的重点管控人员加入到微信群中。目前微信联络群内已加入了镇江地区百分之八十以上具有吊车、泵车作业资质的驾驶员以及水利、道路、苗圃施工等多家常见单位，电保队伍不断壮大。群内人员多次主动通过微信互动或电话联系等方式向我方预警保护区内可能危及高压线路安全的机械作业，大大避免了线路外破事故的发生。

图2 主动上门进行客户服务

（二）深化创新应用，打造智能化运检

偏僻的山区、复杂的环境、高空作业，输电工人凭着双手和双脚在密集的大电网中穿梭。随着可视化装置、无人机在输电线路巡检系统中的迅速普及，双手、双脚逐渐被智能化机器所取代，输电线路迈入智能化管控时代。如何将这些先进设备更加高效地运用到输电线路管理中来，更好地服务于班组，这是一个值得思考的问题。

1. 强化监控管理，优化可视化装置

2017年3月输电运检室在江苏省率先建立危险源监控室，由班组人员开展值班预警。对于1000多套设备从入库、出库、安装、调试、运行、维保等方面制定了可视化装置全周期寿命管理，保证所有装置都处于正常运行状态。制定了监控室管理规定，包括人员与工作制、表格更新与管理、考核与奖励等，使所有班组值班人员都能尽心尽责做好值班工作。

2020年初，结合2017 ~ 2019三个年度的危险源分布情况和监控预警信息，班组对以往出现的危险点数据进行分析，发现丹阳开发区、丹阳丹北镇、丹徒谷阳镇、丹徒上党镇、镇江新区大港境内为危险源高发区域，同时得出季节性分析结果，即每年3 ~ 6月和9 ~ 12月为通道内大型机械作业高发期，大型机械施工时间聚集在上午8点至10点，下午2点至4点。针对部分危险点报警不及时的情况，班组根据使用心得和经验及时与设备单位提出设备改进意见与需求，增加了前端识别、夜视、远程语音、声光报警功能，目前班组已实现所有危险点24小时声光可视化全覆盖。今年以来班组及时发现预警吊车、泵车的大型机械施工外破隐患626次，较去年同期预警率提高了2.3倍，取得了良好的效果。自2017年3月至今，监控室安全运行908天，累计监控隐患371处，监控隐患零外破，使得装置真正实现了“看得见、盯得牢、防得住”。2019年度预警统计如图3所示。

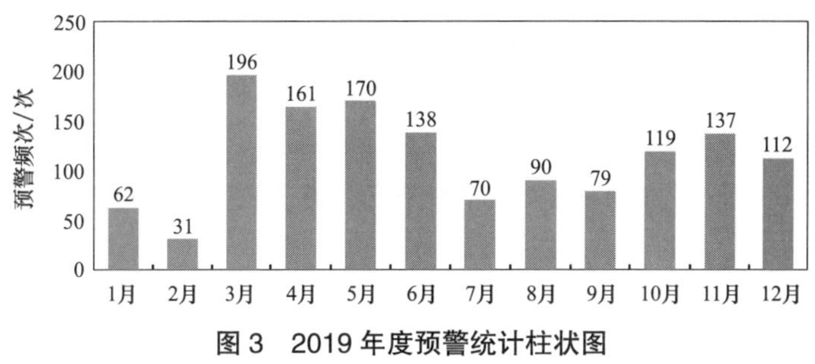

图3　2019年度预警统计柱状图

2.落地先进科技，开展无人机智能巡检

开展班组青年员工培训取证工作，为无人机规范化、合法化运用做好人员储备。班组层面制定好无人机使用管理规定，规范无人机使用流程（见图4）。推进无人机巡检技术在班组日常巡检工作中的运用，开展无人机通道巡检和本体巡检作业。尝试无人机通道自主巡检运用，无人机画面实时回传至控制中心，并对数据进行缺陷隐患分析，发现通道隐患后及时通知现场人员处理。通过无人机搭载测量装置实现线路通道扫描，及时发现导线与树木、房屋等交跨不足之处，有效弥补人工巡视盲区。逐步进行班组线路杆塔无人机巡检轨迹采集工作，为实现无人机全自助本体巡检做好数据储备工作。在线路检修方面，开展无人机放线作业，降低线路跨越施工难度，减少建设成本。

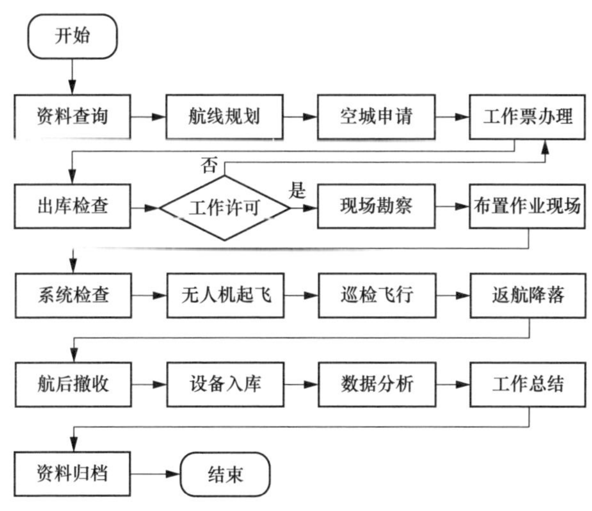

图4　无人机巡检流程图

三、经验成果

（1）工区发生的最近一起220千伏及以上电压等级输电线路因外部因素造成的外破事故距今已有771天，2019年镇江公司是江苏唯一一家零外破的地市公司。

（2）完成了先进设备高效地运用到输电线路管理中来的落地工作，有效地提升了电网安全运行水平。

（3）总结获得了先进的安全管理的制度和方法，为更好地维护大电网的良好安全局面提供了有力的支撑。

（撰稿人：杨　斌）

建设“三多”型班组 为安全生产保驾护航

国网高邮市供电公司调控运行班

【摘要】以文化引领，建立班组文化建设的“三多”精神，推动班组日常工作的全面开展。“三多”：多学习、多思考、多提问，即倡导班员学习要广，思考要深，提问要细。以丰富多样针对性强的活动为载体有力促进了员工整体素质和工作效能的提升。

一、实施背景

调控运行班担负着电网安全生产、运行维护、事故处理及电网操作，以及对外用电优质服务等职责。做好调控运行管理工作主要在于每一位班组成员个人的能力素质以及良好的行为习惯的养成。调控运行班作为基层生产班组，制定班组内部规章制度，平时工作做到“多想、多看、多问”，确保每一位班员都能胜任班组工作，全力打造一个没有短板的坚不可摧的“铁桶”团队。

二、主要做法

（一）以学促练，集体例会填“空”为实

一是坚持互动学习制度。为了不使班组培训落入“空洞不实”的窠臼，一改以往以“读”为主的培训形式，变更为每周“讲学”。广泛学习业务、管理和生活方面的知识，开展班组“百家讲堂”，每一位班员都可以讲述本周工作中遇到的“疑难杂症”，以及对班组管理方面的体会乃至生活中一些必要的知识。二是坚持周例会学习制度。调控班利用周三晨会时间布置新的工作任务和传达上级文件精神。为使每一位班组成员不感到厌倦，推出了内容丰富、形式多样的周例会（见图1），如：你问我答、走进生产现场、案例分析等等。三是开展班组结对共建活动，定期与其他生产班组结对共建，交流生产管理经验，互帮互助互学，共同提高。

图 1　班长在周例会讲解电网运行方式

（二）以思促进，创新活动别具匠心

一是QC小组活动常态化。调控班员若发现业务处理中经常遇到的需要解决的重要问题可立即与班组长联系，由班组长主持召开QC小组活动会议（见图2），结合全体班组成员的智慧，运用全面质量管理的头脑风暴法，解决工作中棘手的难事烦事。二是设立班组合理化建议活动，设立“金点子”意见箱。如班组成员对业务规程和班组管理制度思考后有任何的意见或建议，都可以通过向意见箱中投递信件的方式交给部门领导或班组长。确认对本班组有利的合理化建议，可以集中上报国网高邮市供电公司，也可以由部门内部集中处理。高邮市供电公司现今施行的配电网停电信息管理流程和电网监控信息精益化管理流程，都是通过班组合理化建议活动向公司推荐被采纳完善后，最终形成了有效的管理制度。

图 2　QC 小组开展“头脑风暴”活动

（三）以问促全，日常工作精益求精

一是规范业务提问用语。调度工作中，由于相关人员担负着极其重大的工作责任，并且通信交流全程录音，业务提问用语此时显得尤为重要。班组开会讨论后一致提议修订《调度业务提问用语范本》，调度操作过程中所有人员必须严格按照《用语范本》问答，保证电网倒闸操作前工作做到万无一失。班组查阅录音记录，检查规范用语如图3所示。二是进行员工工作自我总结。每位班组员工常备一本工作笔记，记录自己的月度工作总结，同时反省不足之处，自我提问，写下自己的工作感悟和今后努力改进的方向。三是班员与班组长互促共进。班组每月举行班组长直通车活动，每个班员都可以与班组长面对面交流，互相提问业务知识、工作经验以及管理心得体会，相互促进共同发展。

图3　班组查阅录音记录，检查规范用语

三、实施效果

调控班创建“三多”型班组以来，成绩斐然。通过“多学、多思、多问”，班组创新了团队管理办法，将班组成文“班规班纪”制作成塑料展板，强化制度管理的约束力；完善班组员工绩效考核，将评分结果在企业文化墙上予以公示，作为员工年度评选先进的重要依据；建立“师带徒”“一对红”结对子机制，在企业文化墙上公示“新员工成长记录”。通过扎实的安全基础管理和创新班组团队管理，调控运行班安全记录累计4098天，连续五年被评为高邮市供电公司“安全生产先进班组”。2014年班组获得江苏省电力公司标杆班组称号

和江苏省优秀质量管理小组称号。2015年班组在扬州调度系统同业对标指标综合排名第一，获得扬州供电公司先进集体称号和国网公司企业文化示范点称号。2019年和2020年分别获得江苏省总工会工人先锋号国网江苏电力工人先锋号的荣誉。

（**撰稿人：**林华鹏　张　发）

特殊区域电网运行风险“两抓一控”全过程管理

国网泰兴市供电公司
电力调度控制分中心调控运行班

【摘要】江苏泰兴县调以保障电网安全可靠运行为目标，针对泰兴化工企业密集的区域特点和负荷特性，创新构建“两抓一控”电网运行风险管理机制，紧抓风险源、紧抓故障处置，强化运行风险全过程管控，提升电网风险管控水平，提高配网调控工作质效和供电服务能力，为其他地市、县级公司电网运行风险管控提供了实践经验和示范样板。

一、实施背景

随着泰兴化工产业快速发展，2019年泰兴经济开发区位列中国化工园区前10强，化工企业用电负荷占地区总负荷的60%左右。由于化工企业生产环境的特殊性，且部分企业存在无备供、无联络等问题，泰兴电网的安全运行和调控管理工作面临着严峻挑战。

二、主要做法

（一）专业管理工作的流程图

特殊区域电网运行风险“两抓一控”全过程管理流程如图1所示。

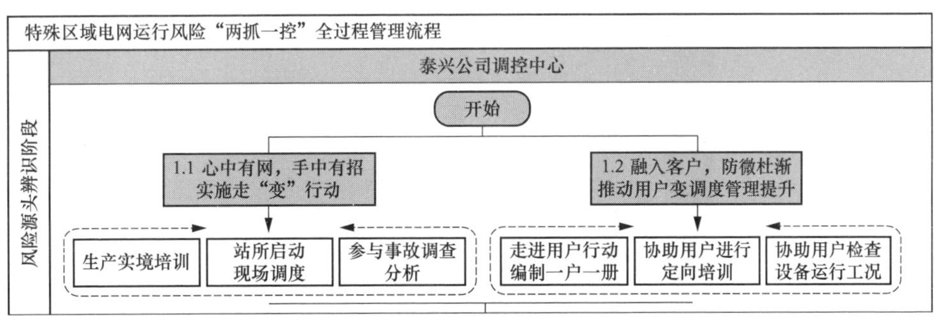

图1 全过程管理流程图（一）

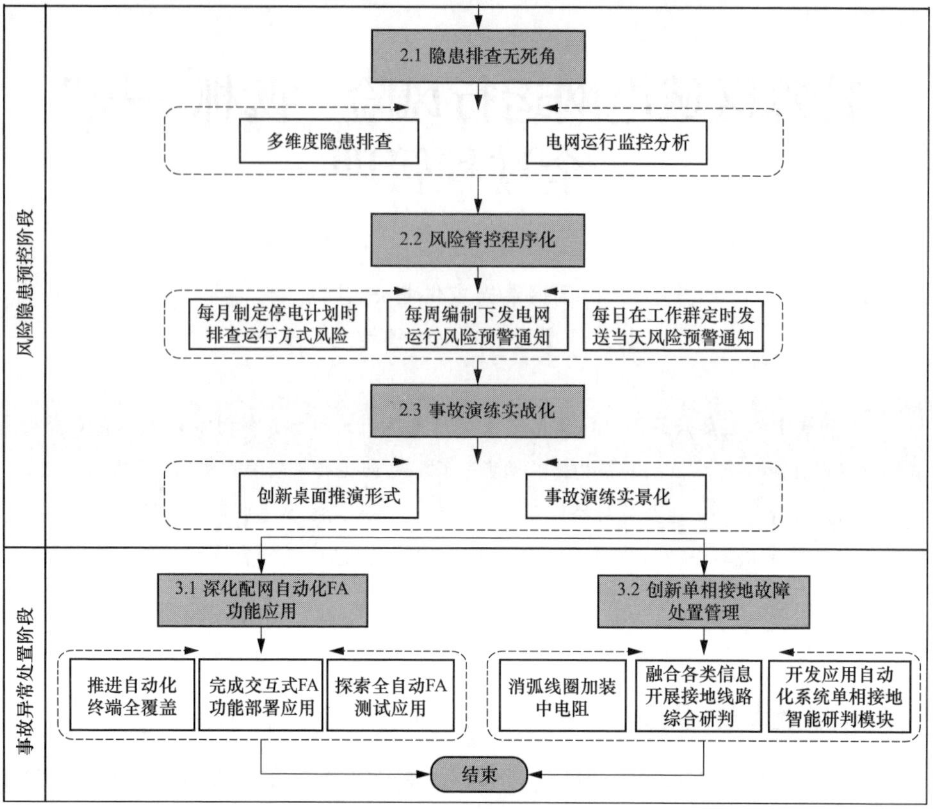

风险隐患预控阶段

2.1 隐患排查无死角

多维度隐患排查
电网运行监控分析

2.2 风险管控程序化

每月制定停电计划时排查运行方式风险
每周编制下发电网运行风险预警通知
每日在工作群定时发送当天风险预警通知

2.3 事故演练实战化

创新桌面推演形式
事故演练实景化

事故异常处置阶段

3.1 深化配网自动化FA功能应用

推进自动化终端全覆盖
完成交互式FA功能部署应用
探索全自动FA测试应用

3.2 创新单相接地故障处置管理

消弧线圈加装中电阻
融合各类信息开展接地线路综合研判
开发应用自动化系统单相接地智能研判模块

结束

图 1　全过程管理流程图（二）

（二）主要流程说明

1. 心中有网，手中有招，实施心中有网走“变”行动

一是开展“浸泡式”实景培训（见图2）。二是进行站所启动现场调度。三是深度参与事故调查分析，通过一次次分析事故现象、原因、影响范围和防范措施，促进员工实践能力的逐阶提升。

图 2　开展实景培训

2. 融入客户，防微杜渐，推动涉化用户变电站调度管理提升

化工企业密集地区的电气设备运行环境较差，且用户变电站电气值班人员总体业务水平较差，电网运行的风险较高，亟须改善。一是开展走进客户大行动，编制重要用户“一户一册”图档，做到全面掌握客户运行工况。二是协助用户进行定向培训。三是协助用户检查设备状态，协助用户编制事故停电应急预案，从电网末端保证安全稳定供电。

3. 强化三项风险防控措施

根据泰兴电网结构和负荷特性，建立定期全停风险排查机制，并对特殊运方失电风险进行防控。

4. 隐患排查无死角

一是围绕低压备自投、重合闸、配网操作规范等多维度，全面排查电网运行管理隐患（见表1）。二是强化电网运行监控分析，应用大数据系统进行电网运行数据信息诊断，排查潜在设备缺陷和隐患并跟踪督促处理。

表 1　电网运行隐患信息排查表

变电站	监控画面、信息是否准确	10 千伏备自投、软压板是否一致	10 千伏线路名称颜色是否规范	重要用户是否显示	监控数据是否刷新	母线负荷是否平衡
黄桥变	√	√	√	×	√	√
洋思变	√	洋宝 123、洋丽 124、洋绵 125 重合闸停用	铸钢 112、洋宝 123、洋丽 124、洋绵 125 专线用户	×	√	√
北郊变	√	√	北万 129 为全电缆线路	√	√	√
沿江变	√	无备自投、沿大 117 重合闸停用应改为空心	√	×	√	√
马甸变	√	马闸 123 为全电缆线路，重合闸应退出	马闸 123 为全电缆线路	×	√	√
济川变	√	√	√	√	√	√
七圩变	√	√	√	×	√	√
宣堡变	√	宣电 1 号 113 重合闸应退出	√	×	√	√

5. 风险管控程序化

一是在安排月度停电计划的同时，梳理电网运行方式，排查运行风险，同步制定风险预控措施。二是每周编制“电网运行预警通知书”。三是通过风险预警管控微信群每天定点发送日风险预警（见图3）。

图 3　风险预警及停电计划管控群

6. **事故演练实战化**

一是创新桌面推演形式（见图4）。针对电网风险预警信息，调控员开展自我训练，逐步提升紧急状况下调整运行方式、恢复重要用户应急供电、隔离故障区域、高效指挥抢修、快速恢复供电等方面的应急处置能力。二是开展实景事故演练（见图5）。融合自动化画面、语音告警以及视频监控等信息，直击事故演练现场，实景呈现应急处置流程、处理要领全程。

图 4　开展电网事故桌面推演

图5　开展迎峰度夏暨高考保供电事故演练

7.创新电网事故异常处置

针对化工企业的供电线路故障特点，探索应用新技术，创新管理手段，提高电网自愈能力，缩短故障排查时间，缩小停电影响范围，提高化工企业的供电可靠性。FA功能应用——故障处理辅助决策如图6所示。

8.深化配网自动化FA功能应用

对泰兴境内40余条涉化10千伏供电线路，一是推进自动化终端全覆盖；二是完成交互式FA功能的部署应用；三是开展全自动FA测试应用，2019年完成具备条件的5条涉化线路全自动FA测试和投运。

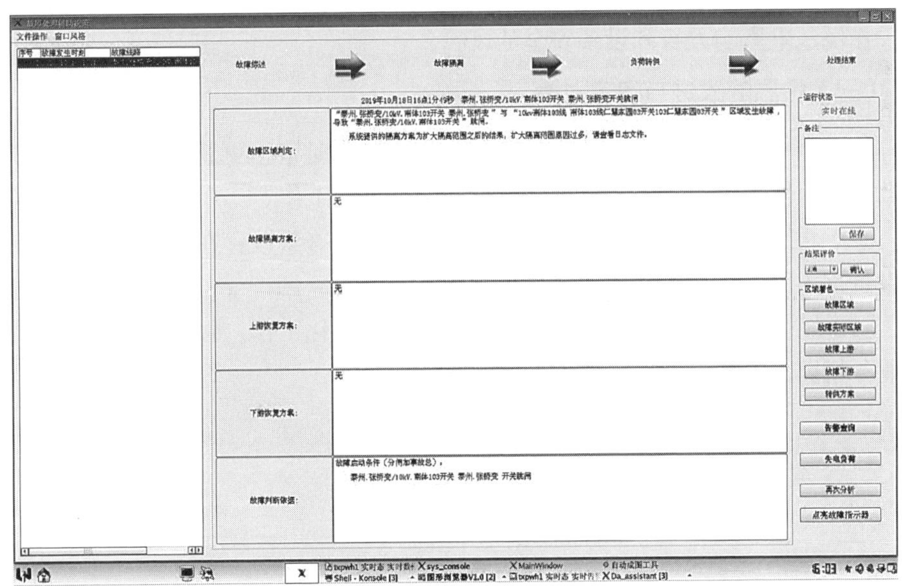

图6　FA功能应用——故障处理辅助决策

9.创新单相接地故障处置管理

通过完善变电站接地选线装置、优化研判流程和自动化系统一键顺控功能的综合运用，提高接地线路研判准确率，压缩非故障线路拉停时间，减轻调控员的工作量，提高用户的供电可靠性。

三、实施效果

（一）2019年相比2018年，各项指标显著提升

（1）线路跳闸故障处理时间由16.74分钟缩短至6.97分钟。

（2）单相接地装置选线准确率由37.2%提高到84.4%。

（3）单相接地故障拉路次数由30次减少到16次，同比减少46.7%。

（4）单相接地故障的拉路时间由3.85分钟缩短至0.08分钟。

（二）评估与改进

（1）专业管理存在的问题。

（2）配网设备异动频繁导致的图模更新不及时、图实不一致等情况，影响调控人员快速准确进行运行方式调整和事故处理。

（3）由于设备质量问题或调控员技术掌握不熟练，在实际工作中仍存在单相接地选线装置选线不正确、综合研判不成功的情况，故障处理效率仍然有待提升。

（4）用户变电站值班员技能水平普遍不高、配备不足，双电源用户存在内部误操作倒送电影响人身和设备安全的风险。

（三）今后的改进方向或对策

（1）严格落实配网设备异动管理制度流程，及时审核更新图模数据，定期开展数据一致性核查，落实考核责任，推动图模治理工作。

（2）跟踪接地选线装置动作行为分析，及时排查整改存在的问题，严格把好新设备接入关，持续提升接地选线正确率。

（3）结合调控人员走近用户、了解现场的常态化工作，强化面向值班员的现场业务培训，提高用户现场技术人员的业务技能。

（**撰稿人**：洪　波）

“党、政、工、团、家”“五色土”安全示范创建班组

国网如皋市供电公司营配运维一班

【摘要】营配运维一班现有班组成员9人，平均年龄41岁。班组管辖范围涵盖如皋主城区以及城北国家级开发区、城南省级高新区两大主功能区。在现代服务体系建设改革背景下，班组职能由原先的线路运维融合为“营配一体化”“配抢一体化”班组，集10（20）千伏中压线路运维、400伏低压线路抢修以及辖区内电力客户前端服务一体化的班组职能。2020年以来，班组围绕“党政工团家”五色土文化，创新提出了班组“四有”管理目标体系，即“脑中有弦、肩上有责、心中有数、手中有招”，成功创建国网江苏省电力有限公司安全示范点。

一、实施背景

班组是安全生产的第一道防线，班组安全管理在公司整个安全管理体系中起着至关重要的作用。虽然，2020年营配运维一班成员在南通公司“平安通电”专项行动中思想、技能等得到了一定的提升，但班组安全管理基础还比较薄弱，安全意识淡薄、安全管理不到位、安全制度不落实等情况仍有发生；此外，随着班组老龄化问题的提升，以及中低压电网规模的不断加大，班组安全生产形势越来越严峻。因此，加强班组基础管理和安全文化建设具有十分重要的意义。

二、主要做法

营配运维一班围绕安全示范点创建，创新开展了“党、政、工、团、家”“五色土”共育安全活动，即通过党建工作的思想引领促安全，行政建章立制、夯实“基层基础基本功”保安全，工会开展各类活动、主动作为护安全，以及在团青工作组织下青年员工在岗争先兴安全，最后在我们的家属协管、温情嘱托呵护下守安全。

（一）坚守初心、党建领安

以党建全面引领，进一步发挥党组织和党员在安全生产、运维抢修等工作中的战斗堡垒作用和先锋模范作用，促进“党建+安全”有效融合。创新“党建领安、

作使命，通过设立“党员示范岗”“党员责任区”，亮身份、亮责任、亮承诺，示范和带动普通职工全面提升安全生产意识。

（二）创新驱动、科技兴安

一方面，班组注重练兵育才，加强班组培训工作，夯实员工的基础技能（见图1）；另一方面，班组通过各类管理和技术创新，来解决好班组和现场的实际问题（见图2）。

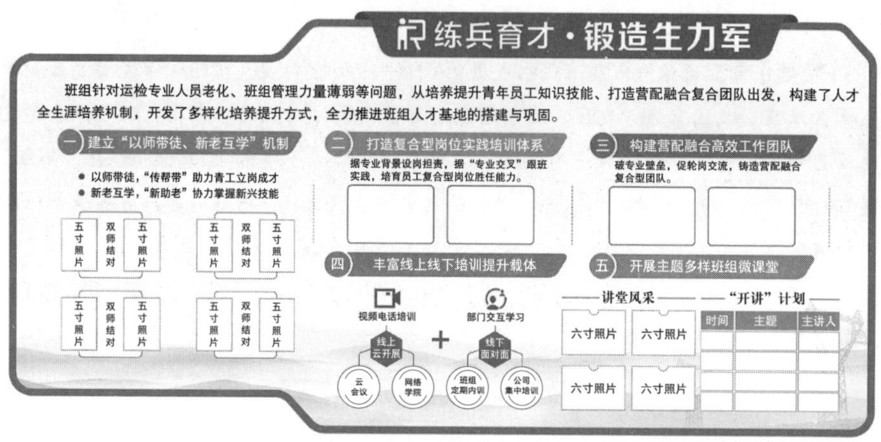

图1　班组全力推进人才的培养

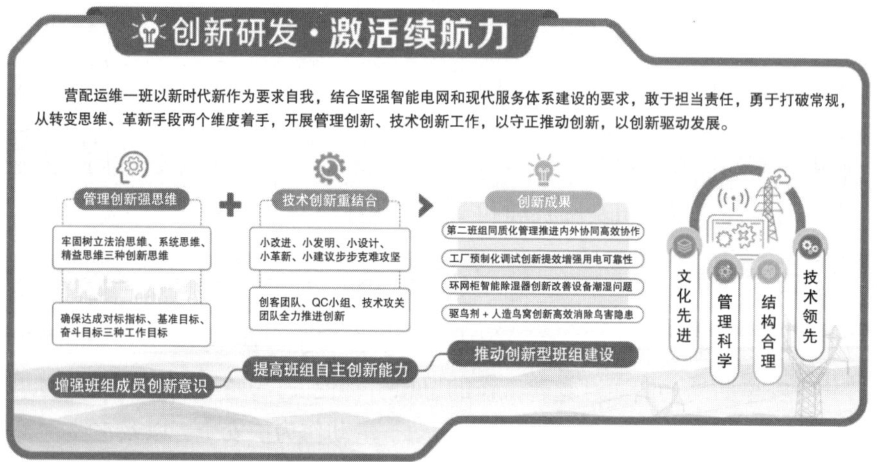

图2　班组积极开展管理创新和技术创新工作

（三）规范管理、基础强安

班组把“六类现场”“六个到位”的要求融入班组“四有”管理目标体系：（1）“脑中有弦”就是班组全员清楚地知晓各层级的安全管理规章制度和作

（1）"脑中有弦"就是班组全员清楚地知晓各层级的安全管理规章制度和作业标准（见图3）。

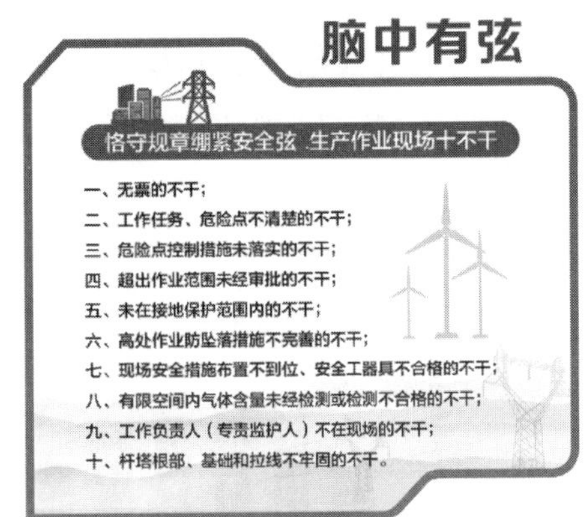

图3 "生产作业现场十不干"的内容

（2）"肩上有责"就是班组成员牢固树立"第一责任人"意识，按照网格化管理要求，切实承担起个人辖区内的设备运维、电网规划和客户服务职责（见图4）。

目前，在运维一班管辖范围，包含3个规划和运维网格，城北、城南和如城，涉及26个规划单元格，其中城北10个，如城11个，城南5个。对每个规划和运维网格，我们有固定的一套团队来实施规划和运维的一体化管理，团队包含发展建设中心的规划、设计人员，供电服务中心营配运维班组的主业设备主人和外协人员，政企客服班的客户经理，和供电所的台区经理（城区低压客户经理）。图4中，我们用色标清晰地展示出每个设备主人的责任区域，这一侧的设备体量由每个人根据实际情况进行滚动更新。

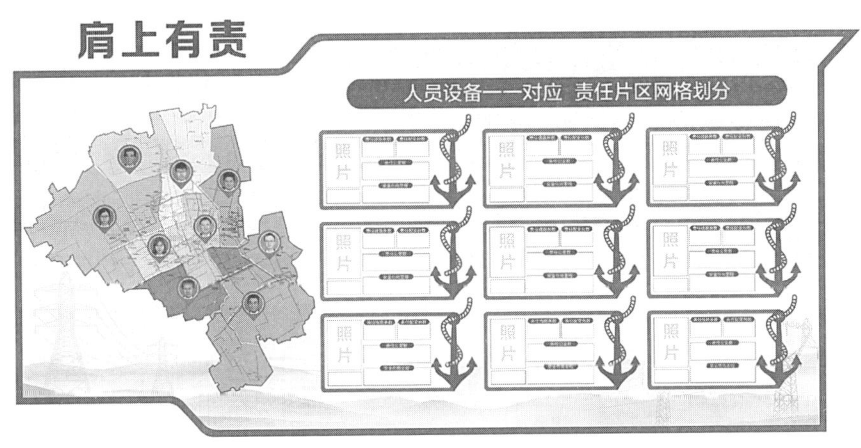

图4 人员设备责任网格划分

（3）"心中有数"就是班组成员清楚地掌握个人的工作要点和管辖设备的信息及状况。班组组织第一责任人扎实开展精益化巡视，以变电站为单位开展一线一档、一站一档分析，对排查出的结构性、设备性、发展性问题分类实施闭环治理，坚持问题导向规划项目，强化精益运维、精准投资，确保电网本质安全。相应的成果就是班组的"一线一档"资料（见图5），包括了从设备的验收记录、后续巡视记录、图实一致档案、隐患缺陷、故障分析、异动报告及线路上的重要

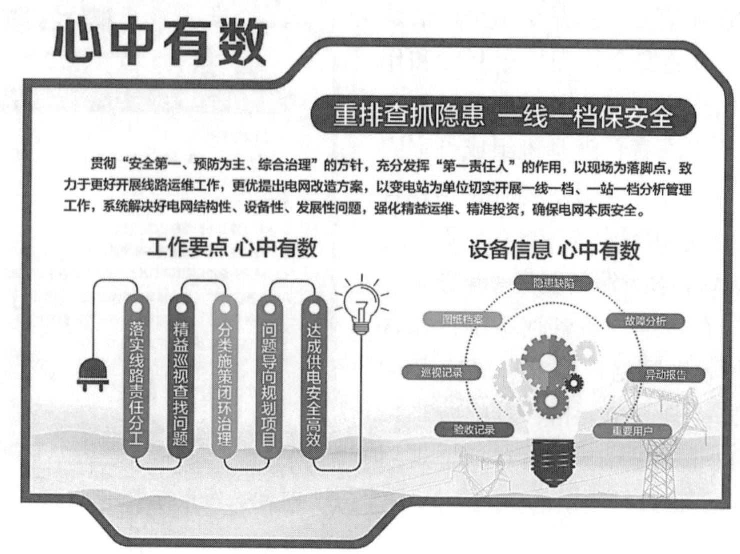

图5 “一线一档”资料内容

（4）“手中有招”就是出实招、见实效，班组从安全标准化、巡视精益化、抢修快速化、服务规范化、考核常态化五个方面（见图6）入手，抓基础、促提升、保安全。

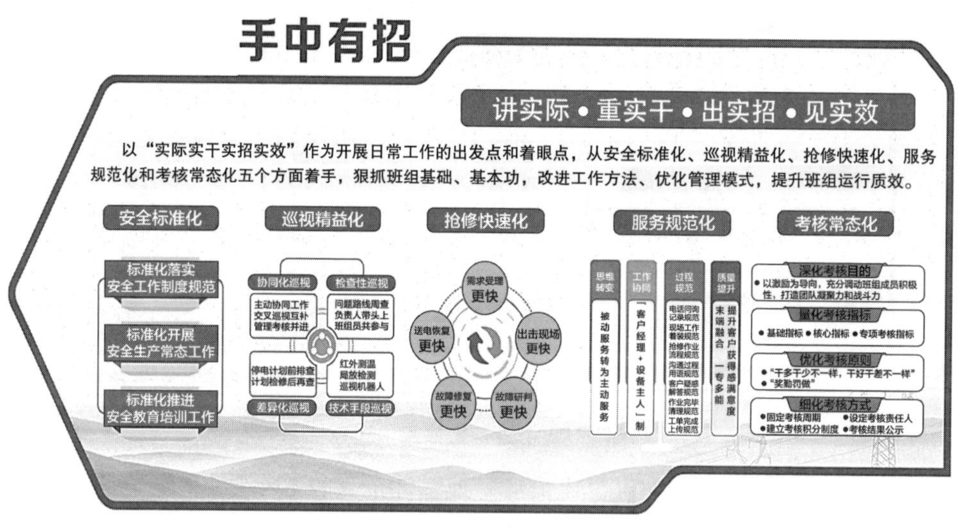

图6 “五化”具体内容

为固化班组员工的行为，结合班组的实际工作，总结提炼成了36条工作口诀，让班组成员对照规范自己的行为，形成标准化的模式：

以抢修为例，故障报修快速响应，强调我们的人员要在岗在位，接到抢修等任务要做到快速响应。

人员到位就是要确保人员力量充足、物资保障到位；技术到位，就是要充分应用现有技术手段，帮助我们研判查找故障；服务到位，就是要加强与属地客户经理配合，做好停电告知解释的服务工作。

研判故障上下联动，就是要加强两个联动，一个加强配抢指挥后台和班组前端的协同，开展故障研判；另一个就是在查找故障时，加强主业、外协和属地供电所人员的协同，分组分工开展巡视，提升故障点查找速度。

隔离范围尽量缩小，就是要采取转供等措施，确保停电范围最小，保障供电可靠性指标。

安全措施执行到位，就是要在现场抢修过程中，严格按照安规要求，严格使用应急抢修单、严格执行现场安全措施、确保正确使用安全工器具等等，并通过移动视频终端、单兵等应用，现场远程安全督查到位。

最后，及时分析举一反三，就是要对每起故障进行总结，杜绝问题重复发生，并且做到追责考核到位。

（四）家属协管，温情护安

成立家属协管会（见图7），创建家属协管机制，从彰显亲情关怀和强化感情联络的角度，定期开展协管会活动，让家属了解员工的工作状况，同时以亲情寄语、安全嘱托的形式，强化员工安全意识，筑牢安全防线。

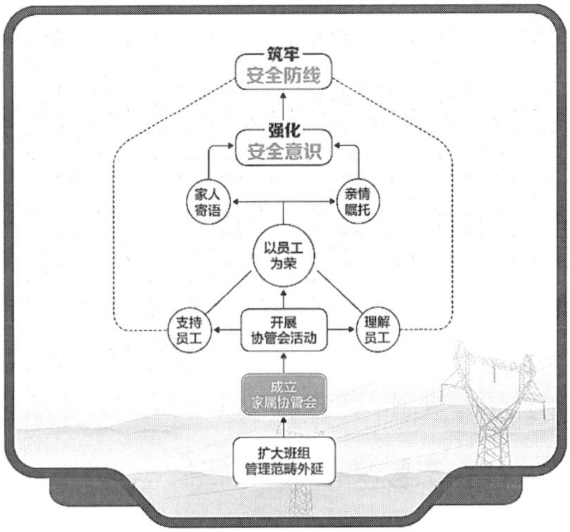

图7 成立家属协管会

三、实施效果

营配运维一班通过"党政工团家""五色土"共育安全活动，努力践行"我的设备我做主、我的岗位我履责"这一工作信条，为实现"文化久安、扬卓越之帆"的班组管理愿景打下了坚实的基础，并成功创建省公司安全示范点。

营配运维一班下阶段将围绕班组绩效管理和员工能力培养做好提升工作，努力形成"比、学、赶、帮、超"的良好氛围，充分体现"干多干少不一样、干好干差不一样"的绩效管理原则，进一步强化班组基础管理和安全文化建设，筑牢公司安全生产的第一道防线。

（撰稿人：周培峰）

事故信息实时共享　多级调度协同处置

国网盐城供电公司地区调度班

【摘要】地区调度班负责盐城电网调度管辖范围内的设备运行操作管理和事故异常处理，担负着盐城市的供电任务。大风、暴雪等恶劣天气会严重影响电网地运行，为快速应对大面积停电事件，地区调度班积极探索建立事故信息展示平台，强化各级调度职责，完善风险预警机制，实现省、地、县三级调度协同处置事故。该平台可在事故发生时，向各级调控中心共享事故及恢复信息，各级调度联合处置，优先恢复主网架通道，在最短时间内有序恢复正常供电。目前该系统已在地、县调度运行，地区调度班也积极与省调联系，深化该系统应用，并在全省推广。

一、实施背景

极端恶劣天气会严重影响电网地运行，如湖南雪灾、阜宁“623”风灾等自然灾害。目前我国在电力系统的安全生产方面已积累了丰富的经验，但对于大面积停电和跨地区、跨专业、跨行业的突发公共安全事件的应急保障能力还相对比较薄弱，为进一步提高应对大面积停电事件的应急处置能力，有必要优化应急处置措施，通过事故信息实时共享，多级调度协同处置，强化各级调度职责，完善风险预警机制，实现省、地、县三级调度协同处置事故。

二、主要做法

（一）整体思路

面对突发自然灾害或意外事故引发的电网大面积停电，各级调度以“应急机制启动，信息实时上报，在线可视分析，纵向调度协同，同步指令下发，临时风险发布”为整体思路，打造高效运转的事故应急交流管理系统。图1为整体思路的流程图。

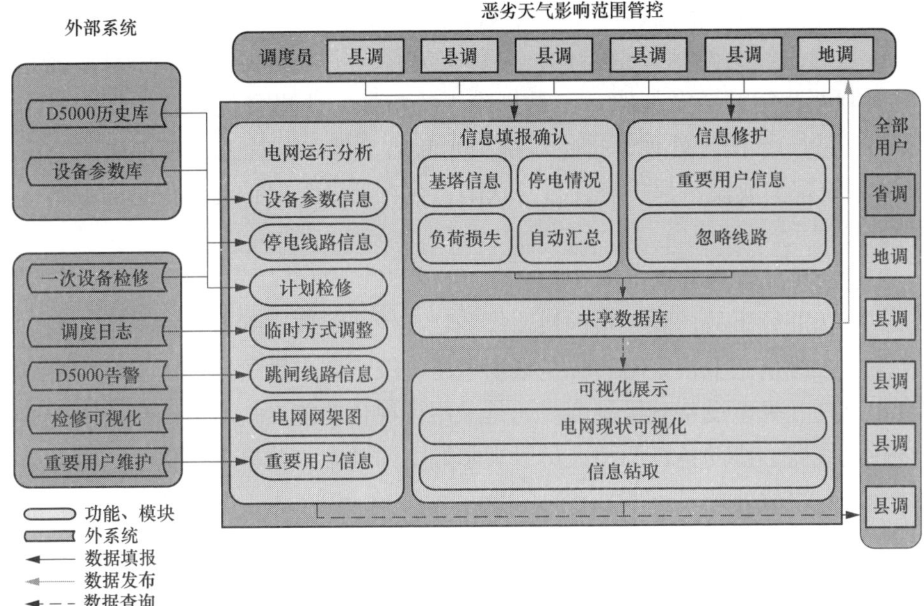

图1　整体思路流程图

（二）实施过程

构建省地县一体化应急交流管理平台，实现多级调控机构共享全网运行大数据和事故信息，同步跟踪事故处理进程，实现电网全局态势感知及协调控制决策。平台如图2所示。

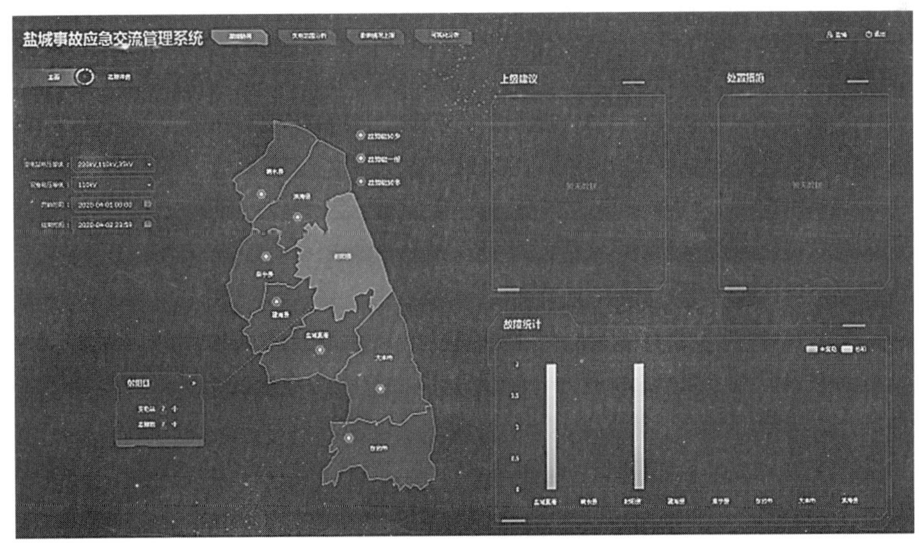

图2　省地县一体化应急交流管理平台

1.确定跳闸多重判据，建立跳闸线路精准识别策略

一是确定线路跳闸关键指标，应急交流管理平台全面接入D5000系统，平台实时判断跳闸开关及线路。二是排除干扰指标，严格督促监控、县调对正常检修、试验工作挂牌处理，排除对跳闸判断的干扰。三是人工辅助决策，由于D5000系统报文或设备保护装置自身缺陷，存在部分无保护动作信息的跳闸，由调控人员把关。

2.建立事故信息共享机制

一是为兼顾事故信息上报的快速性和精准性，采取“平台自动上报，人工辅助决策”二维信息上报策略。二是根据电压等级、用户重要性等因素对所有线路和变电站建立失电设备分级制度。三是采用可视化功能在盐城电网接线图中醒目标注跳闸线路，协助各级调控人员直观掌握电网动态，共享现场信息，以此为基础快速应对事故处理。

3.建立最快最优事故处理流程

省调充分考虑220千伏网架结构，采取相应的处置措施，将控制负荷、线路特巡等信息直接推送地调。同时，地调应根据实际情况，对220联络通道的恢复提出相应建议，反馈至省调。县调对于无法全部转移低压负荷的110千伏变电站应通过平台上报地调，从而实现最快最优事故处理。

4.风险预警发布

通过该平台制定临时风险预案并发布，改变原有的人工电话预警信息发布流程，实现预警信息从服务器端向生产系统各单位责任人移动设备端的快速传达，大幅节约信息发布用时，并能够获取受信人员的反馈信息，对于预警执行情况进行实时监督，及时开展临时保供电工作，完成电网风险的全时段控制，实现电网各类风险的可控、能控、在控。

（三）具体案例

某年6月22日，阜宁220千伏庆元变电站发生220千伏正、副母线全停故障。阜宁地区电网属于盐城北分区，北分区以500千伏盐都变、潘荡变、滨响变为支撑，形成以盐城电厂、射阳港电厂和区域联络线为主力电源的220千伏的环形网架（见图3）。

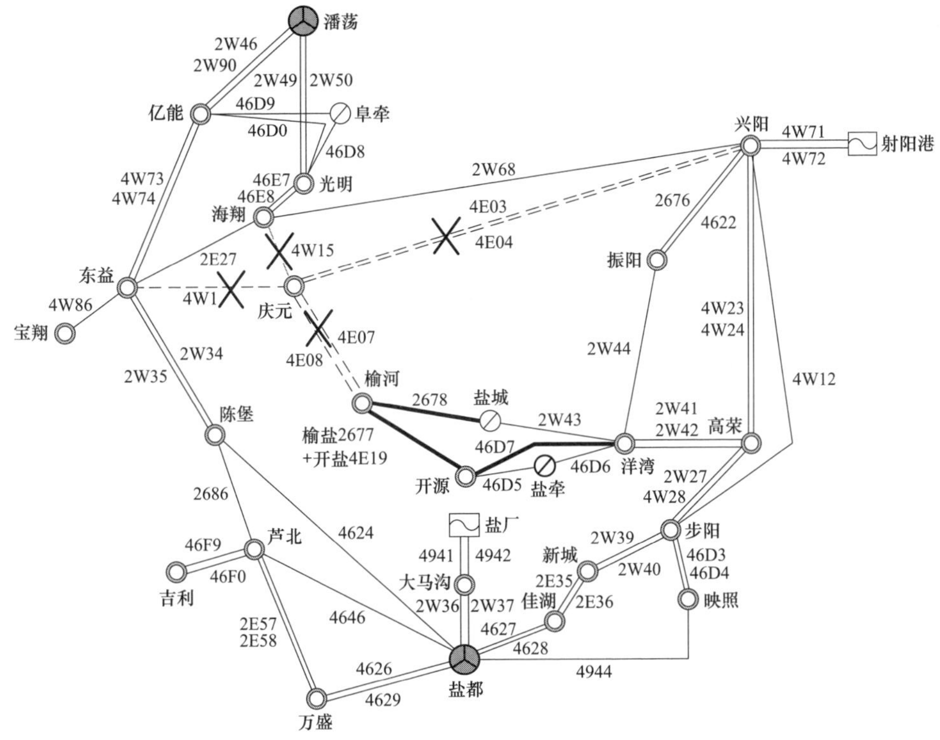

图3　盐城市阜宁县220千伏电网接线图

1. 220千伏电网省地协同处理

此时，平台显示220千伏洋湾变–开源变–榆河变–盐城变1号主变压器形成多级单线馈供（见图4），地调建议省调优先恢复“庆元–榆河变”的联络通道。省调向地调推送通知，对“46D7开洋线”“2677盐榆线+4E19开盐线”“2678盐榆线”线路安排特巡，开源变、榆河变、盐城变电站内加强巡视。

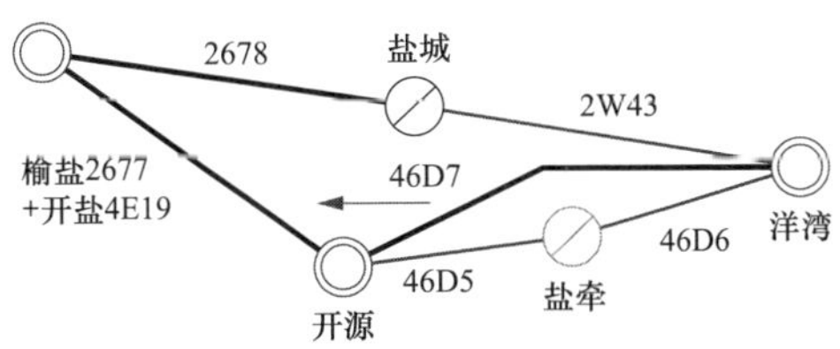

图4　220千伏单级馈供接线图

2. 110千伏及以下电网地县协同处理

110千伏施庄变、蒋圩变失电（见图5），负荷无法转移，黄浦变、凯达变存在六级电网风险。地调向阜调推送通知，对“海黄7W3线路、榆凯722线路”安排特巡，加强黄浦变、凯达变站内巡视，并做好黄浦变、凯达变全停事故预想。

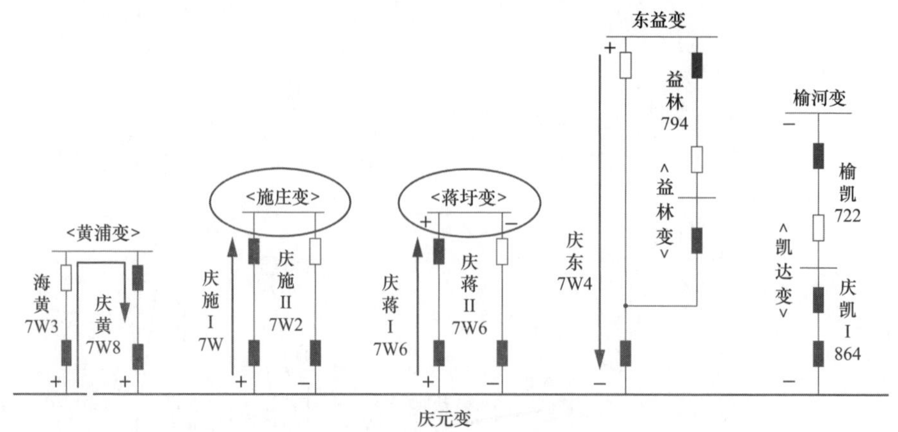

图 5　220 千伏庆元变接线图

三、实施效果

（1）事故信息迅速收集，电网事故最优最快处理。面对大面积停电，调控人员依托信息交流平台，第一时间收集故障信息，统筹事故处理，缩短设备恢复送电时间。该平台也便于公司内部各相关部门对电网运行情况的了解，最终实现了事故信息实时化、检修平台可视化、处理信息共享化、负荷转移精准化、事故抢修有序化。

据统计，事故应急交流管理系统应用后，跳闸信息上报平均用时由原先的9.7分钟降至2.3分钟，故障信息的上报时间大大缩短。省、地、县在协同处置电网事故时，设备恢复送电的时间也明显减少，平均用时由原先的1.9小时降至0.8小时。

（2）典型经验逐步推广，试点试行效果显著。通过该典型经验的实施，盐城地、县调在应对大面积电网事件的处置效率大大提升。盐城地调在此基础上也积极与省调联系，深化该系统应用，并在全省进行了推广，目前已在无锡、南京、徐州等兄弟单位进行了试点试行。

（3）降低事故社会影响，树立良好企业形象。在灾害发生后可以最快最优恢复重点场所供电，实现电网的精准抢修，快速恢复重点场所供电，切实提高电网应急处置能力，体现了电网企业的社会责任感。

改进提升措施：判别跳闸线路时仍存在部分干扰信息，导致个别跳闸判别错误；未能实现故障区域在线可视化分析，目前在接线图中只能标注单一跳闸事件；还需积极与省调联系，尽快实现省地县一体化事故协同处理。

（撰稿人：潘书磊）

“三严三实”微管理　班组安全强根基

国网淮安供电公司变电修试二班

【摘要】变电修试二班成立于2018年8月，班组融合了开关、变压器、试验、油务多个专业，负责辖区51座变电站一次设备维护工作。现有班组成员17人，大学本科及以上学历9人，中级及以上职称6人。班组实施“三严三实”微管理工作法，即严守三项“微制度”执行压实人员职责、严控三段“微培训”实效扎实定置需求、严传三件“微法宝”功力夯实现场管控，强力筑牢班组安全生产根基。创新班组“微”管理模式，培养了一支安全意识强、技能水平高、综合素质优的“能干会管”检修队伍，提升了班组安全生产软实力，保障了辖区变电设备安全稳定运行。班组于2019年荣获国网江苏省电力有限公司工人先锋号称号。

一、实施背景

随着“大检修”模式优化调整，同时变电修试专业业务融合，变电修试班组承担淮安市220千伏及以下所有变电一次设备检修业务。多专业人员融合，新老员工汇聚，作业内容综合复杂，进一步凸显了变电修试班组检修作业现场安全管控压力。班组安全建设不容忽视。变电修试二班利用“三严三实”微管理工作法，展现安全建设实效，筑牢班组安全生产根基。

二、主要做法

（一）严守三“微”制度，压实人员职责

班组人员集中讨论通过了三项微制度，严格执行，落实班组安全生产新框架，压实人员职责，从制度上保障班组安全建设。

（1）在结构性缺员背景下，班组创新实施“区块化检修责任人制”，将所辖变电站进行区块划分，确定责任人，负责责任变电站的基础管理和作业项目管控。区块化责任人作为作业现场总协调人，统筹安全、进度、质量管控。此举激励了班员的工作热情和积极性，在有效缓解人员紧张的同时，保证项目全过程管控工作质量，大幅提升设备精益化管理水平。

（2）制定班组现场工作反违章管理规定，进一步落实安全责任。班组加大现场反违章工作力度，严格反违章安全监督和奖励处罚，实行班组人员违章记分

制、违章连带制、违章分级折算制，将违章考核与绩效考核、评先评优挂钩，鼓励班员自查自纠，有效遏制违章现象。

（3）贴合班组鸿雁文化，制定鸿雁尽责“一二三”快速应急抢修公约，即一响二动三到位。一响：第一时间接听值班电话；二动：接到应急抢修任务后，立刻行动，30分钟内到岗，同时编制应急抢修方案；三到位：接到应急抢修任务后，人员集结到位、应急物资准备到位、安全防护措施落实到位。班组严格执行“一二三”快速应急保障公约，强力保障电网设备安全运行。

（二）严控三“微”培训，扎实需求定制

班组充分利用成员集中时间，结合班组需求，开展三个时段定制化微培训，保证培训实效，固化班组安全意识。一是每周安全活动，除学习规定材料外，根据班组成员共性问题，有针对性地剖析现场案例及班组安全管理上存在的不足，确定学习内容，提前分配任务。如班组成员存在工作票执行时填写格式不统一、安全管控系统资料录入不规范等问题，派单给相关骨干，在班组安全活动日上开展定制化微培训。二是每日班前会，改变以往班组长苦口若心交代当日工作现场安全注意事项的局面，由工作负责人分析工作中存在的危险点及防范措施，工作班成员补充，班组长把关纠正。安全生产意识入脑入心，将生产作业人员“要我安全”的观念转变为“我要安全”“我能安全”。润物无声的培训强化了成员风险辨识能力。三是每月缺陷分析总结，班组骨干成员汇报当月处理的缺陷，从故障现象、原因判断、处理方法等方面介绍消缺经过，常态化撰写缺陷处理报告，滚动完善班组设备缺陷统计分析表。三人行，必有我师，通过微讲堂、故障报告撰写等活动，极大地提高班组成员尤其是年轻同志的业务技能水平。以点带面，营造浓厚的学习氛围，培育安全文化土壤。

（三）严传三“微”法宝，夯实现场管控

班组结合工作特点，发掘提高现场工作效益的三“微”法宝，积极传承，保障现场工作安全高效有序开展。一是布置现场检修作业看板。统筹现场实施的各作业项目，制定作业计划横道图，展示各阶段停电范围、主要作业内容及工期安排。对工作任务进行分解，制定每日工作表，涵盖当日具体工作内容、工作负责人及作业面人员情况。梳理作业中关键风险点，编制相应的防范措施。作业看板布置在大门入口处，所有进入人员均可清晰了解当日工作进展情况，确保作业现场实时在控。二是编制各类作业所需安全工器具等物料定置清单。根据作业内容，集合班组智慧，分门别类列出所需安全工器具、施工器具、仪器仪表清单，张贴在仓库货架上。接到检修任务后，班组成员根据定制单，逐一领取，改变以往工作负责人根据经验口述所需工器具明细、成员领取的方式，极大程度避免工

器具的遗漏。三是整理工作负责人收纳盒。工作负责人是现场管控第一责任人，资料类别较多，经常发生丢失、遗漏现象。给每位工作负责人配置收纳盒，包括工作负责人红马甲、开收工会记录本、签字笔、工作票填写样票、事故应急抢修单等物品，提高班组工作效率。

三、实施效果

在"三严三实"微管理下，班组安全生产形势始终保持平稳，实现岗位无隐患，个人无违章，班组无事故的"三无"目标，增强安全生产软实力，焕发安全生产内动力。

班组人员专业深度融合，综合能力全面提升，主动担当作为，责任感明显加强。班组各项管理事务流程更加畅通，现场检修工作安全无死角，变电设备安全有保障。"三严三实"班组安全微管理，打造了班组安全生产文化基地，筑牢了班组安全生产防线，提升了班组战斗力和变电设备运行可靠性。自班组成立以来，已成功申报51次省公司安全生产贡献奖。班组2019年被评为省公司工人先锋号，2020年成功完成市公司级企业文化示范点创建。

（**撰稿人：**王　亮）

“四季工作法”铸造安全生产先进班组

国网东海县供电公司平明供电所运维采集班

【摘要】运维采集班创建于2008年，现有职工20人，其中党员5人，技师1人，中高级工19人，技师技能等级1人，平均年龄52.5岁，负责平明辖区内的10千伏及以下线路的运行维护、采集及线损管理工作。针对平明供电所单条10千伏线路长且末端电压低随四季变化不稳定的问题，通过结合四季环境变化和不稳定实际情况，运维采集班探索实践出低电压管控“四季工作法”，即：春季早落实（抓住瓶颈问题、制定整改措施、闭环管理模式），夏季多管控（直观分析数据、公式法计算、异常电压分析），秋季抓落实（适时调档、电压治理、质量管控），冬季查漏补缺（落实确认、效果验证、整改完善），有效解决低电压问题，全力保障坚强智能电网安全可靠运行，用心服务“三农”发展。

一、实施背景

平明镇坐落于东海县东部，地势平坦，土地肥沃，有“鱼米之乡”之称，平明供电所管辖的区域面积158平方公里，2018年初有10千伏线路条数13条、线路长度259.9公里，线路的绝缘化率98.2%，接户线长度215.6公里，配电变压器台数564台容量170840千伏安，户均容量4.9户/千伏安，供电户数22395户，低压线路的最大供电半径620米，D类首末端电压合格率98.5%，低电压出现的时间段6:30–9:50，低电压的户数23户。

针对农电季节性低电压的特点，班组创新实施“四季工作法”：春季早谋划，夏季多管控，秋季抓落实，冬季查漏补缺，实现辖区配电变压器关口变电压合格率在99.3%至100%区间，切实提高供电可靠性。

二、主要做法

（一）春季强化组织抓春改，夯实基础提质量

根据每年迎峰度冬（夏）暴露电压存在的瓶颈问题，结合工作实际，制定整改方案，从现场勘察到设计，从储备到施工，形成改造项目科学、实用、闭环管理模式、抢抓时机、对辖区高、低压线路、接户线、计量进行改造。同时，依照实地检测，增加变压器密布点，提高户均容量。2019年通过“春改”实现供电所线路全绝缘，主线路线径185，分支线路线径120，接户线全部实现“二改四”，

改造接户线的户数4223户，通过改造供电平均半径达到了480米，户均容量达到了5.4户/千伏安。

（二）夏季强化管控抓夏查，精细检测三步走

利用采集系统实时做好电压质量监测，对各配电变压器关口电表电压进行有效的管控，通过采集的数据进行分析，做好变压器调挡工作，使变压器挡位在合理的位置，实现变压器关口电压不越下限、不超上限，保证电压在合格的区间。

直观法分析数据。利用采集系统数据预判调整变压器挡位位置，调高或者调低配变挡位，确保电压合格率。

示例：

2019年8月15日，平明186号变压器关口低压210伏，即将出现低电压。核实调度和运检部，确认母线电压正常和没有施工倒电的情况下，运维采集班班长初步判断低电压原因是挡位设置不当，未能结合季节变化进行挡位调整。随即安排班组成员驱车至186号变压器处。186号变压器为5挡位可调变压器，目前挡位置于1挡位，该变压器位于农业线路上，考虑季节性农电灌溉用电，随即安排进行挡位调整。

数据库计算。通过公式计算求出电压在不同挡位时最高相电压值和最低相电压值，选择数据库计算结果对应的挡位为最佳挡位。

示例：

平明供电所基于Access数据库系统，创建低压监测数据库（见图1），表格数据包括线路表、配变实时监测表、考核单元、配变台区责任人、配变台区信息。只需要人工花费40分钟时间将用采或现场采集统计数据输入表格，数据库自动分析数据，给出数据评价，生成生产数据分析报表。

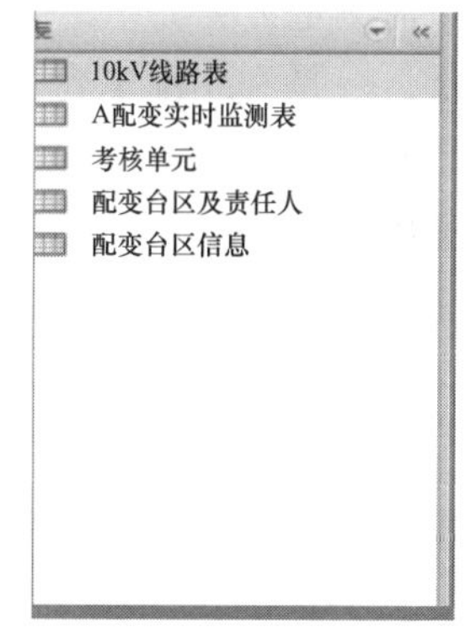

图1 低压监测数据库内容

根据数据分析负载率、三相不平衡、电压越下限情况，综合数据评价合理定位台区核心问题，完成现场调整。

异常电压分析。三相电压严重不对称的，分析原因，现场治理。

示例：

平明023号变压器在9:45—次日3:00电压异常，三相电压为：A相196，B相230，C相194，Access数据库无法分析数据，没有给予数据评价。初步进行现场监测，发现三相数据平稳无异常，改由异常数据发生时段测量，并持续召测实时

数据。10:15监测一处异常数据，现场人员及运维班长分析结果为台区下动力户新增设备，超容用电。对于台区内用户电表进行需量采集，定位到问题用户，下发整改通知书。

（三）秋季强化落实抢秋收，做好防范强治理

通过用电信息采集系统，每日进行数据分析，对可能出现低电压的变压器及末端客户提前管控，进行早治理。

（1）适时调挡。根据10千伏线路网络电压变化，首末端电压质量也不一致，随时观察随时调整台区挡位。

（2）特殊情况下变压器关口电压的治理。综合变压器带小用户容量较大，当某小用户开足马力生产的时候，此时配电变压器关口表电压合格。

（3）末端客户低电压的治理。测量表计与现场电压是否一致；现场检查还是否存在导线本身质量问题。

（4）低压线路不合格造成低电压的治理。

（5）10千伏线路末端存在大客户影响电压质量问题的管控。

（四）冬季强化迎峰抓“冬”补，查补强措施

在冬天这个又一用电高峰的季节到来时，考验着我们以前实施的春季的规划、夏季的管控、秋季的落实是否存在不足和未完成的项目。开展配电变压器负荷测量普测工作，排查和分析变压器负载情况。负荷测量采取两种方法同步进行，一是利用配电台区安装的负荷采集系统进行远程电脑采集监测，对于未安装负荷采集系统的配电台区，由台区管理人员在现场进行定期定时测量，确保准确掌握配电变压器负载情况。经测量分析，全镇春节期间共有4台预计超载变压器，对于排查出的问题上报公司安全运检部安排项目进行新增或更换配电变压器。

同期开展台区用电设备安全隐患排查工作，重点对低压配电箱、低压电缆、接头、配电箱熔断器等设备进行一次全面的排查。共计梳理各类缺陷隐患41处，涉及23个台区。截至2019年底，共计完成29处缺陷隐患排除，剩余的12处缺陷隐患需要项目改造，已纳入项目储备。

三、实施效果

2019年底平明供电所管辖的10千伏线路条数13条、线路长度268.3公里，线路的绝缘化率100%，接户线长度224.3公里，配电变压器台数573台，容量172640千伏安，户均容量5.4户/千伏安，供电户数23189户，低压线路的最大供电半径500米。2018年D类用户首末端电压合格率维持在98.5%，2018年7月推广“四

季工作法"D类用户首末端电压合格率上升至99%，2019年底实现D类首末端电压合格率99.96%，实现了本辖区配变关口电压合格率在99.3% ~ 100%的区间目标，低电压出现的时间段6：30–9：50，出现低电压的户数0户。

（撰稿人：霍永敢　李枝蓬）

"三管齐下"铸造硬核标杆班组

国网江苏超高压公司无锡运维站斗山运维班

【摘要】考虑到改扩建工程密集的客观实际，斗山运维班为了克服日益增长的现场安全管控压力，秉承"以人为本、科学管理、创新发展、追求卓越"的理念，针对日常操作、施工管理以及设备验收等现场工作中的风险，形成"四三三"工作法。下稳"四步棋"，全面预控操作风险；做足"三字精"，精准布控作业风险；牢记"三个一"，严格验收安全质量把控，不断强化管理，安全高效地完成了一系列改扩建工作。

一、实施背景

自2018年起，班组先后参与了500千伏梅里变电站"综自"改造、串抗加装，500千伏斗山变电站茅斗线增容改造等一系列改扩建工程。考虑到改造过程点多面广，运行工作量大、现场施工面多，专业交叉作业，外包队伍复杂等安全风险因素，班组不断摸索能够适用于现场的安全管控措施，形成"四三三"工作法，联防联控交圈地带的安全风险，做到安全可控、能控、在控，实现常态化安全管控。

二、主要做法

（一）下稳四步棋，全面预控操作风险

（1）下稳停电审核"先手棋"。在停电计划下发后，由班组技术负责人通过核周期、缺陷、反措等，审查停电计划初稿中所列工作内容及停电范围是否正确；是否存在停电范围内缺陷应处理而未列入停电计划的情况。

（2）下稳设备测温"基础棋"。提前安排各站对停电回路进行红外测温，是否存在异常发热点，确保设备后期可以顺利操作。

（3）下稳操作审核"关键棋"。执行操作票三级审核制度，值班员根据停电计划提前写票自审，值长复审，站端负责人三审，切实保障操作的规范性和正确性。

（4）下稳异常预想"后手棋"。结合停电期间的天气预报和《操作现场"六个到位"标准》，做好操作的异常预想，提高操作期间发生异常的处理效率。

（二）做足“三字精”，精准布控作业风险

（1）精细判定，实现作业安全目视化。借助牌、卡、图、表、标签等目视手段将风险因素枚举到位（见图1、图2）。在施工场所设立工程进度及风险标识牌、每周一份风险点预控和分析措施卡，实现作业前风险明确化；巧用板夹标签将工作票划分成一种票（二种票）待许可，一种票（二种票）执行中，一种票（二种票）待终结，实现现场进度清晰化。

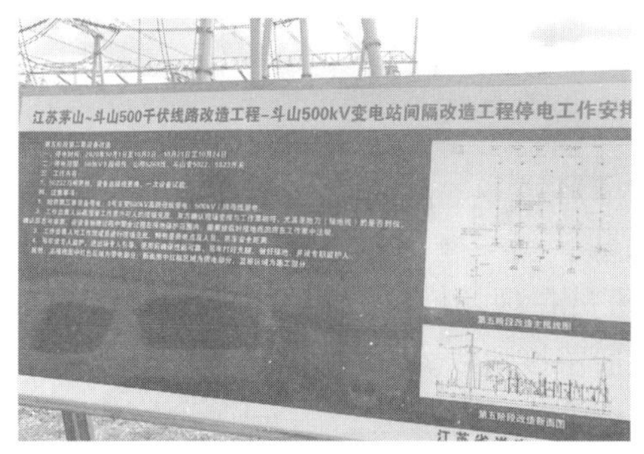

图1　现场作业进度及风险标识牌

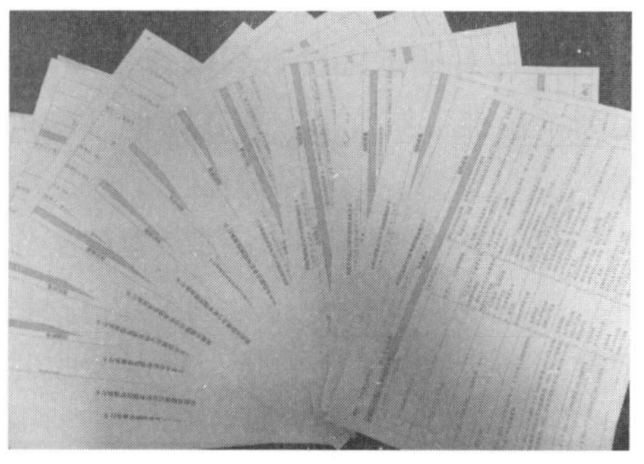

图2　每周危险点预控和分析措施卡

（2）精准谋划，实现交圈风险最小化。以班组牵头定期开展工程进度碰头会，会上各个施工单位汇报施工进度，并根据设备停电计划对施工交圈地带进行施工风险讨论及施工协调，确保现场工作安全顺利进行。

（3）精确布局，实现安措检查日常化。值班员在日常巡视过程中，除了对现场一次围栏布置情况进行检查，还针对二次保护更换施工交圈地带，每天进行二次安措变动情况进行复核（见图3、图4）。

图3　茅斗线增容改造工程中值班员在室外端子箱核对二次安措

（三）牢记三个“一”，严格验收安全质量把控

（1）一、二次设备标签标准一体化。为解决各个厂家制作铭牌、标签颜色、名称、大小不同造成的后期运维问题，班组将梅里和斗山变电站的标识牌进行统一更换，实现标准化管理。用颜色区分二次连接片功能，标准化命名连接片名称（见图4），使后期运维检查、操作更加便捷，提高了运维工作效率，并在其他站内进行推广。

图4　标准化后的二次连接片标签

（2）接地线借用一本清。根据工作票进行接地线借用登记（见图5），并且值班员在现场模拟图版上进行标识，有效把控现场接地线加装数量，确保验收时无遗留接地线。

500kV 斗山变接地线借用记录

序号	工作票号	借用时间	借用地线编号	借用人	运维人员	归还时间	归还人	运维人员
1	I202009002	2020.09.02 14:45	16号			2020.11.9 14:60		
2	I202009002	2020.09.02 14:05	17号			2020.11.9 14:60		
3	I202009005	2020.09.04 10:38	19号			2020.09.04 11:30		
4	I202009011	2020.09.11 10:22	18号			2020.09.11 10:35		
5	I202009011	2020.09.11 10:40	19号			2020.11.9 14:60		
6	I202009013	2020.09.16 9:20	20号、21号			2020.10.31 16:20		
7	I202009019	2020.9.19 12:[illegible]	22号			[illegible] 12:20		
8	I202009019	2020.9.19 12:3[illegible]	23号			[illegible] 14:60		
9	I202009020	2020.09.28 10:31	24号			2020.09.30 18:[illegible]		
10	I202009028	2020.10.02 8:50	26号			2020.10.[illegible] 16:60		
11	I202009015	2020.10.22 14:60	25号			2020.10.24 17:20		

图5　接地线借用登记本

（3）验收标准卡一手拿。班组以“安全第一，分级负责，精益管理，标准作业，零缺投运”的原则编制切实可行的设备验收节点计划和验收卡，两人一组进行验收，严把质量关，确保验收工作高效完成。

三、实施效果

（一）现场安全管控质量稳步提高

班组以设备“主人翁”姿态，主动延伸界面，借助牌、卡、图、表、标签等目视手段将风险因素枚举到位；与各施工单位进行对接交流，聚焦交圈地带风险：针对一二次安措进行日常巡视，确实做到看住设备边界。在2020年的茅斗变电站

斗南线改造工程中，施工单位多达5家，人员多、专业交叉多；电网五级风险预警多达6个，现场预警压力大；工程历时65天，持续时间长。面对“两多一长”的难题，班组准确运用“四三三”工作法，顺利完成一种票56张，二种票158张，操作票134张，共执行3821步，助力现场设备完成一次设备改造20个，二次设备改造8个。

（二）现场工作效率大幅提升

班组从现场标签统一、接地线借用、验收标准卡制作出发，通过三个“一”快速提升现场的效率。在2021年500千伏映月变电站建设及投运过程中，班组共制作现场一二次标签3208个，通过颜色的鲜明区分大大加快了启动前的二次压板摆放与核对工作，缩短了40%的时间；在验收阶段，共制作联锁标准验收卡80张，从以往按经验验收向标准卡验收转变，避免联锁逻辑的遗漏与错误，使以往全站2天的工作量，缩减到了1天完成，提质增速。

（三）和谐安全的工作氛围全面形成

班组从“以人为本、科学管理、创新发展、追求卓越”的理念摸索出的“四三三”工作法，使得流程有规可依，现场管控有方可循，验收质量有卡可控，实现专业管理层级责任明确，现场安全管控界面清晰，现场人员执章规范，从而打造了一支“精益运维勇争先”的工作团队。

（撰稿人：吴甜恬）

优质服务建设

“阳光心出发　绿色新发展”标杆班组

国网南京供电公司
市场室大客户经理二班

【摘要】“十三五”期间，大客户经理二班积极落实能源变革实践、提升客户服务质效，通过实施“阳光服务”、“阳光创新”和“阳光团队”工程，推进班组建设再提升。针对近些年营销专业人员“一岗多能”“供电＋能效”服务等岗位要求，班组建立以多任务管理体系、绩效合约制、客户经理岗位聘任制、项目责任AB岗制等为特色的基础管理体系，建设以“精益、和谐、智能、互动”为特点的新型营销服务模式。“十三五”期间，以“阳光心出发 绿色新发展”为理念，在“服务、创新、团队”建设方面取得显著成绩，形成了具有推广实施性的建设经验。

一、实施背景

客户服务是营销专业工作“标尺”，也是工作成效验证的“试金石”。在国家能源变革、营销服务转型、电量增长放缓等一系列问题交织叠加背景下，如何营养“客户服务”的根，繁茂“传统业务”和“新型业务”的叶，是当下营销班组共同面临的问题。

为此，大客户经理二班主动求变，以“服务”为根本，实施“阳光服务”“阳光创新”和“阳光团队”三大工程，建设专业融合复合型人才团队，在公司内部管理挖潜和外部市场开拓方面当表率、做示范。

二、主要做法

（一）升级“阳光服务”

南京市高压客户服务涉及行业广、相关方多，班组充分借鉴管理学理论和韩国三星集团班组管理经验，建立基于优先级划分的多任务管理体系。

周任务通过专业看板管理、动态更新，建立班组任务池并按优先级排序：重要且紧急（A）、重要不紧急（B）、紧急不那么重要（C）、不重要也不紧急（D），A>B ≥ C>D，统筹完成节奏图制定并建立突发任务管理，2019年6月第4周班组任务池如图1所示。由班长每周召开优质服务例会，进行指标通报、供电服务投诉典型案例学习等，提升基础管理水平。

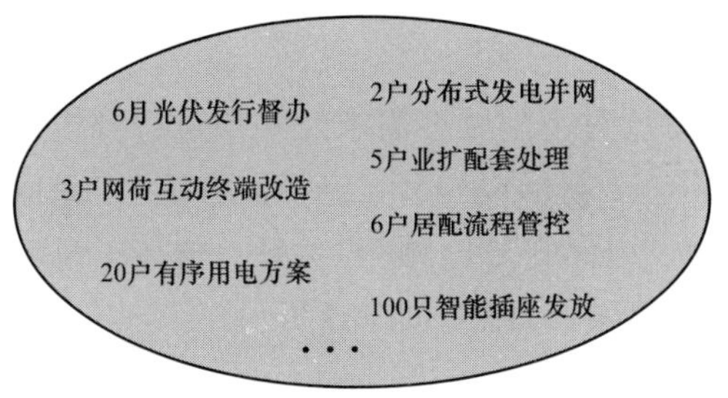

图1　2019年6月第4周班组任务池

积极创新服务手段，推广"互联网+"供电服务，宣传业扩配套、电价优惠政策，确保客户普遍受益。全方位覆盖"阳光业扩""阳光电力"服务新模式，主动为客户内部工程提供上门服务，打造江苏乃至国网范围内营销服务标杆。在2020年年初疫情最严重期间，推广"不见面"业务办理，并完成南京市"公共医疗卫生中心"送电工程，助力打赢南京"疫情防控阻击战"。

（二）强化"阳光创新"

质量管理创新方面，秉承"精益求精，永争一流"创新理念，形成"创新保证质量，创新开拓市场，创新提升能力"的质量管理创新机制（见图2）。成立多个QC团队，由青年骨干员工牵头，立足专业工作，灵活工作思路、开拓工作视野。

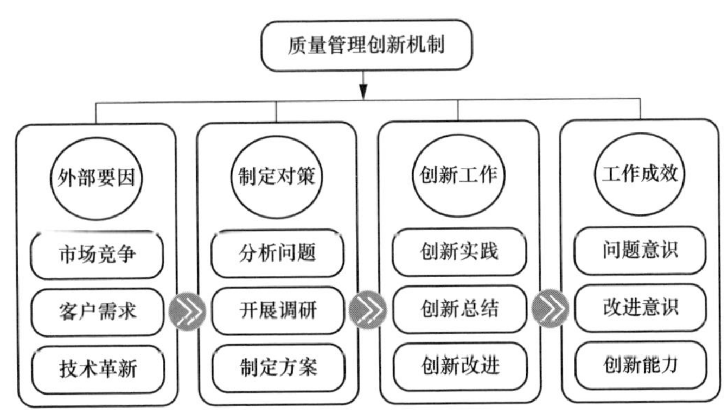

图2　质量管理创新机制

业务服务创新方面，承担南京市光伏项目管理、岸电项目建设、有序用电、业扩报装、居配工程等重要业务，牵头成立现场管理"委员会"，班长负责制定现场管理准则，为南京全市新型业务提供现场经验。同时，参与编制部门《综合能源服务口袋书》，将新旧业务融合开展，取得良好成效并形成推广经验。

（三）打造“阳光团队”

创新服务举措，持续对不同顾客需求及期望进行分析、评价、调整与改进。坚持“把顾客当亲人”，创新形成一套“亲情服务法”。采取不同关系建设策略，与居民及其他顾客建立“电保姆”“电顾问”关系，与高压顾客建立“电管家”关系，与政府、园区建立“电参谋”关系，如表1所示。

表1　大客户经理二班服务对象及服务关系构建

<table>
<tr><th>顾客种类</th><th>顾客关系建设策略</th><th>顾客关系构建目标</th><th colspan="3">依托服务措施</th></tr>
<tr><td>居民、其他</td><td>亲情服务，问题导向型：以解决顾客明确提出的问题和投诉为目的，达到“一个诉求、一个满意”的目标</td><td>居民“电保姆”
社区“电顾问”</td><td rowspan="2">亲情服务法</td><td rowspan="2">共有服务措施：亲情服务九法公益“电博士”亲情100
五微服务优质服务
主题活动等</td><td>居民“电保姆”
社区“电顾问”
3公里充电圈
“1+1”居民光伏提速工程社区电力服务经理服务
亲情宁电共产党员服务队等</td></tr>
<tr><td>高压顾客</td><td>专业服务，主动增值型：主动上门，提供超出用户期望的专业增值服务，引导需求、增加顾客依赖度</td><td>政府“电参谋”
企业（园区）“电管家”</td><td>重点项目“集成服务”“绿色通道”一站式分布式电源服务顾客专属经理服务
能效服务等</td></tr>
</table>

“青年发展”即班组未来，在青年员工培养过程中实施“一二三四五”（即一年入职、二年入行、三年成熟、四年成才、五年拔尖）计划，为新员工量身制定五年培养方案及后续拔尖培养计划，并以此将青年员工分为三个梯队落实细节，如图3所示。

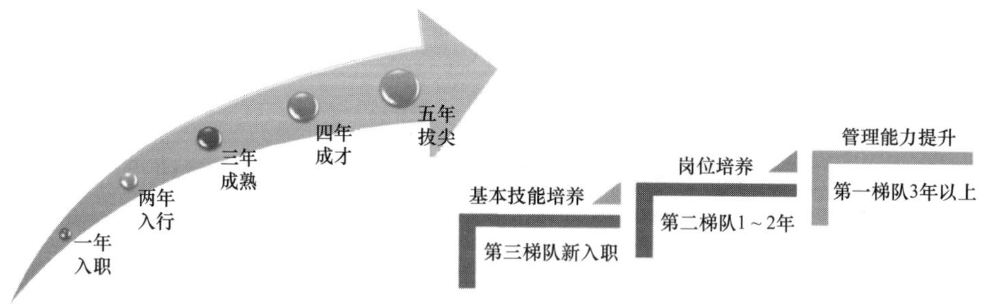

图3　大客户经理二班成员遵循梯队式培养模式

每季度与组员签订“目标人任务制”绩效合约，提升绩效考评的权威性。同时，作为公司推行“岗位聘任制”试点班组，采用部门内部公开竞聘方式，激发班组成员干事创业精神，形成内部良性竞争、整体高效协同工作氛围。

三、实施效果

（一）“阳光服务”收获满意

“十三五”期间，班组累计服务500余个省、市重大项目，所有项目按期或提前送电。班组成员被中共南京市委、南京市人民政府授予2020年高质量建设“强富美高”新南京先进个人。

服务南京市区近600平方公里内高压用户，未发生一起安全生产责任事故，并获得客户服务回访“100%”满意的优异成绩。助力南京供电公司取得2019年南京市优化电力营商环境全国排名第4、国网系统内省会城市排名第1好成绩。

（二）“阳光创新”收获成果

圆满完成多项QC成果，获得国家电网有限公司QC小组优秀成果一等奖，在第45届国际质量管理小组比赛中斩获最高奖铂金奖殊荣。同时，班组也获评2020年度南京市质量信得过班组特等奖、2020年南京市优秀质量管理小组特等奖等荣誉。

（三）“阳光团队”收获发展

关键指标业扩报装、综合能源、电能替代、市场化售电、需求侧管理等均稳步提升，助力南京供电公司营销指标在全省位居前列。阿里巴巴能源站和江宁金鹰CPS项目等一批示范项目落地，为南京供电公司能源互联网建设落地打造了样板。

近两年，班组因出色管理和富有成效的工作获评省公司“工人先锋号”班组，南京供电公司“五星班组”等多项殊荣。班组建设只有起点、没有终点，“十四五”期间，班组将继续夯实基础管理，在“服务、创新、团队”等方面精益求精，助力公司优化电力营商环境、建设具有中国特色国际领先的能源互联网企业。

（**撰稿人：**滕国钧）

构建“三精”服务模式　提升班组服务效能

国网苏州供电公司市中供电服务中心营业一班
（劳动路营业厅）

【摘要】营业一班（劳动路营业厅）位于苏州古城区，承担着辖区内51万余客户的供电营业服务工作。在班组建设过程中，营业一班积极探索，采用“3+2”工作法，构建“精准对接客户需求，精心培育办电习惯，精细制定服务流程”的“三精”服务模式，结合“创新培训培养形式”和“完善监督考核机制”两大支撑手段，在不断提升客户服务体验的同时，提高了班组的服务效能和团队凝聚力。

一、实施背景

营业一班位于苏州古城区，承担着辖区内51万余客户的供电营业服务工作，负责客户咨询、新装、增容、变更及费用缴纳业务，主要服务对象为居民及中小型工商业客户。

尽管互联网日益普及，劳动路营业厅仍经常人满为患，平均每天接待用户量为400余人次，高峰时最多可达900余人次；临厅客户中老年人居多，在等待时间较长后，容易对供电服务产生不良感知。因此，营业一班积极探索，采用“3+2”工作法（见图1），即通过构建“三精”服务模式，结合培训培养和监督考核两大支撑手段，转变传统供电服务模式、优化营业窗口服务效能，满足客户办电要求、提升优质服务水平。

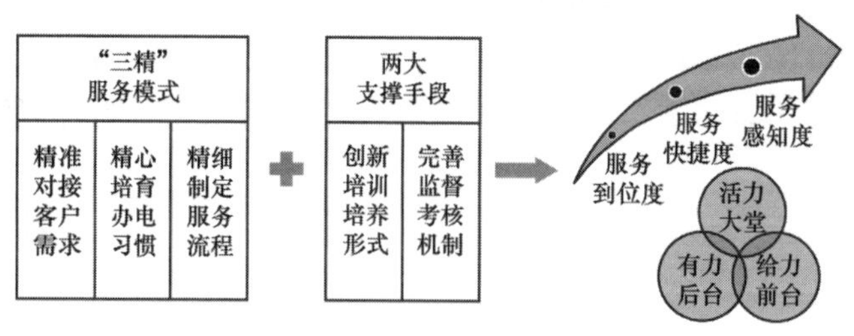

图1 “3+2”工作法

二、主要做法

（一）构建“三精”服务模式、提升服务感知度

1.精准对接客户需求

一是打造厅堂服务“三部曲”，大堂经理和引导员通过“第一时间的热情接待、快速准确的需求识别、分层分区的专业服务”（见图2），塑造“活力明快”的大堂服务形象，减少客户等候抱怨情况。二是成立集团客户服务团队，对接物业、运营商等批量集团用户，提供“一对一”报装、开票服务，提升客户服务体验。三是推行“极简极速”报装服务，借助政务服务网工改平台，在客户主体项目报批初期就进行主动对接，线上受理用电报装申请，打通供电服务“最后一公里”。

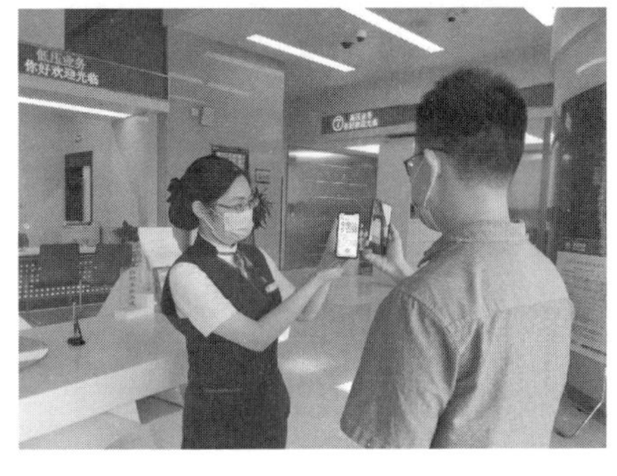

图2　大堂经理指导客户使用网上国网 APP

2.精心培育办电习惯

图3　在交房现场设立流动柜台

一是针对临厅办电的中老年客户，引导其通过自助终端缴费打票，培养自助终端使用习惯；重点推荐使用网上国网“关怀模式”，帮助他们克服畏难心理。二是在新房交付现场设立流动柜台（见图3），指导客户线上办理开通用电手续，免去客户往返营业厅的繁琐，体验线上渠道的方便易用。三是与姑苏区房产交易中心合作，线上推出“电力联动过户”功能，线下设置“网上国网”终端设备，让客户在房产过户的同时完成电表过户，真正实现“一次都不跑”。

3.精细制定服务流程

一是开展“减负提速行动”，营业厅后台针对最频繁的居民过户业务，精简优化表格表单，精炼话术和操作步骤，减少客户填写表单2张、书写内容11项，大幅提高柜台服务效率。二是设立“助老助残绿色通道”，对70周岁以上的老年人提供免排队服务（见图4），借助“滴语APP”在线手语服务，为聋哑客户提供无障碍办电服务。三是建立数字货币服务流程，设置数字人民币专柜和专员，完善线下线上引导流程；建立与银行的联动处置机制，快速响应消费异常状况，助

推数字人民币消费场景的落地应用（见图5）。

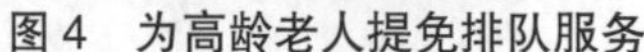
图4　为高龄老人提免排队服务

图5　指导客户使用数字人民币

（二）创新培训培养形式、提升服务快捷度

营业一班创新设计“情景式课堂”培训，通过每月开设三节课，构建“以练代考”的营销服务培训体系。第一节“业务受理情景”实操课，模拟客户办理业务的真实场景，考验柜员对业务的掌握水平；第二节“突发事件情景”演习课，全员参与角色扮演，对盗抢、火灾等情景开展演习，提升实战水平；第三节“大家来找茬”习题课，随机选取柜台监控视频，点评不足之处，共同改进提升。此外营业一厅还开展了“双结对”计划，将新员工与老员工结对、将业务与收费人员结对，开展轮岗互助学习，争取人人做到“一岗多能”、服务实现“一窗受理”。

（三）完善监督考核机制、提升服务到位度

营业一班深化复核机制、完善考核体系，保障“三精”模式实现闭环管理。一是通过首创的“一票四审”工作法，即业务资料经受理员、质检员、班组长、归档人层层把关审核，确保业务流程零差错。二是开展精益化管理活动，系统推进全员参与、全过程控制、各种方法综合运用的全面质量管理，提升规范化管理水平。三是开展绩效谈话活动，每月与绩效落后的员工开展谈心谈话，一同分析原因并提升措施。

三、实施效果

（一）客户办电体验得到提升

通过加强自助和线上业务的引导，逐步培养客户的自助服务习惯，减少用户等待时间，推进客户满意度、获得感进一步提升。

（二）员工业务能力得到提升

通过让员工参与流程的优化设计、开展形式丰富的培训培养计划，使员工的

技能水平和业务能力得到快速提升。

（三）班组团队意识得到提升

经过大堂引导员精准对接、前台人员高效办理和后台人员全力支持，形成了团队互助的良好氛围，班组协同处理效能和凝聚力得到提高。

在全班的共同努力下，营业一班获得了“全国青年文明号”“全国妇女巾帼建功文明岗”“全国用户满意服务明星班组”等荣誉称号，连续四年被评为国网苏州供电公司“五星级班组”，并在2019年1月获评国家电网有限公司“先进班组”。在2020年，营业一班全年推广“网上国网”APP 11363户，线上低压业扩报装率达100%，塑造了苏州供电公共服务的标杆形象。

（撰稿人：王　珏）

注入“亲情服务”成长基因　激发班组建设内在潜能

国网徐州供电公司营业一班

【摘要】十三五以来，作为徐电“第一窗”的营业一班坚守岗位，不忘初心，把亲情服务客户作为班组建设的“成长基因”，打牢业务技能基础，突出规范简便高效，持续数年实践探索“亲情服务工作法”，实现了与客户融合共兴共荣，与企业发展共频共振，有效激发出班组内在潜力，让这个有着光荣传统和优良口碑的营销班组更加活起来、美起来、火起来、强起来，交出了一份从传统业务到亲情服务转型的出色答卷。

一、实施背景

被称为国网徐州供电公司“服务第一窗”的营业一班成立于1999年，是全市唯一A级营业厅，同城异地受理全市450多万客户用电业务，业务覆盖最全、临厅客户数全市之最。随着经济社会发展，客户用能需求多元化和品质化，传统粗放的应答式服务模式已很难满足客户需求。因此以客户为中心，为客户提供从传统服务到精准化服务势在必行。

二、主要做法

（一）根植服务需求，在社会变革中探寻亲情服务之策

“春风化雨情意浓”，简程序、早响应、暖服务、快反馈让服务更有温度，更具人文关怀。简化申请手续。严格落实国家能源局、国家电网公司收资要求，简化客户办电力申请资料，并在客户申请时同步调阅历史资料，确保已有资料或资质证件尚在有效期内的无需重复提供。联动信息共享。开展“将营业厅带回家”上门服务。积极推行“政企联办”，实现用电过户与房产登记“一窗受理，联动办理”，全市首家实现利用“互联网+政务服务”平台（见图1），用“数据跑”代替“人员跑”，完成办理653户次。以信息互联提升办电加速度，企业客户办电仅需提供法人身份证信息，便可调阅客户的营业执照信息验证，无需携带营业执照往返营业厅。定制个性化服务。发展“便捷服务”和“专属服务”模式，为优质企业客户、物业客户、老年客户等提供寄送账单、免排队专柜、免填单服务等

差异化举措，开展“绿色通道”“银发乐享”等新营销策略。开通绿色通道。办电资料“容缺受理”，超前对接服务政府重点工程项目，对于暂未取得相关行政审批证照的重大项目，一证启动、容缺受理、并行推进；对申请用电容量在1000千伏安及以上的外资企业、3000千伏安及以上的内资企业设立办电“绿色通道”。

图1　“互联网＋政务服务”平台与绿色通道

（二）数字赋能服务，在融合创新中优化亲情服务之道

“吾能合异融其真”，融合互联网大数据、新能源服务、智能化资源、构建协同管理模式，开创共融共享共赢之路。建设智慧营业厅。通过生物识别、身份识别、语音识别和数据挖掘等AI技术应用，呈现出以智慧、体验、感知为特点的全自助智能新服务，让用电业务更自主、用能体验更多样，全面提升客户满意度和获得感。“四微一端”智能化用电服务。“四微”即微告知、微计算、微互动、微刊物，“一端”即手机端，推行“线上全天候受理，线下一站式服务”，推动窗口服务向“小前端、大后台”的模式转变。让客户足不出户便可享受一站式办理的优质服务。智能用电互动服务。研发“优优计算器”（见图2），提供传统的峰谷电价比较、不同家用电器用电信息查询、用电分析、能效控制等服务。对企业客户提供用能分析、示范案例和服务预约。通过安装客户侧监测点，为客户提供包括能效监测与大数据分析、用能建议等在内的多项延伸服务。

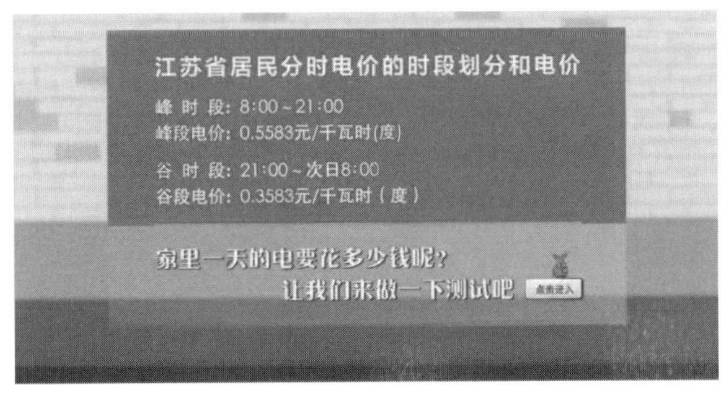

图2　优优计算器

（三）打造专业精神，在精准施策中锤炼亲情服务之能

“金榜高悬姓字真”，金牌业务员展示的不仅仅是服务的品质，更是“人民电业为人民”的初心使命。实施“小规章、小制度”。针对营业服务特点，细化制定《班组管理办法》，涵盖营业服务的7个方面、45个环节，坚持做到“三必”：新进人员必学、每月标准必考、违反标准必罚。开展“四个一”活动。“一日一题”“一周一课”“一月一星”“一月一析”，常态化比服务态度、比服务技能、比工作效率，采用自评、互评、客户投票等多种方式评出每月“金牌业务员”。推行“五级五星”考评。从服务质量（30%）、业务量（50%）、工作质量（20%）三个方面对班组员工进行评比考核，设立五星五级的绩效体系，“五级”评定员工技能水平，“五星”考核业务数量和业务质量，将业务能力和工作质效做乘法，拉开差距，让“风采”能展示，努力“有方向”。

三、实施效果

（一）打造了独具特色的品牌文化

班组坚持在日常工作中注入“亲情服务”基因，使得“优质服务，优秀做人”的品牌文化氛围愈加深厚。班组连续两年蝉联全国品牌大赛二等奖，并获评徐州市营商环境四星级服务品牌。

（二）促进了班组人员水平提升

释放了员工的活力，推进更多员工从单一的业务受理员向一专多能的综合服务人员转变，提升了全员的整体服务水平。

（三）提升了管理与社会效益

通过让服务“有温度”、员工“有价值”、办电“有速度”、创新“有深度”，有效缓解了营业厅高峰期压力，大大提高办事效率，并拉近了营业厅服务人员与客户的距离，极大提高客户的满意率，持续优化了电力营商环境。

（撰稿人：李　琨）

践行“1+*N*”联合服务模式

国网溧阳市供电公司营销部市场班

【摘要】《持续优化营商环境提升供电服务水平两年行动方案》明确到2020年江苏省高低压接电时间要压缩至50天和7天，将形成世界一流、服务卓越的电力营商环境。国网溧阳市供电公司结合工作实际，全面梳理高压业扩流程，2019年2月1日在全省率先推行10千伏及以上客户业扩项目“1+*N*”联合服务。通过组建“1+*N*”服务团队，提供从现场申请到装表接电全过程“一条龙”服务，实施“一个项目、一个团队、一跟到底”等举措，全力压降接电周期，倾力满足全市经济社会发展和人民美好生活用电需求。

一、实施背景

2018年国务院召开全面深化“放管服”改革转变政府职能电视电话会议，强调要在五年内压缩电力用户办电时间三分之二以上。这既是优化营商环境，提升供电服务水平的体现，更是激发社会创造力，推动经济社会发展的需要。当前，随着苏南现代化示范区建设的深入，溧阳地方经济走上高速发展的快车道，客户对供电服务的要求也越来越高。因此，“如何进一步缩减高压用户接电时间，全面提升客户服务感知？”这个问题亟待解决。经调研分析，10千伏及以上高压业扩接电时间较长主要原因有三个方面：

一是业扩办理环节不简。从客户用电申请至装表接电，整套业扩项目涉及多个环节，各个环节存在诸多影响接电周期的制约因素。

二是业扩信息共享不畅。部门之间数据缺乏有效分享，各专业融合深度不够，未能实现各部门人员协同办公、信息联动，无法确保业扩流程的无缝对接。

三是业扩过程管控不力。从项目施工到装表接电的现场环节，中间检查、中间验收及普通客户设计审查时间裕度过长，极大影响了总时长。

二、主要做法

（一）主要思路

国网溧阳市供电公司深化“放管服”改革，深入贯彻优化营商环境工作部署以及江苏省政府高质量发展走在全国前列的发展要求，全面落实上级公司《持续优化电力营商环境提升供电服务水平两年行动方案》，从业务办理、工程实施、过程管控等多个方面入手，创新管理模式，改进工作方法，在全省率先推行“1+*N*”联合服务。

（二）服务模式组织框架

服务模式组织框架如图1所示。

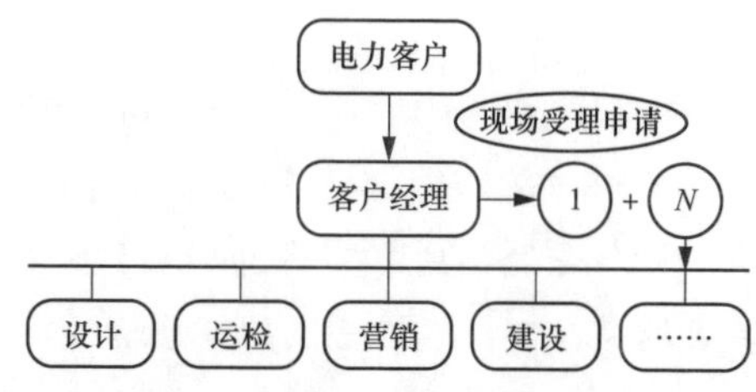

图1　服务模式组织框架图

（三）“1+*N*”联合服务的主要做法

1.业务办理更“简单”

在实行营业厅“一证受理”、现场查勘收资的基础上，通过线上线下渠道公示客户经理联系方式。客户经理接到客户报装需求后，立即携带移动作业终端组织相关人员开展现场服务，指导客户完善申请资料，进一步减少客户临柜次数和办电时间。

2.现场查勘更“全面”

根据客户报装需求，营销部立即组织专业部门联合查勘，合理确定设施容量、选址和布局，确认是否具备带电作业条件，并充分挖掘客户能效需求，主动提供电能替代、能效诊断、分布式能源等能效提升服务方案。

3.施工设计更“迅速”

设计单位根据现场联合查勘内容，10天内完成相关设计工作，并立即报送运检部审核，同时向集体企业报备。运检部在完成图纸审核后，随即向项目管理分中心、物资供应分中心、施工单位同时下达任务，相关部门同步展开施工前准备工作。通过优化报备流程，将以往层层传递改为多环并行，极大缩减了施工准备时间。

4.停电安排更“合理”

完善客户业扩项目停（送）电计划的编制、告知、执行机制，根据客户的意向接电时间，科学编制业扩项目停（送）电方案，同时将业扩配套停电报批周期压缩至两周一次，优先考虑配套作业需求，缩短业扩项目停电审批时间。

5.时限管控更“严格”

建立工作联系群，加强各专业信息共享和流程贯通，制定接入（配套）工程设计任务书、施工任务单并建立反馈机制，形成覆盖业扩全过程信息反馈机制，并由营销部统一负责各环节业务督办，对时限超期部门进行考核，切实提高业务办理水平和过程实施效率。

6.竣工验收更“专业”

全面简化客户工程查验，对普通客户的设计审查和中间检查等核查频次适当降低。开展跨专业联合验收，重点检查与电网直接相连的设备、电能计量装置，一次性答复验收意见，经验收合格立即送电。在精简验收环节的同时也能保障验收质量，实现客户准时用电。

三、实施效果

经过对“1+*N*”服务模式的不断探索与实践，大力实施“一个项目、一个团队、一跟到底”重点举措，溧阳地区基本实现业扩报装的两个“下降”和两个“提高”。一是业扩项目流程环节数下降。溧阳供电公司召开业扩推进会，对内部审批环节进行归并、整合，职能部门对业务支撑部门加大授权力度，推进内部专业深度融合，将业扩全流程减少了6个环节。二是业扩项目流程总时长下降。通过“1+*N*”联合服务，10（20）千伏客户项目平均接电时间缩短至50天内，极大减少了客户办电时间。三是业扩不停电作业率提高。2019年带电作业项目157次，2020年带电作业438次，业扩不停电作业率提高至90%以上。四是综合能源示范项目数量提高。由于结合“1+*N*”服务模式的推进，在现场主动挖掘了客户能效需求，完成多项综合能源服务示范项目立项，有效推动公司服务转型，促进能源低碳、高效利用。

为了进一步提升供电服务质量，国网溧阳市供电公司2020年在中关村科技产业园进行试点，创新提出“1+*N*+*M*”模式，内协职能部门、外联政府机关，“一次勘察”实现供电方案答复，外线规划审批等一次办结，有效压降用户接电时长，提升用户“获得电力”感知，带动区域营商环境同步提升。

（撰稿人：黄　洵）

连续九年服务"零投诉"的标杆班组

镇江三新供电服务有限公司大路供电所运维采集班

【摘要】做好优质服务，说到底是供电质量的提高，而供电质量的提高又离不开坚强的电网保障。大路供电所运维采集班始终将"优质服务零投诉"作为工作目标，以创新服务方式为抓手提升服务质量，以解决客户问题为导向增强服务能力，把客户咨询视同投诉来管理，确立精准、精细、精致的"三精"服务思路，通过实施省心、舒心、放心的"三心"服务举措，把小事做"细"、把常事做"新"、把难事做"巧"，让客户用上满意电，明白电，放心电。以"三精＋三心"的工作举措，连续九年服务零投诉，赢得广大农村客户的信赖。

一、实施背景

随着时代的发展与进步，越来越多的客户维权意识发生明显改变，供电所作为供电企业的基层单位，其优质服务的好坏，直接关系到供电公司的社会形象。长期以来，供电所的优质服务大多数停留在服务的表面上，总认为只要服务态度好、服务形式多、服务方法对，优质服务就做好了，未能真正从客户的角度考虑问题，优质服务的目的不明确，加上班组之间缺乏协调，首问负责制在工作中难以真正体现，服务工作带有一定的盲目性，"快速、高效、便捷、优质"的服务承诺有时就会打折扣。随着近年来新进员工的加入，大部分新员工是独生子女，普遍存在理论强于实践、与客户的沟通缺乏耐心、受不得委屈等不足，自身对优质服务的内涵认识也不足，容易引起客户的误解，造成投诉。

供电所运维采集班作为供电企业最基层单位，是联系客户的桥梁和纽带，做好优质服务工作，必须明确服务的目标——即零投诉。实现零投诉这一目标，必须要以职能服务为基础，延伸服务为支撑。职能服务就是要坚持"人民电业为人民"的服务宗旨和"优质、方便、规范、真诚"的服务方针，严格履行供电服务各项承诺。坚持"始于客户需要，终于客户满意"的服务理念，让客户用上满意电，明白电，放心电。延伸服务要建立真心真意服务用户的心态，主动、细心地了解用户的需求。为此，大路供电所运维采集班优质服务管理以提升服务质量为目的，以"零投诉"为目标，以创新服务手段为抓手，全面提高员工的服务意识和服务能力。

二、主要做法

（一）确立“三精”服务理念

为更好服务广大客户，班组确立了精准、精细、精致的“三精”服务理念。精准定位——选定服务对象，明确服务方式，引导服务观念，创新服务实践；精细操作——做到细致入微，与客户建立常态联系机制，增进沟通与交流；精致服务——做到服务精品化，用专业能力解客户难题，用真心实意赢客户信赖，更好地服务于广大客户。

（1）实施网格化管理模式。遵循“连片、就近、方便管理”的原则，建立台区经理微团队，将运维采集班划分为若干个网格小组。每个小组采用1+2人员结构，由1名网格长和2名网格成员组成，从中选出业务骨干作为网格长，及时高效处理现场问题。网格小组台区经理之间互为支撑，互相协作，有效提高业务水平和服务能力。

（2）建立多渠道沟通机制。加强台区经理与客户的互动及服务宣传，张贴便民服务贴。建立台区微信服务群，明确建群范围与目标、信息发布内容等方面，及时了解并处理客户的诉求。

（3）建立优质服务内训机制。建立农电服务知识库，每周对班组长、员工进行培训。加强服务现场管理，严格执行服务现场“六到位”工作要求。开展优质服务技能竞赛和现场检查活动，依据最新文件、工作规范等内容，每月划定一定范围，开展两次技能考试，以赛促学，以查促改。

（二）开展“三心”服务举措

做好优质服务要树立真心真意服务用户的心态，主动、细心地了解用户的需求，把小事做“细”、把常事做“新”、把难事做“巧”。运维采集班把“你用电我用心”的服务宗旨，细化为“三心”服务举措，即：省心——让客户感受到首问负责制带来的方便、高效；舒心——让客户感受到最优质、最快捷的服务；放心——把最真诚、最可靠的服务送给每一位客户。运维采集班的优质服务工作从基础建设、制度建设入手，双管齐下，保障“三心”服务举措落到实处。

1.夯实基础建设，保障电网安全

加强农网升级改造，低电压、配变过载整治，施工实行过程控制，在安全管理上，坚决贯彻“安全第一、预防为主、综合治理”的方针。落实安全责任，全面推行标准化作业流程，规范现场勘查、危险点辨识、安全措施的制定、审批和执行工作。及时纠正施工现场不规范行为，将安全要求落到实处，确保农网项目

安全实施。

2.加强制度建设，提升服务水平

（1）树立优质服务意识。与农电公司签订《优质服务指标目标责任书》，目标分解到人，实现责任到位、考核到位、整改到位，推动供电所优质服务水平的整体提升。向员工发出《优质服务倡议书》，倡议员工具备熟知本岗位的业务知识和基本技能，做到现场服务规范、工单处理规范。

（2）贯彻落实服务升级机制。按照岗位职责，在职责范围内的妥善处理，超出职责范围的，在坚持首问负责制的原则下按供电质量、服务类型、故障抢修、施工现场等不同情况分别向班组长、四大员汇报，特殊情况直接向所长汇报，坚持“跟踪、升级、终结”的办事流程，认真对待每一起服务事件。做好投诉预控，及时对意见、投诉工单做整体分析，发现专业管控中存在的问题，及时整改并优化专业工作管理制度，重点分析存在人员责任的工单，防微杜渐。

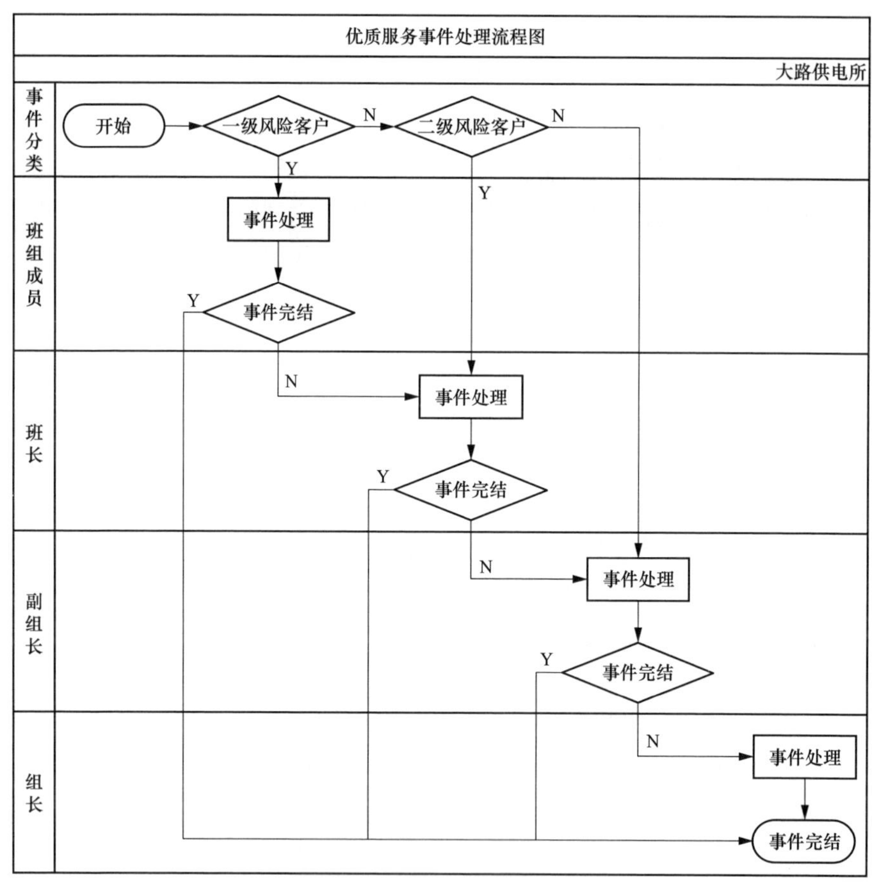

图1　优质服务事件处理工作流程

（3）开展风险等级划分。对不同等级的优质服务事件采取针对性的处理。共划分为三个风险等级：一级风险事件范围是常规的普通事件，班组员工可以自由应对的事件；二级风险事件范围是存在一定投诉风险，用户情绪较为激动的事件；三级风险事件是指用户多次拨打投诉热线，具有较强的维权意识或相对顽固的事件。针对三级风险事件，分别由班组成员、班组长、副组长（安全员、技术员、营销员）处理解决，对于副组长解决不了的事件交由组长（所长）协调处理。优质服务事件处理流程如图1所示。

（三）实施精准服务

精准服务的目的就是使客户对电力产品感到使用方便，供应可靠，服务及时周到。因此供电所必须要从营销业务、安全生产、故障抢修等各方面做好服务工作，例如，在故障抢修方面：2020年8月的一天中午，大路供电所接到报修电话，10分钟后，两名抢修人员到达现场，迅速查明故障原因。停电、验电、上杆、换接头……半小时后，抢修工作结束。周围的村民拿着矿泉水和纸巾：“这么热的天气，没想到你们来得这么快，真是辛苦。”真诚服务，急用户所急，为用户排忧解难，通过及时处理故障，炎热天气尽快恢复居民用电，树立了供电企业良好的社会形象。运维采集班对待故障抢修工作坚持做到：一是“有报必到”，认真执行事故抢修各项工作要求，优化故障报修模式，“有问题一通电话就行”“一趟也不用跑”，台区经理模式得到最大化利用。二是“到达必修”，尽可能为客户提供延伸服务，最大可能取得客户的理解。三是“修必修好”，现场解决所有的问题和隐患，杜绝因抢修不满意升级为投诉事件。四是“注重安全”，严格落实停送电制度和工作许可制度，强化现场安全监护，落实停、送电报备要求。

三、实施效果

运维采集班坚持“优质服务就是供电企业生命线”的服务理念，认真践行服务承诺，用心为农民群众解难题、办实事，做二十四小时不下班的“电管家”，日夜守护着农村电网的安全稳定，保障辖区用户可靠供电。目前，大路供电所电费回收率100%，采集成功率稳定在99.998%以上，日均线损合格率99.52%，供电可靠率100%，各项指标处于公司前列。“三精”工作法作为优质服务的典型经验被国网江苏电力收录并推广。班组被评为国家电网有限公司先进班组、江苏省农电有限公司“工人先锋号”，大路供电所被评为国家电网有限公司五星级乡镇供电所。

（**撰稿人：**金春雨　杨　铭）

“特快电力”成就“阳光业扩”标杆班组

国网扬州供电公司大客户经理班

【摘要】大客户经理班组成立于2003年，现有班组成员7人，其中党员4人，副高级职称1人，中级职称5人，初级职称1人，高级技师2人，技师1人，高级工3人，中级工1人，平均年龄38.8岁。班组负责办理城区、市郊10千伏及以上客户的业扩报装，并对大客户办电流程进行全过程管控。大客户经理班从“优质服务”向“感动服务”迈进，为客户提供优质、方便、规范、真诚的服务，以“特快电力”服务为契机，开展“阳光业扩”服务，有效提升客户“获得电力”便利度和获得感。

一、实施背景

为持续深入落实党中央、国务院关于深化“放管服”改革优化营商环境工作部署，落实“三零三到户”和“最多跑一次”服务要求，大客户经理班对外主动精准服务，全过程跟踪、指导、服务，全方位沟通、汇报、宣传，对内自加压力，减少流程环节，压缩审批时限，全面营造良好营商环境。以客户为中心，聚焦客户真实体验，积极构建业扩全生命周期“线上化、共享化、数字化”的协同运转新模式，全面实现环节少、时间短、造价低、服务优的办电服务新模式。

二、主要做法

（一）提升高压业扩方案编制效率，采用多渠道开展联合查勘

针对满足可开放容量要求的供电线路，次日查勘，当天完成供电答复；对需要开展联合查勘的，由客户经理线上预约“1+*N*”联合服务团队（营销、发展、运检、建设、设计等专业人员），在固定查勘日（每周二、周四）现场查勘并拟定供电方案；创新联合查勘信息共享。大客户经理班以移动终端使用为手段，采用定位共享、照片视频发放等方式，组织公司营销、生产、调度等相关部门联合查勘，增强现场查勘的工作效率，压缩用电方案的编制周期，推进用电办理提速。图1为大客户经理班为“仓颉山”医院等医院、防疫物资保障单位提供电力特快接入服务。

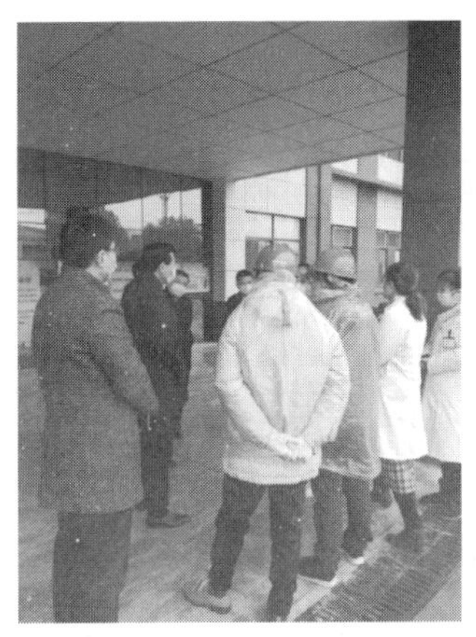

图1　为"仓颉山"医院提供特快电力接入服务

（二）提高供电方案及业扩配套审批效率，严格压缩查勘到供电方案答复时间

一是针对单电源2000千伏安以下的业扩报装项目，实行免评审方式，本班自行做好供电方案备案工作，承诺从现场查勘到供电方案答复控制在5个工作日以内；二是业扩配套除需要上总经理办公会的大型项目，其余项目均在答复供电方案的当天报送至项目管理中心。三是开展业扩回访和全流程管控，日报通报预警和超期，提醒当前环节加速，周报分析共性问题，大客户经理全面跟踪项目从业扩报装到装表接电全寿命周期，在关键节点全部做好数据记录，通报短板节点，找准业务堵点，有效压降时长。督促责任单位整改，月报开展阶段分析，检查政策落地情况，推动各项举措进一步优化提升。

（三）建立健全杜绝"三指定"及客户回访制度，加强宣传共同提升营商环境

一是建立健全杜绝客户经理"三指定"的有效防范机制。业扩报装项目的设计、施工、监理、设备单位定期在营业厅予以公示，提高客户办电的透明度；在关键环节设有客户回访制度，有效防范大客户经理"三指定"行为；二是推进高压业扩信息公开。在一楼营业厅设置大客户洽谈室，每日安排大客户经理现场接待，公示满足资质要求的设计单位和施工单位名录，公示电气设备技术规范和竣工验收技术规范，推动用户提前选择、加速实施。三是加强营商环境优质项目宣传报道：每年举办一次以优化电力营商环境为主题的新闻发布，定期开展优化电力营商环境媒体宣传，营造优化电力营商环境良好氛围。图2为内外部媒体刊发的关于营商环境提升的新闻报道。

【战“疫”第一线】“光速”服务助力抗疫物资上“战场”

发布日期：2020-02-21　　访问次数:150　　作者：　　字号：[大 中 小]

“曹主任，我是市工信局马継松，我们接到紧急求援，江苏康久安医疗器械有限公司是我市防疫医疗物资保供重点企业，年初二全面恢复了口罩生产，现扩大产能，原供电容量不能满足，急需增容，请你们尽快联系办理。” 2月10日上午10时，市场及大客户服务室曹凯主任接到电话后，立刻启动“市场室供电服务战疫应急工作组”，全方位服务这家企业的用电需求。

江苏康久安医疗器械有限公司坐落在扬州北洲工业园头桥片区，是一家专门生产口罩、防护服等医疗耗材的企业。原日均生产口罩约8000只，现扩大产能，新增两条生产线，最大产量可达日均约12000只。

大客户经理李俊及时与该企业负责人范志根取得联系，考虑到查勘地点离公司很远，为了做好充足准备，李俊放下电话就自驾车赶到头桥工作现场进行预查勘，并初步拟定了供电方案。下午，当日下午，李俊再次去现场，向用户送达最终供电方案，并与用户对接设计、施工等事宜。

在各方的共同努力下，2月13日，该企业工程现场竣工并验收通过，2月14日上午11点30分送电成功，从客户提出需求到完成送电，仅用5天不到的时间！“疫情隔断了人群，但没有隔断你们的服务。”该企业负责人范志根为公司优质服务点赞。

“疫情当前，可靠的防护物资是打败疫情的重要力量，我们必须以最好的质量最快的速度让客户用上电！”李俊说道。

当前正值抗击疫情的关键时期，市场室以优质服务为已任，以最快的速度响应政府、医院和医疗器械生产企业的供电需求。疫情就是命令，现场就是战场、防控就是责任，市场室时刻践行电网人的使命与担当，用“光速”的服务，助力政府和企事业单位架起疫情防控的“生命线”。

A02版：要闻　　上一版 下一版

上一篇 下一篇　　放大+ 缩小- 默认o

10kV配电所昨正式装表接电——

接电现场。邱凌 摄

本报讯（通讯员 管诗佳 记者 邱凌 见习记者 史盼盼）昨天下午1点28分，经过近5个小时的紧张施工，国网扬州供电公司工作人员完成了装表、铺设电缆、用电检查验收等一系列操作，位于明月湖畔的扬州运河大剧院10kV配电所正式装表接电。

“扬州运河大剧院正式接电成功，为夜景亮化照明、舞台机械、智能化、消防等设备进入调试提供了有力保障，确保运河大剧院在今年‘4·18’具备试运营条件。”国网扬州供电公司相关负责人介绍，预计今晚扬州运河大剧院将正式进行亮灯调试。

电力保障是重大项目推进的“强引擎”，为保证运河大剧院如期送电，国网扬州供电公司安排了近百人的服务队伍，从方案制定、受电工程图设计审查、业扩工程施工到装表接电，全力做好运河大剧院供电服务保障。扬州供电市场及大客户服务室大客户经理杜杰告诉记者：“为了顺利完成接电任务，近一个月我们抢时间、抓进度，前后实地检查验收多次，有效压降了业扩时长，确保运河大剧院电力供应无忧。”

据悉，扬州运河大剧院共设两个配电所和一个开关站，两个配电所均通过新建的开关站间隔接入供电，共设130条线路，总计供电容量15500kVA。“开关站是国网扬州供电公司为运河大剧院重磅打造的项目，将统筹辐射明月湖周边区域电网规划调整、配套工程建设，节约用户投资成本。”杜杰介绍。

作为扬州展示大运河文化的重大项目和重要窗口，运河大剧院总投资18.78亿元，总建筑面积14.47万平方米……

图 2　内外部媒体关于营商环境提升的新闻报道

（四）全力推进重大项目服务，提前对接用户了解用户用电需求，全面提升“获得电力”服务水平

一是由大客户经理班班长挂钩省、市重大项目，主动走访、深度咨询，超前掌握项目用电需求，加快推进项目实施。二是各园区设立一名驻点客户经理，

通过参加政府、园区招商引资会议等方式提前了解重点客户的情况，掌握客户的用电容量需求、供电时间需求等信息，便于业扩工程的统筹安排。三是客户经理定期将《大客户服务指南》送至园区，让客户在与政府对接的过程中就能了解业扩工程中客户的办理环节（如申请、缴纳业务费用、设计文件审核）、客户需要配合工作（如客户办理手续、提供资料、业扩配套路径及通道规划报批、客户受电工程土建等）以及业扩工程注意事项，让用户先期就对用电情况做到心中有数。图3为大客户经理班全程跟踪江苏高速铁路三个220千伏牵引站送电工作。

图3　大客户经理班全程跟踪江苏高速铁路三个220千伏牵引站送电工作

（五）对内自加压力，借助业扩全生命周期"线上化、共享化、数字化"的平台，开展班组达标管理工作

以往大客户经理对业扩全过程管控的要求落实不是很到位，对业扩工程的时限把控能力不足。班组一是强化教育培训，通过开展班组大讲堂等方式提高大客户经理在业扩各个环节的组织协调能力；二是借助与供电服务指挥中心等部门构建的业扩全生命周期"线上化、共享化、数字化"平台，对每个人客户经理的业扩工单流程进行管控和考核，通过强化考核和细化管理，保证完成班组业扩流程总时限不超期的目标；三是将每个客户经理的月度绩效考核奖与培训成绩及业扩工单完成质量进行挂钩，用差异化的薪酬激励客户经理落实业扩管控要求，并对客户经理施加压力，提升客户经理的工作能力，更好地为客户服务。

三、实施效果

2019年6月大客户经理班主动加入印斯佳党员服务分队，并成立"特快电力"

党员服务分队。在重大项目管控方面，一是针对在建项目加速推进。目前恒大锂电池、仪征电信云、大运河非遗文化园等91个项目在建，大客户经理班均专人负责、专人受理，全过程跟踪服务，在现场勘察、方案设计、工程施工、验收送电各环节实现全面提速。二是针对已建项目跟踪服务。目前连淮扬镇铁路、腾讯云计算基地、扬州东部客运枢纽等80个重大项目完成送电。大客户经理班2019年获扬州供电公司“一流班组”称号。

（**撰稿人：**杜　杰）

“六化”管理缩短抢修时间

国网泰州供电公司泰东供电所

【**摘要**】在基层供电所中，低压线路故障的抢报修是最基础最常见的工作之一。为以最快速度和最优服务解决用电故障，确保优质供电，泰东供电所针对辖区内电力设施的分布密度，从当前供电所开展故障抢修暴露的问题出发，针对抢修不及时、复电时间长、抢修专业水平弱等问题，从设备、人员、方法、环境、材料等五方面细致分析影响抢修复电时长的要因，并针对性提出了抢修物资“集约化、成品化、数字化”精准三化管理办法，提升报修响应速率；通过对抢修片区“网格化、社区化、路径化”三化精细责任划分，缩短到达抢修现场时长。

一、实施背景

泰东供电所立足辖区内电力设施的分布密度，分析当前供电所开展故障抢修时暴露的问题，发现存在抢修不及时、复电时间长、抢修专业水平弱等问题。问题分析路径如图1所示。为缩短抢修时间，泰东供电所进行了精细化分析，提出了“六化”管理（见图2）。

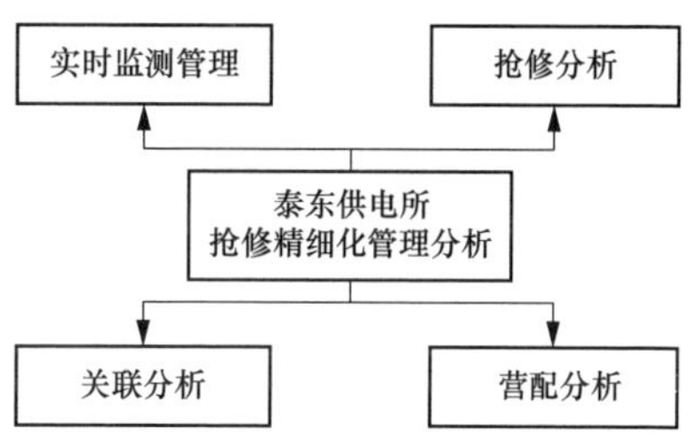

图1　问题分析路径

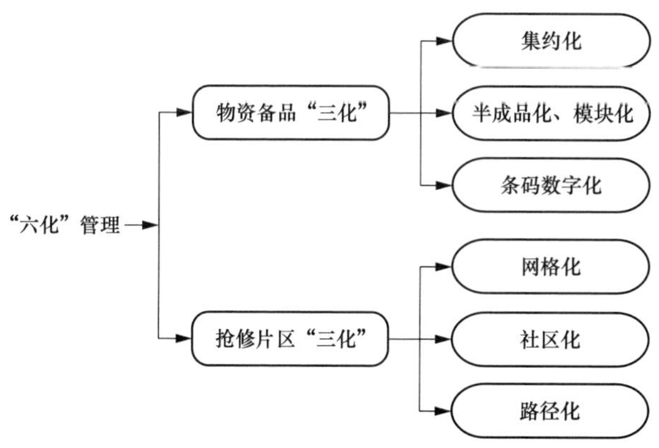

图2　“六化”管理总思路

二、主要做法

（一）物资备品“三化”管理，报修迅速响应

泰东供电所对应急抢修物资和备品备件实行“三化”管理（集约化、半成品化、条码数字化），精准管控备品备件的调配供应，做到故障抢修的快速应对、灵活机动、省时高效。

1.集约化

根据电压等级及故障类型不同，供电所对常用故障抢修所需备品备件实行定制化管理、集约化存放。备品备件室备有低压线路故障、集表箱故障等备品备件，配备充足抢修物资。

2.半成品化、模块化

针对突发情况下的线路倒断杆、集装表箱损坏等故障应急抢修，为解决以往现场抢修需要拆卸旧材料、安装新部件及组装耗时长等问题，现提前将经常需要更换的备品备件如多表位表箱、线杆拉线等制作至待更换状态，无需赶至抢修现场时再进行横担、瓷绝缘子、抱箍及安装电能表、接线等耗时较长的组装操作。待抢修现场拆除旧件后即可第一时间直接安装“新组件”，大大缩短了抢修现场时间，最大限度地提高故障设备更换效率。

3.条码数字化

为提高抢修物资出库效率，精简备品备件的出库手续，精确查找库存等程序，将所有备品备件实行条码式数字化管理。建立备品备件电子库存台账，抢修物资出库时，只需终端扫描检索到所需物资的二维码信息，数据库台账中的物资种类、库存数量、型号及所在库存位置便实时显现。这既减少了仓储管理人员工作时间，又确保了抢修物资迅速查找、快速配置、及时出库。

（二）抢修片区“三化”管理，现场迅速到达

泰东供电所抢修片区实行“三化”管理（网格化、社区化、路径化），缩短抢修人员到场时间。

1.抢修片区“网格化”

原先的集中驻所模式已经不能满足当前抢修迅速到达现场的故障报修要求。泰东供电所通过综合区域面积、地域条件、抢修半径、报修频次等因素，将所内抢修区域进行“网格化”划分，以“台区经理+党员”为骨干设立抢修网格区，明晰抢修责任划分的同时，更缩短了抢修半径，台区经理在日常网格区巡检时即可第一时间赶往现场处置。

2.抢修片区“社区化”

泰东供电所探索出抢修片区“社区化”的特色做法，推出以微信“抢修进社区”的全新抢修服务新模式。抢修人员通过服务进社区的方式，加入各片区内社区微信群，提前了解客户故障信息，变“被动抢修”为“主动抢修”。在微信群中发现抢修问题就主动联系客户第一时间前往处置，将故障扼杀在报修前，真正做到“零距离”服务，让客户享受快捷的电力抢修，直接减少了95598工单数量，提升客户满意度的同时也降低了公司系统的抢修负荷。

3.抢修片区“路径化”

制定区域管理线路图，各台区经理根据自己片区各变压器布点、供电半径、导线截面情况制定抢修线路图，确保发生故障时，第一时间通知相关责任人，并根据日常巡视记录的区域管理线路图迅速赶赴现场。这对故障的研判、查找准确性和快速性，正确指导抢修人员到达故障现场缩短抢修时长至关重要。

三、实施效果

泰东供电所对2020年使用课题成果后的全年故障抢修时长进行统计分析，如表1所示。

表1　2019年和2020年全年故障抢修情况对比图

类型 年份	泰东供电所故障抢修不及时数量	泰东供电所全年故障抢修量	超时工单量占总抢修数量比	全市全年抢修量	泰东供电所全年抢修占比
2019年	5	42	12%	123	34%
2020年	0	28	0%	85	32%

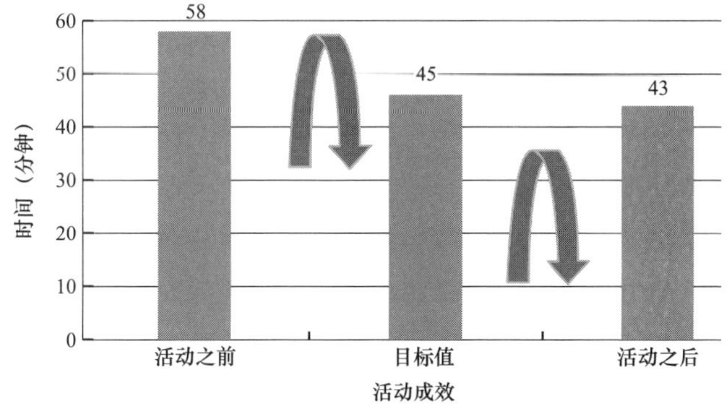

图3　用户抢报修工单处理时长对比

2020年全年，泰东供电所抢报修处理时长由原先的平均58分钟缩短至现在的43分钟（见图3）。解决了低压线路抢报修超时的难题，缩短了泰东供电所2020年抢报修工单时长，提高了公司2020年的同业对标排名。

（撰稿人：封　恺　吴　桢）

齐奏“七音”工作法 唱响服务“三和弦”

国网南通供电公司营业班

【摘要】针对日益复杂的营商环境，营业班“三和弦”服务团队提炼出独具“三和弦”特质的“七音工作法”，将“do、re、mi、fa、sol、la、ci”七个音符与班组的管理、党建、培训、服务、创新、考评、引领等工作有机结合，让七个音符相互合奏，形成音响丰富的大型弦乐套曲，以此推动班组工作行深致远，提升客户服务水平。

一、实施背景

2013年，营业班成立了“三和弦”服务团队，致力于实现班组和谐、客我和谐和社会和谐。随着客户的需求变得越来越多样化，对班组的业务和服务提出了更高要求，导致班组基础管理、学习培训、服务理念等方面不能满足实际工作需求。主要表现为：人员技能维度相对单一、绩效激励度不够明显、服务规范度有待提升、创新创效的参与度及应用度相对较低等问题。

二、主要做法

针对上述问题，营业班通过不断总结经验，提炼出独具“三和弦”特质的“七音工作法”，将“do、re、mi、fa、sol、la、ci”七个音符与班组的管理、党建、培训、服务、创新、考评、引领等工作有机结合，让七个音符相互合奏，形成音响丰富的大型弦乐套曲，以此推动班组工作行深致远，奏出属于营业班的时代最强音。

（一）do：拾掇

营业班以统一整齐地规划，实行“面面俱到”拾掇法。

（1）员工到岗：业务员统一着装；仪容仪表美观大方；行为举止礼貌规范。

（2）硬件到位：营业厅环境整洁舒适、布局合理；服务设施一应俱全；营业柜台定置管理。营业厅如图1所示。

（3）台账到人：班组资料分门别类、落实到人，实行“先登记、后借阅”，确保资料的流向和归还。

图1 营业厅柜台

（二）re：敏锐

营业班将“党建+”与班组各项工作有机结合，做到政治上有保证。

（1）党建引领：团队党员每月开展党员学习，节假日走进社区，为困难家庭、特殊群体上门办理用电业务；组织社会关爱群体走进营业厅，开展“童眼看电力”等活动。

（2）晚晴行动：营业厅将“党建惠民”与服务老年群体相结合，营业厅内，党员亮明身份、全程陪伴；营业厅外，党员带头宣传公司政策和办电业务。指导老年客户网上缴费如图2所示。

图2 指导老年客户网上缴费

（三）mi：炼蜜

如何让服务更甜一点？营业班总结出“四步炼蜜法”，不断提高个人素质。

（1）采蜜：每周由一名业务员担任“工蜂”，搜集学习素材，在晨会或培训会上担任主讲人，与大家分析问题、共学知识。

（2）藏蜜：业务员定期互换岗位，将搜集、总结的各类知识和问题进行集中处理、总结归纳，扩大“知识蜂巢”的储备。

（3）酿蜜：每周二培训时，共同分析和总结问题，转化、浓缩成口诀，方便大家记忆并运用到“甜蜜”服务当中。

（4）鉴蜜：轮流安排业务员并定期邀请“外援”，模拟实战演练，在品鉴所酿蜂蜜“甜度”的同时，及时调整学习方向。班组培训如图3所示。

图3　班组培训

（四）fa：方法

做好优质服务离不开好的方法，营业班提炼出“加减乘除”四则服务法。

（1）加法：加强意识。以“多问一句话，多留一份心”作为行为信条，评选“知行之星”，形成“创先争优”的良好风气。

（2）减法：减少距离。秉持“四心”理念、遵循“六制”法则，切实高效为客户解决问题。

（3）乘法：效率翻倍。提出“裂变式推广法”，打通居民用电的“最后一公里”，让更多客户享受到便捷的服务。

（4）除法：革除隐患。全面梳理风险点，防患未然，确保服务安全、信息安全、资金安全和人身安全。

（五）sol：探索

为进一步适应“生命体”班组建设的新型管理要求，营业班成立了“三和弦”创新服务室，自创“3+N”柔性组织管理模式，由分管电费、业务和政务中心的3名值长牵头，带领N个员工组成的“创新管理小组”分析营销问题、推动科学决策，激活员工“细胞”活力，同时也通过这3名值长与其他N个工作任务小组联动，推动业务融合，反向激发班组创新力。

（六）la：麻辣

营业班制定并落实了《营业厅业务员工作质量管理评价办法》，通过明确奖励、考核、师带徒补贴等，在进一步拉开绩效差距、刺激团队的工作积极性和服务水平的同时，始终坚持维护员工的基本权益。

（七）si：C位

营业班一直是职工关注、领导关心的C位班组，获得国家级巾帼文明岗、国家级青年文明号、全国电力用户满意服务明星班组等荣誉，先后三位班长分别获得全国五一巾帼标兵、省公司劳模和南通市劳模等荣誉。营业班通过在团队中树立榜样，发动队员们向身边的先进学习，以榜样的力量引领团队齐头并进、巾帼建功。

三、实施效果

通过实践“七音”工作法，营业班在工作中取得了一定的进步。在人员技能方面，班组连续5期获得国网南通供电公司营业厅业务考试第一名的成绩；在绩效管理方面，通过实行按劳分配、按技分配，团队的工作积极性和服务水平大幅提升，3名青年员工在入职不到一年内，各项业务已经可以独当一面；在服务提升方面，2020年班组取得了没有一张投诉工单的优异成绩，打破市公司系统营业班服务记录；在创新创效方面，班组应用“裂变式推广法”，超额完成公司“网上国网”App推广竞赛预设任务，在南通91个营业厅中拔得头筹。

服务无止境，今后营业班将继续齐奏“七音”工作法，唱响服务“三和弦”。

（撰稿人：顾桂萍）

“管理三制”打造自主型服务班组

国网响水县供电公司营业班

【摘要】营业班成立于2002年，先后荣获国网江苏省电力有限公司标兵班组、江苏省工人先锋号、盐城供电公司优秀班组、县“红旗窗口”等荣誉称号。在班组创建活动中，营业班立足岗位特点，按照“十项承诺”“十不准”以及营商环境服务举措推进班组优质服务活动。依据“十项承诺”“十不准”以及营商环境最新服务举措，营业班组立足岗位特点，围绕“业务、人员、服务”主题，推行业务管理“三张清单”、人员培养传帮带和客户服务“1+3”三项制度。班组管理三项制度切实提升窗口人员自主服务能力，助力窗口人员快速成长，为班组创新服务模式探索新路径。

一、实施背景

随着电力营商环境工作的深入推进，对供电公司优质服务要求越来越高。营业班作为供电服务的前沿阵地，在着力提升窗口服务过程遇到一些问题：一是供电服务的各项要求不断提高，相应业务类型及数量也随之增长，同时窗口人员的流动性对工作开展带来一定的影响，如何使新进员工在短时间内适应岗位，是班组建设工作中的重中之重。二是在营业厅服务过程中，发现员工对于业务细节问题关注不够和缺少对问题的共享意识，这往往会累积造成一些大的问题。针对这一问题，我们提出案例讨论清单和问题共享清单，目的是鼓励员工记录问题和分析解决问题。业务纠错清单主要是激发发现问题的能力，通过定期回看办过的业务，找出需要改进的地方。三是优化电力营商环境推进供电服务工作内涵不断向外延伸，不能仅仅只是满足“做完”的要求，而是向“做好、做快、做省”方面拓展，为此班组服务也需要提出相应的创新举措，适应当前的供电服务要求。

二、主要做法

班组建设围绕“业务、人员、服务”拓展延伸，创新工作方法，具体事项开展情况如下：

（一）创建业务管理“三张清单”

营业班创建业务管理“三张清单”，将班组日常业务管理以“问题共享清单、业务纠错清单和案例讨论清单”形式呈现。

一是问题共享清单。主要涉及业务人员在办电过程中发现并且记录下来的问题或注意点，每天晨会聚焦解决问题共享清单的疑问（见图1），给出问题解决方案和服务风险点规避方式。

二是业务纠错清单。主要记录业务人员办电过程中常涉及的不规范，每周开展一次业务纠错工作，要求开展“业务自己回头看”“业务他人回头看”，从不同角度互查双方提交的业务纠错清单，并作为业务考核的依据。员工撰写的业务纠错清单如图2所示。

图1 晨会讨论问题共享清单

业务检查纠错周报（节选）

1. 7105420860 竣工验收登记表登记时间、施工时间及施工单位名称未填写。

2.非居民合同未及时更新。

3.非居民新装联系人、新装容量未填写。

图2 员工撰写的业务纠错清单

三是案例讨论清单。主要聚焦存在服务风险点的业务典型案例，每月开展一次业务纠错工作，要求员工结合自身岗位实际情况开展集中讨论分析（见图3）。

图3 员工对热点问题进行集中讨论

（二）明确人员培养“传帮带”

一是编制营业班《优质服务规范管理考核办法》，纳入师徒连带考核事项，压实师带徒的责任，确保“传帮带”模式贯彻下去。班组每月召开考核分析会，对师带徒中存在的问题予以通报，并提出改进建议，让双方认识自己的缺点和错误。在规章制度的基础上，充分发挥新进员工学习能力强的优势，运用“以师带徒、优势互补”方法，开展以“师带徒”为核心的学习培训，进一步做好“传帮带”工作。

二是针对新进员工未经过系统电力业务培训、专业知识欠缺的问题，要求师傅制定每日一问、每周一练、每月一考培训计划，采用相互提问、集中点评、实操训练、技能竞赛（见图4）、视频回放、业务场景模拟等多种方式，让新进业务人员尽快适应岗位，增强对新工作岗位的认同感。

图4 举办窗口服务技能竞赛

（三）推行客户服务“1+3”

依据营商环境最新优化举措，结合班组服务实际，创新地提出重点高压客户服务“1+3”模式，其主要包括1项基本用电客户服务和3项增值服务，即提醒服务、提前服务、保姆服务。

一是践行首问负责制和一次性告知。对线上线下咨询或申请用电的客户，业务人员认真负起接待或协调的责任，对客户问题进行详细记录，班组职责范围或能够及时答复或办理的，应依据政策规定一次性告知；非班组职责范围内的，及时上报反馈并全程跟踪，以便及时向客户反馈，做到事事有回应，件件有结果。

二是定期电话回访和走访重点高压客户（见图5），了解客户用电情况，及时提醒夏季执行尖峰电价政策要求、基本电费计费方式合理选择和容量是否超额等问题，保障客户合理经济用电。

图5　走访重点高压客户做好提醒服务

三是超前对接政府规划部门，了解重大项目进展情况，协同其他专业班组共同拟定项目接电各环节时刻表，做好每一环节的准备工作，缩短客户接电时长。

四是班组对客户建立“定项、定时、定人”服务机制，针对德龙、金田、富星纸业等重点用户依托成立的驻企工作室，第一时间对接企业各类用电需求，全程做好服务跟踪，确保“电保姆”服务落到实处（见图6）。同时对居民用户，特别是老年人和商铺用户，开展服务到家（见图7），足不出户办理用电业务，压实3项增值服务举措，切实解决客户用电问题。

图6　做好重点用户“电保姆”服务

图7　做好居民用户“电保姆”服务

三、实施效果

夯实班组基础管理，实施精细化管理，建章立制，赏罚分明，班组末端治理取得成效，管理水平也得到提升。

（一）业务办理效率和质量改善

业务管理“三张清单”调动了员工自身的主观能动性，一定程度上提高了营业厅人员发现问题和处理问题的能力。问题共享清单和案例讨论清单为90%以上的业务问题提供解决方式，业务纠错清单有效杜绝业务人员收资不全、档案资料整理不当和关键信息填写不对等问题，进一步优化办电业务的效率和改善服务质量。

（二）新进员工岗位适应性提高

“传帮带”保证了新进员工在业务上有所支撑，避免了为学习新业务重复走弯路。师傅与徒弟互动增强，有助于新进员工增强对单位的认同感，保持窗口队伍的稳定性。此外，由于培训方式多样，形式灵活，充分发挥了新进员工学习能力强的优势。新进员工对营销政策掌握较快，也能很快掌握使用营销系统办理业务，均能在1个月内通过实际工作能力的强、弱，职业道德和工作态度进行综合评估。

（三）企业“获得电力”感知提升

“1+3”贴心系列优质服务活动，增进与企业客户联系，以优质规范的服务赢得客户赞誉。2020年，为地区高质量发展观摩会圆满提供电力保障，一周内完成重点项目的接电工作。2021年，陈家港片区业务流转效率提升20.3%，客户需求最短响应时间仅为8小时。沿海工业经济区和江苏德龙镍业有限公司等多个“供电服务工作室”正式挂牌成立，并形成“德龙市场化二类改一类”“水泵高效节能改造快速投运”等多个典型案例。

营业班组着力优化整合创新服务举措，将其巩固为常态化工作，例如三张清单整合为一张清单，而且清单内容及时共享，只需会办重要问题，从而进一步提升清单的利用率。同时，紧紧围绕上级公司优质服务工作各项要求，结合班组实际，营业班将进一步建立健全班组工作的制度与体系，发挥大家的主观能动性，共同探讨学习，根据每个成员的特点，开展有针对性地讨论、取长补短、将理论结合到实际中去，共同提高业务水平，拓展供电服务新方式。

（撰稿人：李　闯）

队伍建设强根本　创新服务塑形象

国网淮安供电公司地区调度班

【摘要】地区调度班负责淮安地区110千伏及以上电压等级的电网调度运行与管理，组织、指挥和协调全市电网运行、操作和事故处理，保障淮安电网安全稳定运行和连续供电。近年来新能源迅猛发展，新能源管理压力也与日俱增，地区调度班传承劳模精神、工匠精神，始终坚持队伍建设与创新服务并重的管理方式，立足岗位知行合一，着力构筑“红砖绿网”品牌文化，以“队伍建设强根本　创新服务塑形象”为奋斗目标，以“三个一”（立一个传统，树一个品牌，赢一座口碑）为班组工作主线，内强筋骨，外塑服务，全力服务好新能源健康发展，为国家电网有限公司早日实现“碳达峰、碳中和”贡献调度力量。

一、实施背景

班组队伍经验不足，电网工作任务加重。一是地区调度班值班调度员10人，配置率66.7%，近14年，离开地区调度班共计28人。地区电网调度员专业培训周期长，人员梯队建设紧迫性明显，调度员值班期间面临经验不足的风险；二是淮安电网面临电网密集检修和风电并网双重压力，电网基建、技改、租赁、修理等检修工作纷繁复杂，风电送出工程及电源本体项目集中接入，电网运行不确定性陡增，运行形势也更加复杂多变。

清洁能源并网密集，用户服务亟需跟上。一是淮安电网2020年累计完成机组并网项目24项，为江苏省并网风电数量最多的地级市（预计2021年淮安电网仍将有100万千瓦风电并网）；二是淮安电网负荷和电源分布犬牙交错，整体呈现出“三高、三新、双峰”新特征，在国家“碳达峰、碳中和”等发展新能源的政策指引下，淮安电网预计仍会迎来新能源发展的高峰，地区新能源并网和运行服务压力持续增加。

二、主要做法

（一）立一个传统：尚传承学先进

一是突出班组文化建设，传承劳模精神、工匠精神，组织开展“听老班长讲老故事”、“师带徒”竞赛等活动，强化年轻党员的责任传承，提升青年员工服务意识。二是充分发挥“陈敬仁劳模工作室”劳模传帮带效应，引领班组成员业务技能提升、服务水平升级，促进服务技能提高。三是利用开展“万万没想到”等技术创新和管理创新活动，引导班组成员积极参与创新工作，参加公司高级专家领衔的创新团队，创新服务能力及形式。

（二）树一个品牌：守绿网做红砖

一是提炼“红砖绿网”内涵，“红砖”寓意培养信念坚定、专业过硬的“又红又专”的调控党员队伍，“绿网”体现建设新能源协调发展的智慧电网，开展“红砖绿网”目标大讨论，树立调度党员理想信念，以党性意识提升促服务意识升华。二是利用电子展示屏循环播放“红砖绿网”大讨论之我要做什么，组织专业人员主动走访发电厂以及用户，上门送培训、送服务。三是以“红砖绿网”为主题，设立“党员领衔”班组周长制，帮助青年培养管理能力，学会从促进电网提质增效和提高公司服务水平的高视角中思考问题。

（三）赢一座口碑：谋创新重实践

一是面对新能源大规模接入的严峻形势，创新编制《淮安电网新能源并网服务手册》，极大方便了新能源用户的业务办理。二是并网启动前安排调度员深入用户现场，熟悉现场情况，对启动方案现场宣贯，第一时间解决启动过程中出现的突发事件。三是首次采用加强值班模式，确保有效应对新能源集中并网启动过程中出现的问题。四是创新研发用户值班员培训管理平台，保障用户电网业务水平长时间尺度“在线”，赢得了一致好评。

三、实施效果

（一）“争创荣誉”立潮头

班组尚传承学先进，涌现大量杰出人才，年年有人获省级以上表彰，先后有3人被评为国网江苏省电力有限公司劳模。近年来班组斩获众多荣誉：全国青年安全生产示范岗、国家电网有限公司先进班组、省公司一流班组、省级青年文明号、江苏省质量信得过班组。参与的科技项目《智能变电站二次检修安措防误及在线校核功能研究与应用》获得国家电网有限公司三等奖，依托劳模工作室，QC发布多次获得市公司一等奖，青创赛项目获得国网公司铜奖。

（二）“知行合一”树典范

班组守绿网做红砖，《光伏发电模式及并网点电压控制策略》《浅谈微网运行》两项成果获得“红砖绿网大讲堂”发布会前三名，连续两年获得“党建+”工作发布展示会三等奖。“党员领衔”班组周长制，进一步激发了青年员工的工作效率，增强了年轻调度员学以致用的能力。

（三）“优质服务”做样板

班组谋创新重实践，用户参照《淮安电网新能源并网服务手册》，一个月内业务电话咨询率降低了66.7%。利用创新研发的用户值班员培训管理平台，在做到疫情防控的同时有效保障了用户值班员培训、考试、取证工作顺利开展。调度员亲临用户厂站，将启动方案送上门，面对面答疑解惑，将新能源厂站启动过程中准时率由原来的82.3%提升至95.1%。调度值班采用加强值班模式，双管齐下保障新能源用户按计划完成并网，为国家电网有限公司早日实现“碳达峰、碳中和”贡献调度力量。

电网新技术发展迅速，班组逐渐显现出新技术支撑能力不足、技术骨干成长慢等存量问题，同时新能源等用户并网依然增长迅猛，服务压力依然繁重。2021年地区调度班将继续以“队伍建设强根本 创新服务塑形象”为班组奋斗目标。一是依托公司岗位练兵活动，持续通过“红砖绿网大讲堂”等形式，促进班组人员服务意识与服务能力双提升。二是组织开展地县调控系统人员纵向交流培训，鼓励县调青年员工跨班组横向交流和轮岗，打破壁垒、推动调控专业服务水平同质化提高。三是继续将创新服务列为重点工作，开展“调度—用户”交流会，梳理用户关心的问题，理顺衔接难点，持续做好服务工作。

（撰稿人：魏　巍）

基础管理

“四个三管理法”实现精益服务班组

国网南京市溧水区供电公司

营业班（稽查班）

【摘要】营业班（稽查班）成立于1999年7月，现有员工15人，是清一色的“娘子军”，人员分布在城区营业厅、区不动产中心、市民中心，服务于溧水区电力客户的业务咨询、受理，电费缴纳等工作。营业班（稽查班）处于服务客户的第一线，及时高效地为客户提供优质高效的服务，是本职更是树立供电企业优质服务形象的重要窗口。营业班（稽查班）开创“四个三”精益管理法，紧抓“三制”（晨会机制、班会机制、考评机制），实现“三求”（求进步、求温馨、求专业）日常，做好“三创”（创新、创业、创优）工作，达到“三更”（更先进、更高效、更精益）模式。通过建立完善的班组管理机制，推动班组建设再上新台阶。

一、实施背景

班组建设既是一项综合性工作，又是一项基础性工作，将现代化管理运用到各项工作中，发展班组精神文明建设管理、班组安全基础管理、注重技术培训管理。近年来营业班（稽查班）成员学习创新能力意识不强，窗口服务有待规范化，亟待通过班组精益化管理提升，培育新载体，建立新机制，拓宽班组建设的深度和广度，让班组成长为一支集聚亲和力、向心力、凝聚力的优秀集体。

二、主要做法

（一）三制——晨会机制、班会机制、考评机制

晨会机制是每日晨会进行“三查”：检查业务受理员仪容仪表是否符合营业厅服务规范、检查电器设备是否正常运行、检查营业环境是否干净整洁。班会机制是每日班会进行“三省”：当日工作是否完成？客户诉求是否遗漏？业务知识是否学习？通过每日班会制度可以及时地发现当日工作中的遗漏之处和学习最新的业务办理知识。班组考评机制是每月绩效进行“三激励”：月考考试激励班组成员的学习心、日常工作激励班组成员的奋斗心、岗位职责激励班组成员的责任心。激励制度可以有效地调动班组成员的工作积极性，营造良好的班组工作氛围。

（二）三求——求进步、求温馨、求专业

学习上求进步，氛围上求温馨，业务上求专业。营业厅的业务知识会经常更新，学习是提高业务知识的强有力方式，也是提高业务水平能力最直接的手段。营业厅的环境窗明几净，大到电子显示屏、服务台，小到一把便民伞、便民服务箱内的一盒针线、一副老花镜都有准确的摆放位置，舒适的环境使人感到温馨。业务受理员实现业务水平、业务能力、业务素质的专业化可以缩短为客户办理业务的时间，提高工作效率和水平。

（三）三创——创新、创业、创优

创新思路，创业绩，创优质服务。为了把“让每一位客户都满意”作为最终的服务目标，需要不断创新思路，改革职能服务技术，打造“三型一化”标准营业厅，满足人民对美好生活的向往。营业班（稽查班）推行综合柜员制，打造“一岗多能”，有效提高柜台服务效率，节约客户办理业务时间，提升服务质量，保障客户满意率。营业厅有专门的优质服务考核管理办法，其中分为服务规范考核、工作质量考核、业务考试考核，通过考核达到“规范管理，提高效率，切实服务于客户”的目标。

（四）三更——更先进、更高效、更精益

渠道设备更先进，业务流程更高效，管理方式更精益。营业班（稽查班）积极宣传推广“网上国网”APP、“国网江苏电力”微信公众号等为客户提供咨询、办电、交费、报修、节能、电动汽车、新能源并网等多种业务线上服务，实现线上一网通办，进一步提高供电服务水平。营业厅内配置了多台自助缴费机、自助业务机、发票打印机，供客户自主选择人工柜台或自助机，很大程度上减少了柜面人员业务办理的压力，也大大节约了客户平均等待时间。营业班（稽查班）推行高、低压客户压减办电手续、低压小微企业“零证”办电等，简化办电手续，缩短办电时长，积极推广营商服务热线运行，提供24小时便捷服务，为企业客户提供增值税专票寄送服务，进一步提高供电服务水平。成立班组民主管理委员会，构成班组管理约束力和激励力，委员会需主动发现班员需求和听取员工诉求，牵头整理各方面建议，拟定相应提案并在班组全体会议上进行讨论，班组成员人人都是实施者、监督者。

三、实施效果

自采用“四个三”精益管理法，班组学习氛围浓厚，班组成员的服务日益规范化、技能日益专业化。营业班（稽查班）全面推广网上国网APP等线上渠道办

理业务，人工业务量逐步下降，客户临柜次数下降45%，客户满意度得到有效提升。持续优化电力营商环境，推进增值税双轨开票试点工作，实现手机端网上国网、微信渠道等开票功能，充分运用互联网提升供电服务。

营业厅设备利用管理显著提高，健全的电费资金管控制度和流程，保障了公司资金安全管理水平，资金和设备安全管理率达到100%；全面提升“综合柜员制”水平达标率100%，减少客户办理业务的等候时间，向客户提供更有效的全方位服务；全面提升“获得电力”水平达标率100%。

近年来，班组获得“溧水区三八红旗集体”“南京市五一巾帼标兵岗”“江苏省现场五星”、南京供电公司优质服务优胜班组、国家电网公司先进班组等荣誉。2020年9月获得2020年电力行业质量信得过班组典型经验交流活动三等奖成果。

（撰稿人：周　琴）

“啄木鸟”班建守护苏城光明

国网苏州供电公司城区变电运维班

【摘要】城区变电运维班成立于2011年5月，现有员工31人，班组主要担负着部分市区及新区共45座变电站的运行维护任务。城区变电运维班以创建“十三五”典型班组为契机，大力弘扬“啄木鸟”精神，紧扣建设标准，夯实创建举措，充分利用职工扎实的理论基础和丰富的创造力，将文化建设的无形力量转化为推动工作的有形引领，将啄木鸟班组打造成坚强富有战斗力的团队，为国网建设具有中国特色国际领先的能源互联网企业的战略目标筑基增慧，为苏州打造国际能源变革发展典范城市保驾护航。

一、实施背景

啄木鸟别称“森林医生”，它们善于发现害虫并快速而精准地处理，绝不姑息，它们以执着的韧劲、勤劳奉献的精神坚守岗位保卫森林，正如变电运维班一样，默默守护着苏城电网的安全运行。班组作为企业的“细胞”，班组管理是企业管理的基础。班组虽小，但工作千头万绪，没有科学完善的管理方法，根本无法有效开展工作。

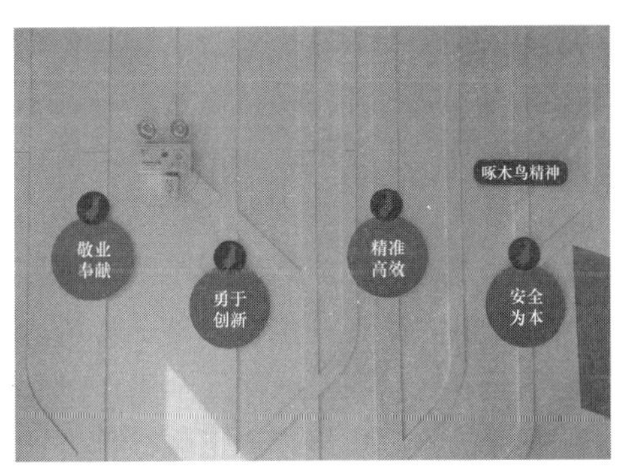

图1　啄木鸟精神“四个践行工作法”

由此，城区变电运维班将“啄木鸟精神”的优良特性融入班组基础建设中，凝练出“安全为本、精准高效、勇于创新、敬业奉献”的“四个践行工作法”（见图1），有力地增强了变电运维班的凝聚力、向心力，推动班组管理的全面提升。

二、主要做法

（一）提升安全生产管理创新能力，筑牢基本制度之根

1.立足本职岗位，践行“安全为本”

落实安全生产责任制，制订、完善班组实现安全目标的组织措施和技术措施；结合变电站“第一责任人”规范要求，将班组管辖的每一个变电站责任落实

到人。城区变电运维班管辖的变电站连接着市区三分之二的高危及重要用户，这些用户直接关系着社会和谐稳定和百姓生活安全。为确保安全、稳定、可靠，城区变电运维班统一思想，抓专业化管理水平，实行“运维一体、无人值班”管理模式。一是强化责任意识，落实“八个不发生”、“五全”安全、“两票三制”等一系列规章制度，并持续深入开展隐患排查治理和“反违章”工作。二是探索建立隐患和缺陷动态关联管理机制，发现缺陷和隐患之间存在进展和转换的可能。三是开展专项安全管理活动。组织安全大检查工作，对隐患做到早发现、早治理；开展安全生产月、主题安全日活动，推进班组安全文化建设。

2.开展安全教育“5个1”活动

“5个1”活动即：“安全提醒一句话”，通过编发温馨安全生产提醒短信，在班组、施工现场醒目位置设立安全提醒小黑板，增强“我要安全”意识；“安全教育一堂课”，以公司安全生产规范行为演示竞赛获奖作品为教材，强化教育效果，推进安全生产好习惯的养成；“安全疑难一起想”，利用网络大学“青年技能竞技园地”，组织青年对实际工作中遇到的安全生产疑难问题进行相互解答，提高安全生产技能；“安全监督一张网”，开办“啄木鸟”青年安全哨手工报，发挥团员青年在安全生产中的卫士作用；“安全隐患一起查”，结合安全大检查，组织青工开展安全隐患自查自纠，把事故消灭在萌芽状态。

（二）提升变电运维专业化管理，延伸工作制度之枝

1.“啄木鸟精神”融入班组基础建设

作为变电站的管家和医生，班组提炼出“安全为本、精准高效、勇于创新、敬业奉献”的“四个践行工作法”，统一思想和认知。开展班组文化宣贯，借助微信工作群、文化宣传栏等多种宣传媒介，使其随处可见，深入人心。高效运用人力资源实现变电站精益管理是这个团队始终在探寻的课题。城区运维班在国网系统率先尝试开展“精益化班组”管理，青年员工挑大梁，一像啄木鸟一样排查漏洞，梳理图纸、技术标准、作业指导书等班组资料337项，确保安全生产的每道环节都有标可据。二像啄木鸟一样寻找问题根源，绘制班组生产工作最佳“职能带流程图”，并创新地采用“流程穿越”的换位思考模式，检验、优化流程，及时发现薄弱环节七处。三像啄木鸟一样日积月累不断分析日常工作，持续寻求最优方案，把精益化作为管理文化持续推广。

2.打造精干队伍，践行“精准高效”

班组按照五通规定建立标准化管理制度，开展标准化作业，实现了工作有标准可查、生产有规范可循，班组生产管理标准化程度得到了明显提升。成立项目突击队，围绕运维工作的关键问题，灵活组织班组内各专业人员开展重难点项目

突击，发扬突击队勇于担当、拼搏奉献的精神，深入运行分析，竭尽全力排查隐患，细致验收工程，确保设备安全稳定运行。

3. 练就过硬本领，践行"勇于创新"

充分发挥年轻人多，思维活跃的优势，成立青年"啄木鸟"课题研究小组，善于打破常规的天然优势，在平时的生产生活中，坚持从细节入手，仔细观察、分析平时生产管理中遇到的问题，每年组织开展QC课题及创新课题的研究，并取得了丰硕成果。探索智能技术应用。在加速推进泛在电力物联网建设的大背景下，率先在苏州地区推广运用单站型智能机器人系统，实现人机结合巡检方式，提高巡检作业和管理的自动化和智能化水平，为智能变电站和无人值守变电站提供了创新型的技术检测手段和安全保障。

（三）深化班组思想文化创新，繁茂责任制度之叶

1. 精神引领实现匠心传承

每月评选"运维之星"，挖掘一线员工吃苦耐劳、甘于奉献、奋进拼搏的先进事迹，定期举办运维人物分享会，传递正能量，实现"啄木鸟精神"的人格化，引导员工正确树立自己的价值观和人生观。同时还通过"导师带徒""劳模与青年攻关小组结对""党团员互帮结对""职业技能单元制培训""青年员工职业生涯导航""运维一体化培训"等活动，以学促培提升青年员工一岗多能。2020全年，班组共计派出变电运维技能学习115人次，参加变电类技术交流学习57人次，参加网络电力知识自学学时1300小时。

2. 牢记责任使命，践行"敬业奉献"

班组党员服务队、志愿者服务队与社区结成"一对一"服务对子，实施亲情电力进社区志愿文化。以"为群众服务、让群众满意"为目标追求，利用专业知识开展百姓关注的电力科普宣传。开展为孤老义务更换电线、检修开关等公益便民服务，得到了社会认可，赢得了群众满意，推动为民服务的航船乘风破浪。

三、实施效果

截至2021年3月，"啄木鸟"班组安全运行7855天，累计倒闸操作近十万次零失误，完成班组改扩建、综自改造、轨交工程入网等大型复杂项目数十个，班组所辖变电站巡视覆盖率100%、缺陷整改率100%、两票合格率100%、文明生产达标率100%。

在"啄木鸟"团队的不懈努力下，班组硕果累累（见图2）。

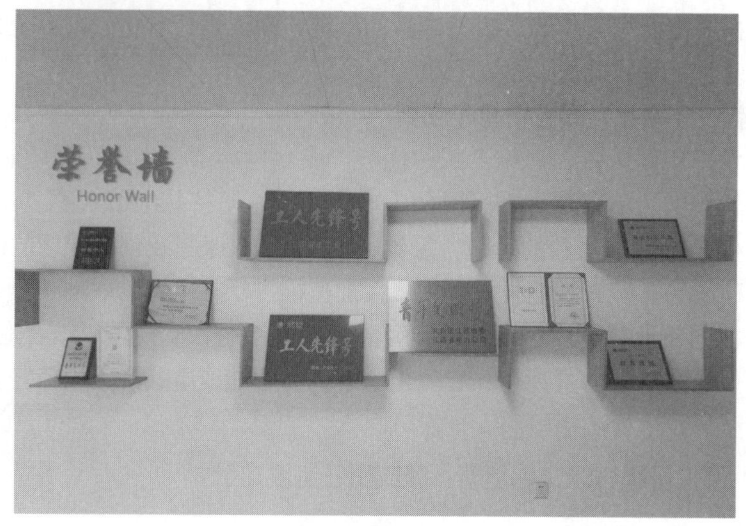

图 2　班组荣誉墙

1. 工作创新方面

先后研发出“变压器室通风系统进风口自动清洁装置”“封闭式开关柜内出线电缆无线测温装置”“增力式接地线操作杆”等创新成果，荣获2016第十五届“海洋王”杯全国QC小组发表赛优胜奖，省公司质量创新一等奖、管理创新成果二等奖。

2. 班组荣誉方面

曾获得国家电网有限公司“先进班组”称号、“国家青年安全示范岗”称号、“全国优秀质量管理小组”称号、“江苏省质量信得过班组”称号、江苏省总工会工人先锋号、省公司“标兵班组”称号、国网苏州供电公司“标杆班组”称号等。

（**撰稿人：**曾丽霖　钱　臻）

API问题管理助力创新建设精益化

国网无锡供电公司输电运检中心输电运检四班

【摘要】输电运检四班成立于1993年1月，现有班组成员14人，其中党员5人。负责无锡市区35～220千伏输电线路停电、带电检修消缺和事故抢修。高压输电运检四班为大力弘扬“以客户为中心，专业专注，持续改善”的核心价值观，将创新作为推动“两个一流”建设的根本动力，全面促进班组创新建设的常态化、可持续化开展。在总结经验、结合实际的情况下，针对创新活动中遇到的瓶颈问题，运用“API问题管理”（All People Improvement，全员自主改善），实行以全员参与创新活动为抓手的班组精益化管理模式，形成发现问题、处理问题、检查问题的一站式管理模式，对整个班组创新过程的开题、实施、检查、考核进行全过程控制，从而有效激发一线员工对于创新的热情，为班组创新建设的精益化发展注入了新动力。

一、实施背景

班组作为基层的管理单元，是末端治理的关键环节，是驱动创新发展的源动力。精益化管理是国家电网有限公司“六化”工作内容之一，企业要实现精益化管理，首先要从基础入手，在班组中开展精益化管理是推进企业精益化发展的最有效途径之一。近年来，输电运检四班始终坚持“创新驱动、持续改善”的班组创新文化，在强动力、搭平台、造氛围上下功夫，探索了一条适合班组创新建设发展特点、满足员工成长成才需要的创新建设之路。但是我们也清晰地认识到班组创新建设中的不足之处，班组创新建设缺乏统一的管理流程，虽然多年一线工作积累创意很多，但缺乏统筹规划与追根溯源，创新课题在选择上随意性较大，缺乏严格的审查评估，最终使得创新成果的效益没有最大化，浪费班组资源。因此，高压带电作业一班以班组精益化管理为契机，运用精益化管理优化班组创新建设，以持续改善作为创新建设指导，注重创新文化培育，努力提高生产效益，激发员工的创新热情，增强创新的主动性，追踪创新全过程，做到问题精益化管理，助推创新活动的可持续发展。

二、主要做法

（一）主要方法

根据创新活动实施过程中监督考核机制不到位、缺乏有效激励机制、个别员工的创新主动性没有充分发挥出来的特征，输电运检四班致力于解决班组全员创新能力不均衡的问题。班组按照精益化管理理念认识到，“人”是实施精益生产的重要因素，创新是实现精益化生产的推手。班组推出“API问题管理”也就是全员自主改善，让员工自己通过手段与方法的变更，使工作或结果变得更好更有成效，从而获得制度化的激励措施，并使改善后的工作标准化。全员自主改善的目的就是为了激发每位员工的主观能动性，清晰明了是“我要创新”而非“班组要我创新”，营造全体员工自己参与改善活动的企业文化氛围。班员是创造价值的源泉，员工参与公司的管理、运行，积累了丰富的一线工作经验，将这些经验中的创新通过“API问题管理”落到实处，企业更能最大化地创造价值，这是班员参与整个全员自主改善的重点和最终目的。通过“API问题管理”使每位员工都能够随时将制约生产、管理的问题反映出来，让每位员工都能感受到创新是实实在在源于我们的日常工作，并通过整合全班的力量来解决，从而促进生产效率的提升，有效调动全员参与创新的热情，形成创新活动的良性循环。

结合本班组实际情况，我们将班组“API问题管理”精益优化，并分解为六部分（见图1）。

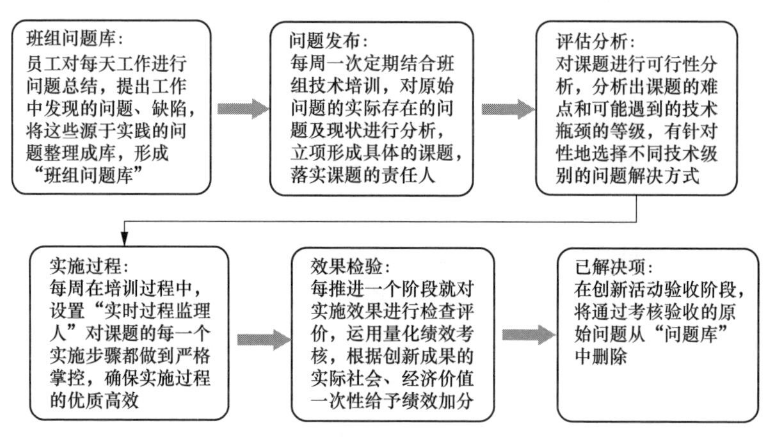

图1 输电运检四班实施“API问题管理”的内容

（二）“API问题管理”实例

1.班组问题库

班组员工将每天工作中遇到的问题总结归纳，提出制约生产的问题、缺陷，将这些源于实践的问题，集中粘贴于班组问题库，形成班组“创新源”。例如：

输电架空线路停电检修工作中出现的耐张杆塔接地困难的问题，导致增加了不必要的登塔次数，降低了工作效率。因此，班组将《耐张杆塔挂设接地线困难》这一条整理进班组问题库。

2.问题发布

每周五利用技术培训活动，班组对原始问题的实际存在问题及现状进行分析，立项形成提案。在问题发布环节，针对工作中实际存在问题和现状，召集全体班组成员开展头脑风暴，各抒己见展开讨论：对原始问题进行现状分析，说明实际存在的问题，制定本课题所需要达到的目标。在此阶段，明确提案负责人、原始问题发现人，确定提案名称、提案类型。与一般班内提案不同，"API问题管理"发布问题形成提案简便，只需要问题与工作相关、切中工作现状痛点即可。问题发布表如图2所示。

3.评估分析

在评估分析阶段，对课题进行可行性分析，分析出完成课题将遇到的难点和技术障碍（见图3），从而有针对性地采取班组自行解决、提出合理化建议、QC项目、上报群众性经济技术创新活动项目以及省市公司科技项目等不同技术级别的问题解决方式。

提案负责人姓名	潘继华	班组职务	班长	职称	技师
原始问题描述	耐张杆塔挂设接地线困难			发现人	潘继华
提案名称	35kV-110kV新型转向接地装置的研制			提案类型	技术创新
实际存在问题及现状	目前，输电线路停电检修中所应用接地线的导线端线夹结构不合理，造成检修人员站在耐张塔的横担上不可能将接地线挂到绝缘子串外侧导线上。因此，线路停电检修工作由于挂设接地线而增加检修人员、增加检修时间，而且还存在安全风险。				
预期目标	（1）降低停电检修作业的登杆次数，使得单基耐张杆塔作业登塔次数降低66%。 （2）提高停电检修作业效率，使得检修作业所用工时平均缩短25%左右。				

图2　问题发布表

提案名称	35kV-110kV新型转向接地装置的研制
提案可行性分析	由于大多数耐张塔的导线与铁塔横担相互垂直，角度成90度，为了使接地线的导线挂钩能与导线垂直，从而易于装设接地线，这就需要新型转向接地装置的转向角度能够达到90度，使导线挂钩与所挂导线垂直，从而很容易地就将导线挂钩挂到导线上，便于装设接地线。因此，设计制造出能够实现90度直角转向传动结构的接地线就完全可以解决这一问题。班组QC小组由高级工程师、技师、助理工程师等具有丰富的理论基础、现场经验、管理能力的人员组成，结合班组现有技术水平和研究能力，班组决定采用小组QC活动的形式，研制新型接地装置。
解决方式（√）	班组自行解决（）；合理化建议（）；小组QC（√）；群众性经济技术创新活动项目（）；省市公司科技项目（）

图3　评估分析报告

输电运检四班在开展群众性经济技术创新活动中有着丰富的经验，因此，班组会将优秀的合理化建议上报群众性经济技术创新活动项目，以提升项目档次，充分发挥班组在群创方面的优势，以优促优，不断提高班组技术创新能力。

4. 实施过程

实施过程阶段包含了项目具体实施内容、实施方法、预控措施，并且要求员工记录好实施过程的开展情况（见图4）。同时班组也特别设置了“实施过程监理人”，对课题的每一个实施步骤都做到严格掌控。每周由项目监理人对实施进度进行考核、记录，保障项目高质量稳步推进；并由项目监理人上报班长，由班长统筹全局，针对项目进展提供技术或人手帮助，确保实施过程的优质高效。

5. 效果检验

效果检验阶段，对创新项目的成果、目标、效益三方面综合分析检验，对创新产品的各项性能指标检验是否达到预期目标，是否能够有效解决生产实际的困难（见图5）。并且根据经济价值、社会价值的大小分别给予负责人、发现人、监理人和活动参加者一定的绩效奖励，绩效分值在班组季度绩效中进行兑现。

项目名称	35kV-110kV 新型转向接地装置的研制
实施过程	通过设想方案的分析对比、优缺点评估：小组选择采用“90度直角转向结构”来研制新型转向接地装置。 实施一、传动结构的研制：班组成员蒋旭东、任礼良、苏晓、吴鹏，运用 UG6.0 计算机辅助设计软件对双斜齿锥型伞型齿轮的相对位置进行模拟分析，采用了 90 度直角正交的布局，将扭力通过螺杆有效地传递到导线压板。 实施二、线夹主体结构的研制：班组成员富俊曦、陈红、苏晓、邵波，运用 UG6.0 计算机辅助设计软件对直角型线夹主体结构进行模拟分析，将线夹主体以传统接地装置线夹结构的设计为思路，依照传统接地线结构特征，保留了原有导线挂钩、导线压板的设计，从而保证了线夹的各项电气性能指标符合国家技术标准的要求，同时设计了一个直角型模块，使得绝缘操作杆与线夹主体呈 90 度连接状态，并且具有与双伞型齿轮传动结构良好的匹配性。 实施三、材质的选择：班组成员任礼良、奚立岭、邵波、吴鹏，综合考虑两种材料的不同特性，对线夹主体采用 7050 型铝合金，双伞型齿轮传动结构使用 40Cr 型钢，并将两种材料分别用于加工线夹主体和双伞型齿轮传动装置，通过数控加工中心进行加工制造。
实施过程监理人	蒋旭东、苏晓

图 4　实施过程报告

提案名称	35kV-110kV 新型转向接地装置的研制
成果检验	新型转向接地装置其线夹主体结构和传动齿轮的机械强度满足设计要求，同时又具有较轻的整体重量，各项电气性能指标完全达到了设计要求。
目标检验	对 35kV 太水线、110kV 胶张线等线路的停电检修消缺工作中应用新研制的转向接地装置，统计得到登塔次数平均减少 2 基，工作工时平均减少 4 人数·小时。小组对安全性、可靠性进行了统计，新型接地装置使用便利、安全、稳定，本小组实现了通过研制新型接地装置实现降低停电检修作业的登杆次数、缩短检修作业所用工时 25%左右的目标，达到预期效果。
效益检验	35kV-110kV 新型转向接地装置的成功研制，不但取得了良好的经济效果，在确保人身和设备安全，提高过程控制力度，提高检修质量等方面都很好的实现精益化管理的理念，具有良好的实际效益。
绩效加分奖励	潘继华（发现人、负责人）120 分；蒋旭东（监理人）50 分；苏晓（监理人）50 分；其余参与人员各 30 分

图 5　项目在效果检验阶段的报告

6. 已解决项

在创新活动验收阶段，将通过考核验收的原始问题从“问题库”中删除，并对效果检验阶段取得较好经济、社会价值的创新成果进行专利申报、成果推广宣传，进一步提高职工的创新积极性。同时，针对较成功的创新成果，班组将组织研讨会，总结经验得失，优化调整“API问题管理”架构，为今后创新奠定基础。

三、实施效果

高压带电作业一班曾获得江苏省工人先锋号、国家电网有限公司先进班组、省公司标兵班组、国网无锡供电公司五星级班组以及标杆班组等荣誉称号。

通过全员开展“API问题管理”，班组创新成果为解决制约一线生产的实际问题、提高生产效率、确保安全生产提供了有力支撑。实施精益化管理以来，班组挖到了创新的富矿，长期一线工作的见闻和经验借着“API问题管理”的春风不断催生优秀的创新成果：“35 ～ 110千伏新型转向接地装置”降低单基耐张杆塔登塔次数66%，检修作业工时降低25%；“带电作业取销器”缩短工作时间60%，单次调换合成绝缘子时间只需25分钟；“500千伏调换FC300绝缘子专用新型夹具研制”使原来需要5人30分钟在塔下调换的绝缘子，缩短至2人在塔上5分钟就可以完成。

输电运检四班实施创新建设精益化管理以来，以“API问题管理”为手段，扎根一线，创新安全生产工器具和技术，改进作业方式，创新建设取得明显的效果。班组形成了员工学技能、比创新、赛业绩的浓厚氛围。在班组劳动模范与锡电工匠不断发挥创新带头作用的引领下，班组以创新驱动、持续改善作为创新建设指导，注重创新文化培育，不仅迸发了员工的创新热情，增强了创新的主动性，同时也极大地激发了班组一线员工对于创新的热情，让他们认识到创新源于生产实践，创新无处不在，从而形成源源不断的创新驱动力，班组不断涌现出技术能手、技能专家，每年班组群创项目在公司饱受褒奖。同时，在熟练运用“API问题管理”开发群创、解决工作中遇到问题过程中，班组也在可持续开展培育青年人才工作，使得班组的创新精神代代相传：班组青年员工使用计算机，对“API问题管理”的内容进行归档整理，形成“API问题管理”数据库，追踪问题管理全程。班组深知创新是一个永无止境的过程，是一个不断往复前进的过程，需要不断地探索和实践。高压带电作业一班班组将秉承“用心、务实、精益”的工作理念，不断丰富创新建设内涵。

（**撰稿人**：潘继华）

建立“积分制”班组绩效管理模式

国网徐州供电公司吴庄变电运维班

【摘要】吴庄变电运维班为适应企业发展的需要，满足班组建设、员工自我实现的内在需求，以“工作的科学量化积分”为切入点，积极开展“积分制”班组绩效管理的创新和实践，实现了基层班组绩效管理的常态化、标准化、精益化。“积分制”班组绩效管理的核心是：以月度为基本考核周期，将班组工作项目进行分类梳理和科学量化；依据员工月度工作量和完成质量的评估，累计积分，最终形成员工绩效的全面评价。“积分制”考核模型，按照“稳定性”“公平性”原则设计，通过合理控制考核力度，兼顾“公平”与“效率”，并以信息化的管理平台和完善的监督、沟通、持续改进机制保证体系的健康运行，实现激励作用的最大化。

一、实施背景

绩效管理是现代企业激励体系的关键环节。国家电网有限公司大力推行“全员绩效管理”的先进理念，省公司、市公司也逐步出台了突出岗位责任、工作业绩、能力素质的绩效管理制度。

班组作为公司实施“末端治理”的主战场，是国家电网有限公司“全员绩效管理”落地的关键。探索班组绩效管理的一般规律，归纳班组绩效管理的成功经验，并应用“全员绩效管理”的理论加以规范和提升，建立科学、完善、与公司绩效管理制度相配套的班组绩效管理体系，成为提升基层班组工作业绩和管理效率，增强基层班组承载力和战斗力的重要手段。

二、主要做法

（一）“积分制”量化考核办法的制定

制定班组量化考核办法的流程如图1所示。

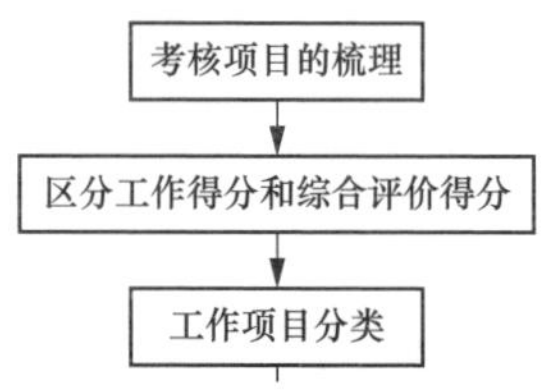

图1　班组量化考核办法制定流程（一）

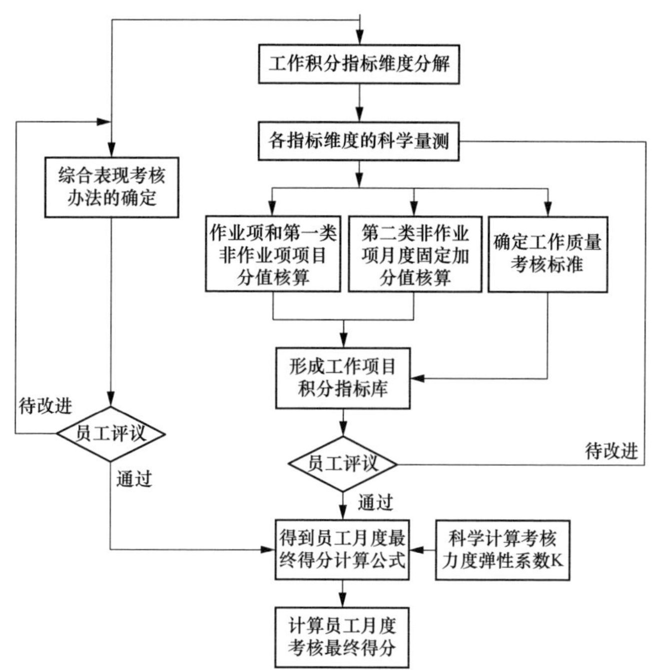

图 1　班组量化考核办法制定流程（二）

1. 班组工作项目的统计、分类

结合年度、月度绩效指标，将班组日常工作项目分为作业项、非作业项两大类。

作业项，以变电运维班的日常工作为例，其作业项包括变电站巡视、倒闸操作、事故及异常处理、定期切换试验、红外测温等项目。

非作业项，指班组内部管理工作和班组建设工作。一类是一般员工根据班组安排承担的管理工作，包括记录填写、资料整理、变电站5S工作等常见工作，称为第一类非作业项。另一类是班组兼职人员承担的管理工作，具有连续性和专属性的特征，包括班组安全员、培训员、考勤员等班组"八大员"兼职管理类工作，称为第二类非作业项。

2. 工作量指标维度的分解与测量

第一步，"维度分解"。通过提取岗位工作中的关键要项，分解出衡量各类工作价值的特征要素。

第二步，"指标量测"。按照分解出的特征要素，对具体工作项目的相应特征值进行比较、分析和核算。完成工作项目在各个价值维度上的量测。

第三步，"积分核算"。统筹考虑各指标要素，根据乘积的方法，计算该项岗位工作的"价值量"，并使之与加分值成正比，实现工作量向多维价值空间的映射如图2所示。

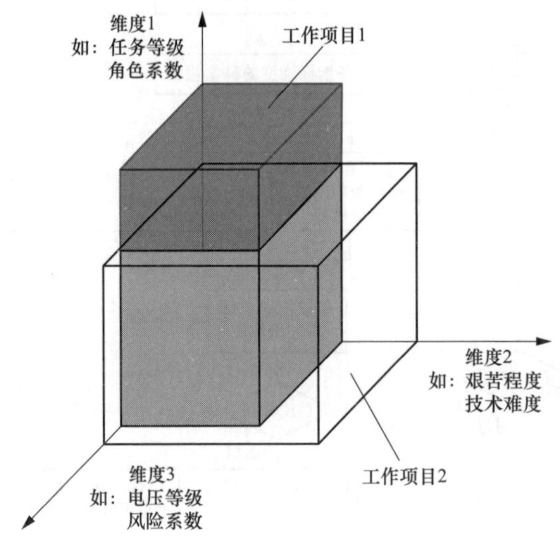

图2 指标分解、量测在三维空间的示意图

（1）作业项和第一类非作业项的核算方法类似。在实践中，将作业项的工作价值指标分解为包括任务等级、角色系数、难度系数、风险程度系数、艰苦程度系数和电压等级系数的六个维度。在上述维度上进行测量，即对劳动量、工作时间等进行测算，对难度系数等进行评估，对任务等级进行认定，从而给出具体工作在不同特征量上的级别，并赋予相应的系数。例如，任务等级分为“关键、重要、中等、一般、较轻”五个级别，并分别具备“10、8.5、7、5.5、4”的系数。220千伏变电站倒闸操作的积分系数标准表如表1所示。

表1 220千伏变电站倒闸操作的积分系数标准表

工作项目	任务等级系数	角色系数		难度系数		风险程度系数	艰苦程度系数（按操作步骤计）		电压等级系数	
倒闸操作	10	操作人	1.2	停送母线	1.6	1.5	1～10项	1.0	0.4kV	0.8
		监护人	1.2	停送主变	1.5		11～20项	1.2	10 kV	1.0
		审核人	0.8	停送站变	1.3		20～35项	1.5	20 kV	1.2
倒闸操作	10	填票人	0.8	停送电容	1.3	1.5	35～50项	1.6	35 kV	1.2
		值班负责人	0.4	停送线路	1.0		51项及以上	1.7	220kV	1.5

对于作业项，有如下公式：

工作量加分＝任务等级×角色系数×技术难度系数×风险程度系数×艰苦程度系数×电压等级系数

对于第一类非作业项，有如下公式：

工作量加分=任务等级 × 角色系数 × 技术难度系数 × 艰苦程度系数

以220千伏变电站5S管理为例，其积分系数标准如表2所示。

表2　220千伏变电站5S管理工作积分系数标准表

工作项目	任务等级系数	角色系数		难度系数		艰苦程度系数	
5S管理	7	主持	1.5	“清扫”工作	1.0	新站投运	5
		参与	1.0	“清洁”工作	1.0	旧站升级	4
		辅助	0.8	定置工作	1.2	完善改进	1.5

（2）对于第二类非作业项，根据班组绩效考核以月为周期的特点，以每月需要进行的实际管理工作量为基础，根据任务等级、难度系数、艰苦程度三个维度进行分解核算，并经班组成员讨论通过，给出每月的固定积分值。如表3所示。

表3　第二类非作业项月度积分表

序号	第二类非作业项（班组管理岗位）名称	固定积分值
1	值班长	180分
2	班组安全员	160分
3	班组培训员	130分
4	班组无功、线损、电能平衡管理员	110分
5	班组材料管理员	70分
6	班组工会小组长	100分
7	班组车辆管理员	70分
8	班组考勤员兼资料员	100分
9	QC小组长兼规程修订员	120分
10	班组设备管理员	110分
11	班组PMS记录管理员	140分

（二）绩效管理体系的建立

1. 组织体系

建立班组绩效管理小组，负责制定班组绩效管理规定及考核细则；负责本班组员工绩效管理工作的组织和实施。

2. 工作流程体系

每月初，变电运维室对各班组月度绩效计划完成情况进行评价，并按照变电运维室《运维班月度绩效考核评分标准》评分。各运维班除按照自身检查统计结果对个人进行加减分外，将运维室对班组考核的结果按照规定的责任分配方案，细化落实到个人。

（三）保证体系有效运行的措施

1.监督制度

班组绩效管理小组每月不定期对各值工作完成情况进行检查，负责监督每一项具体加分减分项目的落实，并进行月底最终考核分数的复核，消除计分失误及计算错误。每月召开一次民主管理会（民主生活会），对考核结果实行阳光管理。

2.建立沟通机制

在体系建立和实施过程中，保证班组、个人和运维室信息共享、意见反馈畅通无阻。个人对考核结果有争议时，可按照原考核结果兑现，待考核小组最终裁定后，在下月度进行调整。

三、实施效果

（一）收入差异性增大

吴庄变电运维班在实施“积分制”绩效考核的首月，员工月度工作量积分最大差值达60分之多。在绩效管理的正向激励下，该班工作积极性被充分调动，员工主动要求承担更多的工作任务，并逐步上升到员工群策群力、各尽所能，工作业绩齐头并进的良性循环。

（二）工作积极性提高

“积分制”绩效管理极大地激励了员工学技能、比业务的热情。2021年初，老职工提出要把“师带徒”的质量、效果纳入绩效考评。近七成的员工为能承担技术含量高、安全风险大、考核分值高的工作，主动提出培训需求，自觉提升业务技能。运维班人才当量呈现节节攀升的良好势头。

（撰稿人：师　珂）

“一卡通”造精品工程、培复合人才

国网常州供电公司变电二次运检二班

【摘要】变电二次运检二班以工程全流程管控为切入点，编制推行“工程全流程管控卡”，实现工程管控“一卡通”。“工程全流程管控卡”涵盖项目初设、物资协调、前期查勘、三措编制、现场实施、物资退库、风险管控、危险点应对等多方面，实行“一类工程一典卡，一工程一实际卡”。青年员工通过思维导图推演、工程全流程管控卡编制、工程现场管控实施、工程复盘的过程，实现个人专业技能、跨专业知识、组织协调能力的全方位提升，为班组的项目柔性化管理提供支撑。工程“一卡通”管理法在班组实施和巩固后，取得了显著的效果，打造了一批精品工程，培养了一批复合型人才。

一、实施背景

变电二次运检二班共17人，其中90后8人，班组长4人，负责辖区内25座220千伏变电站、60座110千伏以下变电站二次专业运检工作，人少工作量大。

变电站工程改造过程涉及多部门、多专业、多队伍，任何一个环节出错就会造成设备延期投运、电网故障等问题，对工程负责人专业技能、施工经验、组织协调能力要求极高。目前班组情况面临几点问题：一是班组人员近年“进少出多”，技术力量流失，青年员工培养速度跟不上，难以承担大型复杂工程。二是工程改造项目“量能齐升”，数量大，类型多，时间紧，往往集中开工，安全风险高。三是工程各阶段管控“各自为政”，较为散乱，易造成设计出错、物资延期、方案不合理、施工无人协调等问题。

针对上述问题，班组对各类工程进行全流程梳理，创新编制各类“工程全流程管控典型卡”，全面覆盖工程各部门分工、各阶段工作内容、风险点及管控措施等，形成各类工程管控知识库。工程实施过程中，负责人按现场实际情况结合典型卡编制“工程全流程管控实际卡”，并对管控内容全流程逐项确认，实现工程管控“一卡通”，为负责人现场管控提供支撑，实现工程改造流程清晰、分工明确、责任到位、施工风险源头把控，以及班组员工专业素养的全方位提升。

二、主要做法

（一）工程全流程管控典型卡编制，一类工程一典卡

工程全流程管控典型卡，按“一类工程一典卡”的原则编制，特点在于“大而全”，以思维导图的方式，全方位考虑同一类工程不同现场情况、施工方案的各种应对措施，最终形成一类工程的管控知识库。

1.思维导图全方位推演，工程管控要点全覆盖

班组组织对二次专业相关工程进行分类，如线路保护改造、主变保护改造、全站综自改造等。班组由青年员工牵头，班组长指导，结合该类工程的技术方案、三措、图纸等资料，以及以往工程经验，利用思维导图，开展头脑风暴，形成各类工程的各阶段工作内容、危险点、管控措施的思维导图，为工程全流程管控典型卡的编制奠定基础，形成支撑。

三相不一致改造工程思维导图如图1所示，小电流接地选线工程思维导图如图2所示。

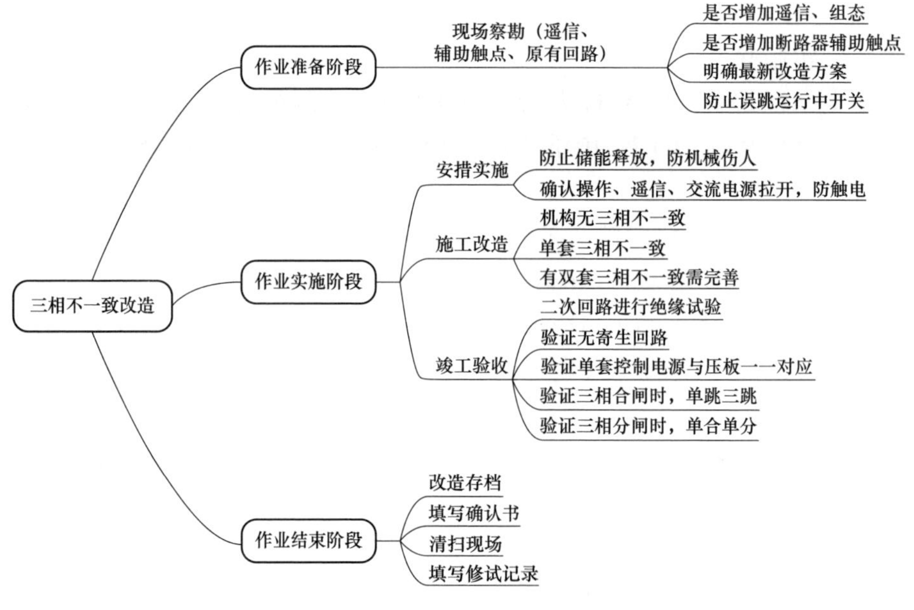

图1　三相不一致改造工程思维导图

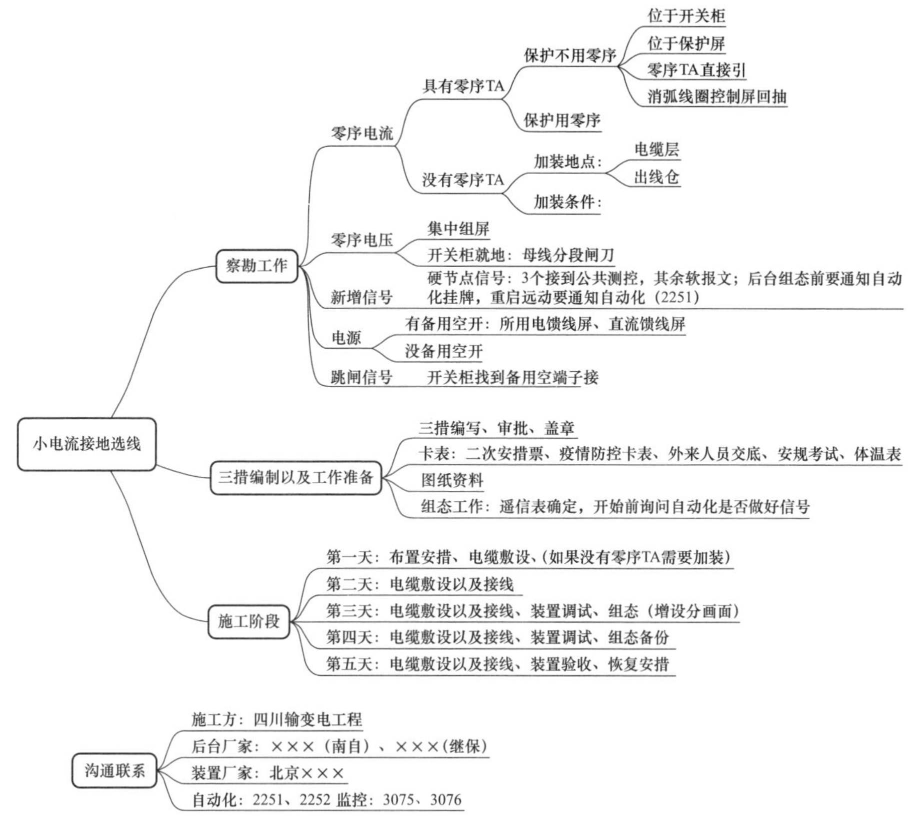

图2 小电流接地选线工程思维导图

2.图表转化理清全过程，编制工程全流程管控典型卡

思维导图为星形网架结构，适合扩展推演，较为散乱，在实际应用中难以进行逐项确认。班组从思维导图推演中总结提炼，图表转换，形成工程全流程管控典型卡。典型卡覆盖项目立项、初设、物资、三措编制、方案制定、现场实施、验收全过程，各阶段工作内容、风险源点、相应管控措施明确，为工程负责人全流程管控提供全方位技术支撑，工程切入快，风险低。变电所三相不一致改造工程的全流程管控“典型”卡见表1。

表1　　变电所三相不一致改造全流程管控单

一、作业准备阶段　　　　日期：　年　月　日

序号	准备工作	内容	注意点	√
1	仪器仪表及工器具准备	绝缘电阻表、万用表、螺丝刀、硬线、标签机	提前1周察勘，厂家应准备相应设备，根据型号准备物资。厂家易遗漏硬线、短接线、扎带。班组人员带好常规工程工具	

续表

序号	准备工作	内容	注意点	√
2	数据分析、历史资料的查阅	机构图、二次图、相关说明书	注意图纸和现场一致	
3	现场察勘	遥信、辅助触点、原有回路	（1）是否增加遥信、组态； （2）是否增加断路器辅助触点； （3）明确最新改造方案； （4）防止误跳运行中断路器	
4	开工会	在现场向工作班人员详细交待工作任务、安全措施和技术措施，一次设备运行状态，并让工作人员在工作票上签名，方可开始工作	（1）施工人员双准入； （2）施工人员满足防疫要求； （3）安全管控系统准备工作	

二、作业实施阶段

（一）安措实施

序号	准备工作	内容	注意点	√
1	确认操作、遥信、交流电源拉开，防触电	绝缘电阻表、万用表、螺丝刀、 硬线、标签机	提前1周察勘，厂家应准备相应设备，根据型号准备物资。厂家易遗漏硬线、短接线、扎带。 班组人员带好常规工程工具	
2	储能释放，防机械伤人	机构图、二次图、相关说明书	注意图纸和现场一致	

（二）改造施工

序号	准备工作	内容	注意点	√
1	机构无三相不一致	（1）确认安装位置（机构箱内安装或者增加箱子，是否需要土建或者动火作业）； （2）备用断路器辅助触点接线、断路器场地是否要放电缆； （3）确认遥信电缆是否有备用芯线、并联系厂家后台组态； （4）安措实施后，监护开关设备厂家安装继电器、柜内接线	提醒厂家带图纸并检查现场按图施工	
2	单套三相不一致	（1）确认遥信电缆是否有备用芯线、并联系厂家后台组态 （2）安措实施后，监护开关设备厂家安装继电器、柜内接线	提醒厂家带图纸并检查现场按图施工	

续表

序号	准备工作	内容	注意点	√
3	有双套三相不一致需完善	安措实施后，监护开关设备厂家安装继电器、柜内接线	提醒厂家带图纸并检查现场按图施工	

（三）竣工验收

序号	验收过程	内容	注意点	√
1	采用1000V绝缘电阻表对二次回路进行绝缘试验	绝缘电阻大于1M欧姆。重点对回路中常开、常闭辅助接点的绝缘进行试验，保证辅助断路器触点切换正确	注意在正确端子	
2	合上断路器遥信电源，拉开第一套、第二套控制回路电源	测量两套非全相保护回路电压，验证无寄生回路	分别测电压	
3	拉开断路器遥信电源，合上第一套、第二套控制回路电源	测量遥信回路电压，验证无寄生回路		
4	合上第一/二套控制回路电源，拉开第二/一套控制回路电源	验证两套非全相保护回路间无寄生回路		
5	退出重合闸压板并合上断路器遥信电源及两套控制回路电源	退出重合功能	由运维人员操作	
6	拉开第二套操作回路电源，投入第一套非全相保护压板，分别跳开三相断路器	另外两相应在时间继电器整定的时间后跳闸。时间为重合闸时间加1秒。后台及监控发非全相保护动作信号，后台报文中单相跳闸与另两相跳闸时间差为时间继电器整定时间；现场按复归按钮后，后台及监控信号复归	注意观察断路器上的实际跳闸与继电器动作情况	
7	拉开第二套操作回路电源，投入第二套非全相保护压板，测试是否能跳开三相断路器	正确情况为不能跳开断路器	注意两套的对应	
8	拉开第二套操作回路电源，分别跳单相	正确情况为单跳单重	确定是本相跳闸	

续表

序号	验收过程	内容	注意点	√
9	拉开第一套操作回路电源，投入第二套非全相保护压板，分别跳开三相断路器	另外两相应在时间继电器整定的时间后跳闸。时间为重合闸时间加一秒。后台及监控发非全相保护动作信号，后台报文中单相跳闸与另两相跳闸时间差为时间继电器整定时间；现场按复归按钮后，后台及监控信号复归	注意两套的对应	
10	拉开第一套操作回路电源，投入第一套非全相保护压板，测试是否能跳开三相断路器	正确情况为不能跳开断路器	注意观察断路器上的实际跳闸与继电器动作情况	
11	拉开第一套操作回路电源，分别跳单相	正确情况为单跳单重	确定是本相跳闸	
12	开关在合闸状态下，两套非全相保护压板投入	测量非全相保护出口跳闸回路不带电	用万用表确定不带电	
13	分别手动触发时间继电器和出口继电器	验证断路器不误跳	注意观察断路器与继电器	
14	检修人员对改造回路进行拍照存档	继电器及端子排均拍照	留档	

三、作业结束阶段

序号	内容	注意事项	√
1	改造存档	进行拍照存档包括继电器及端子排	
2	填写确认书	检修人员与厂方人员双方签字确认	
3	清扫现场	现场清扫干净，无遗留物	
4	填写修试记录	请运行人员签字确认	
5	结束工作票	办理工作票结束手续，结束工作，人员撤离	
6	收工会	工作负责人在检修记录上详细记录本次工作所修项目、发现的问题、试验结果和存在的问题	
备注			

负责人

（二）工程全流程管控实际卡编制，一工程一实际卡

工程全流程管控实际卡，按一个工程一实际卡原则编制，特点在于“小而

精"，结合本次工程现场实际，从典型卡中摘选相应的选项内容编制而成。

1.编制当期工程全流程管控实际卡，一一对应

工程全流程管控典型卡是对一类工程的各阶段风险应对的总结，具备全面性，实际工程施工中可能部分工作内容、风险点不存在。班组结合当期工程实际的施工三措、停电计划、人员分工等情况，编制本次工程的全流程管控实际卡，明确相应的时间节点、要求、责任人等，与现场一一对应。

2.各阶段逐项确认，管控全流程无疏漏

工程开展过程中，负责人从项目立项、初设、前期准备至施工等，对照工程全流程管控实际卡各项内容逐项打钩确认，记录遗留问题，确保工程施工全过程管控无遗漏。

3.工程全流程管控卡阶段性补充完善

施工各阶段，根据工程全流程管控卡内容结合实际施工细节，对工程全流程管控实际卡进行补充完善，确保全方位管控。

（三）工程全流程管控实际卡归档及完善

1.整理归档，责任明确

一项工程项目结束后，班组对该工程全流程管控实际卡实施逐项进行审核，确保无误后分类整理，电子档、纸质版分类存档，负责人签字确认。

2.复盘总结，自主完善

工程结束后，工程负责人结合工程全流程管控实际卡，对工程进行全流程管控复盘，班组内讨论，进行查遗补漏，完善工程全流程管控典型卡，提升个人素养。

三、实施效果

以"工程全流程管控典型卡"为基础的工程"一卡通"管控法，首次提出将工程从项目立项、实施、竣工全过程串联起来管控，使得整个工程流程、责任、分工清晰明确。同时，为青年员工对工程实施提供了技术支撑。经过长时间的实施以及多项工程实践，"一卡通"工程管控法已经凸显出三大亮点：

（一）双重梳理，实现安全风险源头把控

工程全流程典型管控卡对一类工程实施可能引发的安全风险进行了全方位梳理、制定了相应的应对措施。工程实际管控卡进一步梳理当前工程的安全风险，早发现、早治疗，实现风险前置管理，从源头进行风险把控。工程实施中，依据管控卡对风险点逐项隔离，责任清晰，风险无疏漏。

（二）人才转变，促进青年员工复合发展

青年员工通过思维导图扩散性思维训练、工程全流程管控卡编制、工程全过程管控实施、工程复盘，实现了个人能力的全方位提升，从关注本专业技术问题，向多专业、多部门、多方位思考转变，整体思维、组织协调能力双提升，从专业人才向复合型人才转变。

（三）专业传承，支撑青年员工自主成长

工程“一卡通”管理法，通过工程全过程管控卡的形式让专业前辈的工程管理、施工经验得以固化、传承，不至于因为关键人员的流失而使得相关技术、经验缺失。同时，工程“一卡通”对青年员工工程实施提供了全方位指导、支撑，进一步促使青年主动学习、思考、总结，从被动接受变成主动参与，自主成长。

（**撰稿人：**罗皎虹　高海力）

“多维创新”构建计量资产精益化运营新模式

国网镇江供电公司营销业务支持中心计量资产班

【摘要】计量资产班内设一个计量设备二级库，是整个镇江地区的计量设备总仓库，班组的主营业务包括计量设备的需求提报、配送入库、在库管理、资产配置、拆回入库、分拣处置、报废处置、返厂维修等，涉及的计量设备种类繁多，且资产状态分类较多。为改变现状，计量资产班针对在库资产管理、报废处置等环节，积极推行创新举措，优化工作机制，率先构建计量资产精益化运营新模式，以全面提高计量资产运行效率和效益，开拓计量资产管理工作新局面。

一、实施背景

近年来，国网镇江供电公司为持续深化计量资产全寿命周期管理，开展多项提质增效专项行动，成效明显。计量设备可挖掘、可优化、可创新的潜力仍然较大，亟须紧扣“稳、进、育、开”要求，努力在更多环节、更大范围内发挥资产的最大经济价值，努力开创市场营销工作新局面。

构建并全面实施计量资产精益化运营新模式，实现降本增效，需立足设备全对象、管理全环节、运营全业务，聚焦计量资产全寿命周期管理中“采购、验收、检定检测、仓储配送、安装、运行、拆除、报废”八大环节，通过优化需求计划、强化质量监督、实行科学调度、加强资产管控、开展清仓利库、实施智能运维、推行失准更换、加强分拣利旧等工作措施，创新工作方法，优化工作机制，以全面提高计量资产运行效率和效益。

计量资产班内设一个计量设备二级库，是整个镇江地区的计量设备总仓库，班组的主营业务包括计量设备的需求提报、配送入库、在库管理、资产配置、拆回入库、分拣处置、报废处置、返厂维修等，涉及的计量设备种类繁多，且资产状态分类较多，导致库房管理工作较烦琐，常常出现账物不一致、分区存放不合理、储位管理不到位、库存超期或不足的现象。

二、主要做法

为改变现状，计量资产班聚焦计量资产全寿命周期管理中“仓储配送、拆除、报废”三大环节，积极推行创新举措，优化工作机制，率先构建计量资产精益化运营新模式，以全面提高计量资产运行效率和效益，开拓计量资产管理工作新局面。

（一）提出在库计量资产高效管理新举措

镇江市区每月库存计量设备约3万件，出入库流动量约4万件，库房占地面积小，为规避出现计量资产丢失或混乱现象，班组开拓创新管理新思路，制定库房管理新举措（见图1）：一是重新分区规划，按存量规划区域大小，严格按地标标示区域摆放；二是实施分区隔离，创新使用活动隔离围栏，将不同区域进行有效隔离；三是设置明显标志，按摞摆放相应资产状态牌和储位牌；四是积极推动资产网格化管理，按区域划分网格化库区，以实现计量资产全寿命周期管理的“小而不乱，小而精致”。

图1　在库计量设备按区定置存放

（二）建立高效的仓储管理新模式

开发基于大数据的计量资产管控平台，该平台的主要功能有：

（1）多维度数据展示：可从库房、资产规格等维度展示库存，以便资产管理人员快速了解可用库存及分布情况，如图2所示。

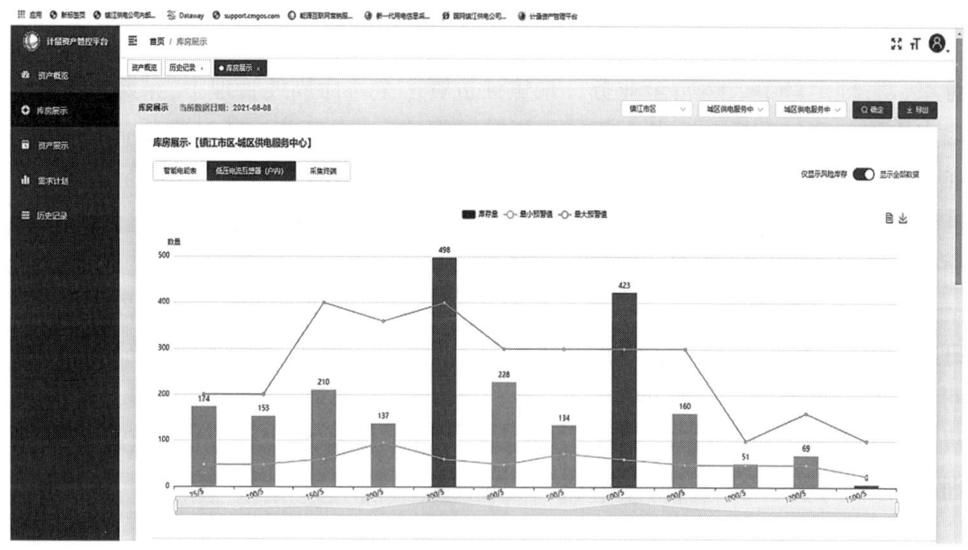

图2　库存展示界面图

（2）需求预测：建立特定算法模型，可根据历史用量及发起工单等数据信息自动测算月度及年度需求，有助资产管理人员合理提报需求计划，如图3所示。

图3 需求预测界面图

（3）阈值告警：可根据设定阈值进行告警提示，以便资产管理人员及时制定应对措施，如图4所示。

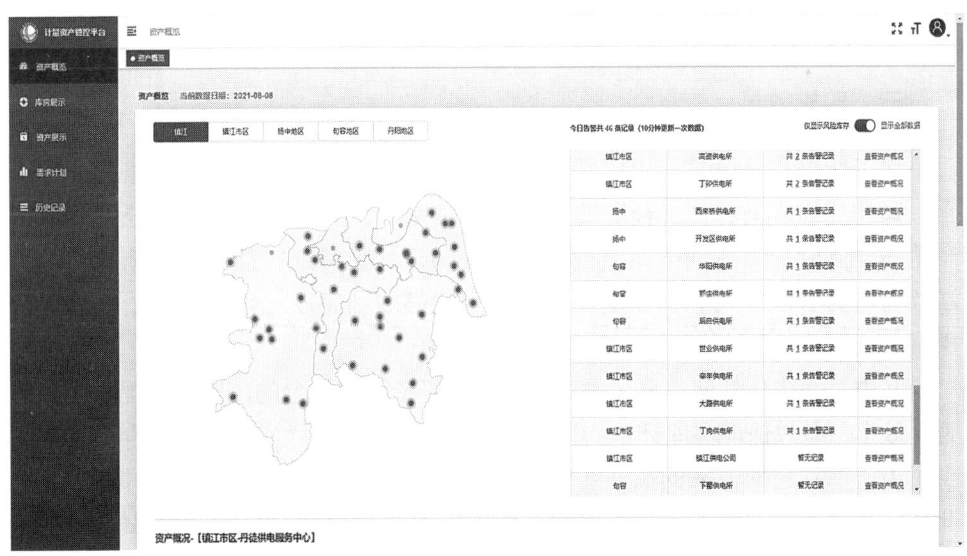

图4 告警提示界面图

（4）库存变化记录：可直观展示各类资产每日库存变化量，并绘制近期库存变化曲线，有助资产管理人员高效监控计量资产使用情况，如图5所示。

图 5 库存变化统计界面图

（三）建立规范高效的设备重复利用及报废机制

通过采取全量分拣模式，对拆回计量设备进行状态分类，严格把关分拣质量，对分拣过的计量设备采取“能用必用、能修必修”的管理模式，以最大限度地提高计量设备的重复利用率。

对于分拣后无法再次使用且不具备维修价值的计量设备，采取环保的破坏处理方式，对具有高回收价值的计量设备零部件，采取“单元拆解、完整保留”的方式，以提高报废物资回收价值，助力公司提质增效。

三、实施效果

该工作以“建设具有中国特色国际领先的能源互联网企业”战略目标为引领，紧扣“稳、进、育、开”四字要求，紧密围绕“国家电网有限公司计量资产精益化运营三年行动方案”要求，率先构建计量资产精益化运营新模式，为江苏省电力有限公司和国家电网有限公司能够顺利完成三年行动计划做出现行探索。

其中，网格化管理、分区隔离以及计量资产管控平台的应用大大提高了资产管理效率，有效保证在库计量物资的账、物一致，同时，实现清库降存，有效减少了由于库存超期带来的额外的检定工作以及库存积压带来的额外的搬运工作，此外，有效减少了由于计量资产库存不足带来的一系列的损耗，例如调拨带来的车辆配送费。高效的设备重复利用及报废机制最大限度地提高了计量设备的重复利用率，同时，有效提高了报废物资回收价值，助力公司提质增效。

该工作有助于计量资产全寿命周期管理达到需求精准、库存轻量、合理利旧的新水平，但还未能全方位实现计量资产的全寿命周期管理，下一步还需从检定检测、安装、运行环节进行考虑，进一步优化工作机制，以全面实现公司计量资产精益化运营，最大程度助力公司提质增效和经营管理水平提升。

（**撰稿人：**张　月）

“三步走”夯实稽查品质之基

国网南通供电公司营销部（营销业务支持中心）
业务质量管控班

【摘要】为更好地适应现代服务体系建设需要，在“前台专业专注、中台支撑有力、后台管理精益”现代服务体系构建中立足于运营高效的后台管理体系的核心地位，业务质量管控班以“三步走”，不断夯实班组稽查品质之基。“三步走”即：第一步，深入推进“三大法则”，做到稽查服务精细化；第二步，积极创新“二项举措”，做到服务管理规范化；第三步，转换思维“二大突破”，做到服务品质个性化。2018年，班组对9204条监控业务异常记录进行监控分析，共提交5791条业务异常问题记录数，通过处理跟踪、工单抽检、现场核查、检查，共计挽回电量损失578.67万千瓦时，挽回经济损失516.97万元。2019年通过常态管控开展，应用营销业务管理平台，分析疑问数据 899条，整改248个异常问题，通过自主管控开展，分析、整改 3121个异常问题，共计挽回经济损失 935.05万元。2020年处理国网及省公司稽查工单1430张，稽查工单整改合格率100%，紧抓热点难点自主开展稽查，挽回经济损失一千余万元。

一、实施背景

业务质量管控班成立于2007年12月，目前共有6人，2018年是实施新时代发展战略的开局之年。国网南通供电公司以“优质服务提质转型年”活动为主线，坚持不懈“建好网，供好电”。公司被确立为江苏省唯一现代服务体系建设试点单位，转变服务理念、市场定位和服务模式，构建“前台专业专注、中台支撑有力、后台管理精益”的现代服务体系。业务质量管控班立足于运营高效的后台管理体系的核心地位，依托营销、用电采集、台线管理等业务系统，针对涉及营销管理、量价费损、优质服务等方面问题，深度挖掘量价费损及优质服务等异常数据，实行线上线下一体化稽查，坚持“品质为相关方创造价值”为核心理念，以“夯实稽查品质之基，精塑啄木鸟团队”为班组服务质量目标，大力夯实稽查品质，不断推进改进提升，为营销决策和服务管理提供有力支撑。

二、主要做法

（一）深入推进“三大法则”，做到稽查服务精细化

面对近400万的电力客户，年业务量多达20万户次的海量稽查数据，业务质

量管控班在日常稽查中不断提炼、归纳、总结，根据稽查内容将稽查工作分为日常稽查、专项稽查、“重大”稽查三大类，并针对每类稽查形成一套属于自己的工作方法，这些工作方法地扎实运用，减少了营销日常工作差错，有效规避了供用电过程中的“跑、冒、滴、漏”，同时也练就了班组成员的“千里眼”，准确、高效地完成各项稽查工作任务。

1.第一法则是抽丝剥茧法，侧重日常稽查

抽丝剥茧法，即在日常稽查中，对经常发生、可能发生的营销质量问题进行稽查预判，细致分析，由表及里，一步一步，层层递进，找到问题症结。具体通过“五层次”（见图1）实施抽丝剥茧法。

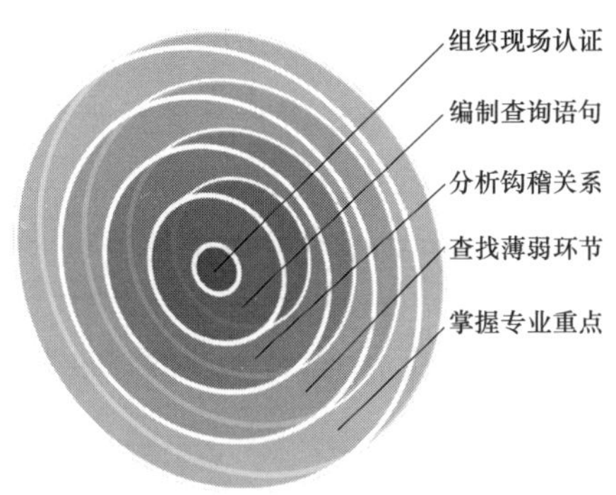

图1　抽丝剥茧法的“五层次”内容

近年来，南通地区城市建设步伐加快，拆迁表计管理难度增大。啄木鸟团队及时发现可能存在的营销管理薄弱环节，深入待拆迁区域，认真核查用电信息采集现场无表用户。在某一次稽查过程中，发现“某品味龙虾馆”内一运行中的疑问表计，经查该户表计结余电量50余万千瓦时，为用户私自移表。随后在整个系统内开展了有户无表、有表无户的专项稽查。在日常稽查工作中，更是不拘泥某项稽查主题，而是在现查主题的基础上对每个细小疑点进行认真探究，一一求证。每年常态开展供用电合同管理稽查。在检查供用电合同的规范性与完整性的同时，敏锐地捕捉到其他稽查主题，对用户涉及的暂换、转供、减容、暂停、临时用电管理等十几项主题开展专项稽查。

2.第二法则是逆向思维法，侧重专项稽查

逆向思维法也叫求异思维法，对司空见惯的似乎已成定论的事物或观点反过来思考的一种思维方式。我们在组织开展各专业管理稽查之前，从营销工作中“不可能”出现问题的角度去分析和查找存在问题的可能性。依据计量装置技术规程，容量为1.5（6）安培的表计一般会配置互感器，因此不太可能出现1.5（6）安培的计量表计没配互感器或是配了互感器而倍率为1的情况。根据这一思路，啄木鸟团队迅速开展了专项稽查，发现两家用户漏计电量几十万千瓦时。

3. 第三法则是关口前移法，侧重“重大”稽查

关口前移法，是以实现营销工作差错预防为主，通过先期排查，先期纠正，把工作风险降到最低，将可能造成的损失和不良影响归零。所谓“重大”稽查是针对营销政策重大调整和网省公司等上级单位的重大检查所组织开展的稽查。传统稽查工作思路是“先错后纠”，往往实施事后补缺，而实际上这种补救效果不仅会打折扣，而且有时造成的不良影响无法挽回。基于此，工作中实施关口前移法，分“四步走”：分析政策、排查隐患、梳理障碍、派单整改。

例如：班组成员在省营销业务稽查大队在对某市开展的营销业务综合稽查中，现场发现了两户存在私自转供电问题，针对此类用户用电特点，采用关口前移法，主动筛查出该地区2019年以来连续产生电量、有悖农业排灌季节性特点的专变用户26户，发给该公司逐户核查，以杜绝此类私自转供电或私自改变用电性质现象。

（二）积极创新“二项举措”，做到服务管理规范化

1. 第一项举措：使用“管控督办单”，确保问题整改落实

业务质量管控班为做好稽查发现问题的整改落实工作，对涉及电量大、金额高、人员廉政风险的重大问题，创新使用《营销业务质量管控督办单》（见图2），督办问题的整改，进一步防范营销管理和外部检查风险。

明确督办单的触发条件：明显存在人员责任未能得到有效整改的；被市级管控连续三次以上催办，且该问题明显可以得到有效整改的；在平行单位纪检、审计等活动中发现存在营销工作质量问题的；具有客户投诉、人民来信中反映问题的；由上级部门或领导安排亟待解决问题的情况等。

国网南通供电公司营销业务质量管控督办单

（内）编号：2019-01-24（01）

接收承办单位（部门）：如：城区供电服务中心

管控主题	计量故障未补电量
问题描述	如：用户编号：8**********，用户名称：南通********公司，通过故障流程“300******06”更换计量点1表计，存在约3万余度损失电量未补的情况。需立即核实整改。
反馈时限要求	
督办审批意见	（签字） 年　月　日
原因分析及处理情况： 承办人：　　单位（部门）分管领导： 处理日期：　年　月　日	

备注：如原因分析及处理情况需提供证明等材料的，可添加附表

图2　国网南通供电公司营销业务质量管控督办单

明确督办单的整改要求：对督办单督办问题要进行全方位复核，深度核查重大风险，按照“一事一报”原则上报核查结果及防范措施。要根据督办单规定的时限反馈核查及整改情况。要对突出敏感问题、屡查屡犯问题开展诊断分析，提

出防范对策，出台治理方案。其原因分析及相应处理结果应由所在部门或分管领导签字确认。

强化稽查成果应用，按照"四不放过"原则推动问题整改。实现"发现一个、消除一片"的治理目标，推动营销风险由被动触发向主动消缺转变。对整改流于形式、屡查屡犯的单位通报批评。督办单作为营销部（营销业务支持中心）高级别的督办行为，相应的考核、指标评价力度加大。

2.第二项举措：制定"考核办法"，助力营销管理提升

为了确保营销稽查管控的规范度和营销业务平台使用规范度，确定了"营销稽查管控规范度"为营销稽查指标，出台《营销稽查指标月度考核统计办法（试行）》。明确规定了营销业务管理平台整改时限的设置必要时可进行延期。对于无需整改问题核查由市稽查组进行督办，市稽查组在发现问题后未发督办单或已发督办单但督办内容与存在问题不符的，一个异常问题扣3分；已发督办单，但督办问题未在督办单要求处理时间内得到有效整改的，一个异常问题扣5分；对各单位（部门）营销业务管控平台疑问数据将按照异常数据总量乘以用户数系数对各个单位（部门）进行月度排名、通报和考核。同时注重溯源管理，建立稽查问题溯源管控机制，透过问题表象分析制度、系统、人员等因素，针对每次的综合稽查、日常稽查及时形成稽查报告，就稽查报告中出现的营销业务质量问题进行分析，形成大数据。把分析数据，作为营销各专业管理提升的依据，寻找管理中的薄弱环节，更好地采取有力措施，进一步提升管理水平。

3.第三步：转换思维"二大突破"，做到服务品质个性化

思考推动业务质量管控班走向更优。注重文化延伸，集思广益，延续啄木鸟团队文化力量，实现对内服务、对外服务的深度延伸，做到服务品质个性化，精塑团队品牌。

第一大突破是让稽查报告不过夜。为了更好地服务营销各专业、审计、监察等相关部门，业务质量管控班自我加压，对自己提出了"稽查报告不过夜"的最新要求，也就是白天至现场开展稽查并结束后，晚上到办公室就当天的稽查情况形成纸质报告。因为一般现场稽查一查就是一天，所以等把报告写好往往已到深夜。

第二大突破是让电力客户得实惠。业务质量管控看似是对营销内部工作质量的检查和监督，其实也是对电力客户权益的一种保护方式。一直以来团队树立公司与客户"双赢"思想。随着现代服务体系建设的逐步推进，业务质量管控班将目光放得更长远，"让电力客户得实惠"成为班内成员在稽查过程的一个深度服务。即在营销疑问数据内部实施检查的同时，对于用户自身原因的问题也特别关注。例如在核查用户增容业务时，发现某工业用户功率因数不合格，该问题已存在3个月，电力客户为此多付力调电费千余元。业务质量管控员主动查询该客户的联系方式，告知详细解决方法，电力客户听取了业务质量管控员的建议，及时换装电容组，当月该户力调电费不但没被罚，反而奖了百余元。业务质量管控班的品质服务在思考中不断得到延伸和拓展，跨越岗位职责，时刻装着“人民电业为人民”。

三、实施效果

业务质量管控班通过夯实稽查品质之基“三步走”，即深入推进“三大法则”、积极创新“二项举措”、转换思维“二大突破”，做到稽查服务更精细、服务管理更规范、服务品质更个性。

（一）实现稽查服务更精细

2019年以来，业务质量管控班主动对接专业管理，协助稽查专业开展了营销项目管理专项稽查及业扩专项稽查。通过对专业提出的需求进行收集筛选、对各专业管理文件的仔细研读，梳理出过程管控稽查点，形成专项稽查方案，形成了“专业纵向管理贯通、稽查横向管控督办”的工作机制。深化三位一体稽查工作模式。在线稽查方面：2020年处理国家电网公司及省公司稽查工单1430张，稽查班加强工单核查，保持稽查工单整改合格率100%。在专项稽查方面：协助完成《国家电网公司及国网南通供电公司重大工作部署落实情况专项稽查》《2020年营销挖潜增效专项稽查》等六个专项核查、整改工作。在现场稽查方面：围绕提升营销服务质量、防范经营风险、强化廉洁监督等方面开展现场稽查，重点加强高价低接、临代正等问题治理，提升营销人员红线意识。自主稽查方面：结合专业管理热点、难点问题，因地制宜开展稽查工作，有效管控本单位营销业务质量问题。通过开展各类稽查，共核查问题数据28739件，查实问题5753件，整改5742件，挽回经济损失一千余万元。

（二）实现服务管理更规范

建立了健全业务质量管控网络，具体体现在：一是健全管理制度标准。按照现代服务体系建设要求，修订完善各专业管理制度和标准，实现业务、流程、岗位全覆盖，严肃专业管理的刚性要求。二是推进管控体系建设。加强对市、县、供电所业务指导和专业管理，建立全过程监督、管控、评价、改进闭环机制，以日报、周报、月报等形式推行指标可视化管控，确保业务规范化运作、精益化管理。三是强化稽查问题管控溯源，透过问题表象分析制度、系统、人员等因素，逐步实现营销稽查的“三个转变”，做到“三个控制”，即从营销结果考核导向向过程管控导向转变，从事后的临时补救向主动预防的长效机制转变，从被动处理问题数据向同类问题主动自纠转变；做到事前预防控制、事中过程控制、事后评价控制。

（三）实现服务品质更个性

正是一直以来业务质量管控班全员树立了公司与客户“双赢”思维模式，“让电力客户得实惠”已经成为班员在稽查过程中的自觉行为。自主开展了主题为“平均电价高”专项稽查，发现“按容量计算基本电费的用户，实际需量值很低”这一现象，让客户计费方式由容量改需量；开展“防疫行业优惠电价”执行情况稽查等工作，均是从客户“得实惠”的角度去思考问题，也真正让客户得到“实惠”。

某金属制品有限公司是315千伏安用户，该户2021年1月以前，基本电费以容量计收需缴纳9450元。2021年2月改为以需量计收基本电费，平均每月基本电费2000余元，节省7000余元（见表1），用户得到了真正的实惠。

表1　用户按需量和按容量计收基本电费对比

电费年月	315千伏安用户需量总抄见电量	按容量计收基本电费	按需量计收基本电费	节省基本电费
2021年8月	46	9450	1840	7610
2021年7月	52	9450	2080	7370
2021年6月	58	9450	2320	7130
2021年4月	61	9450	2440	7010
2021年4月	53	9450	2120	7330
2021年3月	45	9450	1800	7650
2021年2月	74	9450	2960	6490
平均值			2223	7227

江苏某制造有限公司，系统内行业分类为有色金属合金制造，现场核查该户实际从事钢铁铸件制造，行业分类应为泵、阀门、压缩机及类似机械制造，属非高耗能行业，应享受防疫优惠电价。2020年2月至8月共未享受防疫优惠8.95万元，于2020年8月份进行了优惠退补电费。

2014—2018年度班组被评为国网南通供电公司先进班组、五星级班组，《降低电能表接线差错率》QC课题荣获2016年国网江苏电力QC创新成果一等奖、班组李建军参加的质量管理小组荣获2017第十七届全国QC小组成果发表赛一等奖、2017年《整合服务“细胞体”，打造“智慧生命体”》在国网江苏电力未来班组愿景畅想大赛总决赛中获得一等奖、2018年度被评为国家电网有限公司“先进班组”。

尽管班组的稽查品质建设一直在向前发展，但班组也意识到在稽查品质建设中仍存在一些不足之处，首先，稽查的范围还有盲区，对于一些很少触及的新领域，如：分布式电源管理、互联网+线上业务、费控业务、营配贯通管理、多表合一建设等要加快学习的步伐，深入查找营销服务的风险点；其次，班组每个人有着各自的特长，工作中遇到自己精通的业务很容易忽视别人的意见，所以加强个人业务水平的全面提升和进一步树立团队的协作精神也显得尤为重要。

（**撰稿人：**沈结华　李建军　姜　波）

细化标准 求实求精
实行配网工程作业模式创新管理

国网建湖县供电公司配电工程班

【**摘要**】配电工程班成立于2011年5月1日，现有班组成员11人，负责全县配网改造工程、居配工程及用户接入工程的管理和组织协调。为强化公司配网工程建设管理，精益电网发展方向，精准企业资金投入，提高项目资金利用，落实党风廉政建设，配电工程班在标准化班组创建过程中，细化标准、求实求精，实行配网工程建设全过程管理，总结并探索配网工程建设“三个三”（即三个标准、三个转变、三个举措）的班组管理方法，全盘规划立项、全局统筹兼顾、全方位提高效益、全过程执行标准、全面抓配网工程管理，为配网工程建设管理积累了宝贵经验。

一、实施背景

班组是企业的细胞。近年来，配电工程班从组建到运行、管理到规范、提升到标准，经历了三个阶段，始终把《国家电网公司配电网工程典型设计》《江苏省配电网技术导则》等规范文件作为标准和蓝本，注重标准细化、贯彻、实施。同时配电工程班结合水乡特点、电网结构、班组特色，通过求实求精，总结推行“三个三”（三个标准、三个转变、三个举措）的管理经验，打造配网工程项目建设“一体化”模式。增强班组内部活力，强化班员专业技能，有效提升资金利用率、供电可靠率等综合指标。

二、主要做法

（一）“三个标准”夯实基础

一是学习标准：配电工程班定期组织班员学习《国家电网公司配电网工程典型设计》《江苏省配电网技术导则》《江苏省中低电压配电网技术导则实施细则》等管理规章制度，通过师带徒、青创联盟、青蓝行动等学习活动，边学边议，边干边会，提高班员业务水平，领会配网工程管理要求，为细化标准奠定了基础。

二是细化标准：配电工程班依据上级对配网工程管理最新要求，订立了12项班组工作标准及制度，细化了6项29条具体操作实施细则，包括《标准化班组评价标准》《配电工程班工作手册》《配电工程班工作标准》和《班组岗位工作标准》等作业指导卡，同时通过细化标准，完善了班组管理的各项规章制度，科学全面地细化，简单明确地贯彻实施。

三是执行标准：配电工程班推行标准化管理，班组内提出“上标准岗、干标准活、无违章作业、无违章指导”口号，采取强练、严管、一体化三点措施，使班组建设管理有的放矢，班组考评有法可依，工程流程有据可查。

（二）“三个转变”创新方式

一是进行探索性教育，转变了传统工程的管理方式。配电工程班严格遵照上级电网建设方针，转变传统工程“一把抓”管理模式，细化项目管理环节，探索一体化、全过程先进管理模式，保证工程达标建设的同时最大化提升效益。

二是进行执行力教育，转变了职责分散的管理模式。配电工程班将班内工作细化并落实第一责任人，在班组内部设立双岗制，编制班组小立法、绩效考核等奖惩制度，通过班长统一分派任务、班员分项实施开展、班长集中总结的管理模式，强化班员执行力建设，促进配网工程建设规范开展。

三是进行模范作用教育，转变了各不相谋的工作形式。配电工程班开展项目管理的同时，加强党员榜样模范作用。通过党支部、党小组内部学习、民主生活会宣贯、模范党员传帮带和“党的群众路线教育实践活动”等教育活动，激发员工工作热情，提升班组相互团结、密切配合的凝聚力。

（三）“三个举措”提升管理

一是强化项目储备质量管控。配电工程班在项目建设初期，加强工程项目源头管控。将班组人员按乡镇划分，根据现场实际统筹各类配网项目需求，避免重复建设。针对运行中发现的隐患缺陷，立即安排班员配合现场勘查，做好项目储备。同时针对配网项目储备库实施滚动式管理，定期组织班员将项目进行轻重缓急排序，提高工程项目投资准确性。

二是完善工程建设安全管理。配电工程班全面落实班组员工在工程项目方面的管理职责，定期开展工程安全质量建设等专项活动，确保工程施工安全和工程优质。同时针对项目施工作业过程中的“动态”安全风险，组织班员按照“关口前移、流程管控”的工作思路，找准关键节点，抓住薄弱环节，落实管控措施，确保工程全过程安全管控。

三是提升工程资料档案管理。配电工程班在完成年度项目结算后，根据《江苏省电力公司10（20）千伏及以下电网建设项目档案管理实施细则》等要求，按照规定工程档案组卷资料模板，组织班员编制配网年度项目档案资料，并录入公司档案系统，确保全县配网工程资料统一，为工程质量责任追溯，提供了可靠的依据。

三、实施效果

配电工程班通过实施“三个标准”夯实基础、“三个转变”创新方式、“三个举措”提升管理，强化配网工程建设全过程协同保障，规范流程管理制度，进一步提升工作质效，构造班组和谐稳定工作氛围。

近年来，在全体班员共同努力下，配网工程项目储备完成率达100%，年均储备资金一亿五千万元。项目下达实施后，验收通过率、工程报审率、项目关闭率均达100%，其中用户业扩工程平均接入时长为1.71天，位居全市前列。截至2020年底，建湖全县电网供电可靠性高达99.9479%。

同时配电工程班2019年被国网盐城供电公司表彰为“四星级标准化班组”；2019年被国网建湖供电公司表彰为“一流班组”；2020年荣获国网盐城供电公司“工人先锋号”称号。

下阶段班组建设中，配电工程班将以“生命体”班组为契机，不断创新和发展，全面打造高素质班组团队，构建高标准班组管理，实现班组管理现代化目标。

（撰稿人：孙显酉）

“运检合一”助力220千伏变电站属地化运维

国网涟水县供电公司变电运检班

【摘要】变电运检班是江苏省第一个变电运检合一的班组，是220千伏变电站属地化运维的试点班组，也是应对变电一线班组人手不足的一次大胆尝试。经过机构改革、专业融合、流程优化、人员赋能以及智慧作业，该班组实现了班组承载力与工作效率的双提升。自2019年7月承接属地4座220千伏变电站的日常运维等不停电工作以来，未发生220千伏变电站站内设备故障跳闸事件，有力保证了220千伏变电站的安全可靠运行。该班组属地化运维的经验方法在江苏省推广220千伏变电站属地化运维工作中值得参考。

一、实施背景

2018年220千伏变电站及相关人员划转地市公司后，变电站分布广、距离远、运检人员不足、检修不及时等问题仍未得到有效解决。对此，国网淮安供电公司进一步谋划探索220千伏变电站属地化运维，由县公司承接日常运维工作。

属地化运维实施前，国网涟水县供电公司变电专业原有变电运维和变电检修两个班组，共计21人，其中班长等管理人员4人、运行人员11人、检修人员6人，平均年龄47周岁，负责涟水电网22座110千伏及以下电压等级变电站的运维及检修工作。但班组中含55周岁及以上运行人员6人，班组力量不足以承接220千伏变电站属地化运维工作，急需探究新的实施方案。

二、主要做法

（一）机构改革担重任

为了顺利承接220千伏变电站属地化运维工作，2019年7月，国网涟水县供电公司主动调整组织机构，将变电运维班、变电检修班融合为一个班组，并出台复合班组管理办法。将原先的变电运维正值、变电一次检修工、变电二次检修工、电气试验工等工作岗位梳理融合，由11个变为7个（见图1），厘清运检职责，编制班组安全责任清单与工作清单，推进实现“在岗担责，在岗尽责”。

<table>
<tr><th colspan="4">整合前</th><th colspan="4">整合后</th></tr>
<tr><th>班组</th><th>核心类别</th><th>岗位</th><th>岗级</th><th>班组</th><th>核心类别</th><th>岗位</th><th>岗级</th></tr>
<tr><td rowspan="5">变电运维班</td><td rowspan="5">一类（其中110千伏及以下为二类岗级对应降一岗）</td><td>班长</td><td>14/13</td><td rowspan="11">变电运检班</td><td rowspan="11">一类（其中110千伏及以下为二类岗级对应降一岗）</td><td>班长</td><td>14/13</td></tr>
<tr><td>变电运维专业工程师</td><td>13/12</td><td>副班长</td><td>13/12</td></tr>
<tr><td>变电运维正值</td><td>13/12</td><td>变电运检专业工程师</td><td>13/12</td></tr>
<tr><td>变电运维副值</td><td>11/10</td><td>高级变电运检员</td><td>13/12</td></tr>
<tr><td>变电运维实习员</td><td>10/9</td><td rowspan="2">中级变电运检员</td><td rowspan="2">12/11</td></tr>
<tr><td rowspan="6">变电检修班</td><td rowspan="6">一类（其中110千伏及以下为二类岗级对应降一岗）</td><td>班长</td><td>13/12</td></tr>
<tr><td>变电一次检修专业工程师</td><td>12/11</td><td>初级变电运检员</td><td>11/10</td></tr>
<tr><td>变电一次检修工</td><td>11/10</td><td rowspan="4">变电运检实习员</td><td rowspan="4">10/9</td></tr>
<tr><td>变电二次检修师</td><td>12/11</td></tr>
<tr><td>变电二次检修工</td><td>11/10</td></tr>
<tr><td>电气试验工</td><td>11/10</td></tr>
</table>

图1 机构改革示意图

（二）专业融合提质效

为了聚焦关键业务，公司将设备巡视、带电检测、项目验收等业务进行融合，打造一岗多能的优秀变电运检人才。通过开展专业技术理论培训、设备现场实景培训（见图2）以及"一月一主题"等学习活动，扎实巩固班组人员业务能力。班组原4名检修人员经过变电运检岗位工作实践，经部门多方面考察并考试合格已定为110千伏变电运维副职，可以进行倒闸操作并兼任检修工作。

图2 变电运检人员在220千伏牌坊变电站学习

（三）流程优化增效率

为了适应运检合一新业务模式，班组对停电业务、故障处理等工作流程做出了优化。班组未合并前，运维人员在现场发现问题然后等待检修人员来处置，检修人员又需要走相应的业务流程，这样人员力量分散，现场工作协同性不足且工作效率较低。合并后，班组人员经过相关资格考试，具备"三种人"身份。在实际工作中，班组成员可根据需要，担任操作人、监护人、工作负责人以及工作班成员，现场的操作人员则可以自行判断故障，进行运维应急处置、二次故障消缺等工作，简化了作业流程，降低生产成本，提高工作效率。

例如：运检人员A（原运维人员）带领运检人员B（原检修人员）开展倒闸操作工作，如遇到开关柜机构卡死等简单缺陷时，运检人员B可将工作许可给运检人员A，由运检人员A担任工作负责人，运检人员B担任工作班成员来开展缺陷处理工作，相关工作票、许可手续按照正常流程办理。原现运检模式数据对比如图3所示。

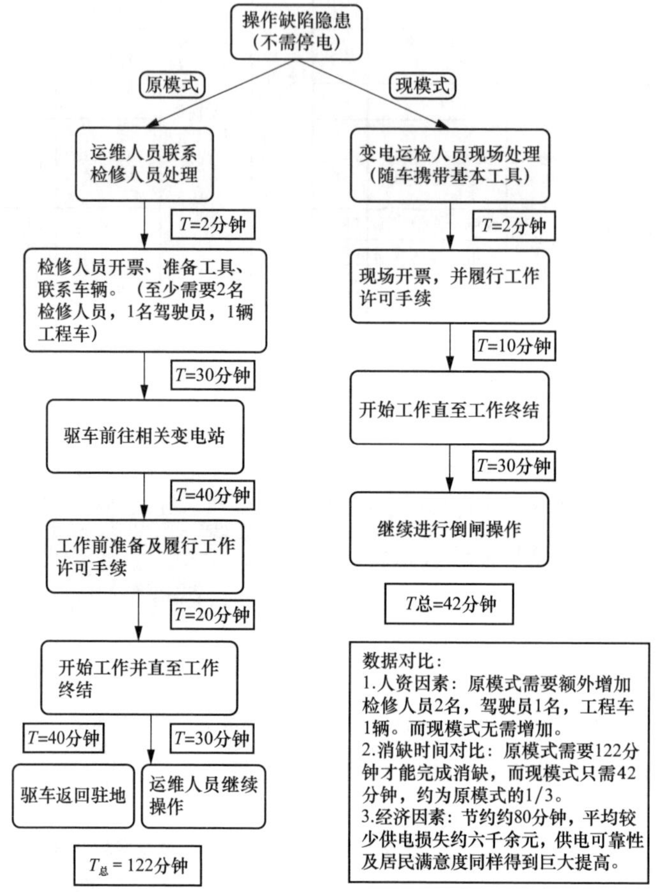

图3　原、现运检模式数据对比图

（四）人员赋能添活力

为了解决“忙闲不均、劳收不匹配”的痼疾，公司结合省公司“全员职业发展通道”试点工作，优化薪酬分配。根据班组融合后职能变化，厘定岗位岗级，明确技能等级要求，打造人才上升渠道，推动构建“责任与岗位相适，薪酬与水平相适”的分配制度，实现“岗位能上能下，薪酬能增能减”，形成“比学赶超”的优良氛围，不断助力提高运维水平。

（五）智慧作业强管控

为了加强设备检测管理与应急抢修效率，公司建立了县级智能管控中心。通过该智能管控中心，变电运检班可以实现对电网设备可视化在线监测以及雷电定位等数据集中监控、实时分析，研究设备状态发展趋势，有效提升设备的状态管控效率，保障电网设备安全稳定运行。

三、实施效果

（1）截至2021年7月底，国网涟水县供电公司已接手4座220千伏变电站（牌坊、梁庄、红窑、涟水）的文明生产（环境）及变电站巡视工作18月有余，累计发现各类220千伏变电站缺陷210条，未发生220千伏变电站站内设备故障跳闸事件。通过市县双轨制运行，有力保证了220千伏变电站的安全可靠运行，也为市公司运维室节省了大量人力、物力，实现了提质增效。

（2）通过运检合一，变电站倒闸操作异常缺陷处理效率得到巨大提升，目前已累计由运检人员自行处理各类操作异常缺陷25条，节省人力、物力的同时，确保了操作的及时性以及供电的可靠性，为公司优质服务的不断提升作出了突出贡献。

（3）优化了变电业务组织模式，将原先3名夜间值班人员缩减到2人，将一般缺陷处理时间由40天减少到25天。据统计，运检合一后，工作效率提升30%、业务用工压降18%。

（4）通过多方位、宽领域的专业学习，班组已累计培养一岗多能复合型人才12人，班组在培人员获得国网淮安供电公司"红砖绿网"二等奖等荣誉（见图4）。

图4　班组人员获得"红砖绿网"二等奖

（撰稿人：陈　浩）

“二明确、四理顺”重塑供电所生产运维模式

国网泗洪县供电公司园湖供电所运维生产班

【摘要】长久以来，由于供电所无专门生产运维班组，中压运维工作统一纳入运维采集班。受长期以来养成的“重营销轻生产”的惯性思维影响，中压运维工作缺乏专业、专人管理，工作“浮在空中”、处于“空白区”，生产任务无法有效落地，出现职责不清、工作推诿扯皮等现象，严重影响到公司的对外服务形象和各项指标的完成。同时随着大部分员工年龄增长，老龄化现象严重，对于线路巡视和运维检修等生产工作显得力不从心。所以成立运维生产班组是应对这种现象的一种有效途径。通过一段时间的运行，生产班组可以做到精细化、专业化，填补了供电所的中压运维的空白，各种运维工作有效落地，达到推进农村地区配电网精益化运维、夯实营销管理基础、促进各类经营指标提升的效果，初步具备一定的推广性。

一、项目背景

园湖供电所共有27名员工，管理辖区内有两个乡镇，总人口约6.2万人，用电总户数15700余户。所内一线生产人员共20人，平均年龄52.5岁。长久以来，由于供电所无专门生产运维班组，中压运维工作统一纳入运维采集班。受供电所长期以来养成的“重营销轻生产”的惯性思维影响，中压运维工作缺乏专业、专人管理，工作“浮在空中”、处于“空白区”，无法有效落地，出现职责不清、工作推诿扯皮等现象，频繁停电、线树矛盾、超重载、低电压、外力破坏等问题仍未得到有效改观，严重影响到公司的对外服务形象和各项指标的完成。随着员工年龄的不断增长，已经出现严重的老龄化现象，对于线路巡视和运维检修等生产工作显得力不从心。为应对这种现状，国网泗洪县供电公司在园湖供电所成立了运维生产班组，专业负责中压运维生产工作。班组现有成员5人，平均年龄48岁。

二、主要做法

（一）“二明确、四理顺”成立生产班组

明确生产班组职责。一是明确设备运维职责。负责10千伏配电设备巡视及

运行维护、中压用户定期巡检及隐患整改督促；负责配网故障抢修、施工现场安全管控等；二是明确项目管理职责。负责配电网运维项目实施、验收、新设备投运；负责编制配电网负荷切割方案，负责应急项目实施及管理；协助编报配电网建设与维修项目需求，参与项目储备编审。

理顺关系，畅通渠道。一是理顺生产营销关系。二是理顺调度隶属关系。三是理顺技术支撑关系。四是理顺安全管理关系。

（二）"五步法"管控施工现场

安全是运维生产的首要任务，施工现场更是安全生产的主要战场。把施工现场的安全管理总结为"一看二查三问四纠五改"，即一看现场安全措施布置是否到位；二查工作票所列安全措施与现场是否一致，并满足施工条件；三问施工队员是否清楚工作内容和危险点以及带电部位；四是纠正作业人员的违章行为和施工工艺；五是对发现的问题坚决执行现场改正，避免出现施工结束后留下缺陷隐患。

（三）"一本通"助力岗位练兵

"磨刀不误砍柴工"，为解决业务技能不足短板，通过运维驻点建设"一本通"手册，明确生产运维、故障抢修等工作流程。借助公司组织的各项培训，包括各类安全知识、工器具及油锯使用、电网调度流程的培训，提升业务技能。申请与城区配电运检中心班组同进同出，现场学习柱开、高压柜、环网柜等设备操作及巡视要点，学习高压电缆故障点查找等分析判断，既了解了10千伏配电设备运维的新技术、高标准、高质量，又学到了设备的运行操作原理和实践经验。

（四）"变电站出线图"概括电网全貌

对配电设备的运行维护，首要任务就是要"摸家底"，摸清责任范围内的设备明细、地理分布和运行状况，进一步发掘设备存在的缺陷，通过现场实际运行情况形成数据并分析，了解网架结构是否合理，供电能力是否坚强，供电保障是否可靠，改造实施是否有序。掌握了这些信息后，运维生产班建立了详细的一线一档基础台账，在绘制了10千伏单线图的基础上，完成以变电所为单位的变电站出线图，将变电所所有线路全部绘制到一张图纸上，标注同杆双回、交叉跨越、拉手供电等信息，并确保图纸和现场一致性，及时更新，上报调度，为调控部门准确下达调度指令提供了坚实的依据，避免发生误操作误调度事件。

（五）"日清单"推进规范管理

在管理上，推行生产班组日清单制度，使用生产辅助系统手机APP，记录每天的行动轨迹，将运维工作痕迹化。同时结合供电所生产运维工作日历，记录每天的工作量和工作内容，进行量化管理。由班长和所长进行签字确认，实现了班组工作有计划、有分工、有落实，做到当日事、当日毕。

通过一年的班组运维工作开展，排查并清理线路通道内树木156处；开展配电设备的周期性红外测温和负荷实测工作，成功地避免了因柱开桩头烧坏引起的线路跳闸失电事故2次；清理线路设备上的鸟窝130余次；埋设电缆禁止桩78根，安装禁止钓鱼警示牌32处；排查中压用户安全隐患112条，下达整改通知书69份，并全程跟踪，督促整改；上报并组织消缺线路设备缺陷163处；打印并张贴高低压杆号牌、设备标识牌600余张，目前辖区内的供电产权的设备电力标牌覆盖率基本上已达到百分之百，下一步我们将对专变客户的标牌进行完善。

三、实施效果

通过班组人员结构调整，明确了班组职责，采用学习加实践的培训方式，严格执行各项工作流程，将“流程管事、制度管人”的理念贯穿在实际工作中，落实了“专业的人管专业的事”的初心。通过近一年的试运行，班组生产运维工作取得了显著的成效。去年园湖供电所成功完成1次电网五级风险、2次电网六级风险保电任务，保障电网运行平稳；故障跳闸率同比上一年下降25%，应急响应能力得到显著提升，故障查找时间一般控制在1.5小时以内，抢修时间缩短在2–3小时，停电时户数大大降低，提高了用户获得电力的感知，供电所的整体工作也得到了广大用户的认可。目前供电所月度95598报修量基本控制在个位数，2020年全年无投诉，被评为“零投诉供电所”，被地方政府授予“特殊贡献奖”，被市公司授予“安全生产先进班组”和“工人先锋号”等荣誉称号。供电所生产班组将继续秉持基层、基础、基本功的“三基运维”理念，为推进农村地区配电网精益化运维、夯实营销管理基础、提升经营指标而不懈奋斗。

（撰稿人：陈东永）

队伍建设

“平战结合”打造智能示范班组

国网南京供电公司
配电运检室石城供电抢修服务队

【摘要】石城供电抢修服务队成立于2009年7月1日，现有队员22人，能在任何情况下全天候快速出勤，处置突发事件。随着电网的不断坚强，服务队职责从应急抢修拓展到配网的运行维护上。2020年，围绕职能转变、专业培训、智能辅助，石城供电抢修服务队积极打造高低压融合、一二次融合、物联网实时监控的智能运检示范班组，进一步提升南京主城配网管理水平，促进提质增效。班组处理重大配网故障所需时间与以往相比平均缩短至少30分钟，为南京筑起一道坚不可摧的钢铁城墙。

一、实施背景

石城供电抢修服务队作为配电网应急抢修服务队，以“应急响应快速，停电范围最小，过程安全可控，政府客户满意”为定位，保证在任何情况下全天候快速出勤，是一支提供处置突发事件能力的配电全专业抢修“特种部队”。

为了更好地发挥“铁军”作用，配电运检室于2020年，将南京河西高可靠性示范区范围内所街、奥体、汉西、积善4个变电站涵盖的20千伏及以下配网网络纳入石城供电抢修服务队业务范围，负责该4个变电站所辖的配电网线路的高、低压运行维护、倒闸操作、检、抢修工作、优质服务以及自动化设备定值校验等工作。面对新要求，需要建成什么样的班组，工作重心的安排要如何调整，如何提升班组质效，提升工作效率都是亟待解决的问题。

二、主要做法

为了更好地建设班组，石城从“攻”“学”“新”“炼”四个方面开展新班组的建设。

（一）职能转变，适应新形势

石城把握“攻”字法，攻坚克难，转换职能，完成工作。班组首先在4个月交接期内，完成所有高压线路、低压台片的交接工作。为了更好地开展日常维护工作，班组设置党员示范岗5个、党员责任区1个，引导党员在应急抢修、重大保电、高低压一体化、一二次融合运维等工作中全面发挥先锋模范作用。为了更好地掌握辖区内的线路走向和排布，班组通过多次巡视和下井摸排（见图1），完善了河西高可靠性示范区四个变电站的PMS2.5高压线路图，为日后更好地开展巡视和抢修任务、提高供电可靠性打好了基础。

图1　石城供电服务抢修队进行电缆线路摸排

（二）专业培训，强化新融合

石城卷起"学"的劲风，扬起学习技能的巨帆。为了改善服务队职能转变初期对配电设备不熟悉、低压报修工作缺乏经验的问题，班组针对队伍人员构成和新融入业务开展多场专题培训（见图2），分别涉及电缆试验和故障测距仪器仪表使用实操讲解、工单处理经验传授、用户分界开关保护定值设置与调试、PMS2.5核图规范宣贯以及专题安全日、各类代维规范学习等。通过系统专业培训，有效强化队员专业工作的技能水平和安全意识，从应急抢修的精兵强将变成了日常运维的行家里手。

图2　石城供电服务抢修队进行安规学习和考试

（三）智能辅助，技术新升级

石城以"新"为动力，不断推动技术升级。以张代飚劳模创新工作室为核心的攻关团队，率先在所街基地打造了"配电智能辅助综合监控平台"（见图3），接入防外破–智慧线路通道可视化监测系统、配电慧代维系统、南京智能运检系统、站房智能辅助系统、配电自动化5200系统、现场作业安全管控平台系统6个子系统。通过系统运用，开展外破隐患施工点、重要保电场所和机器人站房情况的实时监控，提升现场作业的规范性和安全性。发挥配电自动化全覆盖优势，主动推送馈线自动化功能的故障研判结果，快速定位故障点位置，有效提升配网故障抢修效

图3　石城供电服务抢修队运用配电智能辅助综合监控平台

率。信息化手段的运用，发挥数据融合优势，实现辖区内配电网“全景监控、高效指挥、精准决策”。

（四）快速响应，展现新状态

石城供电服务抢修队谨记“炼”的重要性，在做好日常运维工作的同时，服务队不忘继续锤炼应急抢修的本领。参与政府各部门联合开展应急防汛演练、市反恐演习、高层失火消防演练等，同时对服务队原有的应急响应机制进行改进，完善“平战结合”新形势下应急响应四级机制及应急响应预案。通过这些举措，在7·20高淳阳江镇胜利圩防汛应急增援中，服务队做到及时分兵，火速整装驰援，迅速转为战时状态；在12·29南京暴雪天气中，主动启动二级橙色应急响应机制，配合城区运检班组及时处理高云岭线突发故障（见图4），有效发挥出“召之即来、来之能战、战之能胜”的“铁军”精神。

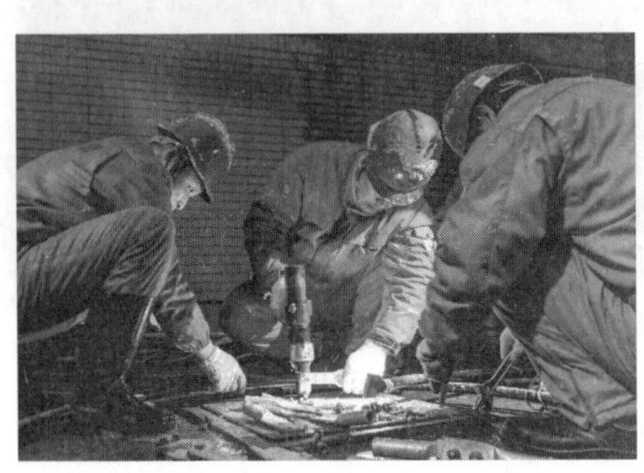

图4　石城供电服务抢修队在暴雪天展开抢修

三、实施效果

石城供电抢修服务队作为南京主城第一批试行高低压运维职责融合、一二次运维职责融合的班组，运行已有一年。已经成为一支平时做好辖区内一体化配网运维，战时转为应急救援机动力量的全能性班组。在“配电智能辅助综合监控平台”的助力下，班组处理重大配网故障所需时间与以往相比平均缩短至少30分钟，2020年石城供电抢修服务队累计处理高低压故障共计342起，完成应急抢修保电共计680人次。

下一步，班组将加强配电自动化相关培训讲座，与相关技术人员进一步合作，打造更多高新智能应用，保质保量完成河西中央商务区“零计划停电”示范区的建设，向其他运检班组推广“石城”经验，为南京主城配网建设添砖加瓦。

（撰稿人：盛志勋）

营造班组向心力　提升优质供电服务

国网苏州供电公司市中供服配电综合一班

【摘要】配电综合一班负责苏州核心区域姑苏区的10千伏及以下配网线路和设备的运维检修管理工作。由于班组成员构成多元化，在班组精益化管理、优质服务的建设过程中，为使班组业务水平和专业技能整体走向成熟化，班组依托各种形式，着力提升班员互相协调的默契度、维护设备的安全运行、实现班组复合型人才的建设。

一、实施背景

配电综合一班负责姑苏区范围内所辖配网设备的运行巡视、检修、抢修、处缺工作，该地区设备线路具有使用年限长，结构复杂，安全隐患多，用电高峰低电压等问题。以提升优质服务为目标，配电综合一班对团队日常工作和抢修、投诉处理提出了更高的要求。在如今班组组成梯队变化迅速的时期，对班长的领导力和班组的凝聚力是一种挑战，配电综合一班传承艰苦奋斗的价值观，铸造一流运检一线团队。

二、主要做法

配电综合一班围绕人心凝聚的宗旨，明确了构筑坚强配网和提升优质服务的共同目标，分别从提升团队凝聚力、精益化运维管控、班组人才能力建设的角度，打造积极向上、不断进步的班组文化。

围绕团队建设，成员互帮互助，积极探索有效的配网管理方法，实现运维人员对设备的过程管控和细节管理，从而实现电网精益化运维及设备全寿命周期管理。通过头脑风暴、月度培训、安全活动等形式，武装班组员工的能力建设。通过群策群力，提出了将姑苏区配网划分成城北、城南、城中三个片区，实施网格经理片区制，既保障了辖区内电能供应的可靠性从而提升了供电服务水平，也夯实了班组人员的技能水平基础。

（一）成员齐心协力，营造团队向心力

1. 文化引领，达成团队共识

配电综合一班以“团结、务实”的价值观为核心，形成了“人心凝聚、优势

互补、供电可靠、以人为本、追求卓越”的班组价值体系，并使之成为团队践行的工作方法和管理方式。通过细化企业文化要素，立足“团队凝聚力建设”和“以客户为中心”，不断提升员工对班组的归属感与责任感，实现班组利益与个人价值的统一。为了姑苏区的万家灯火，团队里的每个成员拧成一股绳，在岗位上默默奉献着，也相互扶持着。

2. 一脉相承，凝练团队精神

为使新进员工树立正确的职业规划和职业目标，班长引导新员工以优秀青年员工为榜样，言传身教，在无代沟的交流学习中获得工作经验，逐步对新的工作领域发起挑战，力求全方位发展。通过老带新的模式，缩短了青年员工的成长时间，也强化了青年员工的归属感。而青年员工在班组中有着富有活力、敢闯敢试的特质，调动班组工作学习氛围，最大限度地激发自身主动性和创新能力。班长扮演着衔接中青员工的角色，缩小年龄差所带来的沟通交流障碍，让这个团队更加和谐融合。与此同时，领导扎根基层一线与员工交流，亦探索出了诸多具有创新性的工作思路。

3. 人才融合，壮大团队力量

依托营配融合机制，与营销侧班组共同组建复合型营配融合柔性工作团队，积极整合内外部资源，使得各环节工作效率大幅提升。配网侧每日的抢修小组由配电、营销人员组合而成，故障信息及时传达至相关班组，团队共同配合分析故障，加速抢修恢复时间，提升用户满意度。配电综合一班实施此举旨在克服壁垒，拓宽沟通渠道，保证部门内与部门间沟通顺畅，使得工作有条不紊地开展。

4. 党员带头，提升团队觉悟

班组内党员人数占比80%，工作之余，党员同志积极组织班员观看劳模宣传片和风采纪录片，鼓励员工强化党性认识与认知，从根本上提升员工的思想觉悟，真正在日常工作生活中以党员身份要求自我。

（二）精益化运维管控，确保设备本质安全

配电综合一班担负着整个姑苏区的用电安全稳定的责任，恪守标准化的操作规范和模范优质服务体系，在用户心中树立了负责任、高效率的良好形象。这一切均来源于班组将精益化管理的理念融入班组运维管理中，将“小、精、细”“事、控、严”的理念导入日常工作中。

1. 实施网格化经理片区责任制

将姑苏区分为城中、城南、城北三个片区，明确各片区内管辖设备的主人，落实责任制。负责人通过对设备开展日常巡视消缺、开展接户线整治和树线矛盾治理等手段，制定设备台账与维护设备缺陷档案。通过辖区内的中低压一体化抢

修点，充分整合资源、统一协调，实现了中低压业务的贯通，使得用户侧在故障抢修过程中，明确缩短了停电感知时间，有效提升了供电服务水平。通过片区责任制，加强了员工的使命感，及时将安全隐患消除在萌芽状态。管控设备前端的变化，提升用户后端的感受，加强了企业的用户黏性，塑造了企业的良好形象。

2.依托信息化手段等管控措施

随着配网自动化的逐步建成，FA投入代表着自动化进入了实用化阶段。对配网故障及时定位，帮助抢修人员对设备故障的异常辅助判断。借助高分辨率资源遥感卫星数据基础服务等数字化可视化技术手段，对隐患进行及时告警推送，为电力设备故障异常评估预测提供支撑。通过信息化手段最终保障了用户供电的安全可靠。

3.市政工程牢抓“事、控、严”

三线入地工程作为配电综合一班近几年的重点市政工程，涉及范围广泛，地理条件差异较大，实施难度也较大。古城区的架空线入地后，可以改善配网原先的网架结构。为了有助于日后的配网管控，每一次入地工作都必须保证“零差错”。每一个复杂的入地方案都来源于班组运维人员不畏艰难、亲临现场的反复勘查。依照现场架空线长度、道路地下空间利用程度、道路周边用电负荷情况等要求，班组准确提出电力分支箱的分布点。工程复杂也要守护安全准绳不打破，齐心协力保证入地工程文明施工。

4.从现场回归到班会学习

班组通过加强安全教育培训，坚持以人为本，以现场为阵地，以管理为重点，注意引导班员从思想上、行为上提高控制不安全因素的能力。班组坚持通过周例会安全日活动进行安全宣贯，提高了员工的安全责任意识和事故预判能力，确保辖区内配网设备的安全稳定运行。如图1所示，班组正在积极开展安全学习周学习活动。

图1　配电综合一班积极开展安全学习周学习活动

（三）多举措并举，完善人才队伍建设

1.结对帮扶，提升员工现场经验

班组针对每个班组成员技能水平的不同，结合岗位工作需求，展开了“一对一”学习帮扶结对。小组成员根据巡视计划，展开对线路、站所的实地勘察走访，通过对缺陷的巡视排查，削减了纸上谈兵的弊端，丰富了自己的现场工作经验。员工不断提升专业技能、实际操作能力和现场组织能力，将理论知识落到实处。

2.多样形式提高员工技能知识

日益增长的供电负荷以及新型信息化手段的引入，对班组成员的技术水平提出了更高的要求。积极推动课程改革，采用线上线下课程有机结合的方式给予员工更多充实自己的机会，根据部门综合所需，实现专业设置和用工需求零距离，课程设备与职业活动零距离。配电综合一班成立的配电小课堂，编制了年度、月度培训计划，通过教学PPT和视频的形式把知识传播给了班组成员，进而实现复合型人才的培养，以此扩展电力服务工作范围的覆盖面。利用安规学习考试、技术问答、模拟试验、事故预想、反事故演习等多种手段来提高班员的技能水平和安全意识。如图2所示，青年员工正在运用监控平台记录配电站内的运维情况，探索配网数字化运维模式。

图2　员工正在运用监控平台记录配电站内的运维情况

3.轮岗制度，帮助员工多维视角

针对青年员工，组织跨班组实习和轮岗。跳出原有班组的工作内容，帮助员工更全面了解部门的各类指标与彼此之间的关联，更有利于提升员工的成长速

度，提高业务水平。

三、实施效果

通过加强团队凝聚力，减小了班组成员的交流阻碍，配电综合一班以更加充满信心的团队精神，对工作精益求精，对设备一丝不苟，对用户耐心细心，对同伴互持鼓励。青年员工以较快的速度成长，现已均能负责好辖区内的运维管理，熟练处理班组事宜；老师傅亦能熟练运用信息化手段，辅助判断现场工况。通过打造的复合型营配融合柔性工作团队，加强了业务融合，更好地展现了企业的优质服务。

在班组精益化运维的管控下，配电综合一班保障了辖区内10千伏线路及各类配网设备运行的安全性、电能供应的可靠性，树立了供电企业优质服务的良好形象。班组各项指标在原基础上进一步提升，线路年度一次故障率降低20%，核心区域超重载配变治理达成率100%，从而大大提升了供电可靠率，降低了用户平均停电时间，提升了人民群众的满意度。

在班组长的引领下，配电综合一班形成了人心凝聚的团队氛围，也培养输出了诸多人才，这些技能型、管理型、复合型人才在公司的各职能岗位上发挥着自己的光和热。团队因人才而有活力，人才因团队而有信仰。正因团队建设，在“十三五”期间，班组也获得了诸多荣誉。2016年度获得第十五届“海洋王”杯全国QC小组成果发表赛优胜奖、国网江苏省电力公司苏州供电公司2016年度优秀无违章班组、国网苏州供电公司2016年度先进集体。2017年度获得江苏省质量信得过班组称号。2019、2020年度均被评为五星级班组。

自配电综合一班成立以来，通过不断开展班组建设，实现了班组素质的不断提升。通过梳理业务流程、构建统一的价值观和目标、鼓励创新思考等举措，靠解决问题消除困难，班组各项指标稳中有进，班组管理水平也获得了稳步地提高。在生产工作中人力不够的情况下，高度发扬员工的集体积极性和奉献精神，提升班员目标的一致性，进一步推进班组成员的能力建设，将每一个成员的“向心力”凝聚起来，从而提升服务质量，更好地为人民服务，让清洁低碳能源点亮万家灯火。

（**撰稿人：**黄夕婷）

实施“三维”立体培养 促进班组专业融合

国网无锡供电公司变电检修中心

【摘要】2017年以来，变电检修中心稳步推进修试专业融合工作，通过搭建平台载体、打造培养机制、组织考核培养，建立“三维”立体化融合培养模式，提升人员专业复合能力水平，有效提升了部门员工的技能水平和队伍整体水平。

一、实施背景

变电检修中心现有员工149人，其中检修、试验专业85人，负责管辖220千伏及以下变电站200座，修试专业人站比0.425。2017年以来，为切实解决修试专业人员紧缺问题，变电检修中心稳步推进修试融合工作，通过搭建平台载体、打造培养机制、组织考核培养，建立“三维”立体化融合培养模式，提升人员专业复合能力水平，提高部门生产效率。

二、主要做法

（一）拓展培训载体，搭建平台“促融合”

（1）打造中心层面共享平台：打造“青年学习型团队”“党建+工程”等专业学习平台，开展理论学习和缺陷分析、现场检修成果汇报及经验分享，同时成立各专业研究兴趣组，强化员工对现场缺陷的分析和研究，提升员工专业难点分析、判断水平。

（2）打造班组层面微培训平台：一方面充分利用班组微课堂、员工技术研讨等开展融合专业技术培训，另一方面充分发挥变电检修中心内部优秀专业人才的作用，分专业举办能力提升集中培训班。

（3）打造个人层面互助培训平台：以“身边人培训身边人”的方式，来自不同专业的员工确定互助培训导师，相互教授标准化操作流程以及结果初判，确保人人参与、共同进步和逐步提升。

（4）打造竞赛集中培训平台：结合中心各专业实际情况，组织员工积极参与上级组织的各类竞赛活动，锤炼基本功，有效提升专业技能水平。

（二）丰富培养机制，创新方式“传帮带”

（1）专家导师制：专家导师由各个专业的专家和高级技师组成，负责教授变电检修、电气试验、变压器检修、油化验的理论知识和实操课程，同时制定相应专业的阶段性考评细则，并作为考评老师对员工进行考核。

（2）师带徒制：来自不同专业的师傅和徒弟签订师徒合同，针对徒弟技能短板制定详细的培训计划，并定期进行操作技能考评。同时采取相应的激励措施，鼓励徒弟缩短学习时间。师带徒不局限于一个师傅带一个徒弟，可以采用一对多或多对一的形式。

（3）青苗培养制：围绕青年员工成长黄金期，结合生产任务特点，以每季度“精通一项专业技能、组织一项工程项目、参与一项专业管理”为培养思路，明确重点培养任务，有计划、有步骤、有措施地开展培训工作，强化互动、学习和探讨，着力打造有理想、精技术、懂管理的青年人才队伍。

（4）岗位轮换制：定期调整第一专业完成效果较好和实操技能掌握度较高的员工的现场专业，达到第二专业知识活学活用的目的，并根据掌握情况，配备其他专业的导师。对于掌握较慢的员工，延长相应阶段的学习时间，并采取考核、激励措施，促进员工掌握各种检修技能，全方面提升技能水平。

（5）厂家培训制：一是邀请厂家专业工程师到中心技术讲解，并到现场在检修过程中对员工进行设备培训，二是直接派遣员工到厂家生产车间学习。员工可以根据需求，针对性地掌握新设备、新技术的使用及检修中的问题，达到最好的培训效果。

（三）组织考核培养，强化管理“有闭环”

（1）开展岗位能力提升规划：组织修试融合人员结合自身情况，积极开展岗位提升工作规划，中心层面分别与员工签订岗位能力提升责任状，从理论学习、技能水平、资格鉴定、岗位预期等维度制定岗位提升目标，明确个人成长方向。

（2）开展岗位能力评价：实施技能等级鉴定与岗位能力评价相结合的考评方式，参照技师业绩举证的方法，从工作业绩、人才培训培养、工作质量态度三个方面，全面对员工进行岗位能力评价考核，形成考核结果。

（3）建立考核反馈机制：对完成修试融合的人员发放一次性奖励，在季度绩效及年度绩效等级评定中向修试融合班组进行倾斜，调动员工岗位技能提升的积极性。同时结合员工个人特点，合理调整发展方向，促进融合持续深入。

三、实施效果

（一）成效分析

（1）员工复合技能水平显著提升。截至2020年底，变检中心检修、试验人员共有10人通过第二专业高级工鉴定，40人完成第二专业中级工技能等级评价，已具备了第二专业技能工作的能力，大大提高了变检中心人员复合能力。

（2）提高了工作效率。修试融合后，原需出动两个专业班组的工作改由一个班组甚至同一档人完成，减少人员及车辆安排，减少开票、人员等待、专业协调等环节，工作效率显著提高，一定程度上缓解了部门人员紧缺的矛盾。

（二）改进方向

（1）在技能等级评价过程中，一些年龄较大的员工在第二专业的学习中存在困难，目前依然有部分同志未完成修试融合技能等级中级工的评价，下阶段还要继续加强培训，争取早日完成全员融合。

（2）在融合深度上，大部分员工目前仅完成了融合中级工技能等级评价要求，在第二专业更高等级的技能评价中还有进一步提升的空间，同时在现场工作中，还需进一步推进修试融合的深度，提升现场检修工作效率。

（撰稿人：董丽金　陈思未）

构建“1135”型班组运维管理模式

国网徐州供电公司配电二次运检班

【摘要】随着运维业务外包，外委人员人数不断增加，面对人员素质普遍不高、责任心不强的难题，配电二次运检班找准症结，深化互联网+思维应用，主动加强“第二班组建设”，创新开展1135人员分工模式和业务开展模式。运用“简道云+”的工单驱动方式，实现精益化管理，可视化管控，高效部署、工作闭环，紧紧围绕一个业务管控中心，推进1套工作流程，围绕各项指标开展日常工作及抢修工作，同外维人员建设“三同”队伍理念，实现5个方向的积极效应，最终实现主业人员上传下达，不断提升各项指标；内勤人员全过程追踪，不断提高工作效率；运维人员网格化分区，逐步建立主人翁意识的积极态势，激发班组内在高效驱动力，不断提高班组凝聚力。

一、实施背景

配电二次运检班成立于2015年10月，现有班组成员13人，均为大专及以上学历，其中工程师5人，高级工程师2人，平均年龄39.8岁，是一支朝气蓬勃的团队。班组现有外协人员25名，面对人员素质普遍不高、责任心不强的难题，班组围绕“1135配电有我”理念开展工作，以任务分工1+1+3（1名主业人员+1名内勤人员+3组外维人员）模式，任务开展1+1+3（1个运维中心+1套运维模式+3同理念）模式，最终实现5个方向模式转变。采用互联网+运维模式，打造依托工单驱动管理的“第二班组”体系，着力破解当前面临的自动化规模日益发展与主业人员有限的问题，在一年多的自我转型中，形成高效驱动的班组创新模式，进一步提升运维管理水平。

二、主要做法

（一）1+1+3人员分工模式

班组首先理清人员分工，针对外委人员对公司委身度不高的问题，将人员结构调整为1+1+3（1名主业人员+1名内勤人员+3组外维人员）模式，建立主业+

内勤+外勤垂直沟通体系，减少沟通障碍，加强外委人员对班组的认同感和委身度，不断增加协同监督机制，实现主业人员上传下达，不断提升各项指标；内勤人员全过程追踪，不断提高工作效率；运维人员网格化分区，逐步建立主人翁意识的积极态势，加强外协人员责任心和团队认同感。

（二）1+1+3业务开展模式

班组依托“简道云+”的模式，建立工作任务派发、跟踪、校验多环节，保证工作完成保质保量。

1.一个中心（业务管控中心）

配电二次运检业务管控中心：开展工单任务派单、任务追踪、任务反馈等工作；利用5200系统语音、打印告警弹窗、配电自动化系统工作站实时窗口显示，推进主动运维工作。

2.一套运维模式（工单驱动+故障处理）

（1）工单驱动模式：将所有工作任务依托“工单驱动”模式，形成高效闭环处理，实时追踪，落实“谁运维谁负责”的原则。每周一下午召开全体外维人员班会，分析一周工作情况，及时传达最新工作要求，掌握人员思想动态。利用“简道云+”智能作业模式，以工单形式派发，确保工作任务及时闭环，同时做到数据可追溯，台账可完善，全过程监管运维过程和质量。

（2）故障处理模式：应用配电自动化工作站及5200系统的及时预警功能，将其作为主动运维的驱动力。每天实时刷新配电自动化终端在线率、遥信、遥测、遥控等指标，及时告警遥信丢失、遥控失败、遥测异常事件；主动把握末端状态，设置告警条件，追踪全自动FA事故处理全过程、末端保护动作事件等。

（三）“三同”理念建设

班组制定了配电二次运检班班规，主业人员与外维人员实现“三同”理念，即“同作息，同奖惩，同愿景”，提升外维人员对班组的委身度。在班组内部逐步形成终身学习的一致价值观，由传统的设备主人向项目经理身份转变。主业人员主动把握新形势、适应新变革，找准班组发展方向，当好指挥官；外维人员主动掌握新技术，适应新要求，增强班组归属感，当好执行者，最终形成一专多能、一步到位的全能型班组。

三、实施效果

传统的班组运营模式是领导者被赋予了一定的决定权，被管理者形成单一任务工作模式。这种工作思路已无法匹配与日俱增的配网体量，全员已逐步转变成主动运维工作思路。自开展新型班组建设以来，形成了五个方面的积极效应：

（一）台账管理智能化

配电网规模日益扩大化，传统的人工派单、台账记录已无法满足要求，为方便现场工作模式，利用“简道云”的工单驱动（见图1），闭环流程处理，最终实现台账云平台存储，智能化管理。

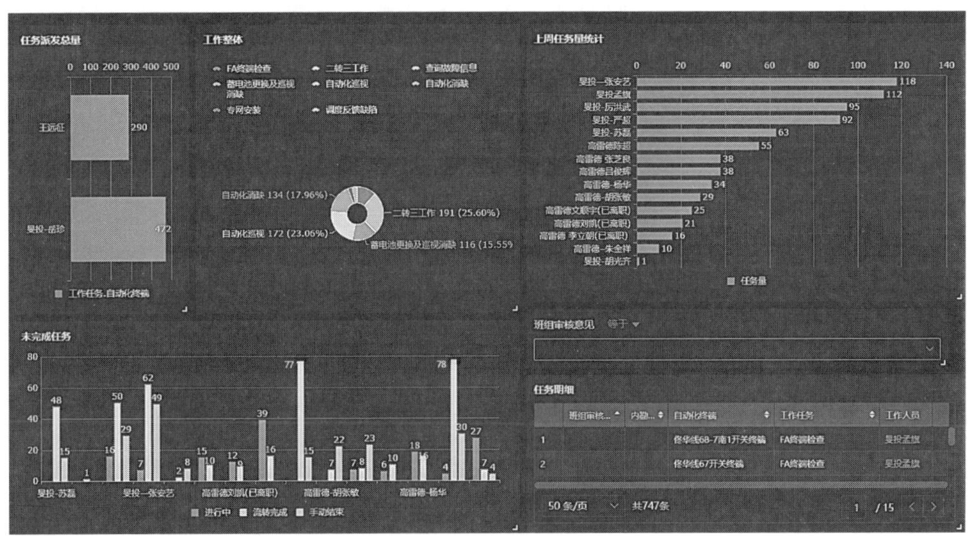

图1 “简道云”平台系统

（二）业务可视化

通过一个中心即业务管控中心平台，实现徐州市区配电网网格化的可视化全覆盖（见图2），运维消缺的可视化相比人工定位、记录，更全面更及时更直观。

（三）班组网格化

按照市区网格化分区（见图3），实现各区“自转”业务模式，形成主动运维。

图2　徐州市区配电网实现可视化全覆盖

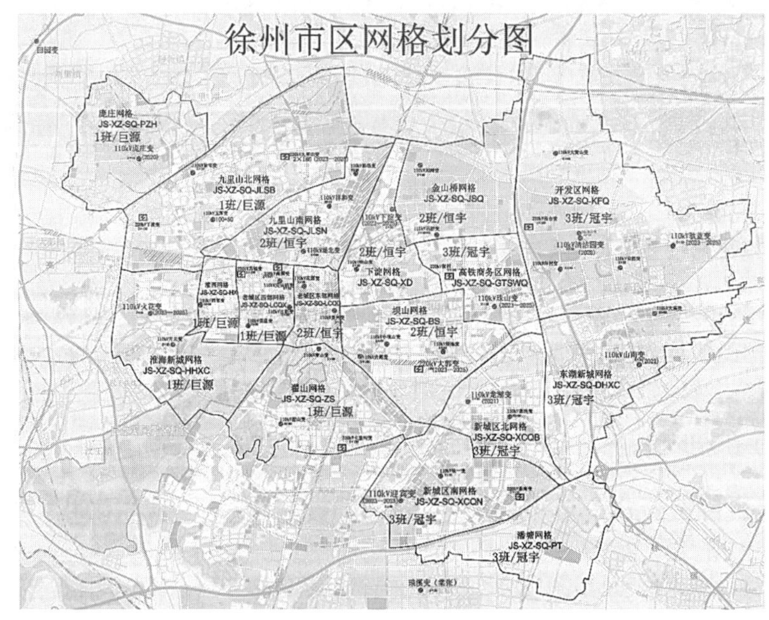

图3　徐州市区网格划分图

（四）运检智慧化

班组内勤及时处理系统告警、异常，完成人机交互，任务流转。利用人机交互界面信息（见图4），系统提示信息，形成自我判断力，自我处置能力。

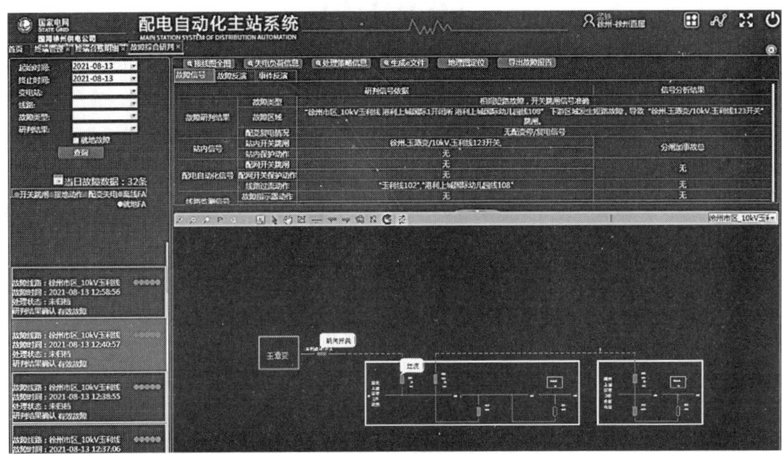

图4　配电自动化主站系统界面

（五）资源共享化

发挥资源优势，共享数据信息。在工单驱动业务上，查询历史工作，参考同类工作，学习创新工作，形成资源共享、一单多用的高效方式。消缺工单汇总表如图5所示。

自动化终端	线路	终端类型	IP	终端厂家	变电站	通信方式	运行方式
美好汇邻湾开闭所终端	响美线	DTU	90.180.131.230	珠海许继	响山变	无线专网通信	二遥
翡翠天地开闭所终端	西翠线	DTU	168.58.52.93	南京磐能	西郊变	光纤通信	三遥
怡美家园组合配电站终端	苏兰一线苏兰二线	DTU	168.58.60.102	扬州华平	苏堤变	光纤通信	三遥
星雨华府2开闭所终端	开翠线开星一线	DTU	10.136.33.100	珠海许继	开元变	无线公网通信	二遥
彭洞线26开关终端	彭洞线	FTU	168.58.104.15	山东鲁能	彭场变	光纤通信	三遥
吴修线26分支开关终端	吴修线	FTU	168.58.56.171	山东鲁能	吴庄变	光纤通信	三遥
吴修线26-5分支开关终...	吴修线	FTU	168.58.56.174	山东鲁能	吴庄变	光纤通信	三遥
吴修线17分支开关终端	吴修线	FTU	168.58.56.176	山东鲁能	吴庄变	光纤通信	三遥
吴修线24开关终端	吴修线	FTU	168.58.56.175	山东鲁能	吴庄变	光纤通信	三遥
西马线41分支开关终端	开马线	FTU	168.58.52.219	上海思源	开元变	光纤通信	三遥
建工环网站终端	吴新线	DTU	168.58.56.41	珠海许继	吴庄变	光纤通信	三遥
翟帮4环网站终端	翟帮线	DTU	168.58.44.98	江苏大烨	翟山变	光纤通信	三遥
吴修线32开关终端	吴修线	FTU	168.58.56.224	上海思源	吴庄变	光纤通信	三遥
统食一11环网站终端	统食一线	DTU	168.58.84.175	南京磐能	统一变	光纤通信	三遥
万悦城1组合配电站终...	开悦一线	DTU	10.136.31.3	国电南瑞	开元变	无线公网通信	二遥
苏铜二线26开关终端	苏铜二线	FTU	168.58.72.173	上海思源	苏堤变	光纤通信	三遥
统潘5环网站终端	统潘线	DTU	168.58.84.201	南京磐能	统一变	光纤通信	三遥
九万线12开关终端	九万线	FTU	168.58.88.23	山东鲁能	九里山变	光纤通信	三遥
瑞鼓段1开关终端	石广线	FTU	10.136.24.27	江苏双汇电力	石桥变	无线公网通信	二遥
奎水一线31-1=1开关...	奎水一线	FTU	90.180.130.125	上海海雄电气	奎山变	无线专网通信	三遥

图5　消缺工单汇总表

（撰稿人：魏港庆、王　丹　刘雪霞）

用“五重奏”唱响队伍建设落地班组的认同曲

国网扬州供电公司变电运维室维扬变电运维班

【摘要】班组作为企业最小的构成单位，是生产管理的前沿阵地，其队伍建设是企业整体文化内核的外在展现和主要组成，尤其供电企业班组队伍建设关系电网运行安全、管理效能等。维扬变电运维班立足“强基增效、三年提升”方案，以“三创、五注重”为精神，用价值理念的人格化，通过制度把控、基础管理、人本文化、开拓创新、创建氛围这五种“乐器”唱响“五重奏”队伍建设的认同曲，推动班组建设落地生根，其理念与模式值得在系统内推广。

一、实施背景

维扬变电运维班成立10年，现有成员15人，其中党员5人，工程师4人，技师4人。主要负责扬州市3座220千伏变电站、14座110千伏及以下变电站的维护、倒闸操作以及站内异常事故处理工作，是一支专业型、学习型、创新型的队伍。运维班组的队伍建设是一个动态的过程，其内容和标准会随着管理手段的创新和水平的提高而不断完善、更新。这就需要我们用发展的观点来思考、总结队伍建设的成绩和不足，大胆尝试和探索新途径和新方法。为此，维扬变电运维班针对运维专业的工作特性，经过系统总结和归纳，提出了“五重奏”队伍建设管理法，通过制度把控、基础管理、人本文化、开拓创新、创建氛围五个方面的和谐共奏，全过程推动队伍建设在基层班组的融合、融入以及实现安全管理、价值创造的输出。

二、主要做法

（一）乐器一：制度把控

由部门党政负责人、专业专职、班组构成三级保障体系，成立“诸葛大会”队伍建设专项小组，带头宣讲、实践公司发展战略和价值理念；建立“八大员”制度，转变班员思想，由“要我创建”成为“我要创建”；拟定创建队伍建设年度的目标和措施，制定班组行为信条（填好每一张票，看清每一间隔，把好每一道关），全过程推进实施，有效将文化创建与日常班组管理相结合，相融并进。

（二）乐器二：基础管理

严格执行《关于“十三五”班组建设再提升工程的指导意见》，开展6S管理培训，对班组所辖环境进行了个性化整理；修订《班组标准化建设工作手册》，把“管理标准、班组实际、专业延伸”三方面要求有机结合，搭建有效工具和行动指南；通过“对标找差，自查整改”专项整治活动，有效提高管理水平；订立《晨会心得交流制度》《员工轮流授课制度》等6项规章制度，推动各项管理流程更顺畅。

（三）乐器三：人本文化

依托荣誉角建立“荣誉档案”，实现了对先进典型信息的集中、动态管理；开展“两微”活动（微激励、微故事）推动榜样作用发挥，俞康坚家庭入选省公司系统内唯一获得的“江苏省最美抗疫家庭”名单，孔令傑被推选为扬州市劳模；重视人才培养，建立了课、练、考、赛的“四每”长效培训教育成长机制，确保员工成长计划有效实施；通过搭建支部活动室，借助党团活动形式，充分发挥党员模范带头作用。

（四）乐器四：开拓创新

设立“QC达人”争霸赛，实行团队积分，盘活创新动能；结合部门年度重点生产项目实行QC创建项目、滚动推选团队成员，为QC创新注入鲜活能量；由班组“QC”达人争霸赛中（见图1）推选出的《没头脑和不高兴》故事以总分第二的好成绩获得今年第四届全国QC小组故事演讲比赛总决赛一等奖，是继2019年故事获得全国三等奖后取得的重大突破。

图1 “QC达人”擂台培训

（五）乐器五：创建氛围

通过设立“一厨四角”，营造暖人心的文化氛围；充分发挥员工特长，用员工原创“安全十不干”漫画、由青老员工5人组合完成《变电运维四季歌》（见图2）创作、书法誊写，形成中西文化结合的文化墙；通过每月过集体生日、定期“轮值班组长”辅导日、每月“谈心时刻”等活动与形式，让员工感受更浓厚的人文情怀。

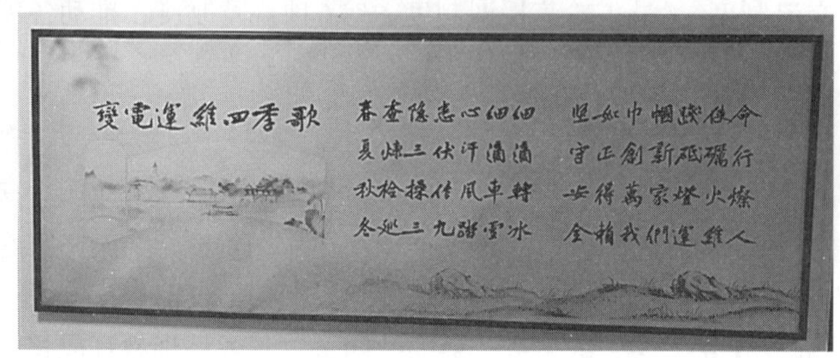

图2 《变电运维四季歌》文化长廊

三、实施效果

“五重奏”队伍建设工作法，具有通俗易懂，实践性强的特点。其对运维班组的工作具有较强的指导意义和实践价值，有利于班组将队伍建设细分成有效模块，形成规范化的流程，将队伍建设的无形目标幻化成有形的抓手。班组先后获得“江苏省工人先锋号”“江苏省优秀质量管理小组”等十余项荣誉。同时通过维扬变电运维班与运维室其余五个班组互动形成“智慧倍增效应”，进一步打造国网扬州供电公司班组建设特色，为公司深化“两个转变”，实现公司发展再上新台阶提供保障。

（撰稿人：陆　游）

融合重组学本领　综合人才质量高

国网淮安供电公司市场及大客户服务室

【摘要】市场及大客户服务室（简称市场室）原客户经理一班、二班业务多，工作量大且互相又有交集，班组人员紧缺问题严重，已无法较好满足当前用户快速用电的需求。在无法及时补充新人，业务要求不断提高的情况下，市场室积极创新，将两个班组在保留原先人员编制的前提下进行班组业务“融”，开展划小核算单元“试”，不断拓宽员工业务能力，提高工作效率，激励员工形成“学、竞、超”的良好氛围。培养出一支既能个人独当一面，又能全员团结协作的，业务过硬、敢打敢拼的客户经理队伍，有力提升公司对外服务水平。

一、实施背景

班组业务量大，沟通少。市场室客户经理一班主要负责业扩、分布式电源接入、小区居配等，二班主要负责用电检查、保供电等。两个班组虽有交集，但沟通较少，部分工作开展效果一般。

电力服务需求增长迅速。近几年，淮安高压用电需求不断增大，2020年已有高压用户3547户。各类分布式电源、电动汽车充电设施、智能小区建设数量急速上升。社会公益服务需求增多，2020年完成保供电任务296次，给班组人员带来极大的考验和压力。

服务区域广，人员服务忙。淮安行政区域调整后，苏淮高新区、洪泽黄集镇划入市区工业园区。市场室服务区域达3000平方公里，仅凭4名客户经理、6名用电检查员现场服务已是力不从心，班组成员服务疲于奔波，优质服务压力骤增。

岗位固化，易引发风险。班组融合前，班组成员虽分工明确，各司其职，但是长年累月重复工作，员工进步渠道不明显，负责区域固定，易造成员工积极性降低及廉政风险。

二、主要做法

（一）以“融”为核心，班组专注主业主责

深入分析当前班组业务量及工作内容，梳理客户各类业务需求，根据现有

业务合理调整机构职责及班组设置，明确相关部门工作职责，减少非市场室的工作，提高员工工作积极性。同步开展市场室班组人员融合、业务融合，结合班组业务实施情况动态调整人员工作职责，提升人员主观能动性。

（二）以“试”为支撑，充分调动员工活力

开展划小核算单元试点，结合部门实际，制定市场室划小核算单元试点实施细则，遵循“效益决定、效率调整”的分配原则，建立部门和班组层面的工资总额分配模型，实现班组（专职办）积分考核，形成“多干多得、能干多得，干成多得”的机制。构建部门、班组两级工资总额核定模型，促进绩效考核更精准、薪酬激励更有效，调动员工活力。

（三）以“学”为基础，大力提升技能水平

设立政企客户经理试点，抽调业务骨干，联合工业园区管委会，成立政企客户经理办公室，从招商引资开始主动对接，拓宽业务受理范围，形成从“临时用电－新装－送电－巡检－保供电”全过程专人跟踪服务。定期开展业扩、新能源等专业知识学习；利用重大活动保供电契机，开展现场操作教学；组织人员对各电压等级用户变电站验收要点进行培训；对照行业规范、典型设计对典型用户图纸进行集体审核等。通过各类学习活动，不断拓宽班员知识面，提升技能水平。

（四）以“竞”为驱动，促进良性竞争局面

充分利用绩效考核管理工具，将日常工作量化考核，对工作表现突出的成员实施积分奖励。促请人资部提升政企客户经理岗级，客户经理竞争上岗，根据绩效考核、用户反馈、工作效果等多方面多维度进行综合评价。政企客户经理之间定期考评，对不同特色行政区域调整划分，对工作质量规范监督，促进良性竞争及和谐局面。

（五）以“超”为突破，不断实现自我价值

班组成员个人虽从事业务种类增多，但员工积极性被充分调动，市场室积极引导员工实现超越自我、超越他人，通过班组微讲堂、班组例会等活动，分享工作经验，互相取长补短，不吝赐教，在班组内部感受到新的活力。通过竞赛和考核，促使员工在技能等级和技术职称不断提升，实现自我价值，获得更高成就感、满足感、认同感。

三、实施效果

（一）工作效率显著提升

创新融合后，通过开展“特快电力服务”活动，用户用电接入时间有效缩短，

庆鼎电子、安邦电化等15个110千伏及以上大项目快速推进，提前120天完成富强新材料220千伏发、输、变电工程送电任务，为客户节约建设、运行成本近5000万元。积极践行“人民电力为人民”的服务宗旨，用户评价高，服务质量好，支撑公司多次获得“101%服务流动红旗”。

（二）重大事项有力保障

疫情期间对139家防疫涉及单位开展保电，全力做好34处发热门诊医疗机构、3家定点收治医院、5家防疫物资生产企业的保障。先后完成四院抗疫保电值守、盱眙抗洪抢险保电，全国铁人三项比赛、第三届食博会、第十五届台商论坛等重大一级保电任务，实现供电保障零故障、零闪跳、零差错、零投诉。完成工业园区、汇通市场、全市危化企业等专项用电检查服务，累计检查用户2400余户，发现隐患超400条，指导督促用户及时整改，有效提升用户用电可靠性。

（三）员工素质稳步加强

在一系列班组融合活动中，班员承载力合理调整，业务能力、服务质量高效提升，班组新增工程师3人，技师1人。员工工作意识、廉政意识积极向上，时刻牢记自身岗位要求，人人向前看、向好看，综合素质快速提升。

（四）班组荣誉不断增加

近年来，班组斩获众多荣誉：国家电网有限公司先进班组、安全生产先进集体、文明单位标兵、青年文明号，被淮安市政府授予集体二等功一次。青创赛项目《基于源网荷的储能互动技术研究与应用》《居民光伏接入方案拟定辅助工具（App）的研发》在首届青年创新创意大赛上分获金、银奖。

（**撰稿人**：郑　梁）

“管理员互备”助力班组提质登高

国网宿迁供电公司电力调度控制中心自动化运维班

【摘要】自动化运维班主要负责宿迁市调度自动化系统的运维工作，为公司经营管理、电网调控运行和智能电网建设提供技术保障和数据支撑。班组现有4名成员，均为本科及以上学历，其中中级职称1人，高级职称3人；中级工1人，技师2人，高级技师1人。为了解决班组缺员问题，进一步提高工作质效，经班组成员集中讨论，形成了“管理员互备”的系统业务管理方式。通过自动化各个系统管理员的交叉互备，加大日常工作把关，为自动化系统的平稳运行提供安全保障，并通过实际工作锻炼进一步加快班组人员的专业技能培养。目前该制度已在班组内施行，且取得了比较好的效果。

一、实施背景

自动化运维班主要负责宿迁地区智能电网调度控制系统（D5000系统）、配电自动化主站系统的运维工作，负责调度数据网及二次安防系统、调度技术支持系统（OMS系统）、电能量采集系统、机房集中监视系统的运维工作，负责调度主站UPS、精密空调及调度大屏系统的运维工作。自动化运维班按照省公司定员为9人，目前班组仅有4名员工，存在严重的缺员问题，运维工作量相对比较大。另外班组员工的年龄跨度大，年轻同志从事本专业的年限经验不足，急需班组加大培养力度。针对当前面临的运维压力大、青年员工亟待成长的问题，结合班组实际工作情况，自动化运维班积极开创班组运行管理新思路、新方法。

二、主要做法

自动化系统运维工作涉及的业务范围广泛，为了加强人员和工作流程把控，按照省自动化处要求，为各系统指派一名管理员，全面负责系统工作。在此基础上，为了进一步提高自动化系统的管控能力，班组推行“管理员互备”制度，在每个系统增设一名备用管理员，实现了系统运维工作“双管理、双负责”。具体措施如下：

（1）在原来的系统管理员不发生变动的前提下，讨论并产生备用管理员。人员安排尽量实现“师带徒”的模式，即经验丰富的老员工搭配年轻新员工。要求老员工帮助新员工尽快了解并上手系统业务，培养年轻同志独立完成各项工作的能力。

（2）各系统管理员和备用管理员共同负责系统业务，其中管理员负主要责任。在执行较为重要的业务工作时增加备用管理员审批确认流程，进一步提升业务安全管控水平；如果出现突发情况或系统管理员不在时，在管理员知情允许下，备用管理员代为执行系统管理工作。

（3）为了帮助班组员工尽快熟悉自动化所有系统业务，切实提高人员专业技能水平，班组打算实行系统管理员定期轮换措施。计划班组每半年轮换一次管理员，统一由备用管理员担任下一届系统管理员，并另外选派备用管理员。

按照上述措施，目前将自动化班组的人员分配如下：

宿迁地区智能电网调度控制系统（D5000系统）：管理员——姚勤侠、备用管理员——史文萍；

配电自动化主站系统：管理员——刘艳艳、备用管理员——姚勤侠；

调度数据网及二次安防系统：管理员——史文萍、备用管理员——张新越；

电量及自动化辅助系统：管理员——张新越、备用管理员——刘艳艳。

三、实施效果

（一）圆满完成重点工作任务

班组实施“管理员互备”机制以来，围绕省市公司各项工作要求，圆满完成“中高考保电”“防疫斗争”等重大保障任务，高质量完成电力监控系统“2020年护网”行动，全年未发生主站系统全停、电网“遥控”功能异常、一般及以上网络安全事件。缺陷处理能力和应急响应能力显著增强，有效提升了自动化设备运行可靠性。通过增设各系统备用管理员，缓解了人员不足带来的系统运维压力，切实提高了班组工作的机动性，为自动化系统平稳运行多增加了一层“安全屏障”。

（二）班组员工技能加速提高

“管理员互备”机制提升了班组成员的业务技能水平和应急处置能力。尤其是青年员工在管理责任的督促下，积极主动地加强学习，并在实际工作锻炼中不断成长。班组圆满完成了省公司调度自动化专业劳动竞赛任务，年轻员工张新越代表国网江苏电力公司参加了国网省级调度自动化研讨班。通过管理员轮换、互备，有效促进了大家相互学习各系统运维知识，为自动化运维工作增加了人才储备力量。

（三）班组建设屡创佳绩

与采用该项机制之前相比，班组工作取得了较大的突破。自动化指标中母线电量平衡月均合格率达99.80%，累计接入30座新能源电厂无线4G专网，35千伏及以上分线线损月均合格率达99.18%，安防设备在线率100%、密通率100%，自动化基础数据合格率90.51%，均居于江苏省内前列。班组工作安全稳定开展，被公司授予“安全生产先进班组”，荣获2018年中国质量协会、中华全国工会颁发优秀质量管理QC小组，2019年国网江苏省电力公司工会“安康杯”竞赛优胜班组，2020年国网宿迁供电公司“工人先锋号”等荣誉称号。班组开展的《调度“大数据”报表平台的研发》课题获得江苏省优秀质量管理小组活动二级技术成果，《电网自动化系统语音全告警功能的研究与应用》《基于D5000系统核心数据的监测分析》等项目获得公司面向生产一线科技项目二等奖。

（**撰稿人：**史文萍　张新越）

人才培养打造"一专多能"强兵 创新管理铸就"硬核"标杆班组

国网连云港供电公司变电二次检修班

【摘要】变电二次检修班成立于2018年8月，现有班组成员18人，主要负责连云港市220千伏及以下75座变电站的日常维护工作。为解决220千伏运检业务回归市公司后，市检二次班缺乏220千伏变电站维护经验、省检二次班回归人员不足、220千伏业务培训压力大等问题，变电二次检修班以"生命体"班组为载体，采用"柔性化"的组织管理模式、"3+1"人才培养方案，有效地提高了班组成员的理论、技能水平，将其建设成为一支"一专多能"的复合型人才队伍。先后获得"江苏省工人先锋号"，国网江苏电力"工人先锋号""一流班组"等荣誉。

一、实施背景

2018年220千伏运检业务回归市公司后，由于市检二次班缺乏220千伏变电站维护经验，省检二次班回归人员不足等，变电二次检修班工作中存在工作任务重、人员不足、220千伏业务培训压力大等问题，同时，变电检修工区也面临一、二次专业结构性缺员等问题。为了解决上述问题，变电二次检修班结合"生命体"班组建设，充分利用现场工作时间对人员进行培训，跨专业实践学习，以练促学，理论结合实践，提高培训效率。

二、主要做法

（一）"3+1"机制培养复合人才

为了满足"生命体"班组对于复合型人才需求，解决部门、班组人员不足问题，在班组内部开展"3+1"人才培养模式试点工作。"3"指的是二次、检修、试验3个专业的"十项必备技能"（每个专业分别总结日常工作中常用的十个基本技能），"1"指的是针对每个人量身定做的1个跨专业学习计划。"3+1"人才培养机制以培养"一专多能"的复合型人才为目的，同时也为"柔性化"的组织管理提供人员技能基础。

通过"3+1"人才培养，可以打破专业壁垒，使部门人员达到一专多能，一定程度上缓解部门内部结构性缺员问题，提升工作效率。之前一个综合工作需要二次、检修、试验三个专业至少6名工作人员，同时还需要3辆车、3名驾驶员，至少需要9人、3车才能完成。现在只需要3名工作人员、1辆车和1名驾驶员共4人、1车就能完成，大大缓解了人员短缺的问题，提升了工作效率。

（二）“柔性”组织创新工作模式

220千伏运检业务回归后，班组工作任务重，培训需求高，但目前的集中式培训效率不高、且培训机会有限。班组结合二次检修现场工作多的特点，采用针对个人技能水平和培训需求的现场培训模式。

（1）在“3+1”人才培养的基础上确定班组每人的技能等级，班长日常工作安排时不再按照之前的把每日工作及工作负责人、班组成员都安排好的方式，而是只确定每个工作的难度系数、工作负责人以及工作班成员人数，工作班成员由班组成员与已经确定好的工作负责人双向选择。班组成员根据自身培训需求和技能等级结合工作内容选择相应的工作，而工作负责人根据工作班人数和工作难度对工作班成员进行选择。

（2）每个工作采用项目化管理，工作负责人作为项目经理，工作所需的工器具、仪器仪表、备品备件、车辆、工作票等均由工作负责人负责。

（3）现场工作由工作班成员独立完成，工作负责人主要负责现场安全管控和技术指导。

（4）工作完成后，工作班成员对本次工作涉及的知识点进行总结、发散、提升，并采用书面形式进行汇报。

三、实施效果

（1）“3+1”人才培养模式实行后，一、二次复合型人才按照培养计划逐渐增多，相应的工作机制也进行了调整，一定程度上缓解了部门的结构性人员短缺问题。综合型工作由原来的三个专业需要至少6个人完成，到现在只需要3个人就能完成。之前需要一次专业人员到场才能解决的问题，现在二次专业也能解决，节省了大量人力物力。

（2）“柔性化”的管理模式使培训更具有针对性和实践性，培训效率大幅提升，目前已将4人培养成具有独立处理220千伏综合业务的能力。同时，大幅缩短了青年员工提升专业技能水平需要的时间，将新员工培养为高级工能力水平的时间由之前的两到三年缩短为一年。

（3）由于工作中人员的大幅减少，整体工作时间有所增加，今后工作中还需要进一步梳理工作流程，提高工作效率，提升检修质量。

（**撰稿人：**钟　杰　曹　灿）

全方位立体式管理铸造“硬核”标杆班组

国网江苏超高压公司
宿迁运维站变电二次运检班

【摘要】面对班组人员缺少、结构失衡、工作量增大等一系列困难，宿迁运维站变电二次运检班实施“抓龙头、抓关键、抓合力”的班组建设工作方法，涉及班组长、全体班组成员，实现了全方位立体式管理。实施以来班组成员的工作状态和精神面貌有效改观，员工发现问题、分析问题、解决问题的能力得到显著提高，班组的凝聚力、向心力大幅度提升。该班组建设工作方法符合大部分班组的实际情况，具有普遍的实用性。

一、实施背景

大检修体系实施以后，二次系统检修班组面临人员缺少、结构失衡、工作量增大等一系列困难。在这些不利因素条件下，争创一流班组，培养出一支创新力强、能打硬仗、业绩突出的检修队伍，对于公司发展具有十分重要的意义。

二、主要做法

（一）抓龙头，班组建设的核心在班组长

班长是最基层也是最直接的管理者，班长的素质影响到整个班组的整体素质，决定了班组的管理水平和工作成效，也关系到领导决策的贯彻执行及实施效果。班长是班组的管理者、组织者，是班组开展各项工作的核心力量。要着力解决好班组长在班组管理中存在的如下两方面问题：

（1）班组建设整体发展不够平衡。多数班组长在管理过程中，因为压力大，精力不足，只注重生产任务和指标的完成，忽略了其他方面的管理。班组要健康持续发展，就要求班组长抓好素质管理、纪律管理、思想管理、制度管理等各方面的管理。

（2）班组长创新能力不足。班组长的管理手段落伍，在管理方式上仍然凭借传统经验，往往都是老套就搬，缺乏新的管理技巧和管理水平。班组长自身需要不断学习，与时俱进，吸纳优秀管理办法，以他山之石来攻玉。

（二）抓关键，班组建设的根本是搞好科学民主管理

严格的制度管理，是我们延续了多年的行之有效的规范化管理手段之一。班

组的工作千头万绪，但归根到底就是两句话—“活怎么干，钱怎么分”。只要这两碗水端平了，人心也就齐了，因此，要制定严格的绩效考核方案，设立工作检查台账。如发现设备安全隐患、提出合理化建议等，在月度绩效考核中加分；如出现不服从工作安排、工作质量不高、违反值班纪律等现象，视情节轻重予以扣分。制度的完善与建立，能够使班组成员明白“制度面前人人平等”的公正性，逐渐改变了以往危急缺陷发生时，千方百计找借口请假的现象。每月的民主活动中，对大家的上月表现进行公开讲评，当面考核，在内部形成一个公平、公正、公开的竞争环境，实现民主管理，激发大家的积极性。

（三）抓合力，班组战斗力的基础是提升团队学习动力

班组是企业最有活力的源头，要把这个源头抓好，就要不断提升班组成员的技术水平，把每名班员都培养成技术骨干。要全面提高班组全员学习动力，可以从以下四点出发：

（1）面向现场，面向实际，提高员工学习的主动性，实现主动“充电”。要让员工在工作中通过亲身实践认清自身的差距和不足，围绕工作内容，缺什么补什么，解决实际问题，这不仅增强了员工自信心，而且提高了学习的积极性。

（2）实施系统性的培训，将现场积累的碎片化的知识化零为整，构建知识框架，形成知识体系。

（3）充分发挥老员工的“传、帮、带”作用。通过签订师徒协议，组织大家“结对子”等手段，由技术熟练的员工各带一名新人员，尽快掌握各项业务技能，如图1所示。

图1 发挥老员工的传、帮、带作用

（4）组织班组技术讨论会。工作之余，大家共同探讨工作中的疑难问题，大家有问有答。通过交流研讨，班员有了学有所用的成就感，有了不断提高的迫切感，从心底里体会到了学习的重要性，如图2所示。在这样的氛围当中，班组学习之风日渐高涨。

图2　班组技术交流活动，解决生产技术难题

三、实施效果

（一）班组长核心作用全面发挥

全员紧紧围绕班组长开展工作，上级领导决策得到充分落实，班组成员主观能动性得到充分调动，班组长承上启下的桥梁作用得以充分发挥，班组各项工作高效有序开展。

（二）班组民主管理全面加强

制定规范的班组民主管理办法，不仅保证了班组民主管理工作的正常开展，而且促进了班组和谐，推动了安全生产的良性发展，切实保障了职工当家做主的地位和权利。

（三）班组全员学习热情全面激发

班组层面形成“学习圈”，员工在“学习圈”中进行相互交流、沟通、启发、分享知识、取长补短，员工学习热情和技能水平不断提高，发现问题，分析问题，解决问题的能力得到显著提升。

（**撰稿人：**樊国庆）

"矩阵式管理"铸造"铁军"标杆班组

江苏省送变电有限公司
虞城换流站四通一平（包2）工程施工项目部

【摘要】虞城换流站四通一平（包2）工程施工项目部成立于2019年6月1日，共有成员10人，平均年龄仅有32岁，都是充满青春担当、忠诚责任的年轻人。项目部根据虞城换流站工程施工范围广、人员管理压力大的特点，科学地采用"矩阵式管理"模式。"矩阵式管理"模式由垂直管理系统和横向管理系统两部分组成，垂直管理系统按专业划分，横向管理系统按区域划分，两个系统彼此独立又相互联系，共同服务于项目经理。"矩阵式管理"模式可以实现工程高效、专业、精细、有序运转，更能凸显苏送人"铁军"风采，展现苏送人排头兵风貌。

一、实施背景

虞城换流站工程是世界首座采用常规直流和柔性直流混合级联接线的换流站，也是国家"西电东送"战略部署的重要工程。因工程建设工期紧、任务重、要求高，现场管理压力极大，如按传统"直线式管理"模式进行管理，项目部需配置大量管理人员，不符合现实情况，且容易造成管理冗余，效率低下。

为满足工程进度、技术、安全、质量、资料等管理要求，施工项目部将现代企业常用的"矩阵式管理"模式加以运用，并结合现场人员的实际情况进行分工，实现工程整体目标。

二、主要做法

（一）管理模式

"矩阵式管理"模式有垂直管理系统和横向管理系统两条总线，垂直管理系统按专业划分，由技术组、安全组、质量组、资料组组成，横向管理系统按区域划分，由A区域（高端区域）、B区域（500千伏交流区域）、C区域（备库备件库及围墙区域）组成。垂直管理系统与横向管理系统共同服务于项目经理，各区域、各专业都有自主管理权。尽管各区域、各专业内部相互独立，但区域通过专业、专业通过区域又相互紧密联系在一起。

（二）组织架构

虞城换流站四通一平（包2）工程施工项目部组织架构图如图1所示。

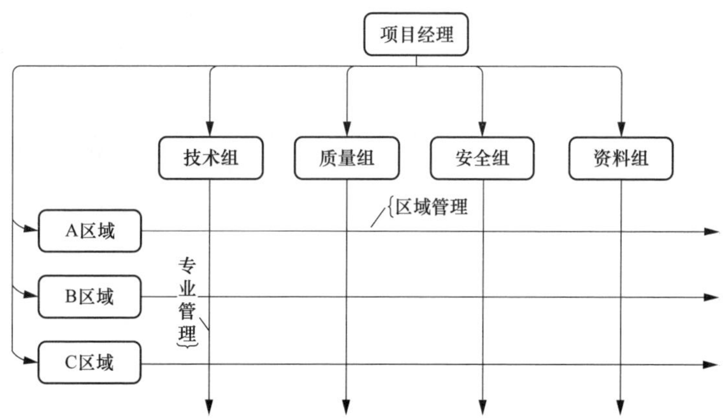

图1 "矩阵式管理"模式组织架构图

（1）项目经理：张必亮

（2）专业组：

技术组：徐 伟、袁洁君、张海东

质量组：王志平、张志远

安全组：曾长丰、周太臣

资料组：纪 源、王世睿

（3）区域组：

A区域：徐 伟、张海东、王志平

B区域：袁洁君、纪 源、曾长丰

C区域：周太臣、张志远、王世睿

（三）管理职责

1.专业组职责

技术组：负责现场技术管理（见图2），包括编审施工方案，进行技术交底；收发图纸，进行图纸预检；创优策划、二次策划、亮点策划；技术创新等。

质量组：负责现场质量管理（见图3），包括质量监督、质量检查、质量例会、质量验收等。

图2 技术管理

图3 质量管理

安全组：负责现场安全管理，包括安全检查、安全文明施工、安全例会、“e安全”维护等。安全生产大讲堂如图4所示。

图4 安全生产大讲堂

资料组：负责现场资料管理，包括资料报审、会议纪要整理、基建管理信息系统的维护和数据录入、档案移交等。生产管控平台如图5所示。

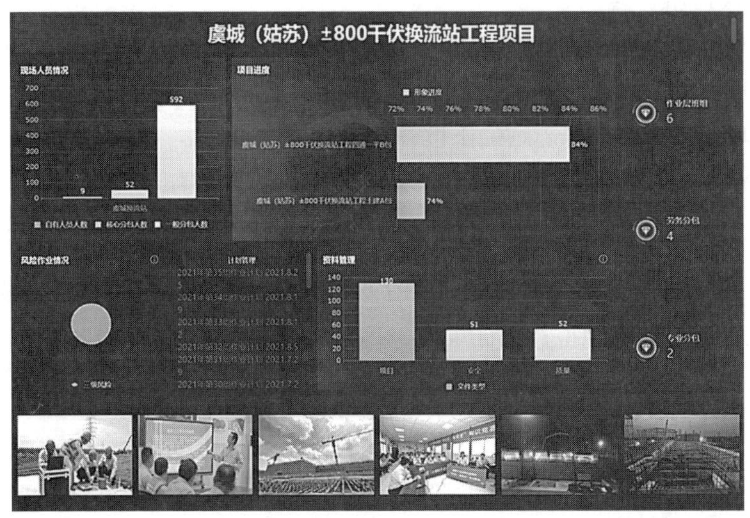

图5 生产管控平台

2. 区域组职责

全面负责各自区域的各项管理工作，负责对外（业主、监理、设计、其他施工单位）、对内（分包单位）的总体协调。

（四）典型做法

1. 项目经理总揽全局、统筹管理

项目经理作为施工现场管理的第一责任人，也是"矩阵式管理"模式中最核心的要素，全面负责项目的各项管理工作，协调区域组、专业组之间"管理交叉"及"管理真空"。在"矩阵式管理"模式下，项目经理根据个人特点、专业特长，将项目成员划分到相应的区域组和专业组中。同时，项目经理需要下放一定程度的权利，让各自区域均有一定的决策权，以便进行区域管理。但项目经理仍是第一决策人，区域负责人在进行重大决策前，需要报告项目经理同意；在进行一般决策后，需要报备项目经理知晓。区域组和专业组均直接服务于项目经理。

2. 区域组因地制宜、因时制宜

每个区域的施工内容不尽相同，各有特点，A区域涉及高端阀厅、高端防火墙及换流变等，B区域涉及GIS室、继保室等，C区域涉及备品备件库、围墙等，且每个区域都有各自的分包单位，各分包单位的专业素质参差不齐。区域组根据不同区域、不同阶段、不同分包单位的施工特点，制定合理的施工任务和施工计划，协调好各专业组做好相应的前期准备工作、过程控制工作以及事后验收工作等。

3. 专业组各有所长、各尽其职

专业组分为技术组、质量组、安全组、资料组，每个组均由相应业务能力强、专业素养高的成员组成。在工程施工的各个阶段，小组成员根据区域施工进度、施工要求做好相应的专业管理工作。在专业管理模式下，各小组成员的特点、能力均得到最大程度地展现，现场技术、质量、安全、资料的管理工作变得更加高效、专业、精细、有序。

三、实施效果

（一）管理成效

"矩阵式管理"模式作为虞城换流站四通一平（包2）工程施工项目部的主要管理手段，一方面极大提高了内部成员的积极性，各成员在各自区域拥有自主管理权，工作效率大大提高，另一方面成员能够充分发挥自身专业特长，有利于工程进行专业化、精细化管理。

"矩阵式管理"模式有效缓解了项目部人力资源不足的现状，减轻了项目部内部管理压力，整体管理变得更加高效、有序，在“矩阵式管理”模式下，工程资源得到共享，成员间的相互沟通更加有效、相互协调更加顺畅，通过彼此间纵横向的交叉协作，直接服务于项目经理，以实现工程目标。

（二）不足之处

垂直管理系统与横向管理系统存在大量交叉，成员既是区域管理者，又是专业负责人，工作任务繁重，工作强度高；垂直管理系统与横向管理系统主从关系不明确，有时在安排任务时存在一定难度。

（三）改进措施

项目经理应进一步细化责任，明确垂直管理系统与横向管理系统的主从关系，使各项任务明确到人，避免分工不明，推诿拖拉。

（撰搞人：张必亮）

创新创效

"EOKR"工作法铸造"创新型"标杆班组

国网南京供电公司220千伏变电二次检修一班

【**摘要**】220千伏变电二次检修一班现有10名成员，主要负责南京地区29个220千伏变电站的日常维护检修工作。班组学习了国家电网的"具有中国特色国际领先的能源互联网企业"战略目标精神之后，引用了OKR的理念，结合班组的实际特点，量身打造了一套电力企业基层班组特有的EOKR工作法。通过任务分解、柔性互动、目标确定、关键成果总结等手段，起到工作过程管控的作用，使多部门配合更加顺畅，提高工作效率；同时可以使班组绩效打分智能化、透明化，让团队成员更具有创新的热情。

一、实施背景

OKR（Objective and Key Results）即目标与关键成果法，是一套明确和跟踪目标及其完成情况的管理工具和方法，由英特尔公司发明，被多个公司采用，包括百度、谷歌、Uber等。这套工作法适应了互联网公司人员流动性大，市场变化快等特点，拥有灵活性强、易操作、效率高等优点。

220千伏变电二次检修一班充分发挥青年员工的生力军、先锋队和排头兵作用，立志打造一个"创新型"班组。引用了OKR的理念，结合班组的实际特点，班组学习了国家电网的"具有中国特色国际领先的能源互联网企业"战略目标精神之后引入了OKR管理理念，结合传统行业的特点，将OKR工作法在班组管理中落地，量身打造了一套电力企业基层班组特有的EOKR（Electrical Objective and Key Results）工作法。EOKR工作法在OKR的基础上进行改进创新，结合电力生产工作实际，融入生产管理和绩效考核过程，以"大数据+互联网+移动终端"为支撑，构建以"移动化、平台化、扁平化、数据化"为特征的班组智能管理体系，加强工作过程管控和绩效管理，以管理创新带动科技创新。

二、主要做法

（一）EOKR与生产管理相结合

1.召开EOKR业务务虚会

每个季度，班组召开EOKR业务务虚会，讨论上个季度EOKR的完成情况及下个季度EOKR的具体目标和安排，确定一个季度的工作方向，明确公司战略决策，部门目标以及确立班组工作的季度目标，班组全员达成共识。季度目标确定之后，如何达成便需要将计划分解至每月、每周，而关键成果便是衡量达成率的里程碑。

班组利用四象限法进行工作时间规划，以2020年班组一周工作为例，使用四象限法规划如图1所示。

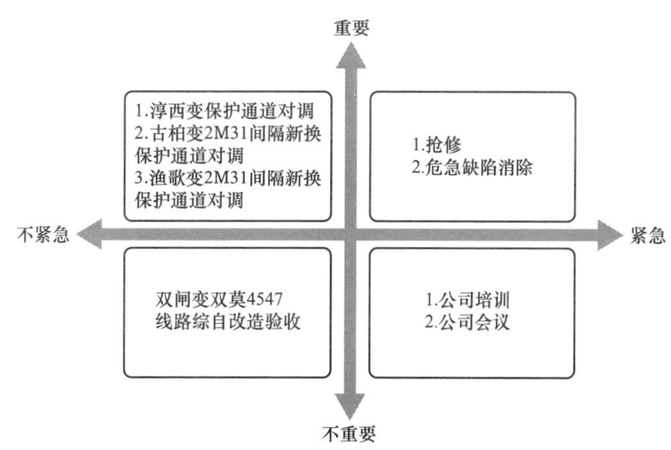

图1　2020年班组周工作计划四象限图

工作分配到工作负责人之后，形成计划表贴在班组工作计划栏中，以4W形式展示，即：WHERE——哪一座变电站、WHAT——具体工作内容、WHO——由谁来执行、WHEN——哪一天即周几执行。

2.形成个人EOKR看板

每个工作人员根据自己分配到的任务做好自己的EOKR，设定目标，达成关键成果，每个人对自己接下来的工作要明确且有规划，形成一个EOKR看板，如表1所示。

表1　2020年淳西变10千伏验收工作负责人EOKR看板

本周关注的任务	EOKR当前的状态
10千伏1号电抗器1K1回路验证；执行新定值。电容器1R1-1R4回路验证；执行新定值	目标：淳西变10千伏验收工作按时完成 1. 现场接地变保护全部验收结束。 2. 现场通流实验结束，包括零序电流互感器。 遗留项目为： 1. 电抗器没有计量表记，需将计量电流互感器绕组在端子排处短接。 2. 二次电压搭接。 3. 电流互感器二次桩头接线应保持一定距离，不能有交叉或者短接可能

续表

未来四周的计划			状态指标		
按时完成淳西变验收工作 完成工作总结 写出验收流程及经验			根据线路保护防跳回路存在设计缺陷的情况，对淳西变线路保护重点排查		
班组目标	个人目标	关键结果（通过KA达成的结果）	Why？为何此为关键结果（对业务或者部门目标、技能发展的贡献和影响	衡量标准（定性/定量）	校准 后评个结果Q（双向沟通，重点关注目标挑战性、关键结果对于目标的贡献和影响、而非仅是完成率或以成败论英雄）
打造创新型班组	在工作中发现问题，解决问题，提高工作效率，增强创新意识	工作中发现了重大缺陷，并提出了改进方案，形成了典型经验可以在验收工作中使用	原设计接入会导致断路器多次分合，造成断路器误动作，继而引发继电保护“三误”事故，造成电力系统严重故障。此次缺陷的成功处理，确保了变电站的安全稳定运行，为高淳地区的经济发展与居民生活提供了更坚强的电力保障	1. 整个验收工作过程中起到了推动作用，全程参与项目。 2. 获得了南京公司安全奖一等奖	98分

这个看板的作用是帮助员工把业务落地，把业务思考梳理出来，落到表格。可以使每个人工作量透明化，同时也是KPI考核的依据指标。

3. EOKR复盘总结

每周五班组成员召开一次EOKR复盘总结会议，总结本周关键成果的完成情况，每个人可以将本阶段内存在的问题进行集中分析讨论，尤其是共性问题需要引起重视，并研究解决方案；总结工作中的经验，在班组内部进行普及，并推广到其他同类型工作中，以提升工作效率；依据本阶段工作完成情况，及时调整完善下一阶段工作计划安排，使工作计划更加合理。

（二）EOKR与绩效考核相结合

班组的目标是打造一个创新团队，使用EOKR工作法可以让员工在日常工作中发现问题，解决问题，找到创新的突破点，但是创新团队的形成还需要激励措施，让团队成员更具有创新的热情。

班组的绩效考核将KPI与EOKR相结合进行评价，KPI考核主要是对运营目标达成率的考核。而EOKR可以更加偏向挑战目标的完成率，鼓励员工创新。两者结合起来考核员工更加合理。在生产工作繁忙的春秋两季，以KPI考核为主。以完成运营目标为主，挑战目标为辅。在夏季和冬季的考核中，更加倾向EOKR的考核。以挑战目标的完成率为主，根据每一周的员工个人EOKR看板，给出一个综合的评价。

三、实施效果

（一）班组工作提质增效

在实际工作中，通过EOKR工作法，确实提高了工作效率。2020年是特殊的一年，由于疫情的影响，班组有9个基建工程和4个技改工程集中在下半年验收。最多的时候班组同时有6个工作开展。11月份班组有3个站——古柏、渔歌和淳西同时验收，淳西任务最重，是一个新建的智能站。为了完成任务，班组3个骨干成员主动挑起了工作负责人的重担，运用四象限法将验收工作任务进行了分解，根据以前总结出的验收薄弱点，列表发给施工单位，提醒他们注意，减少返工项目，节省整改时间。

（二）消缺改善成果显著

在班组周会总结关键行动时发现，其中一个站的线路保护防跳回路存在设计缺陷，班组成员通过与设计人员和厂家多方面沟通，找到了改进方案。班组立刻就将这个案例作为了一个关键行动进行了经验总结，作为验收工作的一个关注点。这个案例也申报了国网南京供电公司安全生产奖，并获得了一等奖。古柏、渔歌和淳西3个站也按时投运。

（三）管理创新带动科技创新

通过一次次的经验总结，大家很容易在工作中发现问题，解决问题，很多金点子就在这些总结中诞生了。2020年班组的三名成员获得了第二十一届中国专利奖优秀奖，这个奖是专利发明领域的最高奖项，也是班组科技领域方面获得的最好成绩。近三年来班组共获得实用新型专利2项，发明专利2项，科技进步奖6项，其中省部级奖项3项。

未来班组将打造基于EOKR工作法的数字化班组管理系统，更加智能且直观地展现各工作进度和EOKR看板，同时方便绩效管理。

（撰稿人：徐　雯）

内塑品质　外树形象　实现班组提质增效

国网无锡供电公司

【摘要】国网无锡供电公司工会把班组减负增能、提质增效作为中心工作，开展班组提质增效劳动竞赛，创新设立班组质量奖，力争使班组“体格”逐渐变壮、“体型”逐渐变优、“体质”逐渐变好、“体能”逐渐变强。通过现场评审、现场颁奖，全年评选出227个班组质量奖和7个提名奖，有效促进班组间交流共享。该工作在省公司产改工作推进会、班组建设现场会等会议进行交流，做法被《中国工人》《江苏工人报》宣传报道。1个班组获得“国网公司工人先锋号”。

一、实施背景

（一）激发主观能动性，增强班组责任感

减负首先是从思想上入手。只有思想上率先破冰，行动上才能突围。国网无锡供电公司根据深入调研，发现基层班组存在“三不”现象：不想暴露问题，不敢提出问题，不能解决问题。对此，我们提出：发现问题是成绩，解决问题是创新。工会通过搭建有效平台，让考核“指挥棒”更加科学、评价“计分牌”更加可感、激励“导向标”更加鲜明，从而激励各基层主动思考，逐步改进班组管理模式、创新技术工艺。

（二）加强管理能力，增强班组危机感

“生命体”班组，本质是班组需要具备更强的自主管理意识和自我管理能力。但是，目前基层班组存在“三不够”现象：自主管理的意识不够强，办法不够多，能力不够足。班组在掌握运用科学管理工具、促进业务能力提升等方面，还迫切需要得到公司各层面，主要是工会的进一步指导和培训。

（三）鼓励创新创造，增强班组荣誉感

面对基层班组，公司创新工作存在三座大山：历时时间长的高山，评审要求复杂的火山，名额有限的冰山。这些因素制约了基层班组申报创新成果的积极性。对此，我们提出：对待班组要像对待客户一样服务。要充分发挥工会定盘

星、孵化器、大平台功能，激发基层班组创新创造热情。

二、主要做法

（一）建立“3+6”申报机制

“班组质量奖”不是硬性要求，而是鼓励班组从日常工作、从实用实效出发。在申报内容上基于问题导向、目标导向、结果导向，在申报性质上紧扣安全质量、生产效率、经济效益、整体形象、实践应用、服务水平6个落脚点（见图1）。

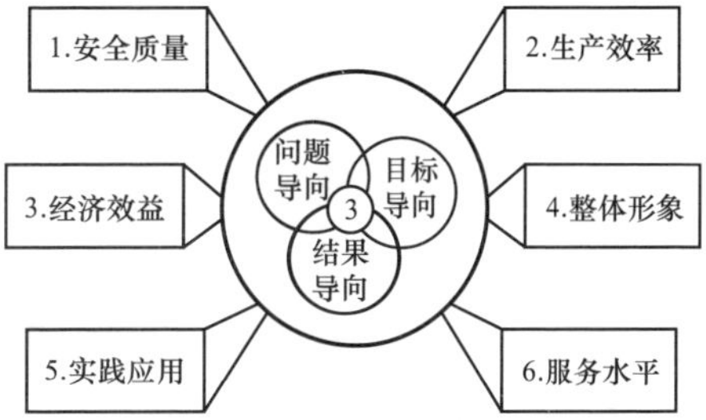

图1　“3+6”申报机制

（二）建立“四及时”工作机制

由基层单位负责申报组织工作。班组可根据项目完成情况及时自主申报。所在单位对项目进行审核后，及时提交评审委员会。评审委员会制定评审计划，确定评审时间，及时组织现场评审工作。现场对获奖项目及时颁发奖牌、奖章。“四及时”工作机制如图2所示。

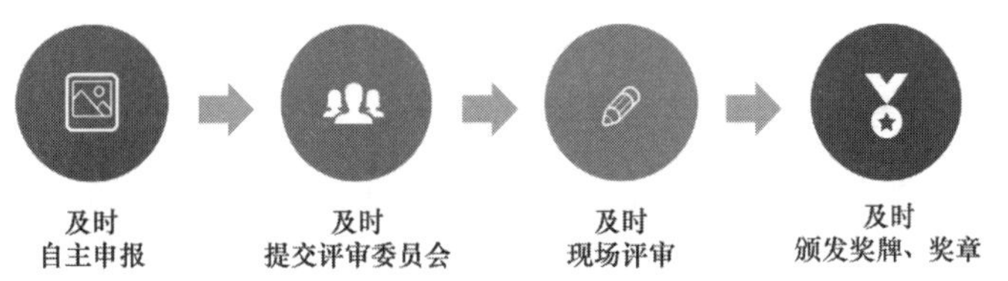

图2　“四及时”工作机制

（三）建立“现场化”评审机制

在班组工作现场直接开展评审，“强制”要求班组不要制作PPT、不需准备书面汇报材料。工会成立现场评审工作小组，组长由公司工会主席担任，成员由班组建设相关职能部室负责人、专职、班组长俱乐部理事、特邀专家（劳模、高级技师、高级工程师等）担任，使评审更为专业和全面。

三、实施效果

（一）有效推动公司层面提质增效

疫情复工后，全年评选出234个项目，每周评选6～8个项目。其中，提高安全质量类89个，提高生产效率类107个，其他类38个（见图3）。这些班组创新成果推广到同业务性质班组，为国网无锡供电公司提质增效贡献了力量。其中，有74个创新成果成效属于“缩短工作时间”类，据不完全统计，最多可缩短339分钟，最少可缩短5分钟，累计缩短时间达2200余分钟（见图4）。

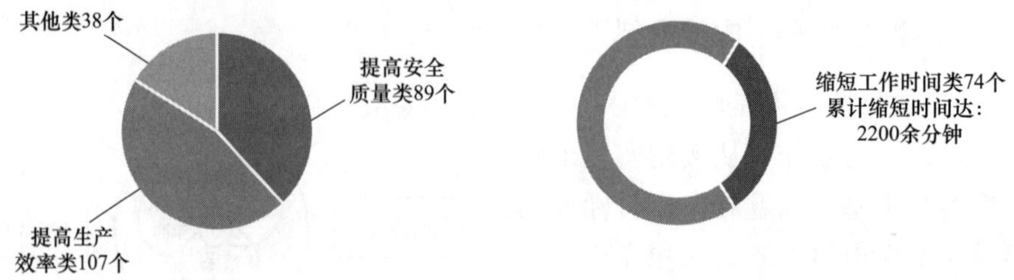

图3　2020年“班组质量奖”评选情况　　图4　创新成果成效：“缩短工作时间”

（二）有效提升班组自主管理能力

班组申报的项目在一周内获得反馈，公司领导亲自带队与基层班组面对面。评审专家现场提出针对性评价意见，班组再制定年度小目标，不断完善并始终升级迭代、持续更新，班组感受到公司的重视，基层工作有了更明确的方向和目标。自“班组质量奖”评审工作启动以来，得到了班组的广泛参与、基层部门的积极响应，形成了个人有面子、班组有里子、工区有动力、工会有抓手的局面。

（三）有效畅通公司共建共享通道

对于优秀项目，公司工会汇同科技互联网部，对班组在成果专利申报、推广应用、推荐参加上级评审等方面做好跟踪指导工作。目前已有23个项目申报了专利成果。通过“班组质量奖”评审，公司发现一批优秀案例和项目，挖掘了一批基层一线优秀的创新人才。

下一步，国网无锡供电公司工会将在上级公司工会的正确领导帮助下，努力以精益为标识、包容为气质，担当为品质，创新为动能，积极推进班组减负增能，减少班组“无用功”，做强班组“有用功”，推动班组业务、管理、服务转型升级；全面提升基层队伍素质，尝试拓宽班组长职业发展通道，鼓励员工扎根一线、扎根基层，甘做一颗永不生锈的螺丝钉；持续完善班组评价标准，围绕“三减三增”，创新构建班组质效综合评价指标，着力解决班组建设中存在的重“三表”（表面、表层、表演）轻“三基”（基层、基础、基本功）的问题。为建设具有中国特色国际领先的能源互联网企业作出积极贡献！

（撰稿人：张　奕）

科技互联打造安全高效“新抢修”

国网常州供电公司配电抢修班

【摘要】考虑到传统的配电抢修管理工作手法单一低效且主要依靠人工管理，配电抢修班积极探讨运用“单兵系统”对抢修管理模式进行优化。“单兵系统”是集移动外勤、GPS云平台、单兵移动视频平台、4G全球眼、倒闸操作便携式摄像头、抢修会商平台六位一体的整套系统。在抢修工作中推行“单兵系统”，优化抢修工作的管理制度和管控流程，并实施评估，打造安全高效新抢修，实现了抢修工作的移动化、信息化、智能化，大幅提高工作效率，加强了对抢修现场的监督与管控，保证了抢修人员的服务质量。

一、实施背景

保障可靠供电、提供优质服务与客户生产生活密切相关，同时也关系着公司履行社会责任，服务社会的良好形象。目前，班组还存在工作量大、人员技术水平受限、抢修流程频繁、现场反馈能力较弱等一系列问题，急需通过管理创新以求解决和完善，而基于智能化信息技术的管控体系是目前较好的班组建设管理方式。

二、主要做法

（一）整合各种信息化电子设备

1.抢修服务规范平台

抢修服务规范平台（单兵移动视频平台2.0版）如图1所示，整合了原有单兵移动视频平台和GPS云平台。平台包含了系统及终端两部分，终端是一种带定位及视频回传等功能的记录仪。

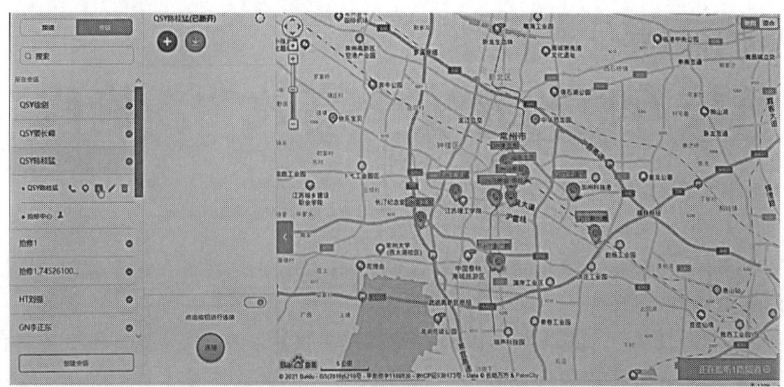

图 1　抢修服务规范平台

图 2　抢修服务规范平台回传画面

工作人员佩戴后，可以实时地向指挥中心传输现场画面（见图2），既提高了故障研判的准确性，又起到了工作现场录像存档的作用。且平台对人员进行精准定位，实时掌握抢修巡检工作的进度。通过平台可以对整个常州地区的抢修力量进行宏观调控，使各个抢修队伍之间有效联动互补，更高效合理地利用人力资源。

2. 移动外勤平台

移动外勤平台是一套针对外勤工作推出的系统（见图3）。该系统充分发挥手机终端的作用，可以随时接受指挥中心发出的工单，并且带有定位功能，能够全程追踪工作进度，同时还带有照片上传功能，能够对现场进行记录。

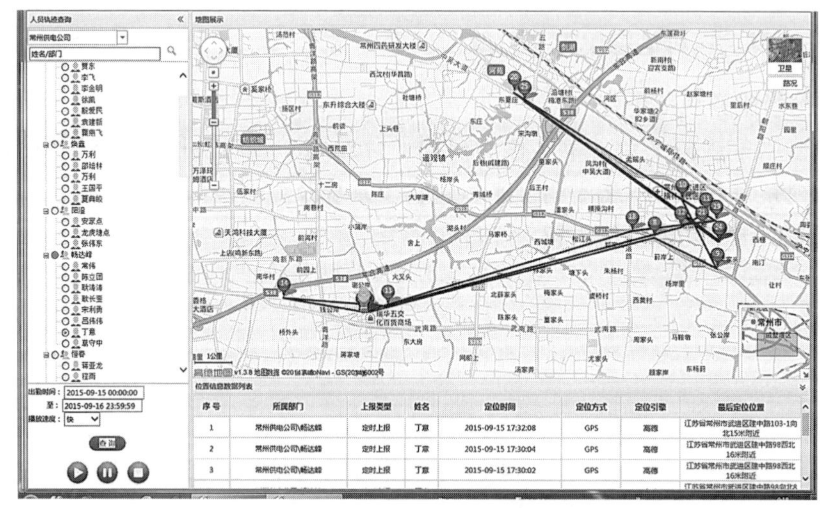

图 3　移动外勤平台页面

3. 4G全球眼

4G全球眼是一种车载摄像头（见图4），同时具备无线传输功能。车辆装备4G全球眼，指挥中心可以看到车辆的行车轨迹和实时画面（见图5），可有效记录配电线路巡检和抢修的全部过程，及时提供意见，必要时做出技术支持。

图4　车载4G全球眼

图5　4G全球眼回传画面

4. 倒闸操作可视化电子设备

倒闸操作可视化电子设备是一种头戴式摄像装置，该设备由抢修班自行研发使用，通过该设备可以全程记录倒闸操作的全过程，使操作变得可视化，便于监督和管理，有效杜绝了操作过程中的习惯性违章，也在必要时为责任划分和界定提供重要而详细的依据。

5. 抢修会商视频系统

抢修会商视频系统是一套应急电视电话会议系统（见图6）。对于台风、雷暴等密集型故障灾害，抢修班会启用抢修会商视频系统，搭建中心与各抢修点的“1对*N*”视频会议。指挥人员可以实时获取抢修点的工作进展情况，统筹全局抢修工作，实现了抢修中心与抢修点的无缝对接，有效提高了工作效率。

图6 抢修会商视频系统

（二）电子化管控在抢修中的运用

当发生配网故障时，抢修班通过移动外勤平台派单，各布点抢修人员通过移动终端直接接受任务前往现场，移动终端能将故障巡视人员的GPS位置实时传输到故障指挥中心。抵达现场后，4G全球眼将整个故障现场的宏观情况的视频传输到指挥中心，抢修人员将故障细节传回指挥中心进行研判，指挥中心通过这些画面能迅速有效的制定出合理的抢修方案，同时利用单兵系统，以最快的速度完成人员及材料的集结。

抢修工作结束后，工作人员将本次抢修的相关资料录入数据库，实现了整个抢修工作的闭环管理及后期查询。对于突发性、密集型故障，中心启用抢修会商视频系统，搭建抢修中心与七个抢修点的视频会议，实时获取各抢修点的抢修进展情况，统筹全局抢修工作。实现了抢修中心与抢修点的实时协调与统一。

三、实施效果

（一）数字管理，记录方便规范

以往抢修单需人工电话通知，抢修人员身处野外，环境复杂，接听不便，记录时也容易出错。事故较多时，容易发生任务遗漏。通过移动外勤系统，抢修人员可以在移动外勤终端上直接接受抢修指挥组的抢修工单。电子化存档管理，有利于克服纸质记录的情况不清、存在丢失风险等弊端，使得全过程准确无误，同时为今后数字化班组的创建打造基础。

据统计，以往一张抢修单，平均要打2个电话，耗时2分43秒。现在通过移动外勤系统电子化派单，一个电话都不需要打，平均耗时40秒（见图7）。

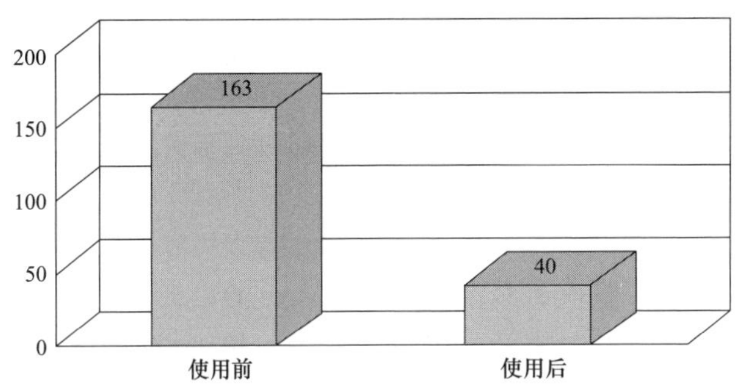

图7　接单时间对比

（二）实时通信，抢修进度清晰

以往工单派出后，抢修进度无从可知，停电用户催问也无法准确答复。使用了电子管控以后，通过GPS定位及电子围栏功能，可全程追踪抢修进度。移动外勤系统使得在外工作的抢修人员与指挥中心之间建立起紧密的信息沟通，从而显著提高外勤服务队伍的工作效率和工作质量。

对2019年下半年的线路故障作了统计调查详见表1。

表1　2019年下半年故障类型统计表

序号	故障类型	次数	次数（%）
1	外力破坏	61	24
2	施工质量	9	4
3	设备老化	13	5
4	设备质量	5	2
5	用户影响	83	33
6	自然因素	78	32
总计		249	100

由图8可见，设备老化导致的线路故障发生率由12%下降到了5%，设备巡视质量明显提升。

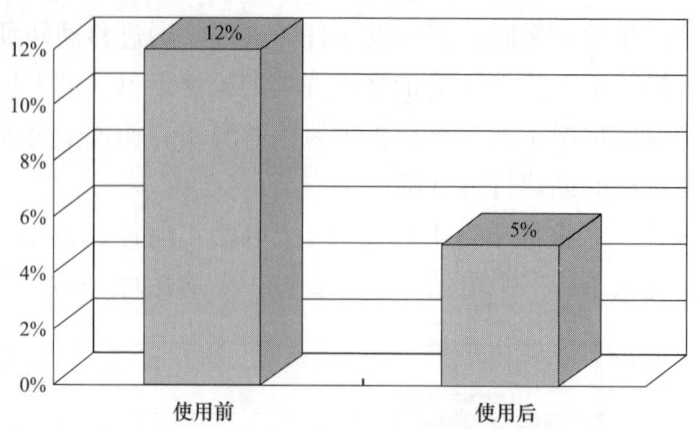

图8　设备老化导致故障的发生率对比

（三）远程可视，便于现场研判

以往对于现场故障情况，只能通过抢修人员的口头描述，这导致了故障研判的局限性。通过单兵移动视频平台和4G全球眼，抢修指挥中心可直接看到故障现场的画面，与抢修人员共同进行故障研判和指挥工作。同时，单兵系统增强了施工抢修现场与后方班组以及部室的联系，如此一来，后方的班组级专家统一成为前方施工现场的智囊库，保障了工作的有序，顺利，安全，高效开展。据统计，使用电子化管控以后，平均抢修时间由以往的126分钟缩短至82分钟（见图9）。

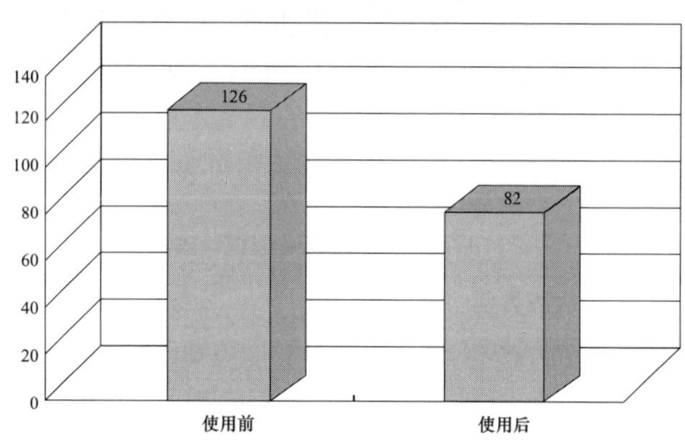

图9　平均抢修时间

（撰稿人：金立我）

“三维创新”铸造“硬核”标杆班组

国网句容市供电公司输电运检班

【摘要】输电运检班成立于2005年12月，负责所辖的33条110千伏输电线路，21条35千伏线路的运行维护及管理工作。2020年创新使用“机器人自动涂覆绝缘材料技术”，实现“双零”目标。在国网句容市供电公司领导的关心和指导下，经过支部党员团队的共同努力，“机器人自动涂覆绝缘材料技术在35千伏架空线路的试点应用”项目顺利实施，在35千伏华白线84-85号、86-87号、88-89号跨鱼塘段成功试点，先后在《人民日报》、国网公司一线风采、我苏网、省公司基层动态、《江苏电力报》等新闻媒体刊登报道。2020年度实现“双零”目标：零外破，零钓鱼触电伤害，做“维护安全稳定”的实践者，截至目前，涂覆段未发生钓鱼触电事故。

一、实施背景

伴随着经济的高速发展，我国超高压、大容量输电线路也在大量建设。高压电线路走廊将通过一个大的地区，其架空裸导线纵横交错，数量繁多，遍布于我国城乡、田野和山区，如水库、湖泊、山脉和其他复杂的地理环境。这给线路维护带来了很大的困难。这些电力线路经常受到树木过快生长、鸟粪、大风、恶劣气候以及其他物体的侵害，并且常有房屋安全距离不足、违章搭建、线下垂钓情况出现，致使线路经常跳闸断电和发生电力危害事故，给工农业生产和人民生活造成极大的损害；甚至在一些特殊的天气情况下，将会造成架空输电线路覆冰，使线路舞动、闪络、烧伤，甚至断线倒杆等现象，以至于造成电网结构破坏，电网安全运行受到威胁。因此，如何保障架空线路的供电可靠性，消除其绝缘安全隐患是关系到城乡电网供电安全性的重要问题。

二、主要做法

（一）思维创新

为了如何保障架空线路的供电可靠性，消除人身触电安全隐患，是否可以将裸导线改造成绝缘导线。

（二）技术创新

通过大量试验应用，输电运检班最终研发出机器人自动涂覆绝缘材料技术，此方法为江苏省首创技术。

该技术具有以下特点：

（1）自固化防火防腐绝缘胶，涂覆完毕后快速固化达到良好的绝缘效果，同时具备防老化防水防腐热磨、便于涂覆操作的特点。小组成员在实验室进行涂覆试验，截取涂覆完毕后导线送至电力工业电器设备质量检验测试中心进行检验测试。

（2）在操作过程中装置通过挂料筒的气泵按照设定的参数将绝缘材料以设定的速度均匀地通过半圆形喷头挤出包裹在裸导线上，涂层均匀，表面光滑没有毛刺，覆盖率100%。

（3）自动涂覆装置的导线位移系统是研制系统中的关键技术。从运动学角度来看，需要实现前行、爬坡、制动、跨越裸导线压接管，需要有高精度的运动控制机制。因此位移系统采用两个滑轮是受力主滑轮，两个备用滑轮设计保障其行走、制动、爬坡防滑能力，同时具备通过裸导线上的压接管的能力。

（4）控制系统采用PLC编程无线通信通知技术，分为地面控制部分和机器人控制两个部分。

（5）电源系统是装置的关键，以轻便小巧为思路采用了锂电池模块定期更换模式。电源系统的设计分为两个部分，一个部分为装置位移系统供电，以保证装置行走部分有足够的能源保障，保证其行走能力；另外一个部分为通信系统以及绝缘材料桶的供电。

（三）管理创新

深化管理应用，自主研究编制可行性研究报名以及心门课件。使用机器人在钢芯铝绞线上自动涂覆绝缘材料。升空后，机器人在导线前端，行走至电杆另一端后，反向涂覆至升空处，以3米/分钟速度匀速行进，并于导线线径周围均匀涂覆3毫米厚度的绝缘材料，实现一次成型，使钢芯铝绞线达到绝缘导线的绝缘程度（见图1）。

图1　现场涂覆

三、实施效果

（1）2020年4月22日，机器人自动涂覆绝缘材料技术获得时任国网江苏电力副总经理陈庆的批示，并委托苏州电科院完成9项试验，9项试验均满足技术文件要求（见图2）。2020年5月29日，在35千伏华白线84–85号段，开展第二次试点作业过程中，省公司总法律顾问刘克智、经法部副主任游余根等现场观摩作业过程。2020年6月28日，国家知识产权局受理了该项创新发明专利申请。

报告编号：20X2029-S　　第1页　共16页

苏州电器科学研究院股份有限公司	检 验 报 告	自固化高分子防火防腐绝缘胶

目 录

序号	内 容	页 次
1	封面	
2	目录	1
3	概述	2
4	样品照片	3
5	热老化试验	4
6	阻燃试验	5
7	异物搭接试验	6
8	泄漏电流试验	7
9	耐压试验	8
10	拉断力试验	9
11	体积电阻率	10
12	大电流循环试验（温升试验）	11
13	水煮试验	12
14	热老化试验	13
15	附录	14
16	试验示波图	15~16
	以下空白	

SJJJ-GT001

图2　9项试验的检验报告

（2）"机器人自动涂覆绝缘材料技术在35千伏架空线路的试点应用"新闻报道先后在《镇江日报》、我苏网、省公司基层动态、国网公司一线风采、江苏电力手机报、《江苏电力报》《人民日报》刊登报道（见图3）。

× 发挥党员智慧 助力春季垂钓安全

人民日报 有品质的新闻 打开

发挥党员智慧 助力春季垂钓安全

看见
04-08 '独特视角，带你"看见"!'
+关注

2020年4月2日，句容供电公司"雷霆小组"党员专家团队，在句容行香地区35kV华白354线86#-87#，88#-89#跨鱼塘段裸导线上，顺利完成江苏省内首次35kV架空线路机器人自动涂覆绝缘材料试验，期间喷涂过程流畅，省时省力，达到了预期效果。

新技术的投入使用，降低了钓鱼触电风险，社会效益明显。同时也解决了以往线路改造人工作业劳动强度大、停电时间长、改造难度大的问题。

话题 你的城市开始堵车了吗？ 发表看法

图3 《人民日报》刊登报道图

（3）机器人自动涂覆绝缘材料技术在35千伏架空线路的试点应用项目，采用分段涂覆工艺，截止至目前，涂覆段未发生钓鱼触电事故，大幅度降低钓鱼触电导致的人身事件，同时防范外破事故发生，提升电网安全经济性，提升设备运行可靠性，真正铸造成“硬核”标杆班组。

（4）根据现场实际需求，继续深化改造。研发出新型清扫机器人，在涂覆之前先对高压输电线路进行清洁工作，可以除去线路上的灰尘、杂物等，同时实现越障功能。再次对绝缘涂料配方进行升级，提高绝缘水平。

（撰稿人：邢　强　左英楠　汪　鹏）

“群策+实效”助力创新成果落地

国网扬州供电公司输电运检二班

【摘要】输电运检二班主要负责扬州市区110千伏输电线路以及部分220千伏线路的运维工作，保证线路安全稳定运行。由于输电线路多分布于郊区、农村地区，鸟类、蛇类活动频繁，鸟类在杆塔上筑巢，周围的蛇类就会爬上杆塔吞食雏鸟、鸟蛋，蛇身可能与架空线路小于安全距离，导致线路跳闸。班组因此制作出一种防蛇装置，避免因蛇害导致线路跳闸。对于此装置的目标是具有可推广性，可以大面积推广使用；此项装置还必须具备简易的特点，避免一味追求高精尖而导致装置维护繁琐，并且对日后线路运维工作造成麻烦。

一、实施背景

2017年，输电运检室共发生4起因蛇害导致输电线路跳闸的事故：5月29日110千伏凤金7L3线11号跳闸、6月27日德110千伏广横779线55号跳闸、7月11日的110千伏蒋南793线横沟支线16号跳闸、8月23日110千伏李沙7A2线高桥支线11号跳闸。其中三次重合闸成功，一次重合闸失败。

从事故现场情况来看，所有杆塔上都有鸟窝，导致跳闸的都是农村常见的蛇类，蛇尸体腹中均有尚未消化的雏鸟，说明蛇类爬上杆塔为吃鸟。

由于蛇类出没的时间特点，导致人防难度较大，只能在平时巡线的过程中加以注意，并且通过QC活动制定物防、技防的措施。

防蛇装置的主要目的是阻止蛇类爬上杆塔，或者阻止蛇类进入横担附近，功能类似于防鸟刺，防范蛇类靠近，防止跳闸。

二、主要做法

输电线路运检二班对策实施阶段主要有以下步骤：防蛇装置设计，防蛇装置制作，防蛇装置试验等。

1.防蛇装置设计

防蛇装置的主要目的是阻止蛇类爬上杆塔，或者阻止蛇类进入横担附近，功能类似于放鸟刺，防范蛇类沿着杆塔进入横担附近，引起线路跳闸。防蛇装置设计主要针对蛇类爬行特点，结合不同塔型结构，设计一种易于安装在杆塔上的障碍物，要求尺寸合适，不影响检修作业时作业人员正常上下杆塔，同时能有效阻止蛇类沿脚钉或爬梯上爬。经讨论，装置设计的第一阶段主要针对钢管杆塔的爬梯部分进行设计。扬州地区没有大型蛇类，发现的蛇类长度一般不超过1米，其攀岩时蛇身形成的圆形半径较小，根据这一特点，将障碍物设定为直径约为35厘米的圆盘。钢管杆塔的爬梯与钢管杆塔塔身平行焊接，蛇类只能沿爬梯上爬至其目标处，因此将障碍物安装于爬梯上，距离地面约为2米，且不妨碍作业人员正常攀登。因杆塔均位于室外，扬州地区雨水充沛，空气湿润，为满足装置长期工作的防腐需求，装置主体部分材质选用不锈钢材质。

2. 防蛇装置制作

防蛇装置制作阶段主要由外单位厂家制作，由我方提供设计图纸，第一阶段制作防蛇装置共计三套。防蛇装置样品见图1。

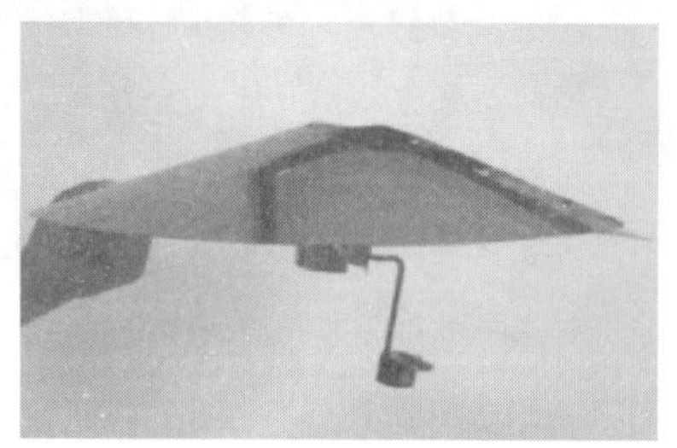

图1　防蛇装置样品

3. 防蛇装置试验

为充分验证防蛇装置的有效性，将防蛇装置试验阶段的时间设于7月至8月，该阶段蛇类活动频繁且精力最为充沛，可满足试验需求。试验由蛇类专家配合实施，现场采取必要的安全措施，且试验用蛇均采购自相关养殖企业。试验用蛇选用无毒赤练蛇两条，体长分别为1米和0.8米，具有一定的代表性。试验前将试验用蛇放置在钢管杆塔下方围栏内静置半小时以上，待其完全放松，将防蛇装置安装完毕，并在防蛇装置上方放置诱饵，吸引蛇类沿爬梯上爬。经观察，蛇类沿爬梯爬至障碍物时，多次尝试沿不同方向翻越防蛇装置，均未能成功翻越。同时现场分时段进行测试，均证明防蛇装置作用可靠。后期，输电运检室再次组织在不同天气情况下的实验，实验表明防蛇装置在晴天和雨天均可起到防蛇作用，在此基础上，输电运检室将蛇类出没概率较大的地区的钢管钢塔全部安装了防蛇装置。截至目前，输电运检室辖区内线路未发生一起因蛇害引起的线路跳闸故障。防蛇装置安装现场如图2所示。

图2　防蛇装置安装现场

三、实施效果

输电线路运检二班分别查阅了扬州地区因蛇害导致输电线路跳闸的事故调查报告，统计了近几年因蛇害导致输电线路跳闸次数；调查了扬州地区常见蛇类分布种类及生活习性，针对不同蛇类分别进行统计。在部分杆塔试验后，经统计，截至目前，输电运检室辖区内线路未发生一起因蛇害引起的线路跳闸故障。

下一阶段的防蛇装置改进主要包括适配塔型的扩展，当前阶段防蛇装置的安装适配塔型为钢管杆塔，对角钢杆塔还不适用，需要进行扩展；同时对于钢管钢塔的安装，因爬梯所用钢材直径有所差异，为保证安装的牢靠性，接触界面考虑采用橡胶垫进行衬垫，经初步试验，效果良好。在班组管理方面，将进一步发挥本班组成员特长，加强理论与实践结合的能力，同时保持与各科研单位的合作交流，持续改进，不断加强。

（撰稿人：江宇轩）

创新突破　实践导向　推进无人机巡检

国网泰州供电公司智能运检中心

【摘要】智能运检中心采取“1+3+N”的人员配置模式，设置中心团队负责人1名，负责中心整体管理与内外部资源整合协调工作；专业技术岗位3人，牵头具体业务技术研发；组建N个柔性团队，集聚全公司骨干，柔性开展相关智能运检新型业务、新技术研发试点等工作。智能运检中心成立以来，积极探索无人机巡检体系高效应用策略，不断推进巡检管理规范化、提升巡检智慧化水平，推进运检资源交互、巡检融合协同工作，以实现数据融合贯通，业务灵活应用，从而转变巡检模式，提升巡检质效，赋能智慧运检。

一、实施背景

当前，电网运检仍然面临着多重因素的影响，设备质量问题仍是当前困扰之一；输电通道环境极其复杂，外力因数时刻威胁设备安全；电网设备增长迅速与人员基本稳定的矛盾加大了巡检任务难度；传统的运检模式难以适应时代发展及电网需求，因此迫切需要信息化技术与电网运检业务的创新融合来提升运检效益，保障电网设备安全运行。

二、主要做法

智能运检中心采取“1+3+N”的人员配置模式（见图1），设置中心团队负责人1名，负责中心整体管理与内外部资源整合协调工作；专业技术岗位3人，牵头具体业务技术研发；组建N个柔性团队，集聚全公司骨干，柔性开展相关智能运检新型业务、新技术研发试点等工作。成立以来积极探索无人机巡检体系高效应用策略，不断推进巡检管理规范化、提升巡检智慧化水

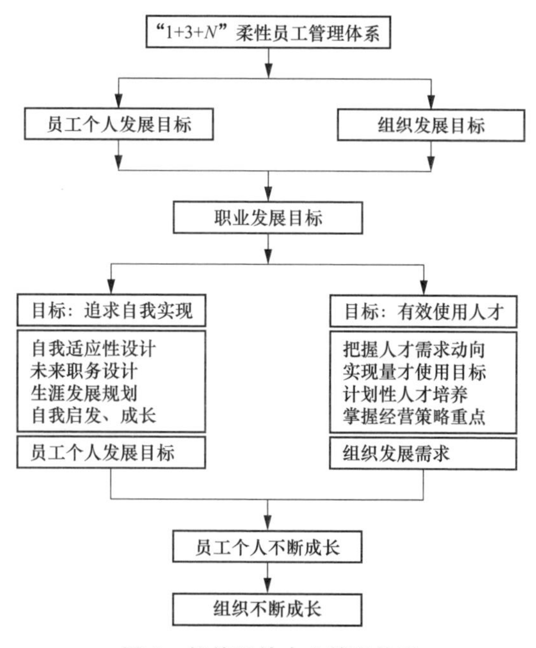

图1　智能运检中心管理体系

平，推进运检资源交互、巡检融合协同工作，以实现数据融合贯通，业务灵活应用，从而转变巡检模式，提升巡检质效，赋能智慧运检。

（一）推进巡检管理规范化，数据处理标准化

针对无人机巡检标准化管理不足的现状，智能运检中心率先组建“风行者”无人机专业巡检团队，在2019年试点无人机巡检规范化管理，从无人机空域申请、巡检计划制定、巡检工作执行、现场消缺及资料归档全过程规范化管理（见图2）。

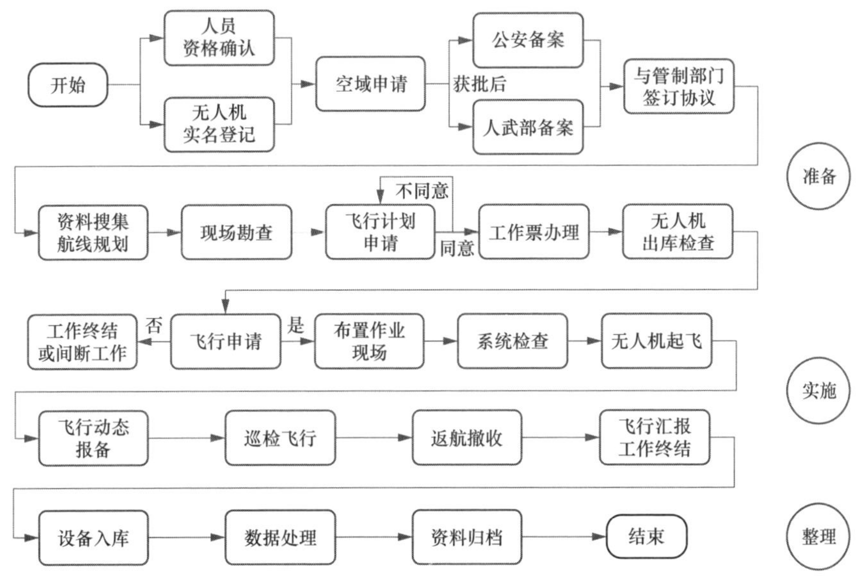

图2 无人机巡检作业流程图

针对缺陷智能识别在巡检应用中的技术难点，智能运检中心牵头先后编制了国网江苏电力《无人机巡检图像人工智能识别数据采集技术导则》《无人机巡检缺陷图片标注规范》《无人机巡检数据处理技术规范》等相关技术规范，对飞行影像数据采集、存储、标注、处理和应用进行统一规范处理，提升无人机图像缺陷自主化识别效率。

（二）优化深度学习算法，实现缺陷智能识别，推动巡检模式改变

在全国率先建立“电力天眼”大数据分析平台，将原有“孤岛”的无人机、巡检机器人、在线监测设备，以及人工拍摄采集的数据统一导入一套完整的多源数据融合图像智能分析平台，能够完成多种数据、多种巡检设备的融合，通过不断对拍摄的图谱进行人工标注，以影像自动识别技术替代庞杂的感知设备，实时智能分析电网设备巡检视图信息，实现状态监测和缺陷研判（见图3）。

图3　人工智能算法识别平台

当前已累计使用输电算法模型10类，分别为：开口销缺失、开口销退出/未开口、鸟巢、绝缘子自爆、均压环倾斜、线夹倾斜、防鸟刺未打开、螺栓螺母锈蚀、防振锤锈蚀、金具锈蚀；配电算法模型3类，分别为：鸟巢、熔丝具缺防护罩、变压器高低压桩头缺防护罩；变电算法模型4类，分别为：法兰盘锈蚀、法兰螺栓锈蚀、避雷针锈蚀、变电站周边隐患。

通过不断梳理典型缺陷并构建缺陷样本库，持续孵化典型缺陷智能识别算法模型，构建贯穿“数据采集–数据处理–数据管理–检修管理”的全业务链条闭环管理体系。

运用大数据挖掘引擎对各类数据（包括气象、环境等信息）进行分析和挖掘，用来汇总过往线路安全信息，并有效预测未来隐患可能出现的位置，同时在巡检计划前和巡检过程中及时提醒巡检人员进行重点巡视，实现巡检模式转变。

三、实施效果

（一）管理成效

1.巡检模式发生根本转变

公司按照国家电网公司智能运检体系建设总体要求，结合泰州公司实际，建成了以无人机自主巡检为核心的全视角、全自主、立体协同智慧巡检体系，以及缺陷智能分析。

2.线路质量管控进一步增强

完成了全市2000余公里输电线路，城区1600余公里配电线路三维激光雷达扫描，实现输电杆塔精确高效的尺寸校核、输配电通道树障、三跨等重要区段隐患预警。并成功开展23起无人机搭载自动喷火装置的紧急消缺，安全高效。

（二）经济成效

1. 人工成本显著降低

到2020年底，中心已建成无人机智慧巡检体系，实现110千伏及以上无人机智慧巡检全覆盖，释放运检队伍用工人数40%。

2. 巡检质量显著提高

同比缺陷发现率提升5倍以上，已对超过10万张的无人机采集图像进行标准化标注及算法验证优化。

3. 巡检效率大幅提升

无人机自主巡检覆盖率和人工登塔巡检替代达到50%，输配电巡检效率提升3倍以上。

（三）社会成效

1. 社会影响日渐广泛

首次在拉萨藏中联网线路开展无人机自主巡检，与国网拉萨供电公司和国网西藏检修公司初步达成输电专业结对共建意向，中心累计接待了80多家全国各地的电力公司，科研院所和生产单位3000余人次。

2. 创新成果丰硕

成立了国网系统内首个省级无人机智能运检技术实验室，获江苏省工人先锋号，省级管理创新奖3项。参与编写国标、行标、团标5项，获得授权专利12项、实用新型专利42项、软著5项，承接国家电网公司及省公司科技项目6项，储备2项。

（撰稿人：蒋中军　王锦程）

智慧在云端　增效在班组

国网南通供电公司

【摘要】国网南通供电公司深入贯彻落实国家电网公司、国网江苏电力关于班组减负工作的相关要求，积极探索加强信息系统和应用先进技术装备减负途径，整合资源建设班组“云平台”系统。通过内网互联，实现班组与班组，职能部门与班组之间的信息共享、智能管理、绩效联动。

一、实施背景

“企业千根线，班组一针穿。”班组作为公司战略的末端执行层和各类工作的直接推动者，是公司取得创新发展和提质增效的关键。一直以来，由于处于末端基层，班组面临着作业压力大、管理条线多、资源获取难等诸多方面的发展瓶颈，主要表现为：一是班组日常工作的分析布置、作业评价等传统做法效果不明显，不能起到帮助现场作业、激发人员积极性的作用；二是专业管理相对垂直独立，各类专业资料错综复杂，班组学习及执行不够便捷；三是班组培训及创新缺少资料，特别是前沿文献，各类创新创效基本靠“单打独斗”，无法及时开展交流。

针对以上问题，2021年以来，国网南通供电公司深入贯彻落实国家电网公司、国网江苏电力关于班组减负工作的相关要求，积极探索加强信息系统和应用先进技术装备减负途径，整合资源建设班组“云平台”系统。该系统旨在通过内网互联，实现班组与班组、职能部门与班组之间的信息共享、智能管理、绩效联动，进一步辅助班组作业生产、日常管理、创新创效，促进班组聚焦主责、释放活力、提质增效。

二、主要做法

（一）强基固本

为班组减负，首先要考虑的就是班组日常基础工作，通过云平台让班组员工聚焦主业主责提质增效。

一是聚焦于基础任务布置。“云平台”每天自动获取各班组PMS系统中存在的工单信息，并以电子工作日历的形式下发给每个工作组成员。班组在可通过电子白板功能自动调取后台与任务相关工作图纸，通过绘图标注功能在电子图上明确工作重点和危险点源，布置安全技术措施。标注后的图纸可导入手机带到现场辅助生产，进一步提升作业的针对性，杜绝隐患发生。班组日均工作任务布置时间由原先的30分钟缩减至15分钟。

二是聚焦于日常现场把控。班组安全员和技术员通过云平台联通远程视频监控（见图1）、SCD远程比对（见图2）、保信子站波形分析等系统，在做好远程工作监护的同时，针对现场出现的临时状况与前方作业人员时刻交流意见，保障作业进度，实现对现场作业情况的实时把控。

图1　远程视频监控系统

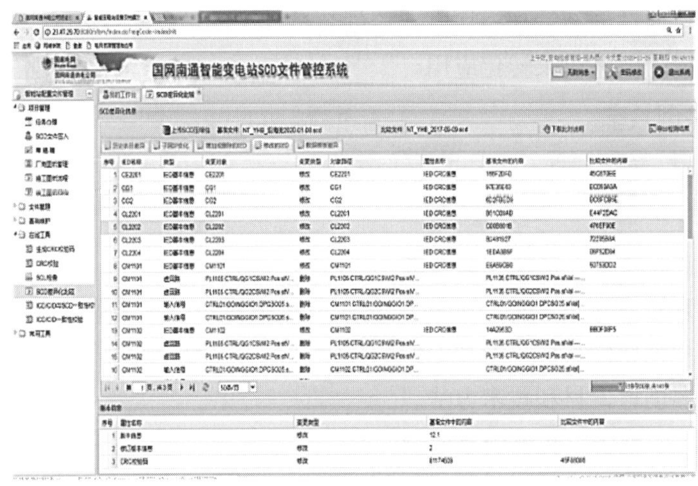

图2　SCD远程比对系统

三是聚焦于多类平台贯通。除PMS功能以外，通过云平台相继实现与D5000、智能站SCD文件管控系统、输电智能可视化应用系统、电网调度技术支持系统等多项班组日常工作平台的数据贯通，进一步提高数据统计和运用的自动化程度，有力提升了国网南通供电公司生产作业整体质效。

（二）去芜存菁

在班组云平台的功能建设上，我们着眼于班组实际需求，在做到加强职能部门专业管理的同时，精简规范不必要的记录文本，去芜存菁，实现台账的精简规范。

1.搭建“一站式”专业指导平台

通过云平台将各职能部门管理要求定向点对点下发至指定班组，班组人员登录账户都可获取工作提醒。班组也可通过云平台问题咨询功能将各类专业申请需求提交至相关职能部门进行在线答复，便于班组与职能部门实现“一站式”沟通。

2.搭建“量贩式”培训资源平台

各职能部门针对班组培训需求将党建学习、安全简报、单元制培训等各类学习材料直接上传至云平台培训管理模块，班组在线获取资料点击学习，并通过文档、录音、录像等形式上传学习过程和心得体会，减少以往班组专业培训材料收集、打印及纸质记录负担；同时通过对职工在线学习时长进行统计，提醒班组员工按时开展培训。

3.搭建“标准式”自主管理平台

各班组根据自身实际需要，实现台账自主“标准化”管理：通过电子班组园地模块，实行在线班务公开，展示班组特色亮点；通过绩效管理模块，可针对不同工作任务实时执行作业反馈与评价流程，形成量化积分关联绩效考核和员工能力素质积分；通过创新管理模块，上传创新过程中的数据记录和成果参数，实时更新成果进度，促进成果转化应用。

（三）共创共享

班组云平台致力于打通班组之间的创新壁垒，进一步释放活力，营造共创共享氛围。

1.打通资源壁垒，实现共通共享

除海量培训资源外，建立数据库囊括历年来科技创新、管理创新、QC创新及群众性技术创新优秀成果及各专业的技术规范，定期更新前沿科技论文，帮助班组获得更多创意素材和技术方法。

2.打通人才壁垒，实现创意共融

在“云平台”学术探讨模块设置创新贴吧，各班组可将创新创意、技术难题等以帖子或留言的形式提交至公司各专业创新联盟，公开招募创新达人和攻坚团队，集中资源突破难点、升华成果。

3. 打通成果壁垒，推进展示应用

各班组可通过云平台自主上传班组微讲堂视频、优秀专业工作法、班组建设典型经验（见图3）等各类优秀做法，各创新团队通过“云平台”上传创新过程中的数据记录和成果参数，与其他班组进行交流共享，实现公司内部班组与班组之间互通互学，更好地提升公司整体管理质效。

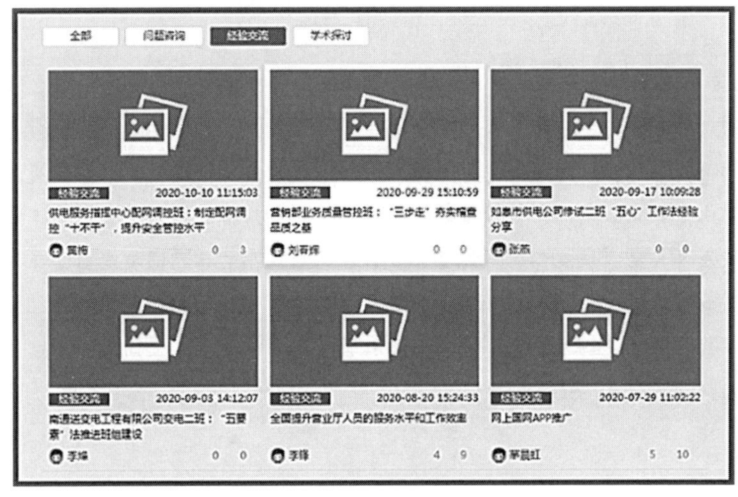

图3　典型经验交流

三、实施效果

自“云平台”上线以来，已在公司系统123个班组试点部署应用，累计指导各类作业任务开展200余项，上传各类学习资料300余份，开展各类在线集中学习逾5000人次。在作业辅助上，相继完成了与输、变、配专业的多个系统平台的数据贯通，实现电能从线路到用户的全程掌控和分析比对，有力提升了国网南通供电公司生产班组的整体作业水平；在创新创效上，实现公司今年80余个创新项目全过程跟踪及近年来100余个优秀成果的展示交流；在班组管理上，精简规范党建学习、安全记录、人资绩效和培训等各专业纸质台账10项，通过“一源录入、多端共享”减少各专业班组现场调研评比20余次。“云平台”已成为公司职能部门与班组之间、班组与班组之间的一站式沟通平台，帮助班组松绑解绊，助力公司创新发展。

（**撰稿人：**苏　燕　谢　振）

调控班守正创新勤思考 配变挡位调整难不倒

国网淮安市洪泽区供电公司调控运行班

【摘要】电压质量是广大用电客户最关心的供电指标之一，也是国家电网公司优质服务的一项重要内容。近年来，洪泽区域负荷呈现出夏冬季节大于春秋季节的特性，当负荷季节性变化时，容易发生配变关口电压越限的情况，此时配网需要及时调整配变挡位。由于配变数量庞大，频繁的配变挡位调整不仅增加了供电公司的工作量，而且易造成重复停电。调度部门通过理论分析低压母线侧电压范围与线路配变挡位的配合程度，最后给出AVC系统中低压母线侧高峰时期、平段时期合理的电压范围以及线路配变最优挡位，使得配变关口电压始终符合上级考核要求，大幅降低了配变挡位的调整比例，节省人力，提升效率。

一、实施背景

近年来，洪泽区域负荷呈现出夏冬季节大于春秋季节的特性，当负荷季节性变化时，容易发生配变关口电压越限的情况，此时配网需要及时调整配变挡位。由于配变数量庞大，频繁的配变挡位调整不仅增加了供电公司的工作量，而且易造成重复停电。

二、主要做法

（一）优化母线电压控制区间

调控运行班通过分析2010 ~ 2019年洪泽地区的负荷曲线，确定每年负荷曲线的高峰时期为:1、7、8、12月份，平段时期为:2、3、4、5、6、9、10、11月份。

（二）修正低压母线电压上下限值

AVC系统中低压侧母线电压的设置是一个定值区间，并没有考虑季节性负荷的变化而进行重新调整。通过调查发现，AVC系统的低压侧母线电压按照8个时间段进行设置，这样的设置虽然满足了低压侧母线电压的要求，但没有兼顾到配网中配变关口电压的质量。当季节性负荷变化时，配网部门只能通过大面积的调整配变挡位来提高配变关口电压合格率。该行为不仅消耗了大量劳动力，而且造成短时停电，容易引发投诉。

班组综合考虑AVC的动作特性，将低压侧母线电压的控制上下限值进行调整：提高高峰时期母线的电压范围下限值，高峰时期控制电压范围为10.25 ~ 10.68千伏、20.40 ~ 21.30千伏；降低平段时期母线范围的上限值，平段时期控制电压范围为10.05 ~ 10.48千伏、20.05 ~ 20.95千伏。结合典型日负荷曲线可对限值进行微调，如表1所示。

表1　考虑季节性变化的电压的控制上下限值调整表

母线电压等级	未根据季节负荷变化重新设置		根据季节负荷变化重新设置	
	时间段	动态电压上下限	高峰时期动态电压上下限	平段时期动态电压上下限
10千伏	00:00 ~ 06:00	10.10 ~ 10.68	10.25 ~ 10.68	10.10 ~ 10.48
	06:00 ~ 08:30	10.05 ~ 10.58	10.25 ~ 10.66	10.05 ~ 10.40
	08:30 ~ 10:30	10.10 ~ 10.68	10.25 ~ 10.68	10.10 ~ 10.48
	10:30 ~ 12:00	10.10 ~ 10.66	10.25 ~ 10.66	10.10 ~ 10.46
	12:00 ~ 16:30	10.05 ~ 10.68	10.25 ~ 10.68	10.05 ~ 10.48
	16:30 ~ 17:30	10.10 ~ 10.66	10.25 ~ 10.66	10.10 ~ 10.46
	17:30 ~ 21:00	10.10 ~ 10.68	10.25 ~ 10.68	10.10 ~ 10.48
	21:00 ~ 24:00	10.05 ~ 10.68	10.25 ~ 10.68	10.05 ~ 10.48
20千伏	00:00 ~ 06:00	20.10 ~ 21.30	20.45 ~ 21.30	20.10 ~ 20.95
	06:00 ~ 08:30	20.05 ~ 21.30	20.40 ~ 21.30	20.05 ~ 20.95
	08:30 ~ 10:30	20.10 ~ 21.30	20.45 ~ 21.30	20.10 ~ 20.95
	10:30 ~ 12:00	20.10 ~ 21.30	20.45 ~ 21.30	20.10 ~ 20.95
	12:00 ~ 16:30	20.05 ~ 21.30	20.40 ~ 21.30	20.05 ~ 20.95
	16:30 ~ 17:30	20.10 ~ 21.30	20.45 ~ 21.30	20.10 ~ 20.95
	17:30 ~ 21:00	20.10 ~ 21.30	20.45 ~ 21.30	20.10 ~ 20.95
	21:00 ~ 24:00	20.05 ~ 21.30	20.45 ~ 21.30	20.05 ~ 20.95

（三）确定配变分接头最优挡位

目前，洪泽地区配电变压器一般采用五挡无励磁分接开关，范围为10±2.5×2%千伏。本次配变分接头集中管理，调度部门通过电力系统中的电压降理论并结合现场实际情况，分析低压侧母线与配变分接头配合情况，确定分接头放置的最优位置，现通过一示例说明。

选取一条典型线路进行了理论计算，即对110千伏洪泽变10千伏水产121线进行线路分段电压降计算，配变均按5挡宽幅调压变压器考虑，电网的网络拓扑如图1所示，为了便于计算和分析将配变进行了部分合并处理，以及对线路进行了分段编号。

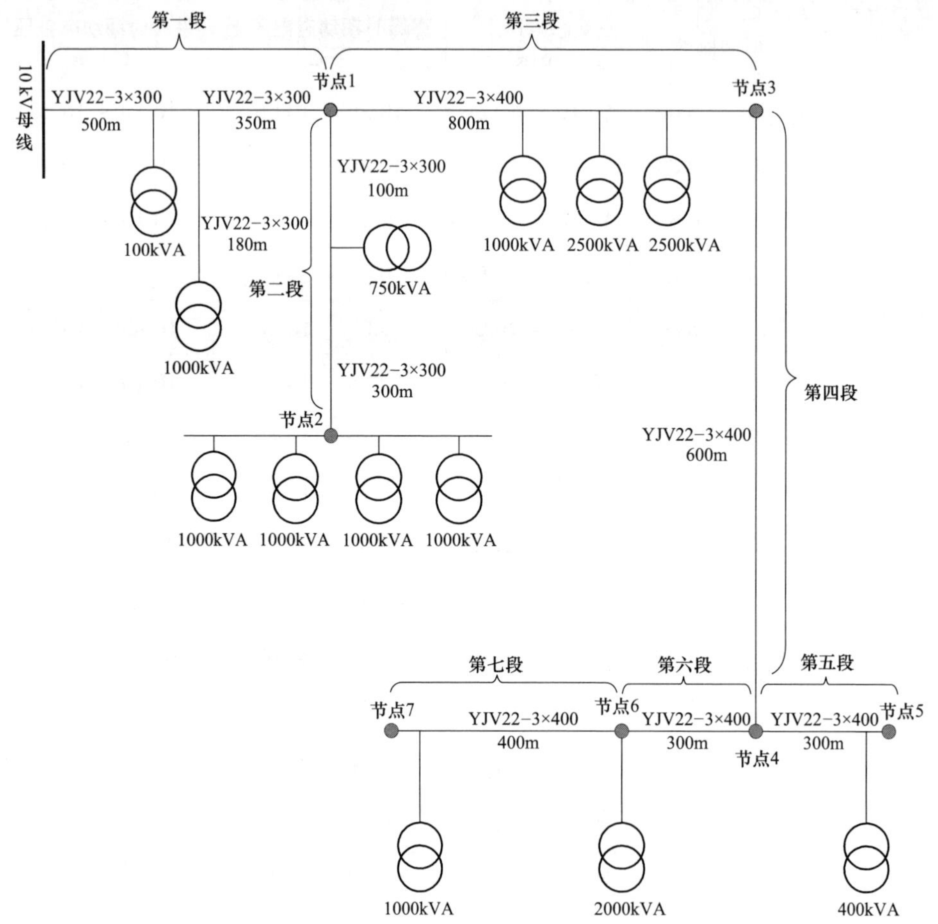

图1　洪泽变10千伏水产121线电网的网络拓扑

根据10千伏水产线2010～2019年负荷曲线得出季节性负荷变化主要在迎峰度夏、迎峰度冬时期，即7～8月和12～1月，平均负荷率50%。其他时段平均负荷率30%，功率因素为0.95。

高峰时期容易出现低电压，将母线电压按照10.25 ~ 10.68千伏考虑。由典型电压降公式 $\Delta U=\frac{PR+QX}{U}$（为了计算简化U取10.5千伏标称电压）计算得出各节点的电压分布情况如图2所示。

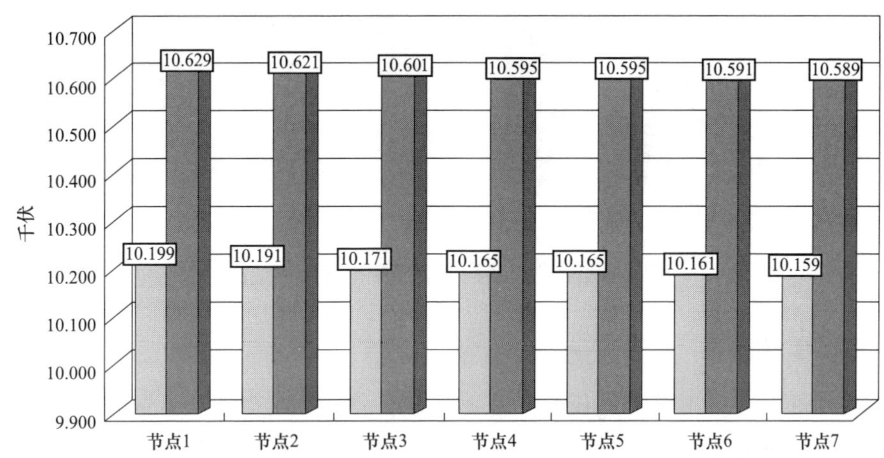

图2　高峰时期洪泽变10千伏水产121线各节点的电压分布情况

平段时期容易出现高电压，将母线电压按照10.1 ~ 10.48千伏考虑配变总负荷率按30%，功率因数按照0.95计算得出各段电压分布情况如图3所示。

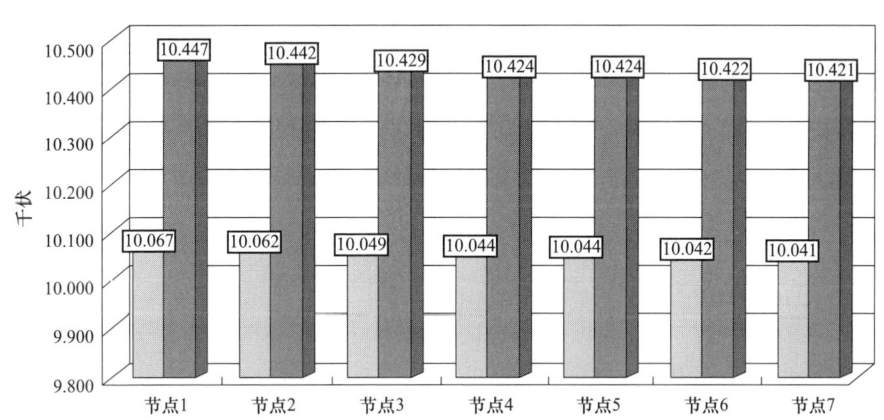

图3　平段时期洪泽变10千伏水产121线各节点的电压分布情况

配变关口考核电压范围为−7% ~ +7%。由此推算各挡位高压侧电压合格范围如图4所示。

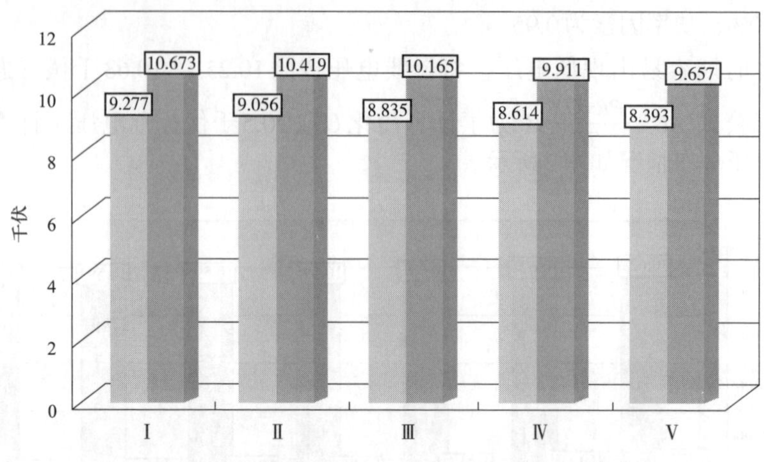

图4　配变关口各挡位高压侧电压合格范围

三、实施效果

综合考虑，得出水产线所有配变关口最优挡位均在Ⅰ挡，该方法实施后，查询了用采系统洪泽地区配变关口电压合格率情况，具体如图5所示。

地区名称	应采数	实采数	采集率	电压合格率（%）	合格率低用户数	供电可靠率（%）
洪泽县供电公司	2048	1894	92.48	98.78	2	99.37
岔河供电所	188	188	100	99.58	0	98.82
共和供电所	159	159	100	98.41	0	99.44
东双沟供电所	208	208	100	99.13	0	99.58
万集供电所	139	139	100	99.97	0	99.87
仁和供电所	132	132	100	98.81	0	99.43
三河供电所	154	154	100	99.37	0	99.66
朱坝供电所	162	162	100	99.5	0	99.61
黄集供电所	190	189	99.47	99.41	0	98.97
老子山供电所	121	121	100	95.23	1	99.13
高良涧供电所	219	212	96.8	99.31	0	99.42

图5　用采系统洪泽地区配变关口电压合格率情况

在季节性负荷变化时，配变关口电压始终符合上级考核要求，配变分接头调整比例大幅度降低，从原来的50%降低到10%，充分展现了公司对于提质增效、促进发展的理念。

（撰稿人：孙　凯）

“监控信息表自动审核系统”助力班组效能升级

国网宿迁供电公司地区调控班

【摘要】基于Pycharm平台的监控信息表自动审核系统仅需给出变电站的设备信息，即可自动成表，自动与运维部门提交的监控信息表审核比对，传统人工审核需耗费数十小时，而自动审核系统仅需几分钟。对一些新投运设备，地区调控班使用该系统进行信息表审核，大大提高了工作效率和质量。

一、实施背景

监控信息作为调控主站对无人值班变电站的监视对象，其重要性不言而喻。监控信息必须精准、不遗漏。省调328号文细分了各电压等级的变电站、站内的各种间隔及各间隔的具体设备，对接入调度自动化系统的变电站遥信、遥测、遥控的监控信息制定了规范。

随着经济发展，电网规模日益增大，每年有大量新建、改扩建项目，涉及的相关变电站监控信息众多。以新建变电站地区监控责任区的信息为例，仅一个110千伏变电站的遥信信息有一千余条，一个新建220千伏变电站的遥信信息达两千多条。监控信息表审核工作是以省调328号文为范本，按变电站性质（传统站/智能站）及所属间隔类型（主变、线路、母线等），逐条核对信号的设备、信号规范性、信号类别等。传统的监控信息审核由人工完成，面对大数量、多维度的监控信息，人工审核效率低下且错误率较高。因此，地区调控班研发了一套基于Pycharm平台的监控信息表自动审核系统，本系统能够对监控信号表进行快速自动校验审核，可在几分钟内完成几千条信号的审核，且审核结果正确率达100%。与传统数十小时的人工审核相比效果显著，大大减轻了生产值班人员的负担，提高了审核的正确率。

二、主要做法

省调328号文给出了监控遥信、遥测、遥控信息的具体规则，从间隔类型到设备类型，再到普适的信息描述。对328号文进一步总结归纳，各不同间隔设备既有共性、又有其特殊性：各间隔均包括测控装置；含有开关的间隔均具有断路器、刀闸位置、断路器操作机构及机构异常信号等；除主变各侧开关间隔外，各间隔均有保护装置；除母线、主变间隔外，智能站还具有合并单元、智能终端、合智一体、保测一体等设备。规范的监控信息表应按照328号文，结合现场设备具体信息，补充完善相关监控信息。绝大多数监控信息描述中待补充字段为该间隔双重名称；特殊的如保护装置、合并单元、智能终端，仅需装置数量及每套装置的名称（如A套/B套，第一/二套），即可对设备的信息描述进行完善。对上述共性整理归纳，特殊性加以区别，是本项目算法的基础。

Pycharm是一种Python的IDE编辑工具，作为当今主流之一的编程工具，因其开源性有包含EXCEL处理、文本辨识编辑等丰富的第三方库和工具。字符串检索、替换，以及正则表达式等函数，可以方便地实现文本比对、匹配的功能。此外还有方便的代码分析、调试工具等。

标准遥信表、遥测表、遥控表可分别生成，且算法思想类似，而遥信信息数量、信息复杂度远大于遥测、遥控信息量，故以下算法说明及成果展示均以遥信信息为主进行论述。程序的第一部分是生成一张正确的、规范的实例化监控信息表，简要说明程序算法步骤如下：

（1）基于Pycharm平台编写程序，将省调328号文变成可供机器调用的规范，此时仅需录入待生成的间隔及各间隔的具体设备信息，一行对应一个实例化间隔。

（2）对单个实例化间隔，算法在328号文中检索目录，匹配当前间隔类型(如母线、线路、主变等)，锁定当前间隔标准化遥信信息区域。

（3）逐条读入标准化遥信信息，根据是否智能站判别该信息是否保留。

（4）判断保留的标准化遥信信息中是否有待填充的设备信息字段，程序对实例化设备信息进行检索，匹配获取具体设备信息，对标准化遥信信息自动填充，即完成该条标准化信息填充并保存，同时记录下该信息分类。

（5）328号文中还有备注信息，包含信息释义说明，以及根据软硬接点、压板等具体现场情况，对遥信相关信息进行微调等。相对于整体监控信息表规模，备注信息数量极少，本算法保留相关备注信息，便于人工读取或进行相关微调。

以上逐设备、逐间隔遍历操作后，即可由程序自动生成一张正确的、规范的实例化监控信息表。

程序的第二部分是完成上述生成的信息表与运维部门提交的信息表的程序比对。依然使用Pycharm平台字符串比较等函数，具体的算法思想是对每个间隔，将待审核的信息与程序生成的信息逐条进行比对，设备类型、信息规范，信息分类等比对结果正确的，则填充色标为绿色，错误的填充色标为红色，未进行比对、匹配失败的则无填充色。至此采用Pycharm小程序完成全部监控信息点表的审核工作。全过程流程如图1所示。

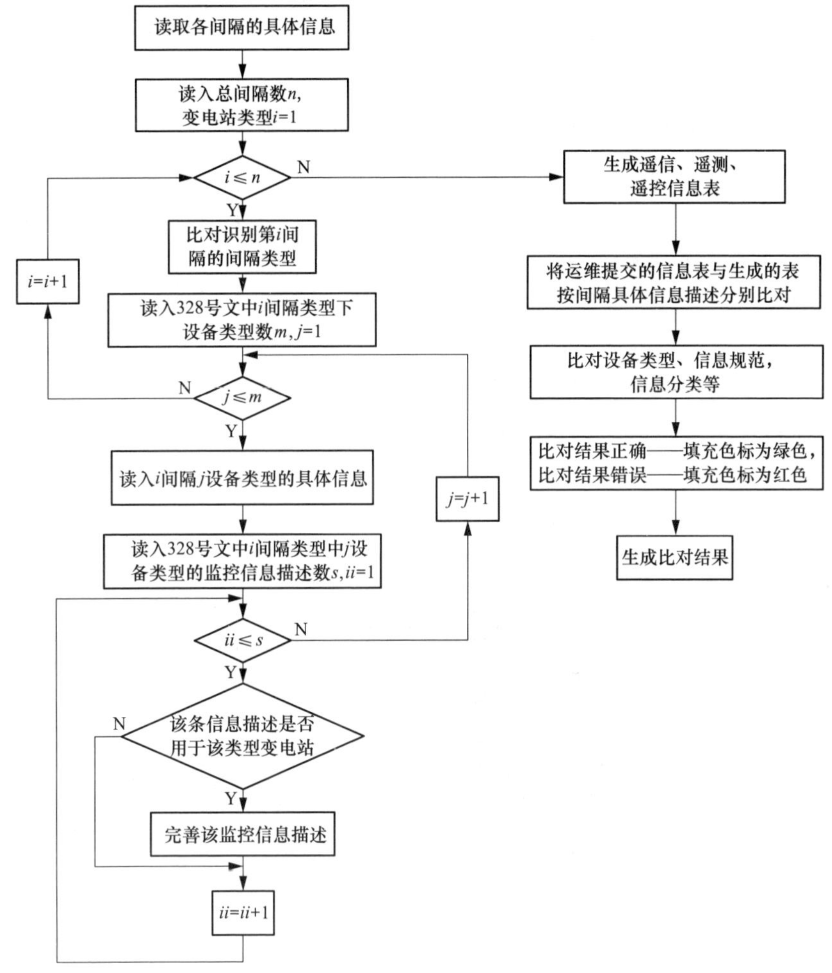

图1　算法思路流程图

三、实施效果

基于Pycharm平台搭建程序，能自动识别线路、主变、母线、母联等间隔类型，根据具体的场站类型（是否为智能站），该间隔实际的设备信息，如该间隔内开关刀闸等一次设备，保护装置、合并单元、智能终端等二次设备的配置情况，以省调328号文为范本，自适应生成规范的监控信息表。后与运维提交的信息表比对，自动生成比对结果，绿色填充的为判定为正确的信息，红色填充的为错误监控信息，待审核信息表中无填充着色的为冗余信息，自动生成的表中无填充着色的为遗漏信息。结合Excel筛选颜色功能，能方便地定位到异常部位。

上述算法均由本项目成员自主编写，自主研发，自主调试。可在几分钟内生成含上千条监控信息的规范监控信息表，几十秒内可生成审核结果并直观展示，与传统数十小时的人工审核相比效果显著，大大减轻了人工审核的负担，提高了审核的正确率。

以220千伏线路间隔为例，输入设备信息如图2所示。

类别	电压等级	间隔名	线路保护			智能终端			合并单元			断路器保护			接地刀闸				断路器机构		智能站		合智一体			保测一体
220kV线路	220kV	西红4W41	2	931号	603号	0			0			1	631号	null	3	西红4W414	西红4W417	西红4W418	弹簧		0		0			0

图2　某220千伏线路间隔设备信息

算法自动生成的规范表与运维提供信息表的比对结果如图3和图4所示。

自动生成的规范表

29			西红4W41开关切换继电器同时动作	异常	
30		第一套线路保护	西红4W41线#931保护出口	事故	“××保护”中“××”为保护型号中的数字缩写。的传统站硬接点上送，智能站如保护厂家不提供该总保护软遥信，需将各保护软遥信在总控合并
31			西红4W41线#931主保护出口	事故	各全线速动保护软遥信在总控合并
32			西红4W41线#931后备保护出口	事故	除全线速动保护外的其它各保护软遥信在总控合并
33			西红4W41线#931保护重合闸出口	事故	
34			西红4W41线#931保护远跳出口	事故	远跳收信后出口跳闸，仅适用于光纤电流差动
35			西红4W41线#931保护装置告警	异常	
36			西红4W41线#931保护装置故障	异常	
37			西红4W41线#931保护TA断线	异常	
38			西红4W41线#931保护TV断线	异常	
39			西红4W41线#931保护通道A异常	异常	
40			西红4W41线#931保护通道B异常	异常	
41			西红4W41线#931保护收发信机异常	异常	仅适用于闭锁式高频保护
42			西红4W41线#931保护装置A网通信中断	异常	保护装置信号均采用硬接点上送，则不采
43			西红4W41线#931保护装置B网通信中断	异常	保护装置信号均采用硬接点上送，则不采
44		第二套线路保护	西红4W41线#603保护出口	事故	“××保护”中“××”为保护型号中的数字缩写。的传统站硬接点上送，智能站如保护厂家不提供该总保护软遥信，需将各保护软遥信在总控合并
45			西红4W41线#603主保护出口	事故	各全线速动保护软遥信在总控合并

待审核表

29			西红4W41开关切换继电器同时动作	异常	
30		第一套线路保护	西红4W41线#931保护出口	事故	“××保护”中“××”为保护型号中的数字缩写。的传统站硬接点上送，智能站如保护厂家不提供该总保护软遥信，需将各保护软遥信在总控合并
31			西红4W41线#931主保护出口	事故	各全线速动保护软遥信在总控合并
32			西红4W41线#931后备保护出口	事故	除全线速动保护外的其它各保护软遥信在总控合并
33			西红4W41线#931保护重合闸出口	事故	
34			西红4W41线#931保护远跳出口	事故	远跳收信后出口跳闸，仅适用于光纤电流差动
35			西红4W41线#931保护装置告警	异常	
36			西红4W41线#931保护装置故障	事故	← 信息类型错误
37			西红4W41线#931保护TA断线	异常	
38			西红4W41线#931保护PT断线	异常	← 信息描述不规范
39			西红4W41线#931保护通道A异常	异常	
40			西红4W41线#931保护通道B异常	异常	
41			西红4W41线#931保护收发信机异常	异常	仅适用于闭锁式高频保护
42			西红4W41线#931保护装置A网通信中断	异常	保护装置信号均采用硬接点上送，则不采
43			西红4W41线#931保护装置B网通信中断	异常	保护装置信号均采用硬接点上送，则不采
44		第二套线路保护	西红4W41线#603保护出口	事故	“××保护”中“××”为保护型号中的数字缩写。的传统站硬接点上送，智能站如保护厂家不提供该总保护软遥信，需将各保护软遥信在总控合并
45			西红4W41线#603主保护出口	事故	各全线速动保护软遥信在总控合并

图3　比对结果（一）

自动生成的规范表

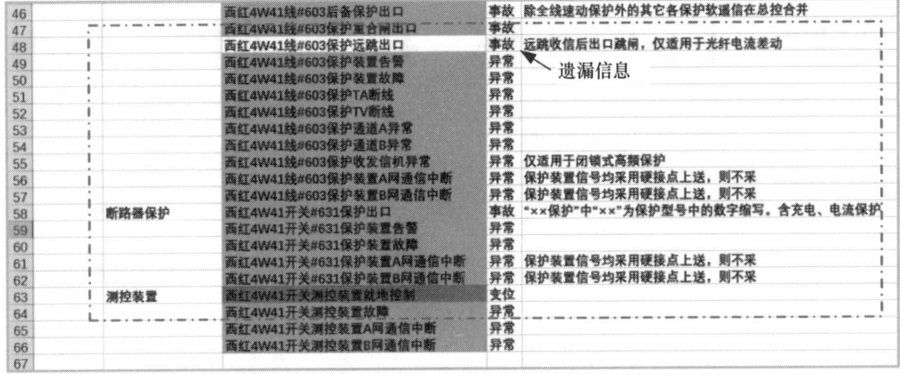

46		西红4W41线#603后备保护出口	事故	除全线速动保护外的其它各保护软遥信在总控合并
47		西红4W41线#603保护重合闸出口	事故	
48		西红4W41线#603保护远跳出口	事故	远跳收信后出口跳闸，仅适用于光纤电流差动
49		西红4W41线#603保护装置告警	异常	
50		西红4W41线#603保护装置故障	异常	
51		西红4W41线#603保护TA断线	异常	
52		西红4W41线#603保护TV断线	异常	
53		西红4W41线#603保护通道A异常	异常	
54		西红4W41线#603保护通道B异常	异常	
55		西红4W41线#603保护收发信机异常	异常	仅适用于闭锁式高频保护
56		西红4W41线#603保护装置A网通信中断	异常	保护装置信号均采用硬接点上送，则不采
57		西红4W41线#603保护装置B网通信中断	异常	保护装置信号均采用硬接点上送，则不采
58	断路器保护	西红4W41开关#631保护出口	事故	“××保护”中“××”为保护型号中的数字缩写。含充电、电流保护
59		西红4W41开关#631保护装置告警	异常	
60		西红4W41开关#631保护装置故障	异常	
61		西红4W41开关#631保护装置A网通信中断	异常	保护装置信号均采用硬接点上送，则不采
62		西红4W41开关#631保护装置B网通信中断	异常	保护装置信号均采用硬接点上送，则不采
63	测控装置	西红4W41开关测控装置就地控制	变位	
64		西红4W41开关测控装置故障	异常	
65		西红4W41开关测控装置A网通信中断	异常	
66		西红4W41开关测控装置B网通信中断	异常	
67				

待审核表

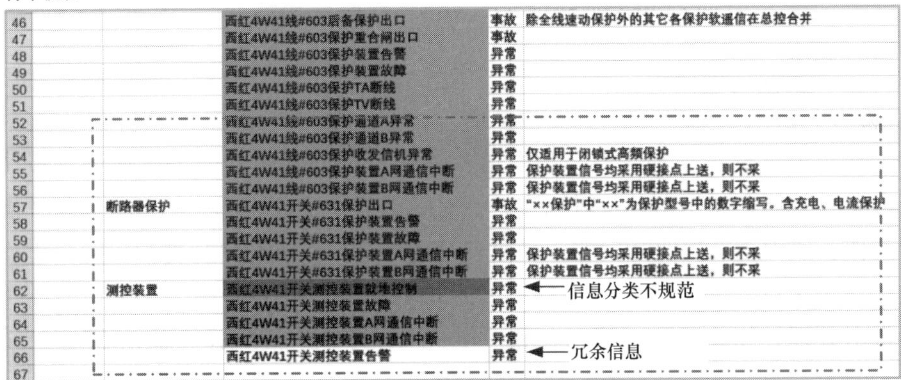

46		西红4W41线#603后备保护出口	事故	除全线速动保护外的其它各保护软遥信在总控合并
47		西红4W41线#603保护重合闸出口	事故	
48		西红4W41线#603保护装置告警	异常	
49		西红4W41线#603保护装置故障	异常	
50		西红4W41线#603保护TA断线	异常	
51		西红4W41线#603保护TV断线	异常	
52		西红4W41线#603保护通道A异常	异常	
53		西红4W41线#603保护通道B异常	异常	
54		西红4W41线#603保护收发信机异常	异常	仅适用于闭锁式高频保护
55		西红4W41线#603保护装置A网通信中断	异常	保护装置信号均采用硬接点上送，则不采
56		西红4W41线#603保护装置B网通信中断	异常	保护装置信号均采用硬接点上送，则不采
57	断路器保护	西红4W41开关#631保护出口	事故	“××保护”中“××”为保护型号中的数字缩写。含充电、电流保护
58		西红4W41开关#631保护装置告警	异常	
59		西红4W41开关#631保护装置故障	异常	
60		西红4W41开关#631保护装置A网通信中断	异常	保护装置信号均采用硬接点上送，则不采
61		西红4W41开关#631保护装置B网通信中断	异常	保护装置信号均采用硬接点上送，则不采
62	测控装置	西红4W41开关测控装置就地控制	异常	
63		西红4W41开关测控装置故障	异常	
64		西红4W41开关测控装置A网通信中断	异常	
65		西红4W41开关测控装置B网通信中断	异常	
66		西红4W41开关测控装置告警	异常	
67				

图4　比对结果（二）

（撰稿人：冯徐徐）

深耕“群创”工作　打造“创新”班组

国网江苏超高压公司苏州运维站输电运检二班

【摘要】输电运检二班在完成安全生产任务的基础上，积极探索以服务安全生产为目标的创新之路。该班组历年来多次开展群创工作和质量管理（QC）活动，不断积累创新经验，围绕工作实际，寻找创新需求点，不断开拓进取，研制出多项创新成果并推广应用，为公司输电运检技术的发展增添创新动力，助力公司安全生产工作提质增效。

一、实施背景

在“十三五”规划阶段，输电运检二班紧跟时代步伐迈上“转型升级”的新台阶，在创新工作领域深耕细作，针对输电运检工作中遇到的各种问题开展创新工作，致力于解决实际问题，满足安全生产需要，优化工作方法，提高工作质效。该班组针对输电线路异物挂线处理难的问题，先后研制出“遥控喷火飞行器带电处理异物装置”（见图1）和“便携式风冷输电线路异物激光清除仪”（见图2）。

图1　遥控喷火飞行器带电处理异物装置

图2　便携式风冷输电线路异物激光清除仪

针对作业人员在输电线路杆塔上作业的安全需求，研制出“超高压线路检修作业安全距离监测智能预警装置”，如图3所示。

图 3　超高压线路检修作业安全距离监测智能预警装置

针对防范输电线路鸟害问题，研制出“智能化杆塔激光驱鸟器”，如图4所示。

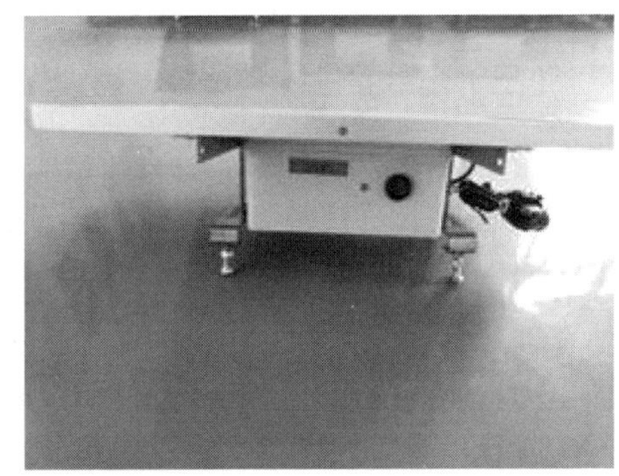

图 4　智能化杆塔激光驱鸟器

二、主要做法

（一）发挥创新人才作用，打造创新攻关团队

发挥创新“带头人”作用，培育创新“骨干”人才。输电运检二班“技术能手”朱德中作为创新工作开展的组织者起到了“领路人”的作用，给班组创新工作指明了方向，确立了目标。朱德中组织开展群创项目工作和质量管理（QC）活动，从“技术能手”逐步转变为“创新之星”，依托公司创新构架积极创建“朱德中技师创新工作室”，以班组青年骨干为基础吸纳培育创新型人才，为该班组创新工作的开展奠定坚实的人才基础。

集中团队力量，打造创新队伍。该班组依托创新工作室建立健全团队交流合作机制，整合内外部资源组建创新攻关团队，创造良好创新工作环境和氛围，明确团队成员工作责任，鼓励团队成员大胆创新，充分发挥各类人员技术才能，团队成员围绕创新工作共同努力，追求新技术，创造高效益，打造出一支勇于创新、团结协作、脚踏实地的创新型人才队伍。

（二）提前策划项目方案，强化管控项目实施

瞄准行业普遍痛点，提前谋划布局方案。提前培育符合时代潮流的创新课题，提前谋划技术过硬的合作单位，提前搜集国内外相关技术资料，提前布局并制定创新项目方案，为项目的顺利立项及最终成果的有效产出奠定坚实基础。

分解项目实施内容，管控项目关键节点。编制项目任务书，制定项目内容实施计划，明确项目各节点要求。优化项目推进流程，有序推进项目实施，定期开展项目各阶段总结，及时跟进项目实施进度，分析汇总项目实施过程中遇到的各种问题，深入研究探讨制定解决方案，确保项目内容有效实施。结合研究内容及成果，及时开展论文编写发布和专利申报工作，按公司项目验收要求编制工作报告、技术报告、检测报告、用户报告等相关材料，确保项目成功结题。

（三）充分整合内外资源，持续优化创新成果

精选优质合作团队，助力创新成果落地。合作团队要具备创新精神和能力，一是从思想上要具备脚踏实地做科研的素养，二是在实力上要有良好的科技储备，对创新成果的应用及转化能够提供可持续的技术支持。要充分发挥合作团队所在专业领域的优势，积极沟通项目要求，立足合作共赢的原则，使合作团队适应电力行业的应用环境和特点，积极推进创新成果落地。

优化完善创新成果，提升成果实际效益。通过创新项目形成丰富的各类创新成果，涵盖创新实物、各项专利、论文及相关规范导则、技术总结等。根据成果应用情况，结合实际应用环境，继续优化创新成果，积极推进创新成果转化及推广，充分宣传成果的突出效益，使创新成果得到公司乃至行业的广泛应用，充分发挥创新成果实效。

三、实施效果

（一）合作共赢，提升团队效能

充分发挥创新“带头人”和“创新骨干”才能，发挥优质合作团队的技术优势，有效整合内外部团队力量，集中创新思维及技术力量攻关项目难点，团队在合作中获得成长，所有成员得以共同进步。

（二）机制构建，保障成果落地

团队通过项目计划分解、责任分工落实、节点进度把控对项目的开展进行全流程管控，从项目立项到成果落地，有效落实项目方案的各个环节，保障项目高

质量有序推进。

（三）持续优化，完善创新成果

通过团队合作和项目实施，积极培育创新成果落地，对项目初步成果进行持续改进，结合项目成果的现场试验及应用效果，发现不足，不断改进，从而研制出高质量的创新成果。

（四）发挥效益，推广成果应用

通过加强成果现场应用，展现成果实效，积极宣传、以点带面，推广至行业内其他单位使用。该班组已取得多项创新成果，其中“便携式风冷输电线路异物激光清除仪”取得发明专利，已在行业内获得广泛应用，并出口东京电力、泰国电力等，该创新成果的应用相对传统异物处理方法，大大缩短了处理时间，同时避免了线路停电及作业人员登塔检修，极大提高了输电线路异物处理的工作效率和安全水平。

（**撰稿人：**徐懿昭）

思想文化建设

以文化引领为抓手　促班组管理见成效

苏州三新供电服务有限公司昆山分公司淀山湖供电所
运维采集班

【摘要】淀山湖供电所占地1020平方米，现有职工24人，其中研究生1人、技师2人，党员14人。供电所现设所长、副所长、四大员岗位，设运维采集班与营业班两个专业班组。运维采集班共有18人，党员10人。2017年，运维采集班获得“省公司一流班组”荣誉称号，2019年，淀山湖所获得昆山首个“国家电网公司五星级供电所”荣誉称号。

一、实施背景

近年来，淀山湖供电所紧紧围绕省、市公司的各项工作要求，切实履行供电所职责，努力树立争先、领先、创先意识，供电所各项经济技术指标排在国网昆山市供电公司乡镇供电所的前列。但运维采集班组仍存在着班组内部人心凝聚力较弱、担当作为表现不足、优质服务水平有待提高等问题。针对上述问题，班组设工作紧密围绕“尚、美、真、诚”四字理念，以企业文化、志愿服务、基层党建、优质服务等为抓手开展具体举措。

二、主要做法

在公司党委大力支持与指导下，淀山湖供电所深刻领会国家电网有限公司“诚信、责任、创新、奉献”的核心价值观以及“两越”精神，结合地方特色和工作经验与方法，围绕“尚、美、真、诚”四字理念，全面促进“尚美淀山湖真诚供电人”文化生根落地。

（一）凝心聚力，倡导“三尚”理念

倡导以国家电网有限公司核心价值观为价值崇尚。按照上级部门指导制作淀山湖供电所企业文化宣传册，同时做好企业文化上墙工作的落实。完成《尚美淀山湖 真诚供电人》企业文化宣传册的制作；“三进风采”“员工风采”“服务掠影”“活动掠影”“幸福墙”等文化都实现上墙展示。

倡导以“中国好人”精神为道德风尚。创建了“中国好人”工作室和龚卫初好人志愿服务队，充分把握学习“中国好人”龚卫初先进事迹热潮的契机，创造

性成立“中国好人”工作室。打造一支能具备专业技能与品牌精神的团队，是一支能深入解读并践行国家电网有限公司核心价值观、把好人精神从个人引领到整体的团队。“中国好人”工作室的工作内容主要是两个方面，一是对工作中遇到的问题进行攻坚克难，二是开展志愿活动。召开学习“中国好人”龚卫初先进事迹座谈会如图1所示。

倡导以“绿色电”“省钱电”“省心电”为品质时尚。淀山湖供电所倚靠淀山湖镇上海客户广、服务要求高的大背景，实现能源变革在基层的实践。加快光伏发电、能源汽车充电桩，以及多表合一等全能型新业务的推广。

图1　召开学习“中国好人”龚卫初先进事迹座谈会

（二）精益求精，营造“三美”氛围

营造优美的服务环境。内部装修改善环境，严格按照“5S”管理要求，打造严谨、细致、舒适的工作与服务环境；外部加快农网改造与标准化台区的落成（见图2），助力地方经济的同时，营造标致的低压台区环境。

图2　标准化示范台区陆齐灯东变

营造健美的人文氛围。完善健身室与学习室设施，打造集健身、学习、阅读、减压于一体的综合性职工之家；积极组织班组员工参加“金秋健步走”、乒乓球赛、亲子夏令营等活动，丰富员工生活，提升生活品质。

营造廉美的作风氛围。强化协同监督工作、重视廉洁文化上墙，落实班组岗位廉洁风险管控；拍摄廉政纪实微电影《一线之隔》、排练廉政情景剧《惊梦》、参加廉洁文化展览室等丰富廉洁培育途径。

（三）持之以恒，落实“三真”行动

落实学以求真。依托公司实训基地，切实加强对员工业务技能和职业素养的全方位培养；开展以老带新，师徒结对的方式促进青年员工的学习进步、技能提升以及岗位成才。

图3　田间巡检保证秋收

落实干以至真。严格按照《十项承诺》《十个不准》的要求履行职责，发扬“工匠精神”，在优质服务工作中实现班组精益化管理，改进方式、把活做细、提升质量。田间巡检保证秋收如图3所示。

落实业以成真。以“优势指标不落后，弱势指标再进位”的思路和踏实的作风作为指标提升保障。二次分配机制与“比拉赶帮”行动的结合，促进电费回收、线损管理、台区管理等各项工作业绩的提升。

（四）不忘初心，坚守“三诚”诺言

图4　疫情期间志愿为隔离宿舍维修

忠诚于党，跟着党走。淀山湖供电所党员14名，其中运维采集班10名，是党支部建设的中坚力量，结合当前基层党组织建设过程的要求，深入开展“两学一做”“三亮三比”“党员责任区”、共产党员服务队、党政廉风建设等支部工作，进一步完善金家庄“孤岛护电”党员责任区。

竭诚于民，鱼水情深。履行纽带职责，拓宽服务范围，拉近与百姓最后一米距离。常态化开展义务检查线路、安全用电知识进校园、献血等活动。积极担当地方节庆、旅游、招商、赛事、抢险等重要保电工作。班组成员疫情期间志愿为隔离宿舍维修如图4所示。

守诚于己，不忘初心。巩固“孤岛护电”二十余载成果，以坚持守护“孤岛”光明与养殖户为使命（见图5），确保不发生一起断电造成的养殖损失事件。砥砺打造具有自身特色的供电服务品牌，不忘国网人的初心。

图5　乘船驶入金家港渔户家中检修

三、实施效果

近年来，运维采集班通过以上做法，在人心凝聚力、优质服务水平、技能水平等方面都有所提升。

在龚卫初师傅的影响下，班组上下崇尚先进、学习先进、争当先进，以模范为榜样，学习龚卫初的无私奉献精神、坚持不懈的品格，在工作生活中发挥了践行社会责任和社会主义核心价值观的作用。好人志愿服务队每月开展活动，例如冬日“三下乡”、疫情期间义务为隔离宿舍检查线路、“包粽子送温暖”“用电知识进校园”“献点滴爱心助生命续航”“中秋品月饼 情暖老人心”“田间巡检保障秋收”“孤岛养殖户义务维修”“为马拉松比赛保驾护航”等活动。

运维采集班班组在“尚美淀山湖 真诚供电人”文化理念的感染下，“真诚服务”再升级。班员翁利民、姚惠明同志四年如一日的优质服务，感动了《解放日报》资深记者并发来表扬信。“暖心服务感动资深媒体人”一文在新华社发布，浏览量达110万人次。运维采集班龚卫初入选“初心 时代微光”系列“好人工作室孵化出雷锋班”，并在国网苏州供电电力公众号发布。

通过班组内部踏实干事作风和“比拉赶帮”行动，班组技能水平有所提高，为淀山供电所各项指标再提升打下坚实基础。2020年，淀山湖供电所低压用户日采集成功率达到100%，公用配变采集成功率达到100%，光伏用户采集成功率达到99.93%，自动化抄表率达到100%，低压台区线损合格率为99.62 %，同期线损合格率为99.79%，营销综合线损率为1.19%，降损增效取得较好成果。

班组荣获以下荣誉：2016年度国网昆山市供电公司无违章班组、2017年度江苏省农电有限公司一流班组、2018年度国网苏州供电公司先进班组、2019年度国网昆山市供电公司先进集体、2020年度国网昆山市供电公司工人先锋号。

（撰稿人：李　晗）

加强企业文化建设　打造人民满意团队

徐州三新供电服务有限公司睢宁分公司睢城供电所

【摘要】睢城业务所现有员工51人，其中党员7人。负责3个街道办、1个省级经济开发区、1个省级农业示范园26个行政区域的电网安全运维管理和农网、代管城网小区等6.4万客户的供用电与服务工作。睢城供电所先后荣获国网江苏省电力有限公司企业文化示范点、标兵班组，徐州市五一文明岗，国网徐州供电公司五星级班组、电网先锋党支部、五一巾帼标兵岗等荣誉称号。

一、实施背景

睢城供电所以强化员工责任意识、提振团队精气神为重点，充分调动员工主动参与、积极践行企业文化积极性，总结提炼员工认可的班组信条，注重工作落实，倡导“工作不落实、等于没安排”理念，睢城供电所努力加强自身文化建设，以文化强管理，以文化促和谐，以文化聚人心，以文化塑团队，全力打造一支让领导放心、让群众满意的“人民电业为人民”团队。

二、主要做法

（一）以职工为本，激发员工主动参与和责任意识

1. 充分发挥骨干示范作用

倡导“所长大员干在前，各项工作都不难”，培树班组先进典型及劳模，开展榜样的力量专题活动，对先进事迹进行宣传并号召所内员工进行学习。积极倡导“工作没落实，等于没安排”理念，通过一级做给一级看、一级带动一级干，实现责任和动力层层传递。睢城供电所春节期间保电服务如图1所示。

图1　睢城供电所春节期间保电服务

2. 积极打造特色班组文化

结合不同班组专业工作特点，总结提炼具有鲜明特色的班组文化。营业班凝练出“八心相待服务法”和“员工做事歌”。运维采集班以安全生产为根本，提炼出“六

个六”安全细分管理（见图2），被国网徐州供电公司确立为典型经验进行推广。

图2　安全管理“六个六做法”

3.岗位练兵打造“全能型”员工

按照“营配合一”“一专多能”的工作要求，定期开展员工新设备使用操作、营销业务、线损管控稽查等专项培训。同时，开展光伏发电、充电设施运维、智能家居推广等新型业务的培训，让员工逐步适应“全能型”供电所的管理要求。

（二）严细标准，培育员工规范意识

1.持之以恒规范员工行为

常态做好5S和定置管理，持续开展“每日早来一刻钟，整体素养得提升，每日晚走一刻钟，保证工作更完整”活动。编排涵盖班组30余项基本日常管理的“标准化一日查”目录（见图3），坚持每天上班前利用15分钟时间对所列项目逐一现场检查，推动员工养成良好工作习惯。员工标准化管理记录卡如图3所示。

睢城供电所标准化管理每日一查记录卡

2016年　月　日

	序号	检查项目	检查内容	现场状况	评价	建议	备注
所容所貌必查项	1	供电所整体院落	院落是否清洁，有无杂物	良好□一般□差□	优□良□一般□		
	2	供电所花园、盆景	有无杂物，落叶是否及时清扫	良好□一般□差□	优□良□一般□		
	3	文化长廊	长廊及内侧是否清洁，有无杂物	良好□一般□差□	优□良□一般□		
	4	营业厅门前	是否清洁，有无杂物和乱放乱停	良好□一般□差□	优□良□一般□		
	5	旗台附近及车棚	是否清洁，有无杂草及杂物积聚	良好□一般□差□	优□良□一般□		
	6	后楼走廊及玻璃房	走廊及玻璃是否清洁，有无杂物	良好□一般□差□	优□良□一般□		
	7	外值班室	物品摆放是否整齐、清洁，记录是否及时	良好□一般□差□	优□良□一般□		
	8	应急抢修室	物品摆放是否整齐、清洁	良好□一般□差□	优□良□一般□		
	9	所门前及草地周围	是否清洁，有无杂物	良好□一般□差□	优□良□一般□		
	10	内值班室	物品摆放是否整齐、环境是否清洁	良好□ 般□差□	优□良□ 般□		
	11	自来水状况	水管是否通畅、洗手台是否干净整洁	良好□一般□差□	优□良□一般□		
	12	卫生间日检查记录	是否及时检查记录	良好□一般□差□	优□良□一般□		
	13	井房、机房	机房是否整洁、配电柜有无异常	良好□一般□差□	优□良□一般□		
	14	监控系统检查抽调片段	监控系统有无探头异常	良好□一般□差□	优□良□一般□		
班组应有必有日记录	1	工作日志	是否及时记录当天工作安排	良好□一般□差□	优□良□一般□		
	2	班务记录	是否及时记录日常班务活动	良好□一般□差□	优□良□一般□		
	3	班组办公桌椅直观摆放	摆放是否整齐、规范	良好□一般□差□	优□良□一般□		
	4	班组窗、墙、地面等	是否干净整洁、摆放有序、定置标识是否齐全	良好□一般□差□	优□良□一般□		
	5	班组柜、桌及个人柜定置标识	标识是否齐全，物品是否按标识摆放	良好□一般□差□	优□良□一般□		
营业厅	1	意见箱开箱记录	是否每天开箱并对相关问题及时处理	良好□一般□差□	优□良□一般□		
	2	报架日更新	是否每日及时更新	良好□一般□差□	优□良□一般□		
	3	便民柜	物品是否齐全、摆放整齐	良好□一般□差□	优□良□一般□		
	4	饮水机	是否有水且在保质期内，是否有一次性水杯	良好□一般□差□	优□良□一般□		
	5	地面、柜桌面、书写台等	物品摆放是否整齐、环境是否清洁，是否有花镜	良好□一般□差□	优□良□一般□		
	6	电话状态	及时试听，有无线路故障、未放稳等	良好□一般□差□	优□良□一般□		
	7	当值营业员服装胸牌等	服装、胸牌、头花是否按要求正确穿戴	良好□一般□差□	优□良□一般□		
常态工作	1	抢修中心电话88322000	试拨报修电话是否畅通	良好□一般□差□	优□良□一般□		
	2	前一日报修统计原因分析	查落实当值和系统报修量，并及时让相关责任人学习、说清楚	良好□一般□差□	优□良□一般□		
	3	优质服务情况	抽查昨日接报服务情况、抽1-2个回访重点台区、个性户	良好□一般□差□	优□良□一般□		
	全程检查一刻钟		整体素养得提升		检查人：		

图3　员工标准化管理记录卡

2.定期曝光推动问题解决

设立每周工作“曝光台”，用PPT形式回顾上一周各项工作的开展落实情况，对“曝光”的问题明确责任人和整改限期，问题整改情况在次周的例会上进行通报，形成了发现问题、分析问题、整改问题的问题闭环管理机制。

3.切实用好绩效管理工具

结合工作实际，制定供电所工作目标和考核细则，根据指标完成实绩，兑现奖惩考核，切实体现“干与不干不一样、干多干少不一样、干好干坏不一样”。

（三）创新实践，激发员工争先意识

1.大力实施幸福家园建设

图4　开展包饺子活动

全员倡导“把事业当作家业干”，设置班组文化室和文化长廊，全面展示员工忠诚企业、感恩企业的主人翁意识。提炼形式活泼、寓意深刻的餐桌文化，让员工紧张工作之后，开心就餐。同时，为了及时调整职工的身体、心理误区，定期开展包饺子（见图4）、骑行等职工喜闻乐见的文体活动，让员工“健康工作、快乐生活”。

2.搭建工作畅通交流渠道

建立“每天进步一点点”微信群，方便员工交流日常工作中的好做法、好经验，以及遇到问题和困难相互帮忙。定期举办供电所“心声论坛”，围绕当前重点工作或员工关心的热点问题开展交流讨论，统一员工思想，理顺员工情绪。

3.开展“三礼六送”专题活动

为了让广大员工能有良好积极的状态投入工作，睢城供电所积极开展“三礼六送”活动，即：“入职礼、成长礼、退休礼”，入职青工送员工手册、送安全规程；重点岗位员工送廉政手册、送家庭伦理手册；退休老同志送纪念册、送健康手册，将企业文化建设与员工日常工作紧密结合。供电所成长礼如图5所示。

图5　睢城供电所“成长礼”

三、实施效果

（一）营造浓郁氛围，培育了特色班组文化

各班组结合企业核心价值观，围绕思想道德教育、团队精神塑造员工心理援助等开展班组文化建设，培育了特色的班组文化。通过有针对性的员工技能培训，睢城供电所拥有高级工及以上技能等级员工比例由原来的12%提高到现在的27%，全所上下“心往一处想、劲往一处使”的团结协作氛围蔚然成风。

（二）夯实基础管理，提升了班组管理水平

各班组围绕班组管理与团队建设的各个方面，制定完善了相应的工作流程，提升了制度化、规范化、精细化管理水平。近年，睢城供电所营销线损、采集率、电能质量、供电可靠性和优质服务等指标在均有显著提升。

（三）实施员工关爱，增强了团队凝聚合力

班组建设以来，各班组加强员工关爱工作，从工作、学习、生活、思想、身体等方面全方位推进员工关爱工程，解决了一系列员工生产生活中面临的难题与难点。员工创新热情高涨，由供电所员工自主创新研制的“农灌抽水远程操作装置”“接报及仓储一体化平台”和“可视化档案查询系统”等多项创新成果荣获省市公司管理创新奖、QC成果奖。

（撰稿人：肖　跃）

党建引领打造精益班组

国网常州供电公司输电运检二班

【摘要】输电运检二班开展了系统的党建基础培训和廉洁教育，提升了班员思想，把握廉洁红线；通过贫困助学活动，积极履行社会职责，展现了员工的高尚品质；通过宣传活动，不仅提升了班员的业务水平和专业认识，也提高了社会施工人员的安全施工意识，确保电力线路的稳定运行。

一、实施背景

输电运检二班成立于2007年，现有成员18人，其中技师12人，高级工2人，硕士研究生4人，本科4人，党员8人，平均年龄38岁。

为提高班员的思想素养和业务水平，从2020年开始，班组开展了系统的党建基础培训、廉洁教育、助学活动、电力宣教等系列活动，同时将思想教育与生产工作紧密结合，相互促进。

二、主要做法

（一）微党课：升华班员思想

图1　瞿秋白纪念馆开展实景党课

党课是以上课讲授的形式进行党的基础知识教育。为提升班员的思想境界，班组党员开展党课时，都会号召班员旁听参加。为了改变党课以往给人的“死气沉沉”的刻板印象，让参加者体会到寓教于乐的体验，班组积极执行“走出去”的策略，将党课的课堂搬到了会议室之外，进行了“常州三杰”红色实景党课（图1）和检察院结对学习党课（图2），分别前往了“常州三杰”纪念馆，缅怀革命先烈，重温入党誓词，居安思危，不忘革命先烈的英勇付出；也前往了高新区检察院，不忘入党初心牢记党员使命，了解失格党员的行为和思想，做到以史为鉴，照应自身，纯洁党员队伍。几次户外党课都起到了比较好的效果，给党员包括群众留下了深刻的印象。

图 2　高新区检察院接受法制及反腐教育

（二）电暖流：帮助陪伴困难学生

班组开展帮扶常州困境学生公益项目。其中，党员起到了模范带头作用，积极参与到公益活动中，为班组展示了扶贫榜样。

本活动将服务目标放在了困境学生身上，通过了解孩子的实际家庭情况和心理状态，对其提供定制化的学业辅导和成长陪伴，旨在帮助孩子们克服心理障碍、增长社会见识、健康茁壮成长。与一般的助学项目不同，本次结对帮扶项目将关注重点放在了学生的学业情况、心理成长、生活困难等多个方面，开展多形式全方位的帮扶。志愿者不仅提供经济上的援助，更重要的是对孩子的心理成长和人生观的培养进行参与指导，力图将其培养成为对国家、对社会有用的人。班组开展的帮扶项目是一项长期的帮扶项目，直到孩子上大学为止，最长陪伴周期将达到八年。

班组和卢家巷社区结对，在卢家巷社区阳湖书院定期开展如怡读书会活动，并邀请帮扶的困难学生参加（图3）。通过电力安全宣讲小课堂、为小朋友推荐精彩书籍并赠送绘本故事、小朋友朗读并分享读书心得等活动，从小培养学生好读书、读好书的好习惯。

图 3　和社区结对开展如怡读书会活动

（三）守护者：重点工程安全宣教活动

班组始终坚持将思想教育和生产活动相结合，相互促进。在南沿江、青洋路快速化等重点工程项目部建立宣传责任区。由班组党员组织突击队，定期前往施工现场开展近电作业安全专题宣教，向各工程队负责人及吊车驾驶员讲解《江苏省电力条例》，着重介绍其中涉及输电线路保护区的条款，向现场作业人员和安全员发放输电线路保护宣传册，借助事故案例分析，纠正施工方的误区，起到了很好的警示作用。同时依靠无人机和可视化设备及时跟进，对发现的近电施工中不规范之处作出改进指导，强有力地保证了输电线路的安全稳定运行（见图4）。

图 4　青洋路快速化近电作业安全专题宣教

三、实施效果

（一）提升自我修养，把握廉洁底线

通过党课教育，班员体会革命先烈的革命精神，瞻仰先烈事迹感悟初心，传承前辈信念砥砺前行。同时通过党风廉政警示教育学习，提高认识，切实增强反腐倡廉的严肃性和自觉性，抓好制度建设，做到守纪律、讲规矩、防红线，以更高的标准、更严的要求、更有力的措施，守住廉洁底线。

（二）回馈社会，帮助贫困学生

结对帮扶活动将服务目标放在了困境学生身上，通过了解孩子的实际家庭情况和心理状态，对其提供定制化的学业辅导和成长陪伴，帮助孩子们克服心理障碍、增长社会见识、健康茁壮成长。班员以自己的实际行动积极履行社会责任，助力和谐社会、和谐企业建设，展现了电力员工的高尚品德。

（三）宣教一体，守护电力安全

通过参加宣传活动，班员得以展现自我才华，培养和锻炼自己，也能从中了解相关工作的前因后果，对提升自己的业务知识及管理能力大有裨益。同时，也提高了社会人员的安全意识，保护了其自身和电力线路的安全。

（**撰稿人：**张庆磊）

“四个方面”铸造文化带头班组

国网句容市供电公司变电检修班

【摘要】变电检修班是国网句容市供电公司变电检修的专业班组，主要承担句容县域110千伏及以下变电站一、二次设备检修、试验、维护和事故抢修任务。检修班是一支由3个不同专业、10人组成的团结实干、协作进取的职工队伍，秉承着“安全高要求、作业高标准、检修高质量”的精神和“应修必修，修必修好”的目标努力为句容县域电网的安全稳定做出贡献。本文围绕班组文化建设介绍了“班组文化墙”“班组模范榜样”“企业文化讲堂”和“班组出行”四个方面，涵盖了方式方法和长远意义，初步应用于班组，获得了公司内部的一致好评。

一、实施背景

随着当今时代的发展，国网句容市供电公司的发展也在不断向前，各项管理制度、现场技术和企业文化逐渐完善。企业文化是公司的灵魂，是推动公司发展的不竭动力，它代表着公司的经营理念、运作方针、社会责任及外在形象，而班组文化作为其一个重要的分支，也起着至关重要的作用。

二、主要做法

（一）建造“班组文化墙”

班组文化墙是班组文化建设的重要组成部分，也是班组凝聚力的表现，更是班组对外的名片。为了能够有效地提高班组员工的自豪感、凝聚力和创新精神，变电检修班对文化墙进行了以下改造：

（1）确认变电检修班班组信条：“安全高要求、作业高标准、检修高质量”。

（2）墙面：充分利用楼梯墙面，从四楼至五楼楼梯侧墙布置句容县域变电检修历史。主要从1986年至今变压器的检修作为引子，通过不同年代对变压器检修的照片来叙述变电检修班组的发展情况。

（3）走廊：针对变电检修班是一个多专业融合班组，在五楼走廊班组办公室门外的墙上布置三个专业（检修、试验、保护）的介绍和相关照片。在靠近劳模创新工作室的墙上布置创新工作相关展板。

（4）正对楼梯口墙面：分为文化、学习、班组管理三个板块，分别展示。文化：健身活动、文艺展示相关照片展示；学习：变电检修大讲堂，每月更新一期专业知识普及讲解；班组管理：班组每月工作计划、每周停电计划、每项工作的工作负责人和工作班成员、班组应急值班表等。

（5）大办公室：布置班组园地，内容包括：班组合照、通知公告、班组日常、思想沙龙、活动剪影、班组微课堂等。

典型经验：班组文化墙是组员展示自我的舞台，应该结合各个班组的专业和特色进行改造并坚持每月/每季度持续更新。

（二）树立“班组模范榜样”

一个典型就是一面旗帜，一个模范就是一座丰碑，好的班组模范榜样就是为了激发班组成员工作的积极性、主动性和创造性，从而推动整个班组向前发展。为了让班组时刻充满活力，不遗余力大步向前，我们采取了以下措施及方法：

（1）每个月班组成员从现场工作情况、日常办公室行为等方面考量，进行全员投票，举荐出每个月的“最美生产人”。

（2）“最美生产人”抒发受表彰心得，分享现场工作经验和日常处事态度方法，用行动诠释自己的责任和担当，并呼吁班组其他成员也向着自己的目标不断前进。

（3）班组其他成员积极表态，力求向模范看齐，提高自我修养，实现自我价值，为班组的发展献出自己的一份力。

典型经验：模范榜样的力量是无穷的，班组应当通过上墙、宣讲先进事迹等方式宣扬公司授予表彰的先进和班组自己评选出的模范。

（三）开展“企业文化讲堂”

为大力培养和践行社会主义核心价值观，发挥企业文化凝心聚力的作用，班组会定期组织开展企业文化讲堂活动，班长会对活动进行点评，同时会邀请公司领导班子成员参加活动，采取了以下两种形式：

（1）“企业文化讲堂”活动分为“卓越传承、智慧共享、安全护航、携手跨越”四个主题，通过企业文化展板、大数据优秀讲堂评选、职工文化成果展示等一系列活动，营造“企业有生气、职工有志气”的精神面貌，推动职工与企业思想同心、目标同向、行动同步、执行同力。

（2）“企业文化讲堂”通过诗朗诵、情景剧等多种形式，讲述电力发展、扶贫攻坚、责任和传承等发生在身边的小故事，以“身边人讲身边事、身边人讲自己事”为基本形式，推动企业文化理念入脑入心，外化于行。

典型经验：我们不仅要专注于专业知识，更要注重思想文化建设。首先要以社会主义核心价值观为主题，通过文化展板、优秀讲堂评选、职工文化成果展示、朗诵、情景剧等多种形式，将意识形态工作深入到平时班组工作、生活的点滴之中。

（四）举办"班组出行"

为了丰富班组成员工作之余的生活，让大家在闲暇时抛弃生活、工作中的烦恼，增强班组凝聚力，增进班组不同年龄段成员之间的员工情谊，我们定期举办班组出行活动，采取了以下措施及方法：

（1）每个季度挑选大家有富余时间并且天气良好的周末，组织一次近处的出行活动，不需要安排得特别紧凑，主要是让班组成员得到身心的放松。

（2）模仿综艺中的一些游戏环节，让班组成员在轻松快乐的氛围中更了解彼此，在不知不觉中增加情谊，让班组像家一样温暖、坚实。

（3）活动结束后大家分享心得，说出心中所感所想，在此次出行中是否有收获或者提出合理的建议，方便下一次进行改进。

典型经验：通过规律性的组织"班组出行"活动，来促进班组员工身心健康，提升班员的凝聚力、向心力，增强班员的集体荣誉感和责任感，激励班员奋进新时代、岗位做贡献的热情和干劲。

三、实施效果

自班组文化建设开展以来，班组确实取得了长足的进步，班组成员工作的积极性、主动性、创造性得到提高，成员之间的了解更加深入，情谊更加深厚，班组凝聚力得到加强。但是班组文化建设方案也有不足之处，还有不少细节需要不断完善与改进，比如"班组出行"较难实施，大家在各自的生活和一起出行之间无法调配；有些游戏稍有难度，不便开展等。以后可以采取"自愿原则"，不一定每一次都全员出席，降低游戏难度等方法进行改进。

综上所述，日后具体的改进方法有：

（1）对方案进行适当调整。

（2）加强班组日常管理力度。

（3）完善各项标准化流程，形成规范。

（4）在公司内部向各优秀班组学习管理经验，取长补短。

（**撰稿人：**翁宇晗　刘芳杰　王轩宇）

“邮益思”班组讲堂塑造“三德”班组

国网高邮市供电公司

【摘要】为深入贯彻落实社会主义核心价值观，推动供电企业精神文明建设，国网高邮市供电公司依托“邮益思”班组讲堂，以故事宣讲的形式，实施班组“三德”文化建设，即家庭美德以“和”为切入点，突出生活保障、精神慰藉、敬爱和睦的主题；职业道德以“诚”为重点，突出忠诚事业、诚实劳动、诚信待人的主题；社会公德以“爱”为核心，突出关爱他人、爱护环境、奉献社会的主题。“三德”文化建设由近及远，由表及里，由虚到实，增强公司班组员工企业归属感、荣誉感、责任感，使得班组成为公司教育员工、鼓励员工、支持员工的一个主阵地。

一、实施背景

社会主义核心价值观代表的传统价值理念，是供电企业在安全生产、优质服务、经营管理等工作中的源动力所在，工作岗位上的许多行为都是传统美德、传统价值观念的具体体现。而如何承载这些核心价值理念，一直未能找到有效的办法。“邮益思”班组讲堂以讲故事的传播方式，以家庭美德、职业道德、社会公德的主旨思想，形成了班组建设的一项创新成果：讲堂讲故事，故事传美德。

二、主要做法

1.培育班组故事达人

让愿意锻炼表达能力的人讲、让有口头表达需求的人讲。公司工会成立了“邮益思”文化宣讲队，成员有党群工作者、有年轻的团员青年、有文化爱好者，也有窗口岗位的工作者，大部分来自各基层班组。有人成为公司的故事达人，在省市公司的舞台都有他们的身影，有人从讲故事到写故事，农村电工高晓春成为省作家协会会员。更多的成为岗位上的能手，一张笑脸、一句暖人的话，成为推动工作高效进行的润滑剂。也有青年员工已被培养为技术骨干、业务能手，在重要岗位去讲、去说。“邮益思”文化宣讲队成为国网高邮市供电公司的文化名片，扬州市总工会首场“职工大讲堂”活动在公司举办（见图1）。

图1 “听党话、跟党走”扬州市总工会职工大讲堂现场观摩暨启动员大会

2.挖掘“三德”故事素材

讲家庭美德故事，家庭和睦、生活安定、富足顺利，工作起来就无后顾之忧，有了家庭和谐的基础，就会集中精力、集中力量重视企业和谐建设。讲社会公德故事，道德的感召力量，能够激发意志、鼓舞士气、提升思想品质，不断提高责任心和工作态度。讲职业道德故事，坚持“安全第一、预防为主、综合治理”的安全管理方针；承担着转型发展、卓越管理、能源清洁的责任；坚持人民电业为人民的服务宗旨，持续为客户创造价值。收集故事素材，累计发放了46期“邮益思”口袋书月刊，提供600多个经典故事。公司开展“敬劳模、学劳模”活动如图2所示。

图2 开展“敬劳模、学劳模”活动

3.为班组员工故事传讲

邀请劳模讲故事，一线员工自发拜劳模为师，举办“五四”青春故事分享会，青年员工听优秀员工讲成长经验，参加红色实景党课，传播革命故事。向生产一线员工讲安全知识，向位低权重者讲廉政故事、廉政要求，讲贪欲之害。班组职

工小家也成为员工丰富精神需求、培养良好生活情趣的加油补给站，工会的十五个俱乐部介绍专业知识，如阅读、收藏、健身等。输电运检班组织微课堂“讲理论、学思想”活动如图3所示。

图3 输电运检班微讲堂“讲理论、学思想”

三、实施效果

在建设具有中国特色国际领先的能源互联网企业征途上，需要更有效地激发员工创造性的潜能，需要着眼于利用健康向上的精神文化软实力来推动。班组“邮益思”讲堂讲“三德”，坚持以人为本，注重发挥道德的力量，推动企业制度和经营管理的发展。要求所有人在家孝敬长辈、善待亲友，在家庭中树立了正气，使道德建设扎稳了根基；要求每个工作人员，忠诚事业、诚实劳动、诚信待人，巩固了企业诚信基础，优化班组员工之间相互协调支持的互助环境；要求树立扶弱济困、团结互助、爱护环境、奉献社会的意识，营造了风正气顺、心齐劲足的发展局面。

“三德”班组建设凝聚了思想共识，激发了文化张力，彰显了精神风貌，助力公司发展战略落地实践夯实根基。国网高邮市供电公司先后获得“国家电网公司文明单位”“江苏省模范劳动关系和谐企业”“江苏省五一劳动奖状”等称号;“邮益思”企业文化品牌获得江苏职工思想政治工作优秀案例二等奖，“邮益思”道德讲堂成为扬州市社会科学普及示范基地；“职工书屋”成为中华全国总工会职工书屋示范点、江苏省书香企业建设示范点，国家电网有限公司“书香企业示范点”，“书香邮益思”当选扬州市全民阅读十佳阅读品牌。

（撰稿人：史万全　徐亚军）

弘扬“白鹭”文化　打造领航班组

国网盐城市大丰区供电公司

调控运行班

【**摘要**】调控运行班鼓励班员争当排头兵，发扬主人翁意识，通过建立“书香一角”营造学习氛围、开展多元化的文化建设活动，弘扬“白鹭”文化，打造领航班组，班组以及班组成员多次获得荣誉。班组制定的员工能力素质成长模型及员工绩效考评办法获人资认可施以推广。

一、实施背景

为积极响应国网江苏省电力有限公司提出的“夯实班组建设基础、助力企业提质增效”工作要求，调控运行班的首要任务是提高班组思想文化建设水平，其对于培养班组成员正确的人生观和世界观、优良的品行品德、先进的班组工作作风等有着至关重要的作用。引领班组精神风貌，打造思想先进、团结互助、制度健全、业绩突出的一流班组，旨在全面提升一线班组精神风貌及综合竞争力。

二、主要做法

（一）弘扬“白鹭”文化 打造领航班组

大丰地处黄海之滨，境内水资源、土地资源丰富，是鸟类调研的圣地。根据大丰的地域特征与班组现有成员的特点，选定班组文化象征为“白鹭”，象征着纯洁、率真、幸福、进取。班组以“智能调控 领航起飞”为班风，秉承精心监控、谨慎操作、科学调度、正确指挥的信条，精益求精，争创一流领航班组。

（二）发挥“排头兵”先锋作用，树牢主人翁意识

班组长是“兵头将尾”，班组的日常工作都需要靠他来带领，这就要求班组长发挥“排头兵”先锋作用，不断提升自己的同时，更要提高班员对于班组建设工作的认识。做好班组文化宣传、动员工作，把班组文化贯穿于日常生产、工作和生活之中，使班员树立不等、不靠、不推、不拖的作风和主人翁思想，从一点一滴做起，使班组建设成为推动创建无违章班组和一流班组的保障和动力。

另外，新员工特别是青年党员，在思想文化建设中起到模范带头作用，贯彻落实党的方针、路线及政策，介绍宣贯公司系统发展战略和指导思想、先进人物

模范事迹等，使班组员工经常接受正面的思想教育，致力于提升班组的整体政治站位。

（三）打造班组“书香一角”，营造全员学习氛围

在班组中打造“书香一角”，添置电力专业相关的书籍、思想文化建设书籍以及历史休闲书籍等，让班员在闲暇时能学习充电，提高自己的知识储备，陶冶自己的思想情操。班员每季度将自己借阅过的书籍结合自己的工作生活实际撰写心得体会，与大家分享，得到好评的还可以获得书刊奖励，班组书香一角如图1所示。

图1　白鹭班组“书香一角”

同时，调控运行班每周四开设“学习小课堂”，以“师带徒”为纽带，班组成员就本周的操作、电网异常事故及调控规程、安全规程等提问、分析讨论，坚持问题导向，既巩固了徒弟的知识储备，又开阔了创新思维，师徒之间互补学习，共同提升，班组“学习小课堂”如图2所示。

图2　白鹭班组“学习小课堂”

（四）开展多元化活动，营造班组整体积极向上的风貌

调控运行班通过开展多元化活动，不断满足班员的精神文化需求，提高班组思想文化建设。一是开展青工讲党史活动，通过青年员工讲党史，带动老员工重温党的光辉历程，巩固思想，坚定信念。二是开展跨班组交流活动，每季度组织一次跨班组交流活动，交流工作心得、先进经验等，能更深入的了解班组建设的现状与不足，从中汲取先进经验，加强班组建设，激励员工进步。三是编制班组文化故事集，班员围绕企业核心理念，把工作生活中有关的点滴写成故事案例，整理、挑选、入册，编制班组文化故事集，努力营造良好向上的班组氛围。四是为激励青老员工保持良好的工作精神面貌，积极进步，制定能力素质成长模型及员工绩效考评办法，量化员工业绩及成长情况。

三、实施效果

主人翁意识的建立改善了员工的精神面貌和工作状态，为构建好风貌、高效率班组打下牢固基础。2020年4月王媛媛同志在疫情期间应急处置工作表现突出，获市公司“安全生产贡献奖”、获得大丰区2018年度优秀志愿者称号；2019年8月潘潇梦、沈亚玲参加市公司配网调控专业调考获团体第二名，两人分别获得个人第二名、第六名的成绩；施颖佳参加2020年国家电网有限公司新员工培训获得“优秀学生干部”“优秀学员”称号；班组青年员工在公司青蓝工程“微积分”评价中均排名前列。具体荣誉如图3所示。

图3　白鹭班组员工荣誉

“书香一角”的建立带动了员工的学习氛围，培养了班员联系实际、发现问题、分析问题、解决问题的能力，养成了主动思考、善于总结，自主管理的工作习惯。

图4　白鹭班组荣誉

以“白鹭”为象征，班组凝聚力极大地提高。同时，开展多元化的班组文化活动，增加了班组成员之间以及跨班组跨部门之间同事的沟通，老师傅参与班组文化建设的积极性也有了一定的提高，增强了员工的文化信念，大力促进了员工的自我提升。班组近年获得以下荣誉称号：2018年度“国网江苏省电力有限公司一流班组”荣誉称号、江苏电力调度控制中心二季度“先进县调流动红旗”、第一批“国网盐城供电公司企业文化示范点”、2017年度“江苏电网调控系统先进集体”、国网盐城供电公司 2018 年配网调控专业调考团体二等奖等荣誉，具体荣誉如图4所示。

（**撰稿人：**施颖佳）

“三思文化”铸造“零距离”班组

国网淮安供电公司配电运检室机器人作业中心

【摘要】机器人作业中心成立于2020年6月，由原带电作业班扩建而成。班组以“手握高压线，不停一户电”为信条，以“不停电就是做好的服务”为指导，守护万家灯火。多次获得省市级单位多次表彰。并以省公司、市公司的企业文化为指导发展出了自己独特的班组文化——“三思文化”。中心目前设有不停电作业机器人实验室、智能工器具房、安全管控平台、创新工作室等专业机构；人员、装备、工器具满足10个小组同时独立作业能力需求，可开展4类33项不停电作业典型项目。

一、实施背景

国家电网有限公司“1135”配电管理战略：坚持以客户为中心，以提高供电可靠性为主线，强化标准化建设，精益化运维、智能化管控，打造结构好、设备好、技术好、管理好、服务好的一流现代化配电网。国家电网有限公司对配电网供电可靠性要求逐年增加，各级电力公司均在全力加强带电作业的能力，提升带电作业的次数占比。同时，随着旁路和移动电源作业法的广泛应用，配电网作业可实现不停电作业方式，这是电网作业技术领域的一场新的革新，必将带来供电可靠性地大幅提升，同时具有良好的企业效益和社会效益。

2020年淮安配电带电作业共计3979次。带电作业需求日益增加，出现以下问题，如人力不足，传统的人工作业劳动强度大，高空作业存在高空坠落风险，高电压环境存在高压触电风险，自动化水平低、人为差错风险高等。配网带电作业机器人的投入使用，可降低检修作业人员劳动强度，保障人身安全，提高作业效率和质量，推进电网检修作业智能化进程。

二、主要做法

“三思文化”深入工作运用。思安全，安全有保障。“一化两护三全”：作业标准化；注重设备维护，人员防护；全流程管控，信息全方位反馈，人员管理全覆盖。思服务，服务有质量。“三心”服务“零距离”：排查隐患让客户放心，积极服务使客户暖心，耐心诠释服务质量。思创新，创新有突破。“一路两库三专”：走创新之路；建立点子库，成果库；牢抓专业、专注、专研。

（一）思安全，安全有保障

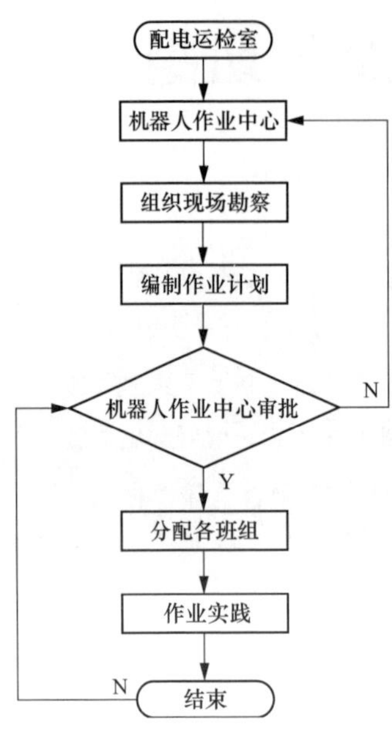

图1 项目管理流程化

中心将项目进行流程化管理（见图1），信息全方位反馈，并认真履行工作票完结制度，使工作“有理可依，有迹可循”。安全管理工作规范化，落实中心不停电作业安全的管理监督和指导工作，组织中心安全培训教育，组织学习上级安全资料，建好中心安全档案和班组安全档案，并严格要求库房管理，特种装备定期做好试验工作。生产计划管理科学化，贯彻执行上级有关不停电作业的规程制度和技术文件，制订不停电作业计划，开展各组自查、劳动竞赛、科研攻关、组织推广新技术、新工具、支持技术革新活动，做好自行研制开发的工器具的鉴定和定型工作。作业管理标准化，不停电作业中心积极推进现场作业标准化，文明化并进。各组设置废物暂放区和垃圾桶，作业现场清扫干净，不停电作业人员在作业现场应严格按照“三统一”标准执行统一着装、统一戴安全帽、统一佩戴胸卡，作业流程严格按照标准实施。

各组人员均使用不停电作业智慧管家App（见图2）。通过该App可以将现场勘查管理、作业计划管理、人员绩效管理、作业现场管理、绝缘工器具管理落实到每位组员，实现不停电作业全流程管控，进一步提升作业现场安全。

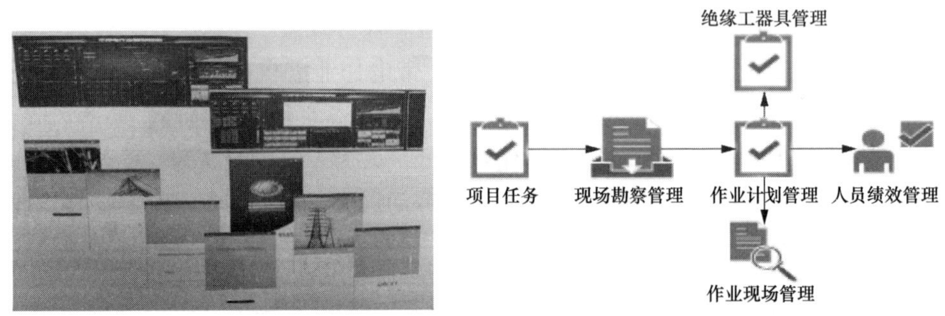

图2 不停电作业智慧管家App

（二）思服务，服务有质量

中心下辖各组定期开展“品质服务月”主题活动，活动内容分为：带电作业模拟小情景，班组小竞赛，活动总结。带电作业模拟小情景核心是通过模拟作业前召开班前会议等的情景，其余人员则在一旁仔细观看查找情景中违反安全生产现场的细节，待模拟结束后，各组人员举手抢答情景中违章违规行为。从而提高员工素质，使得服务更有水平。班组小竞赛考核的更多是作业细节，使得各组今后服务更具人性化。活动总结则是以表彰的形式鼓励每位员工在本职岗位上尽心尽力为客户服务，使得中心上下形成争做贡献、创优质服务的良好氛围。

（三）思创新，创新有突破

培育"各尽所长、优势互补"的理念。集中智慧、团结高效。每个人都有自己所擅长的业务类型，各组打破了职位、学历、年龄等界限，能者为师——谁在某个方面有专长，谁就是老师。各组每个星期抽出两个小时集体学习充电，由擅长某个业务类型的"老师"为其他人讲解，这不仅使班组成员逐步具备综合素质能力，也大大激发了班组成员的创新热情。班组每星期收集大家在工作中遇到的疑难问题，通过收集多方面资料、请教各专业业务骨干，对疑难问题逐个突破。实现工作的改进、突破和创新。

三、实施效果

中心围绕"三思文化"团队建设，各组在提升不停电作业能力、拓展不停电作业新方法、加强不停电作业流程安全管控等方面取得了明显成效。

（一）走安全创新之路

中心抽调各组精干人员成立专家组，自主研发了斗内绝缘杆系列工器具。中心下辖第1组进行实际带电作业验证，省内首家利用斗内绝缘杆作业法开展了20千伏不停电作业，多次为兄弟公司提供20千伏不停电作业现场技术支持，目前已在省内多家公司推广应用。

（二）建立点子库，成果库

中心研制带负荷更换跌落式熔断器成套装置，提出一种全新负荷转移方法，由直接负荷转移变为分合分断开关进行负荷转移，解决了直接负荷转移瞬间如果熔丝熔断产生燃弧对作业人员造成伤害的问题。中心下辖第2组随即开展实际作业验证，该方法获得江苏省十大操作法。目前中心创新成果已获得发明专利5件，实用新型专利15件。

（三）牢抓服务、专业、专注、专研

中心自主研发的绝缘斗臂车无线操控装置，已获得专利授权，实现地面精准遥控机器人，在全省推广应用。中心下辖的机器人作业组于2020年8月6日，在全省范围内率先使用机器人完成单回路三角形排列带电带载线路接引线作业（见图3）。又于2020年12月11日，在全国范围内首次实现双回垂直排列线路不停电

加装接地环项目（见图4）。通过机器人智慧应用，实现机器人手握高压线不停电一户电目标，保障作业人员安全，降低作业难度，提升不停电作业效率和服务质量，提高设备稳定运行和供电可靠性。

图3　使用机器人完成单回路三角形排列带电带载线路接引线作业

图4　完成双回垂直排列线路不停电加装接地环项目

中心认真践行“三思文化”，造就一支“有理想守信念，懂技术会创新，敢担当讲奉献”的产业工人队伍。

（撰稿人：高　明）

“北斗”调控班砥砺前行担使命

国网沭阳县供电公司调控运行班

【摘要】“北斗”调控班即调控运行班，成立于2009年12月1日，现有班组成员11人，其中党员4人；设调控班长1人、自动化运维专业工程师1人、正值调控员8人、副职调控员1人。调控运行班以企业文化示范点建设为抓手，以“三化学习”铸魂队伍，以“两非建设”激发动力，以“五字绩效”融入管理，以“七星模型”赋能发展，深化党建领航，不断规范管理，锐意进取，担当使命，助力各项专业工作再上新台阶。

一、实施背景

调控运行班深入落实2020年网省公司企业文化示范点建设“百千万”工程要求，强化文化驱动，增强文化自信，将示范点建设作为企业文化在基层落地的有效抓手，充分发挥辐射带动作用，推动形成基层企业文化建设新局面。

二、主要做法

（一）以“三化学习”铸魂队伍

以“立足岗位强本领，一专多能比贡献”为核心理念，推行“常态化、精准化、多元化”学习。常态化学习：坚持党建引领，依托“12+4、5+4”组织生活制度，以“一站到底”“纪法十分钟”等形式常态开展政治学习，班组员工定期参加国网沭阳县供电公司的青年党建研习活动，并在班组内部开展党史学习教育、《习近平谈治国理政》第三卷、十九届五中全会、国家电网公司战略等专题宣讲。精准化学习：开展“师带徒”活动，加快青年员工技能培养。开展劳模工匠宣讲、“微讲堂”、周周练月月考、创新项目联合攻关等多种活动，提升班组员工的思想觉悟、技术技能、管理经验和创新能力。多元化学习：开展“跨班组、跨专业、跨公司”交流学习。与变电运维班、配电运检班开展跨班组交流6次，推动培养“一专多能”型人才，增强班组内生动力；与营销、法律、安监等专业开展跨专业交流4次，增强部门联动效率，助力公司提质增效；到宜兴、姜堰等兄弟单位学习先进经验，选送1名青年员工到市公司轮岗锻炼。

（二）以“两非建设”激发动力

“非结构化团队”助力发展。成立“北斗智囊团”非结构化组织，针对系统故障识别、母线平衡治理等问题进行联合攻关。研发电能计量系统“智能管家”功能，实时短信告警和语音提醒，做到电量采集异常及时发现，及时消缺。班组员工积极参与公司青年党建研习班、新声宣传队、易公益工作队等，为公司发展注入青春活力。“非物质激励”凝聚人心。积极推选班组内勇于担当、甘于奉献、善于作为的先进典型，参与公司战“疫”先锋、道德模范、作风之星评选，在部门会议中进行通报宣传，增强员工荣誉获得感，激励身边人向先进对标看齐。班组员工刘玲玲、金晶先后获得“模范党员”“新时代好党员”“优秀党务工作者”等荣誉称号。

（三）以“五字绩效”融入管理

构建了独有的“绩效+文化”核心理念：念好“高、细、严、全、实”五字诀，扎实开展绩效管理。实行积分考核制，将年度各项重点工作任务分解到人、细化到天，做到日督导，月兑现。将企业文化践行情况作为绩效考评与推先评优的重要依据，构建以生产任务、学习提升、创新创效、作风品德为重点的多维度班组绩效管理体系。

（四）以“七星模型”赋能发展

调控运行班以“北斗调控，点亮花乡”为使命，秉持“调令准确不含糊，安全控制无差错”的工作信条，以“建设具有沭阳特色品牌的一流县调”为愿景，坚持“简单的事，件件做实了，就不简单；容易的事，事事做好了，也不容易；平凡的事，坚持做下去，就不平凡”的班组传统，形成了以“坚、严、精、实、专、爱、心”七字为核心的“北斗七星调控”特色文化。班组以“七星精神”为引领，坚守“人民电业为人民”初心使命，建立健全电网风险预警、线路频繁停电预警管控和停电计划执行实时通报协调机制，大幅压降了重复停电及延期送电问题发生，提升了用户满意度；持续弘扬“严谨细致专业专注”的优良作风，严格执行调度操作“十不干”，做到电网监控“十到位”，从未发生误调度、误操作、误整定等事件。

三、实施效果

（一）安全生产成效斐然

截至2021年8月9日，调控运行班已经实现7005天安全运行，并多次获得“安全生产先进班组”、安全示范岗、国家电网公司“先进班组”称号。

（二）创新实践喜结硕果

调控运行班“积分制”班组绩效管理模式得到充分肯定，“智能管家”功能创新获省、市公司表彰推介，项目“基于大数据的电量系统智能管控功能的研发与应用”参加2021年度中国电力企业联合会组织的“2021年度电力职工技术创新奖”申报。

（三）员工素养显著提升

文化铸魂盘活了员工的思维模式，正向激励规范员工的行为习惯，员工主动参与管理、提升技能、勇于创新的内在动力被充分激活。班组先后涌现出“勇救落水女孩”道德模范戴绍勇、国家电网公司青创赛银奖获得者顾益俊等一批优秀员工。

（撰稿人：金　晶）

学习“三牛精神” 争做“三牛”班组

国网连云港供电公司配网调控班

【摘要】“三牛精神”源于魂，达于根，即是为民服务的孺子牛精神、创新发展的拓荒牛精神、艰苦奋斗的老黄牛精神。成立于2007年的配网调控班，在负责连云港市区配网调控工作中，始终以“三牛”精神时刻要求自己。班组现有成员14人，平均年龄28岁，其中党员8人，研究生9人，是一支很“牛”的队伍。班组从管理模式、技能提升、团队建设上争“牛”，通过多角度、多维度探索实现依托于“成长计划”的管理模式创新、激励机制创新，制定梯度培训计划，开展“请进来、走出去”培训实践，严格实施“三不”反事故演习，成立“电靓眼”青年学习社，构建班组文化阵地，提升安全会、班会学习效率，全方位打造“三牛”班组。

一、实施背景

合抱之木，生于毫木；九层之台，起于垒土。一个活力十足、动力强劲的企业，离不开最小单位——班组的健康运营。配网调控班作为一个成立时间较短的“新兴班组”，大部分班组成员都是80末90初刚走出校门的年轻人，班组年轻层次感不明显。“初生牛犊不怕虎”，年轻人想法多、工作热情高，在给工作带来强劲动力的同时，还需要在管理上科学引导、加以规范，即要发挥拓荒牛的闯劲儿，又要锻炼老黄牛的韧劲儿。

二、主要做法

（一）创新发展拓荒牛，管理模式争“牛”

抓创新就是抓发展，谋创新就是谋未来。在创新发展的道路上，班组一手抓管理模式，一手抓激励机制，将拓荒牛的创新精神贯穿之班组建设的始终。

管理模式争“牛”。一是实施员工“‘牛人’成长计划”：根据日常工作、理论掌握程度、演习等方面的表现，制定包含调控、运方、自动化等内容的“5大类14小类”成长计划表，综合评价员工技能水平，如图1所示。二是设置“第9人竞聘制”：在8人值班的日常工作制下，设立一个第9人流动岗，负责自动化、参与班组日常管理、公司生产工作等业务。有意向的班员发表“竞聘演说”公开竞聘，班员投票。对于成功上岗的“第9人”采取季度考核，不通过则换人，且不得连任2期。

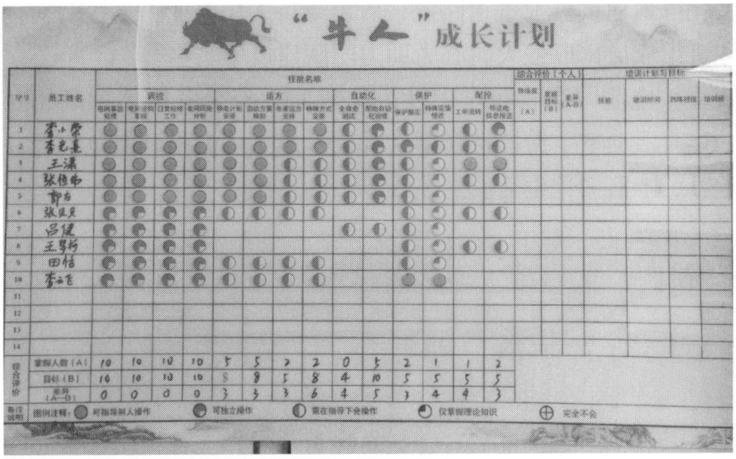

图1　2020年度班组“成长计划”结果公示

激励机制创新。为进一步提升班组建设水平，班组进行激励机制创新：依托“‘牛人’成长计划”，分别从月、季度、年等不同时间周期，公示评价结果，并作为个人定值升岗的参考。结合生产目标及个人完成情况，开展内部“季度牛人”评比等活动，坚持教育、督查、奖惩三管齐下方针，力争做到“人人有责任、个个有目标”，保证班组各级人员的安全生产责任真正落实到位。

（二）艰苦奋斗老黄牛，技能提升争“牛”

制定梯度培训计划，理论要“牛”。为进一步加强培养力度，提升班组成员的工作能力，班组按照“日、月、年”等不同时间层级，制定梯度培训计划：部门制定年计划、班组制定月计划、个人制定日计划。以钉钉子精神做实做细做好各项工作，一茬接着一茬干，确保“学习与成效不偏离，理论与生产不脱节”。

开展“请进来、走出去”培训，实践要“牛”。为及时并充分学习前沿技术，班组邀请相关高校和科研机构专家来班组开展教学，将先进的技术“请进来”；为学以致用，加强对新技术的融会贯通能力，班组定期组织成员、分批次“走出去”，赴优质厂家学习。

实施“三不”反事故演习，成效要“牛”。班组按照“演习暴露问题，工作不出问题”原则，开展“三不”反事故演习，即“通知不提前、方案不安排、情面不保留”，真正将压力传导到每个人。因人而异制定差异化演习策略，做到专打薄弱点。同时，还邀请兄弟单位联合演习，追根究底演习中暴露出的问题，确保弄清理顺。

（三）为民服务孺子牛，团队建设争“牛”

加强文化阵地建设。前进道路上，班组秉持人民电业为人民，对内加强团队建设，服务班组成员，以强大向心力助力团队建设争“牛”。

班组成立“电靓眼”青年学习社（见图2），充分利用休息区建立包含跑步机等设施的体育活动室、阶段性学习尖兵展示廊、书籍报刊阅览室等，加强班组成员专业学习、丰富文化生活。

图2 “电靓眼”青年学习社集中学习

“三言两语”活跃学习会氛围。为进一步提升安全会、班会学习效率，提高大家献言献策的积极性、主动性，班组实施“三言两语”讨论计划，通过“抽签法”“‘击鼓传花’法”“提问法”等多种形式，让所有成员有思考、有深度地发言。并实行正副班组长负责制，对会上提供的方法、提出的建议进行闭环管理，安全会学习记录见表1。

表1　安全会学习记录案例

部门	供电服务指挥中心	班组	配网调控班
地点	中心会议室	培训员	李光熹
学习人数	10	时间	2019-11-18
学习主题	电力系统并、解列操作		
重点	1. 电力系统并列操作的方法 2. 电力系统并列操作的条件 3. 电力系统解列操作的条件		

续表

重点	4. 电力系统并、解列注意事项 5. 电力系统非同期并列的危害
疑难点	电力系统并、解列时继电保护定值调整
危险点	电力系统并列时变压器中性点接地方式调整

丰富成员业余生活，提高身体素质，力争体健如牛。由于调度员的作息时间与其他岗位不同，很难与正常班的人凑在一起交流感情。班组定期组织爬山、郊游等活动，设定“五年爬遍连云港所有山脉、一年一次篮球排球比赛”等“五·一”目标，提升班组成员身体素质的同时，加强队伍凝聚力、向心力。

三、实施效果

“十三五”以来，配网调控班累计操作正确率100%，保持着安全无事故的调度记录，获得江苏省“青年文明号”、国网江苏省电力有限公司“工人先锋号”荣誉，1人获得国家电网公司调控专业调考第二名、1人获得“江苏电网调度系统先进个人”。

今后班组要将AI调控作为班组建设的一部分，全力打造“人工+AI”调控模式，充分利用先进科技引领班组建设。配网调控班继续秉承“人民电业为人民”的初心、“抓铁有痕、踏石留印”的决心、“一锤接着一锤敲，一茬接着一茬干”的恒心，学习“三牛精神”，争做“三牛”班组，全方位提升班组建设。

（**撰稿人：**李小荣　李光熹　郭　左）

四段式班组文化建设理念共筑坚强文化堡垒

国网江苏超高压公司

徐州运维站三堡变电运维班

【摘要】三堡变电运维班成立于2011年5月28日。目前管辖500千伏三堡变、任庄变等2座变电站，班组驻地设在500千伏三堡变电站，承担着国家电网“西电东送”、华东电网“北电南供”的重要任务及徐州西、南、北以及城区厂矿企业、京沪高铁等重要用户的供电任务。班组自成立以来，注重以文育人，深入开展国网企业文化教育，推动班组文化体系建设，结合多年工作经验，提出四段式班组文化建设理念。已顺利获得省公司级企业文化示范点，并积极申请国家电网公司企业文化示范点，将班组文化建设经验进行推广。

一、实施背景

班组管辖500千伏变压器6台、总容量4500兆伏安；500千伏线路15回、220千伏线路24回等共39回。现有运维人员22名，其中党员8名，本科及以上学历12人，高级技师3人，技师13人。

三堡变电运维班自成立以来，积极探索新途径、新方法，建机制、创品牌、育文化，高效有序推进了班组文化建设工作，打造了一支业务精湛、作风顽强、团结和谐的优秀团队。

变电运维岗位有着规章制度多，要求严格；变电站远离市区多，工作单调；设备种类、安全风险多，责任重大等特点。多年来，班组在完成各种急难险重工作任务的过程中，在确保与国家电网公司文化理念高度统一的基础上，结合岗位特点，汲取传统文化精髓，进行整理、提炼，逐渐形成以“自强不息，厚德载物”为理念，以“平凡岗位要有追求，平静生活要有激情，平常工作要有责任”为精神，以着力打造“印象三堡”文化品牌为愿景的班组文化体系。

根据多年来开展班组文化建设的经验，在确立了文化理念后，具体的实施步骤归纳为“认知、认同、习化、创新”四个阶段，确定为四段式班组文化建设理念。

二、主要做法

系统中线路保护有四段式距离保护，从第一段到第四段，每一段保护的距离更长；而四段式班组文化建设，每一段都能引领班组走得更远。融会贯通后，四段式班组文化建设理念“认知、认同、习化、创新”内涵如下：

（一）认知阶段

这个阶段主要是通过班组的文化手册、文化看板以及班组长、老同事的言传身教（见图1），丰富班组文化的物态载体，清晰呈现班组的文化内涵。自上而下，加强班组文化的日常宣贯。现在三堡变电运维班的每一个新员工的必修课，就是到班组的文化学习室学习。

图1　员工自发学习

（二）认同阶段

这个阶段通过标杆影响、制度约束、评价引导、奖惩导向等方式，强化班组文化的落实（见图2）。由外而内，使员工逐渐地接受和认同班组文化，主动地向班组文化理念的要求靠拢。

图2　通过标杆树立加强班组文化落实

班里有个小伙子，肖坤，湖北人，2013年研究生毕业后，分配到三堡变电运维班。刚开始，由于他性格活泼，热爱运动，学习也浮躁、不踏实，被大家称作“呆不住”。后来班组员工每次跟他聊天，都会不时提起“三平三有”的班组精神，并且带着他一起去观察、感受班里老师傅的工作态度和奉献精神。

渐渐地，大家发现，肖坤不再是“呆不住”，而变成了“赶不走”。经常下班也不回家，主动留在变电站学习。

（三）习化阶段

这个阶段员工逐渐地从被动接受到主动作为，将融入到自己的行为中的文化理念，由内而外地变成潜意识的行为习惯（见图3）。

有一次新站启动，女员工厉媛连续工作了26个小时，不顾大家的劝阻，硬是“任性”地表示，必须把新设备投运成功后才下班休息。接着有一段时间，连日暴雨，每次有预警发布，班里就有好几位在家休息的同志为了预防突发事件，主动赶到自己住所附近的变电站留守。他们的思维方式和工作作风彰显了班组“三平三有”的班组精神。

图3 党员主动作为

（四）创新阶段

当然，班组文化建设也不是一劳永逸，随着环境的变化、管理的发展，班组的文化建设也需要与时俱进，而班组文化的传承更是必须经历一个不断创新和发展的过程。班组设立了党员责任区，如图4所示。

图4 设立班组党员责任区

变电运维岗位的班组员工远离喧嚣的城镇、远离温馨的家庭，长期共同工作和生活在变电站中，使班组成员间的相互联系比较紧密，久而久之，思想感情易于交流和产生共鸣，很容易形成共同的认识。大家越来越像亲兄弟、亲姐妹，工作中相互推诿的事也越来越少了，拾遗补阙的事却是越来越多了，今天班组已经不再只是工作团队，更是成为一个温馨、和谐的家，班组文化也增添了“互助、和谐”的新内涵。

三、实施效果

制度决定边界、体制决定活力、文化决定寿命。一支军队因为有了军魂方能百战不殆，一个班组只有拥有文化才可以长盛不衰。正是靠着班组文化的浸润，我们圆满地完成了各项工作任务，牢牢地守好了江苏电网北大门，涌现出大量可歌可泣的先进事迹，取得了“四通道培训法”“工作许可九问制”“三定六到一分析”红外测温法等优秀创新成果；培养出了国网专家朱宏杰、技术能手程永，省公司劳模史德清、技术能手王勇杰、秦晓刚等模范人物；班组获得了大量的荣誉，先后荣获国家电网公司500千伏“红旗站”“标杆站”“先进班组”，江苏省总工会“工人先锋号”，省公司“先进班组”“标杆班组”，国资委中央企业“红旗班组”，全国总工会“工人先锋号”等荣誉。这些荣誉激励员工脚踏实地，奋力拼搏；同时，也告诉了员工运行岗位是平凡的，生活是平静的，工作是平常的，但平凡不等于平庸，在平凡之中追求卓越，在平静之中充满激情，在平常之中保持强烈的责任感，是工作岗位的要求，也是对人生境界的提升。

（撰稿人：李　珂）

技能建设

“五位一体”打造“技能提升型”班组

国网南京市溧水区供电公司

变电二次检修班（电气试验班）

【摘要】变电二次检修班（电气试验班）现有班组成员7人，其中党员4人，中级职称4人，高级技师1人，技师1人，负责溧水地区110千伏及以下变电二次设备的运行维护、检修、技改及消缺工作。班组从“人文、专业、创效”三方面突进，采用“以人为本、双轮驱动、模范带头、联动互补、产学研用”五位一体模式，对青工进行全方位技能提升培养，优化青工技术技能传承。自经验实施以来，班组青工技能提升速度飞跃，获得多种荣誉奖项。以青工为主导，班组积极创成“国家电网公司先进班组”、江苏省“青年文明号”、省公司“工人先锋号”、南京市“青年安全生产示范岗”，一篇班组典型经验刊登在宁电班组视窗专栏。

一、实施背景

变电二次检修班（电气试验班）为技术型班组，目前班组青年员工比例增大，相对应的经验丰富的老师傅比例大为减少，技术传承出现承接不暇的状态。为实现班组技术呈现常青藤式发展态势，需持续加强精益化管理，促进班组由“智慧型”向“智能型”“专注型”向“全能型”的方向高效提升。

二、主要做法

（一）精细绩效考核，“以人为本”激活力

1. 严格落实绩效积分制度

坚持“多劳多得、多技多得”的班组绩效考核导向，实行月度绩效积分考核制度，推进全员绩效管理。考核结果与员工薪酬分配、职业发展等紧密结合，激发班组成员的技能提升热情，实现专业重心下移，工作责任明确、监督责任动态跟进的良性循环。

2. 持续深化班组云平台应用

在绩效管理、基础管理等各方面推进云平台使用，利用腾讯共享文档、即时通信等方式，及时进行信息的传递与宣贯，进一步为班组提供便利减轻负担，实现文化品质再提升，增强班组凝聚力和战斗力，实现管理和人文的互补融合，专

业与班组的同频共振。

（二）拓宽培训模式，"双轮驱动"共成长

1.优化创新学习载体

通过定期组织实操练兵、劳动竞赛等各种形式的培训活动，坚持开展"四堂课"理论活动，即现场培训讲解课、"人人为师"理论课、故障分析提升课、课题研讨实践课，充分发挥"全员备课、人人自学、抽签讲课"的促进作用。结合110千伏智能站投运前验收工作，在110千伏永阳变电站和110千伏柘塘变电站内进行"建党百年 青春聚力"溧电青工实景微课堂系列授课及青工技能比武，抽签选题，模拟真实故障场景，进行实战排故、保护调试演练，设立专家评审，提高班员的分析解决实际问题的能力。

2.严格把控基建及技改工程过程

确保青工"全过程"参与工程验收工作，按照"设联会－出厂验收－随工验收－竣工验收"流程，在不同阶段先后对设计、厂房提出设备建议，在出厂验收时把握产品质量，设备安装调试阶段提出整改意见，经三方自检合格后再进场验收。通过验收计划的编制、上手调试、验收报告编写，提高班组青工的技能业务水平，积极营造"人人争当技术能手、人人争当技能标兵"的良好氛围。

（三）学习先进典型，"模范带头"领前行

1.聚焦班组长业务能力与综合素养提升

善于结合工作实际，总结提炼升华班组典型经验，充分发挥班组长的带头作用，带动班员整体进步，形成"强将领头、精兵支撑"的良好局面。

2.充分发挥党员示范岗、劳模工匠的先进带头作用

为了更好地开展日常维护工作，班组设立2个党员示范岗，引导党员立足本职岗位，在应急抢修、防疫防汛、迎峰度夏等工作中充分发挥共产党员的先锋模范、带头辐射的作用；邀请班组获评省公司劳模、"南京工匠"的成员定期开展经验传授交流，总结提炼工作经验，激励职工立足岗位，优化班组梯队建设。

（四）经纬交织筑合力，"联动互补"促交流

1.引导青年成才，加快技能提升

班组层面以"1+1"形式引导青年成才，"一师一徒"促进共同成长，积极引导班组青年争做生产工作的生力军和突击队。

2.横向实施"班组共建"，加快专业融合培养

牵头组织变电专业技能提升培训，联合人资部，集合公司各个专业的技能专家力量，建立变电青工专业提升群，在部门层面促进输变配多专业融合，分阶段

设立目标，按电压等级逐层递升，力求切实提高青工的业务水平与综合素质。第一阶段以继电保护专业知识为主，运维、调控专业知识为辅，以10千伏间隔为例，共同学习图纸、电压并列二次回路、备自投、工作票填写规范等相关知识并进行现场考核测试。结合线上线下并举的方式，加强班组人才梯队建设，树立班组互助、共同服务、团结共赢的理念。

3.开阔视野思路，达成优势互补

依托公司平台邀请专家开展专题讲座并积极带领技术骨干至优秀兄弟单位开展经验交流，取长补短共同进步，促进高技能人才队伍建设。

（五）开展课题研究，“产学研用”得实效

1.强基为固本，创新求突破

以“简单实用、侧重实践、突出技能”为原则，积极参与群众性质量改进活动，夯实班组管理基础，激发员工的创新精神，以创新服务技能应用，推动质量标准化水平上台阶。

2.推进创新增效，以技术支撑电网

依托陈洪技师创新工作室的载体，积极开展实用化科技攻关，用创新的方法解决实际工作难题，将想法落地生根，转变成实物或是专利，增大推广价值，群策群力保证“产学研用”，使创新迈向更加开放、协同、融合方向发展。

3.推广“技能+素质”双提升模型

鼓励青年积极参与青年创新创意大赛、管理创新、科技创新等活动，进一步拓宽一线科技视野，加大科创扶持力度。班组“一种作业工具车”“一种35千伏及以下断路器保护装置”等4项成果获国家实用新型专利，由班组成员负责的课题获省公司第五届青创赛铜奖。

三、实施效果

（一）班组氛围和谐化，提升团队凝聚力

通过设立微讲堂，分享案例、剖析事故、传授经验，强化班组队伍建设；通过增设读书角，倡导健康文明的生活方式，形成和谐融洽的工作氛围，实现个人与班组共同成长，营造“聚合向心”家园文化氛围。班组已连续7年获评市公司五星班组荣誉称号。

（二）技能成长加速化，保障生产执行力

班组一名成员获评“南京市技术能手”，一名成员获评“省公司继电保护劳动竞赛先进个人”“省公司劳动模范”“省公司杰出青年岗位能手”，两名青工分别获评国网溧水区供电公司变电专业技能大赛第二名、省公司安全知识竞赛“个

人优胜奖"。

（三）创新创效常态化，强化核心竞争力

班组连续8年在市级及以上层面的质量管理QC活动中获得奖项，其中国家级4项、省级1项，共4项成果获得国家实用新型专利，1项课题获省公司青创赛铜奖。成员共同研发的变电站内二次设备红外测温系统等成果解决专业实际问题21起，撰写的故障分析论文多次刊登电力专业杂志，有效降低设备运检成本，提升现场工作效率。

（**撰稿人：**汪子琦　经　城）

高效提升三、四类复杂不停电作业

宜能实业有限公司配电工程分公司带电作业班

【摘要】带电作业班成立于2004年，负责宜兴全市配网工程中的不停电作业部分。2020年，班组认真贯彻省公司总经理、党委副书记唐屹峰现场调研的指示要求，紧跟配网检修发展趋势，高效拓展三、四类不停电作业项目。班组从2020年3月起，组建竞争团队，开展三、四类不停电作业项目理论学习、实践操作，推进以赛促练、实践应用等方法，历时2个多月，高效掌握三、四类不停电作业项目技能，通过预验收，并于2021年4月正式通过省公司对第三、四类不停电作业的复杂项目验收。班组顺利开展了10千伏竹海线等多条线路带负荷更换开关项目的实际应用，积累了实际应用经验，提升了配网不停电作业覆盖面，提高了供电可靠性，创造了更好营商环境。班组提炼的“复杂不停电作业提升法”典型经验，具有良好的推广普及意义。

一、实施背景

随着电力用户对供电质量、可靠性的要求越来越高，保证不间断供电已是当前工作的重要任务。因此，大力发展提升不停电作业技术，是当今的发展趋势，也是班组工作的重中之重。

此前，班组的不停电作业开展项目主要集中在第一类、第二类不停电作业简单项目。第一类作业包括绝缘杆作业法更换避雷器、断接引线以及普通消缺。第二类作业包括绝缘手套作业法更换避雷器、更换跌落式熔断器、更换直线杆绝缘子、断接引线以及普通消缺等项目。

班组尚未开展第三类、第四类不停电作业复杂项目。第三类作业包括绝缘手套作业法更换直线电杆、断接电缆终端引线、带负荷更换柱上开关或隔离开关等项目。第四类作业则更为复杂，包括更换柱上变压器、旁路作业等项目。

与第一、二类作业相比较，第三、四类作业更为复杂，所需要使用的专业装备、车辆以及人员数量多，工作量大，涉及用户往往较多。开展第三、四类作业能更加有效缩短停电时间，明显减少停电用户数，带来较大的经济效益和社会效益。因此，高效拓展三、四类不停电作业项目，是急需完成的一项工作任务。

二、主要做法

（一）组建竞争团队，促进队伍成长

2020年3月，带电作业班内部重新调整，根据每个人的特长进行分工，担任不同的角色，充分发挥每个人的特长，并开展师徒结对，让每个人做到一专多能。为了快速提升个人技术水平，班组分成了两个作业小组，采取以老带新、定期换岗，分组竞争的模式开展日常工作。

成立两个作业小组，有利于对人员和工作任务进行合理分配。通过对团队工作量化对比，明确奖惩制度，以此提高员工竞争意识，进而促进提升工作效率。

班组阶段性组织生产座谈会，回放各作业小组工作照片，分析优点与不足，汲取经验与教训。

通过采用走出去、请进来的做法，加强交流，不断加强业务技能，互相学习，快速发展成长，为顺利通过省公司第三、四类作业项目验收做好人员技能素质提升的准备工作。

（二）开展前期准备，加强流程训练

在2020年3月抗疫复工期间，班组集中学习《10千伏配网不停电作业规范》《配电线路旁路作业技术导则》《带负荷更换柱上开关指导书》等带电作业相关项目的指导规范。通过学习相关理论，熟悉和掌握项目的工作步骤与工器具要求，并组织观看不停电作业培训中心的标准化作业视频，加深对三类不停电作业项目工作流程步骤、安全规范的理解。邀请变电专业人员讲解钳形电流表、绝缘电阻测试仪等仪器仪表的结构原理，正确、规范使用相关仪器仪表，确保所使用的工器具合格。

为了能尽快掌握第三、四类项目，班组对验收项目进行了逐步分解，从场地布置、工器具采购、资料编制、人员车辆配置四方面着手准备：① 场地布置。独立选址，建造不停电作业中心专用实训场地。② 工器具采购。在三、四类不停电作业项目训练期间，为确保项目顺利推进、通过验收，采购工器具，从绝缘包毯夹到旁路开关一应俱全。③ 资料编制。通过研究国网无锡供电公司不停电作业中心的施工三措、指导书、工作票，编制出一套适合本班组的资料，通过邀请专家固化作业流程，邀请专业团队拍摄三、四类不停电作业项目的影像资料。④ 人员车辆配置。添置布缆车、旁路作业车、应急电源车、箱变车等新式装备。

（三）苦练提升技能，加强实践操作

2020年4月中旬，班组在巩固原有不停电作业方式的基础上，重点拓展三、四类不停电作业施工方式。通过编制月度训练计划、实践操作和理论学习相结合的培训模式，班组成员利用工作闲余时间进行训练，提高三、四类不停电作业熟练度。通过与兄弟公司的沟通交流，对工作票、倒闸操作票进行可行性分析，编制现场作业勘察单，同时与上级探讨编制施工三措等风险预控措施。

经过1个多月的强化训练，技术骨干熟练掌握了绝缘手套作业法带负荷更换柱上开关、绝缘手套作业法断电缆终端引线、绝缘手套作业法带电接电缆终端引线以及不停电更换主上变压器这四种三、四类不停电作业项目，并在5月底在国网无锡供电公司预验收工作中获得高度好评。同时组织公司配网与营销工程管理相关人员开展不停电作业现场勘察要领及不停电作业的作业条件、技术方案等规范培训，积极营造全方位开展不停电作业的工作氛围。

正式验收前，班组成员始终坚持对三、四类不停电作业项目的理论学习和实操训练，在细节方面加强磨合，做到规范流畅，并且学以致用。

（四）以赛促练精进，通过验收考核

2020年10月，国网无锡供电公司与无锡市人社局联合举办无锡市职业技能竞赛，旨在锻炼不停电作业人才队伍的专业技能。参赛选手需在一个月内对专业内容进行全面的学习，最终在竞赛时需要完成理论考试及实操考核两个环节，时间紧、任务重。

班员刻苦钻研，持之以恒练习，不断提升专业技能水平，在竞赛中勇于亮剑，技高一筹，获得团体和个人双双第二的好成绩，为第三、四类作业项目验收工作打下坚实基础。2021年4月12日，班组正式通过省公司验收，员工在现场操作熟练程度非常高，获得验收专家组的一致好评。

（五）开展实践应用，避免停电增效

2020年9月9日，班组开展了10千伏竹海线带负荷更换开关实际应用。在作业现场，从安全措施的布置到工器具的摆放、人员劳动防护用具的穿戴、电缆的展放都井然有序。带电作业杆上作业人员对杆塔上的导线与铁附件进行绝缘包裹、搭接旁路系统等系一列工作，每一项步骤都严格按照工作方案执行，最后成功地将柱上开关及刀闸安装完毕并一次性成功送电。直接避免了对外停电（取消了原先的计划停电工作），大大提升了给用户不间断供电的能力和公司的供电可靠性。

三、实施效果

在宜兴市，第三、第四类不停电作业方式自实施应用后，较以往减少停电时户数2784.9户时，多供电量178.92万千瓦时，带来良好的经济效益和社会效益。今年预计能通过第三、第四类不停电作业减少停电时户数75040.7户时，多供电量1649.92万千瓦时，为公司创造电量营收约1155多万元。

第三、四类不停电作业的应用，标志着国网宜兴市供电公司实现四类不停电作业全覆盖，加大了对第三、四类不停作业项目的普及与推广。

目前，全社会经济仍在快速发展中，要保证广大电力客户的持续不间断用电，需要全省各地的供电公司在客户不停电或少停电状态下进行施工、检修等作业。当前，配网不停电作业化率仍有待提升，较复杂的第三、第四类复杂作业占比仍不高。因此，必须进一步推广配网不停电作业项目，特别是要推进较复杂的第三、第四类复杂作业项目的应用，扩大不停电作业范围，不断提升供电可靠性。

因此，国网宜兴市供电公司带电作业班提炼的“复杂不停电作业提升法”典型经验，具有良好的推广普及意义。

（**撰稿人：**陆　飚　沈奕州）

培养"高技能"人才 打造"新时代"强所

国网徐州市贾汪区供电公司大吴供电所

【摘要】大吴供电所位于贾汪区的最南端，现有员工41人。其中党员19人，占比46.34%，高级工及以上技能等级人员16人，占比39.02%。主要负责辖区内5个政府机构282家企事业单位及4万余户低压用户的用电保障及服务工作。近年来，大吴供电所坚持把党建引领、支部带动、党员示范作为发展提升的基础，搭建"三大平台"，构建"双向培养"机制，依托"三带、三激励"工作实践，培养业务"多面手"、孵化技术"尖子生"、组建创新"攻坚队"，全力培养"高技能"人才，推动"新时代"强所建设。

一、实施背景

随着电力能源的日益发展和新型业务不断拓展，供电所日常工作需使用营销2.0系统、新一代用电信息采集系统、PMS系统、一体化电量与线损管理系统、安监一体化平台、农电综合管理信息系统、党建系统等多个信息系统，配网抢修、台区经理移动作业终端、营销移动作业终端等作业终端和学习强安、i国网、网上国网、e充电、电e宝等手机App，种类繁多，技能要求高。大吴供电所员工技能受限，难以熟练操作，再加上部分员工年龄偏大、结构性缺员的现状，形势要求我们必须内部挖潜，加大全能型人才培养，锻造柔性团队，以此调动员工的积极性、能动性、创造性，为供电所管理赋能量、激活力、提质效。

二、主要做法

（一）优化组织架构 促进业务融合

1.构建"虚拟化"情景实训

搭建实训室、创新工作室和人才孵化室"三大平台"，精选所内技师及高级工，组建内训师队伍，从知识、技能、创新、素质四个层面，编制"模拟化"课件，构建"虚拟化"情景，对员工进行点对点的智能互动培训（见图1），并细分八个能力项进行量化测评，切实提升班组员工解决实际问题的能力。

图1　对员工进行培训

2.发挥“师带徒”和“党员结对帮扶”示范作用

为鼓励年轻员工敏于思考、勤于实践、善于沟通、敢于创新，尽快成长为全能型技术骨干，达到台区经理、综合柜员营配日常业务都能干的要求，激活组织的生命力，所内采取“师带徒”“党员结对帮扶”的方法，在实践中锤炼，在工作中传承。同时，充分挖掘所内优质资源，成立4个供电服务小组，确保每组配备2名能力强、技术优的业务骨干，加强营配业务互帮互学，把党员培养成骨干，把骨干培养成党员。

3.组建“柔性化”攻坚团队

针对业务系统更新不及时、采集设备更新换代过快、采集型号过多等问题，所内积极搭建柔性“攻坚小组”（见图2），开展“技能之星”评比，发挥柔性团队工作响应迅速、人员组成灵活、资源覆盖全面等特点，每月扎实开展业绩评价分析工作，及时对落后指标分析存在的问题，针对性地制定改进提升措施。

图2　组建“攻坚”小组开展工作

（二）强化激励约束，促进管理提质

1. 实施“问题追踪”机制

为精准开展台区线损治理工作，大吴供电所提出“负损就是管理缺失、高损就是措施不实”的治理方向，坚持“提前监控、两会分析、全员出动”的问题追踪处理机制，为台区线损管理提升夯实了基础。

2. 实行“提前处理”举措

借助管控中心实时线损管控平台，实现“T-1”低压台区线损情况的统计，对线损不合格的台区进行提前治理。每日晨会通报不达标台区以及提前处理的情况反馈，每日下午两点半定时召开线损分析会针对未解决的台区进行深化分析，由所在小组长带领技术骨干到现场进行协助解决，实现精准降损。

3. 创立“三主六制”工作法

将所里所有指标落实到个人，明确台区经理是服务主体、工作主责任人、设备主人的精准定位以及首问负责制、快速响应制、首到负责制、现场办理制、问题报告制、设备巡查制、客户满意制。台区经理主动与辖区客户“点对点”对接，开展业务上门服务，将管理末端转变为服务前端，跟电有关的事，一个电话就能找到专人、把事办好，员工责任心、执行力不断上升。

4. 设立“六化”考核目标

增加所内考核工作透明度，由大家进行民主考评，并在所务会上公开考核结果，实现了工作“六化”，即工作目标明确化、工作内容标准化、工作步骤程序化、工作记录格式化、工作行为规范化、工作改进常态化，消除了员工的畏难情绪和思想疑虑，激发了班组员工推动标准化建设的强大合力。

（三）营造和谐氛围　促进活力激发

1. 发挥“沟通激励”作用，增强员工归属感

始终坚信员工的干劲是“谈”出来的思想，坚持用好谈心、谈话这股“巧劲”，通过经常性的约谈员工，做实、做细员工的思想工作，提振员工干事创业的精气神。

2. 发挥“赏识激励”作用，增强员工成就感

每年向全体员工家属通报单位取得的成绩，所内评选的优秀员工进行表彰并颁发荣誉证书，由员工家属上台领奖拍照留存（见图3），增加了员工及家属的荣誉感。

图3　员工家属上台领奖

3.发挥“情感激励”作用，增强员工幸福感

坚持为员工办实事、做好事、解难事，建立扶贫帮困制度，开展员工家属谏言和茶话联会活动（见图4），从而增强员工的幸福感，提升企业的凝聚力。

图4　开展员工家属茶话联会活动

三、实施效果

高技能人才培养规划实施以来，越来越多的班组员工成为“多面手”“尖子生”，实现一专多能的基础上，班组和班组之间协同变得更加高效，比、学、赶、帮、超氛围日益浓厚，为班组管理提升注入无限活力。

1.高技能人才比例明显增强

高级工及以上技能等级人员与初级（助理工程师）及以上人员占比逐年递增，分别由2018年的23.8%和14.3%增加到现在的39.02%和18.6%，高技能人才队伍进一步增强。

2.专业指标排名明显领先

连续三年在全市119个供电所业绩评价评比指标排名中进入前五名。同期线损治理整体达标率连续五个月被评为全国百强供电所，被国家电网有限公司评为线损达人合计29人次（见图5），被省公司命名为“四星级”供电所。

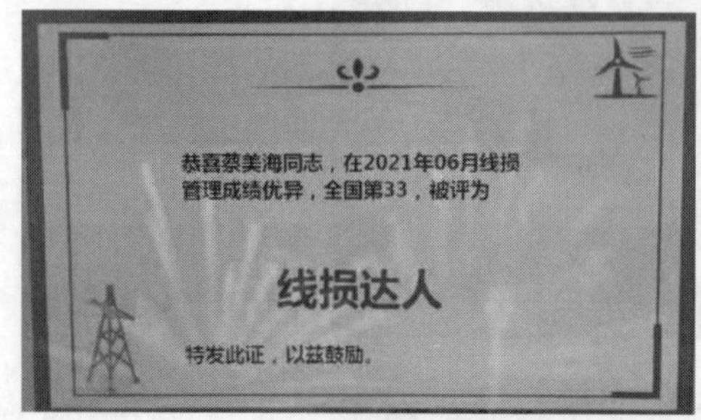

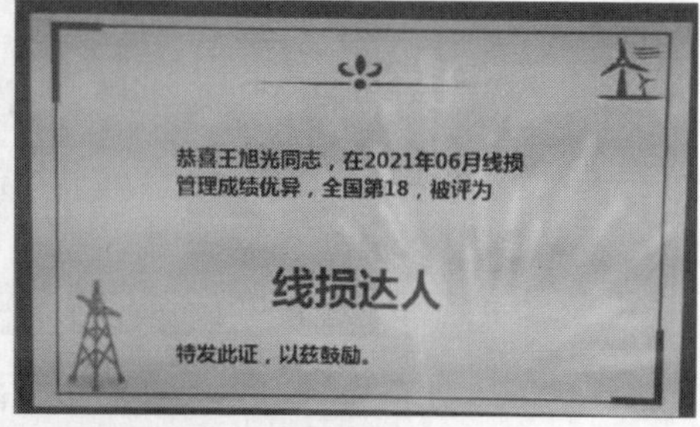

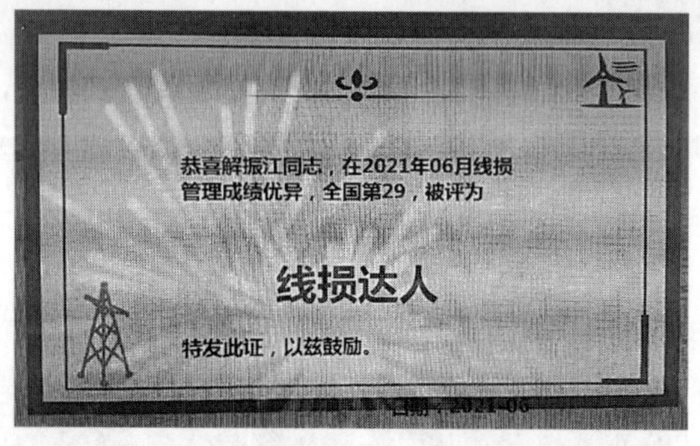

图5　班组多名成员被评为线损达人

3.服务客户满意度明显提升

员工综合素养不断提高，服务客户“精气神形”明显提升，在推进地方高质量发展，服务人民群众美好生活和乡村振兴中走在前、冲在先、做示范，被当地政府连续多年授予“服务经济发展先进集体”荣誉称号。

（撰稿人：赵广强　阚声波　朱　宽）

“一创二抓三提升”铸一流创新班组

国网常州供电公司配网调控班

【**摘要**】配网调控班于1997年5月15日成立，负责所辖电网设备的调度运行操作、事故处理及日检修计划等，现有调控员22人，平均年龄36岁，其中技师16人、高级工5人，高级工程师8人、工程师14人，双师及以上13人，党员10人，本科及以上学历21人。班组先后获得省、市公司、地方政府颁发的一流班组、工人先锋号等先进称号，职工技术创新、QC项目、科技项目等多次获得省级表彰。班组实施“一创二抓三提升”方法，创建“蜂鸟创新团队”，省内率先开展配网自动化设备全自动巡检功能研发，为配电网稳定运行、优质供电服务提供可靠保障。同时，在班组安全管理、服务提升、团队建设等各方面齐头并进，取得了长足进步，为铸就一流创新班组奠定了坚实基础。

一、实施背景

随着常州地区经济高速发展，配电网规模日益扩大，配网自动化设备数量巨大，实时信息量已成爆炸式增长，调控人员所承担的工作量成指数式增长，导致配电自动化的高度实用化与较低的自动化设备巡检管理水平成为当前的主要矛盾，而且班组的传统管理模式，短板也逐渐显现。

因此，如何更高效地利用配电自动化系统及时发现并处置配网设备缺陷，促进配电自动化实用化成效，成为配网调控班迫在眉睫需要解决的问题；同时，配网调控班也亟需在对班组创新意识、服务意识、团队建设等方面进行有效地加强，提高班组管理效率，促进配网安全稳定运行，提升供电服务水平。

二、主要做法

1.“一创”

为深入贯彻以技术创新推动高质量发展，提高关键领域自主创新能力的精神，配网调控班创建了“蜂鸟创新团队”，为班组青年骨干提供了展示自我、创新进取的平台，大家为班组各项工作集思广益，深挖业务细枝末节。为解决配电自动化的高度实用化与较低的自动化设备巡检管理水平这一主要矛盾，青年骨干深度参与，研发了基于智能配网调度控制系统的配网设备自动巡检功能。

基于智能配网调度控制系统的自动巡检功能能够对配网自动化设备进行全面自动巡视，发现配网设备的各项异常情况，记录各项数据，并自动对缺陷进行分类确认，汇总生成报告。配网自动巡检工具界面如图1所示。

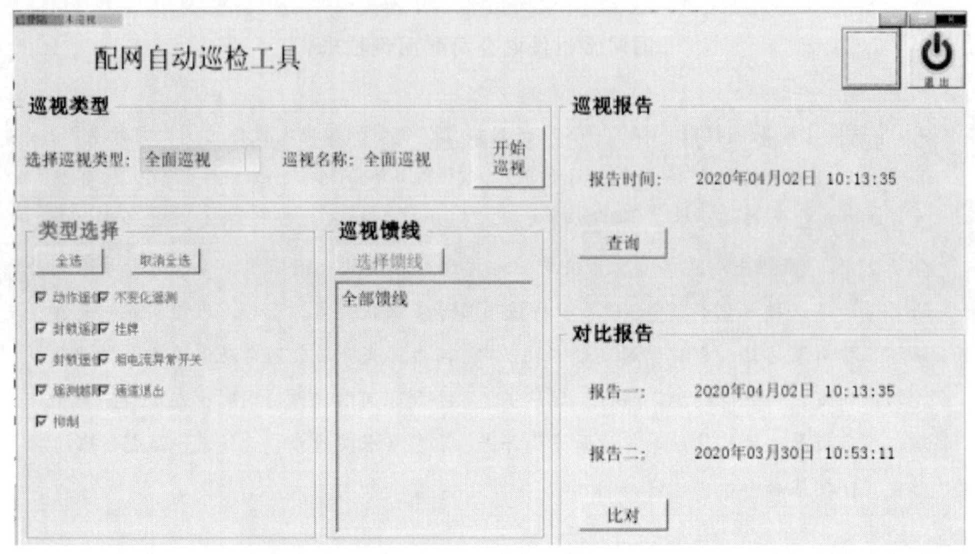

图1 配网自动巡检工具

基于智能配网调度控制系统研发的配网设备自动巡检功能在国网常州供电公司率先投入使用，显著优化了配电自动化设备巡检处置流程，提升了配网设备安全稳定运行水平。传统配电自动化设备巡检处置流程如图2所示。优化后的配电自动化设备巡检处置流程如图3所示。

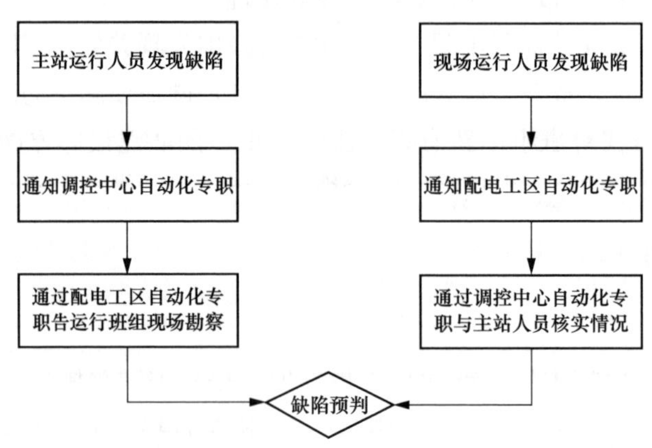

图2 传统配电自动化设备巡检处置流程（一）

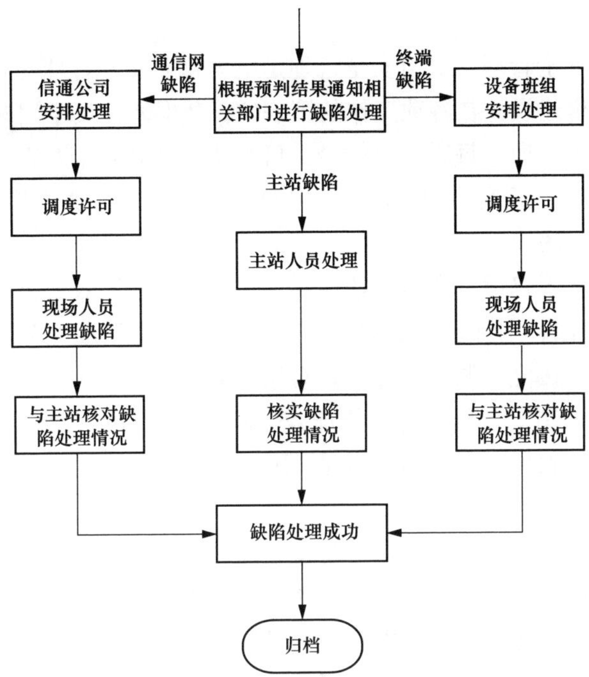

图 2　传统配电自动化设备巡检处置流程（二）

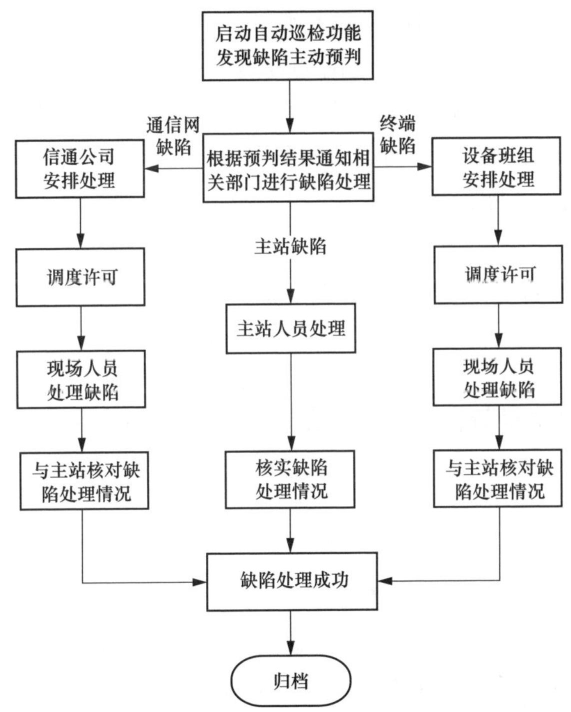

图 3　优化后的配电自动化设备巡检处置流程

2."二抓"

（1）抓班组安全管理。班组安全管理是电力企业安全管理的基础。配网调控班始终把班组安全建设放在各项工作的第一位，敦促调控员牢固树立"安全第一、预防为主"的意识。通过每周安全例会，班组认真开展安全互查行动，把工作中暴露出的安全问题、遇到的棘手问题、特殊实例提出来，集思广益、共同讨论，提出改进措施与方法。

（2）抓班组队伍建设。班组将培训、工作等情况与绩效考核有机挂钩，推行"积分制考核"办法，引导班员学知识、提技能，通过互动和实践实现一专多能。2021年初，班组承接配网调度业务联系对象业务培训的工作，涉及联系对象名单收集、培训材料编制等，班组将工作任务分解下发给青年小组，大家群策群力，定期开展碰头会，顺利完成工作，体现了班组团队凝聚力。

3."三提升"

（1）提升班组服务意识。班组主动建立并贯彻"以客户为中心，以提升供电可靠性和优质服务水平为重点"服务理念，实现业务由电网运行主导向电网运行与优质服务并行的转变，进一步提升公司对外服务质量。班组在供指中心建设的配网设备预警工单管控业务体系中，深入开展配网线路重复停电督办、用户故障督办等多项服务类工单督办业务，通过与营销、配电、变电等专业外部多维度的督办工单驱动联动，提升公司优质服务水平。

（2）提升班组学习能力。配电网的发展日新月异，为切实履行好配电网安全稳定运行的职责，鼓励调控员持续学习新知识、新技术和新方法，班组创建配网调控专业知识库、成立"蜂鸟创新团队"、组建"电火花"工作小组，为班员参与班组管理、学术讨论、创新研发等工作架设了多种渠道，调动了班员学习热情，提升班组能力。

（3）提升班组管理质量。制度规范是班组一切工作的前提和保障。针对配网调控工作繁、杂、多的特点，班组制定了《配调日常流程及规范手册》《配调规章制度索引》《规范用语细则》等诸多规定，并鼓励班员参与规范编制、修订，促进班员对公司各类最新管理制度的动态学习，进一步加强班组管理、制度规范执行力度。

三、实施效果

自"一创二抓三提升"班组管理方法实施以来，配网调控班在创新能力方面有了显著提升，班组青年骨干深度参与研发应用配网设备自动巡检功能，2020年全年自动查询确认设备缺陷403项，促进了缺陷跨部门、跨专业高效协同处置，为配电网的稳定运行、提升优质供电服务提供了可靠保障；另一方面，该方法的实施提升了班组安全管控水平，健全了班组建设管理机制，班组执行力得到了加强，同时调动了配网调控员投身各项工作的积极性和创造性，"蜂鸟创新团队"编写的"电网调控安全卫士"课件获得了国家电网公司第三届网络大学优秀课件奖。

诚然，班组建设工作中还存在着一些问题，如知识库智能化管理等，但班组有信心通过持续贯彻"一创二抓三提升"方法，不断改进，有效地提升班组管理水平，促进员工和企业价值提升。

（撰稿人：胡　军）

修试融合多举措培养“高潜人才”

国网扬州供电公司变电修试一班

【摘要】变电修试一班“十三五”期间在省、市公司单元制、师带徒等常规培训方式的基础上，建立“321”培训体系，通过技能注册制、青工大讲堂、案例库编写、创新活动参与等多种形式锻炼员工。运用“实践在先”的理念，以技术攻关为抓手，将课题攻关与日常管理工作有机结合，通过解决实际工作难题和不断地实践，培育员工自觉养成探索、思考、创新的思维方式和行为习惯。在全省首先进行“修试融合”试点工作，完成第一、二专业确定和第二专业中级工鉴定工作。

一、实施背景

自220千伏输变电运检业务管理模式优化调整以来，工区增加了220千伏变电站的检修试验工作。变电修试一班负责管辖范围内11座220千伏变电站、38座110千伏变电站和3座35千伏变电站一次设备的日常检修维护、事故抢修、设备隐患排查和设备技术改造等工作。

在这个交接、适应和奋进的时期，本身繁重的工作任务加之陡增的工作量，使班组呈现了生产任务重、管理压力大的局面。尤其在春检和秋检期间，班组在完成计划停电工作和紧急抢修工作的基础上，面对其他工作与活动，人员少时间紧，承载力十分有限，这无论对于现场安全生产还是其他管理工作都是不利的。变电修试一班亟需提高员工工作效率及工作积极性，培养一批“一岗多能”的技能能手，推动打造一支“精益、担当、创新”的员工队伍，助力发展勤奋学习、勤于思考，潜心钻研、崇尚实践的班组文化。

二、主要做法

（一）技能注册制

专业技能涵盖面广，专业要求高，只有向更高的要求去学习培养，才能快速提高员工的技能要求。变电修试一班青年员工占比较高，员工对于专业技能提升的需求很迫切。变电修试一班对标专业技能等级高级工、技师要求，组织班组收集整理变电检修（开关类、线圈类）、高压试验、油务化验专业技能要求，在技师鉴定要求的基础上，结合现场工作需求划分技能类别，提出技能合格明确要求，对需要用到的系统、设备、仪器注明对应的厂家、版本、型号等。建立专业技能卡（见图1），内容以班组日常检修工作为根基结合了专业技能鉴定项目，技能卡分基础篇和提升篇，划分难度水平。目标在于为青年员工设置学习的路径，提供技能学习参考，并将技能卡作为个人技能提升的评价记录，工区按月明确技能能力项培训目标并集中组织能力认证；日常培训根据班组培训计划结合当前班组现场工作实际内容展开。

（变电检修）专业技能卡（基础篇）

系统/设备	技能项	自我鉴定	工区鉴定	设备参考资料
试验电源的使用	掌握试验电源的接、拆和了解注意事项	√3	通过	
双柱水平旋转式隔离开关的检修	会检查隔离开关外观、运行状态及是否分合到位	√3	通过	《输变电设备状态检修试验规程》、国家电网公司生产技能人员职业能力培训专用教材《变电检修》、回路电阻仪、水平尺、GW4型隔离开关
	会检查各操作电源投入情况，能够进行电动、手动操作	√3	通过	
	会进行接触电阻、张力测试、三相同期测试等电气试验，并根据试验结果进行设备评估和异常处理	√3	通过	
三柱水平旋转式隔离开关的检修	会检查隔离开关外观、运行状态及是否分合到位			《输变电设备状态检修试验规程》、国家电网公司生产技能人员职业能力培训专用教材《变电检修》、回路电阻仪、水平尺、GW5型隔离开关
	会检查各操作电源投入情况，能够进行电动、手动操作			
	会进行接触电阻、张力测试、三相同期测试等电气试验，并根据试验结果进行设备评估和异常处理			
单柱垂直伸缩式隔离开关的检修	会检查隔离开关外观、运行状态及是否分合到位			《输变电设备状态检修试验规程》、国家电网公司生产技能人员职业能力培训专用教材《变电检修》、回路电阻仪、水平尺、GW16型隔离开关
	会检查各操作电源投入情况，能够进行电动、手动操作			
	会进行接触电阻、张力测试、三相同期测试等电气试验，并根据试验结果进行设备评估和异常处理			
双柱水平伸缩式隔离开关的检修	会检查隔离开关外观、运行状态及是否分合到位			《输变电设备状态检修试验规程》、国家电网公司生产技能人员职业能力培训专用教材《变电检修》、回路电阻仪、水平尺、GW17型隔离开关
	会检查各操作电源投入情况，能够进行电动、手动操作			
	会进行接触电阻、张力测试、三相同期测试等电气试验，并根据试验结果进行设备评估和异常处理			
户内隔离开关的检修	会检查隔离开关外观、运行状态及是否分合到位	√3	通过	《输变电设备状态检修试验规程》、国家电网公司生产技能人员职业能力培训专用教材《变电检修》、回路电阻仪、水平尺、GN10型隔离开关
	会检查各操作电源投入情况，能够进行电动、手动操作	√3	通过	
	会进行接触电阻、张力测试、三相同期测试等电气试验，并根据试验结果进行设备评估和异常处理	√5	通过	
瓷柱式SF6断路器（配弹簧机构）的检修	会检查断路器外观、运行状态指示	√4	通过	《输变电设备状态检修试验规程》、国家电网公司生产技能人员职业能力培训专用教材《变电检修》、瓷柱式SF6断路器标准化作业指导书、S1-145型、3AP1型、GL312型等断路器
	会检查各操作电源投入情况，能够进行电动、手动操作	√5	通过	
	会利用红外检漏仪对运行设备进行检漏	√7	通过	
	会检查SF_6压力，能够进行补气，并能进行SF6气体相关气体试验（微水、组分分析）	√10	通过	
GIS（配弹簧或者气动机构）的检修	会检查断路器外观、运行状态指示	√4	通过	《输变电设备状态检修试验规程》、国家电网公司生产技能人员职业能力培训专用教材《变电检修》、GIS（配弹簧或者气动机构）标准化作业指导书、LWG-126型等GIS
	会检查各操作电源投入情况，能够进行电动、手动操作	√5	通过	
	会利用局放测试仪对GIS进行特高频局放和超声波局放测试试验	√10	通过	
	会利用红外检漏仪对运行设备进行检漏	√8	通过	
	会检查SF_6压力，能够进行补气	√9	通过	
	会进行断路器本体及操作机构特性试验，会测量相关机械尺寸并调试	√9	通过	
固定式及手车式开关柜（配弹簧机构）的检修	会检查断路器外观、运行状态指示	√3	通过	《输变电设备状态检修试验规程》、国家电网公司生产技能人员职业能力培训专用教材……
	会检查各操作电源投入情况，能够进行电动、手动操作	√3	通过	

开关（基础篇） 开关（提升篇） 电试（基础篇） 电试（提升篇） 油化（基础篇） 油化（提升篇） 保护（基础篇） 保护（提升篇）

图1　专业技能卡

（二）青年员工大讲堂

青年员工大讲堂内容以现场专业知识为主，教授人员为班组青年员工。青年员工讲堂定期设置专题内容，由青年员工根据专题内容各自选择课题，制作PPT，轮流讲解，通过教学相长的方式促进专业学习，加强专业交流。图2为青年员工郭巍《断路器知识》课件节选。青年员工大讲堂活动鼓励每个员工走向讲台，分享各自的知识技能，这种方式可以让所有员工参与其中，在教与学，备课与讲授的过程中学习专业知识，提升专业素养，而且通过走

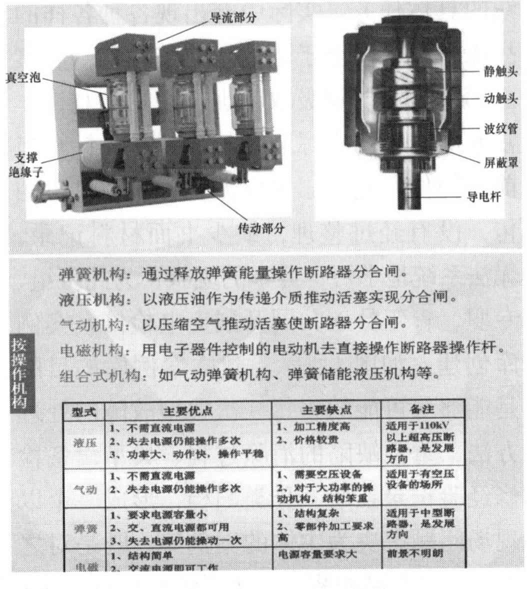

图2　青年员工郭巍《断路器知识》课件节选

上讲台分享交流的方式可以很好地锻炼各自的表达能力，通过准备课件、梳理知识点的过程可以很好地锻炼知识归纳处理能力，在分享交流的过程中员工之间可以很好地了解相关专业内容，有助于提升员工综合能力和团队协作能力。图3为青年员工刘庸奇在进行《高压开关柜简介》课程分享。

图3　青年员工刘庸奇《高压开关柜简介》课程分享

（三）案例库编写

变电修试一班的职责都是需要深入一线的具体任务，实际中会出现各种各样的故障、缺陷甚至于事故。前车之鉴，后事之师，为了能够吸取教训，积累经验，丰富基层员工的实际问题解决素材，针对当前老师傅经验积累传播方式一直为口口相传，没有经过整理，缺少书面材料记录，无法系统地学习、分享的现状，为此班组、专职、青年员工共同开展变电检修室案例库创建，如图4所示。建立案例库的目的是能够尽可能的将每一次典型故障的处理方法、重要缺陷的消除过程、典型设备检修经验记录在册，分类归档，形成一个以现场问题解决为主体的案例库。既是对之前经验的总结积累，也为后续年轻员工成长提升提供了素材。

东石等变电站开关柜局放异常情况分析.docx
关于董庄变10kV1号主变101开关绝缘电阻较低的研究.docx
花园变20kV压变故障分析报告.doc
花园变IV段母线耐压方案.docx
花园耐压试验方案.docx
开关投运检查标准流程.doc
双桥变1号主变C相红外测温结果.docx
杨庙1号主变35kV侧流变A相故障分析 .docx
杨寿变10kVⅠ段母线及开关柜绝缘件耐压试验方案.docx

关于董庄变1号主变101开关B相绝缘电阻较低的研究

2019年5月10日，变电检修室试验人员在对董庄变1号主变101开关进行例行试验时，采用三相短接摇绝缘的方式（开关分闸，三相静触头端短路经外壳接地，三相动触头端短路加5000V电压），发现开关绝缘电阻值偏低，仅为4.65GΩ（当天天气为晴，温度28℃，湿度47%）。

依据《输变电设备状态检修试验规程》中5.10.1.3条款，绝缘电阻值应大于3000MΩ，且没有显著下降，试验应合格。然而，1号主变102开关试验结果为200GΩ，101与之相比，绝缘水平明显较低，试验人员决定对其进行进一步试验。

分相检查时，A、C均为200GΩ。随即，试验人员对B相进行单独试验。
真空断路器剖面如图所示。

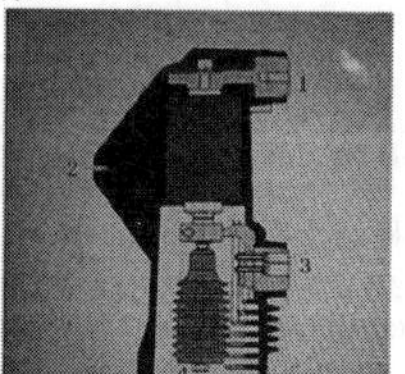

图4　部分案例库

（四）创新活动参与

为了更好地促进创新，激发员工创造力，班组组织青年员工开展创新交流沙龙活动，每月一次。活动内容主要包括班组创新项目（QC小组活动、群众性创新、管理创新、面向一线科技项目等）实施情况汇报、存在问题讨论、创意碰撞、论文交流等。以这种形式给青年员工提供创新能力培养、创新思维交流、新知识新技术学习的一个平台，鼓励员工对工作进行提炼总结，按照标准格式要求编写论文并积极投稿。鼓励员工提出创新创意，内容涉及技术革新、新设备应用、问题解决等方向，并根据创新创意内容储备创新项目，将创意推向实际。图5展示了近年来部分创新成果的报道。

变电检修室：变压器综合测试仪试用成功

访问次数:127　　作者：刘晶晶 严熙泽　　字号：［大 中 小］

4月17日，变电检修室创新项目——变压器综合测试仪在110千伏五里变停电检修中正式投入试用，这也是该成果首次应用于实际工作。

据了解，变压器综合测试仪项目自2017年启动，历时2年多，从设想、规划，到制造、调试，再到投产试用，均由变电检修室创新团队主要负责。相较于以往的仪器，该变压器综合测试仪在集成程度上有了较大突破，体积显著减小。此外，该设备高度智能化与自动化，也在一定程度上提高了现场作业人员的试验效率与安全。

变压器综合测试仪的成功试用，是变电检修室创新团队所有成员的智慧结晶，也极大地鼓舞了基层员工继续在公司提供的广阔平台上，从大处着眼，在小处落脚，开拓创新，再创辉煌。

变电检修室：创新项目参加优秀成果发布会

访问次数:83　　作者：刘晶晶　　字号：［大 中 小］

7月10日，变电检修室创新项目——变压器综合测试仪在省公司2018职工创新优秀项目发布会中大放异彩。

据了解，变压器综合测试仪项目自2017年启动以来，从最初的设想，到最终的成品，无一不凝聚着变检人的智慧与努力，先后荣获三项国家实用型专利认证书。发布会上，创新团队从模块化设计、便捷式切换线模块、高度集成化模块，以及专家系统智能控制模块四个方面，对该项目的亮点进行了详尽地阐述。变压器综合测试仪高度的集成化和自动化，更是打破了旧式设备的壁垒，在实际应用中成效显著，节省了时间成本、解放了人力资源，最终改变了试验形式和现场管理模式，引领试验模式向着更加现代化、智能化的方向发展。

与会的行业内专家对该项目均给予了高度的认可和评价，并鼓励创新团队继续大胆创新、小心求证，不断突破。变电检修室将继续致力于对基层员工创新意识的引导与提高，在立足本职工作的基础上，为基层员工提供创新平台，开拓员工的创新视野，促进员工的创新发展。

变电检修室：四篇论文入选第三届全国电网智能运检大会优秀论文

访问次数:262　　作者：陈立极 严熙泽　　字号：［大 中 小］

6月18日，喜讯传来，变电检修室共有四篇论文入选第三届全国电网智能运检大会优秀论文，其中特等奖1篇，二等奖3篇。

当日，中国电力设备管理协会召开第三届全国电网智能运检大会，会上总结成果案例、遴选优秀论文、交流经验，展示我国在电网智能运检与状态检修的最新成果。

变电检修室一直以来注重青年员工的成长，关注青年员工的知识积累与技能提升，要求青年员工多提炼、多总结，不放过工作中遇到的每一个问题，要求青年员工将工作中出现的典型缺陷写成案例分析，互相参考学习。此外，工区按计划开展青工讲堂、班组讲堂、安全分析会、技能认证等，有效提高了青年员工的安全意识与业务能力。

图5　部分创新成果

三、实施效果

近年来，变电修试一班不断加强自身管理，完善工作流程，优化管控措施，高效完成各项业务工作的同时，提高了质量管理水平，杜绝了安全事故。如图6

所示，近年来，班组先后获得了安全生产先进班组、国家电网有限公司先进班组、江苏省优秀质量管理小组，多项技术创新成果获得了省市公司、省质协的嘉奖。班组创新成果获奖情况见表1。

表1　班组获奖情况

序号	项目	获奖情况
1	缩短35千伏压变熔丝更换时间	江苏省质量协会2011年优秀QC成果奖
2	手车式断路器检修支架的研制	2012年江苏省优秀QC成果一等奖
3	手车式断路器检修支架的研制	2013年江苏省电力行业协会二等奖
4	10千伏开关柜流变更换专用工具的研制	国网扬州供电公司2016年度QC小组活动优秀成果二等奖
5	检修信息便捷查询App的研制	国网扬州供电公司2016年度QC小组活动优秀成果三等奖
6	缩短手车断路器检修工作时间	国网扬州供电公司2017年度QC小组活动优秀成果二等奖
7	缩短变电站设备带电检测时间	国网扬州供电公司2018年度QC小组优秀成果二等奖
8	“班组融合”试点项目推进及管理机制的建设	国网扬州供电公司2018年度管理创新成果二等奖
9	主动干预保安消弧装置试点应用	国网扬州供电公司推进新时代发展战略实施项目创新成果
10	高集成智能型断路器综合测试系统的研制	2020年江苏省优秀质量管理小组活动三级技术成果

不仅仅在QC方面屡获佳绩，修试一班成员参与了三届青创赛，其中《运检“超人”——基于AR技术的电网运检辅助支持平台》项目荣获省公司金奖。在安全生产方面，多年评为安全生产先进单位，发现安全隐患数十例，保障电网安全稳定运行。班组始终鼓励青年员工在工作中多实践、多思考、多参与，每年都有论文获奖和录用，是名副其实的“五星班组”。

图6　班组所获荣誉

（撰稿人：王　菲）

“双融合”岗位匹配能力考评

国网泰州供电公司变电检修室

【摘要】为促进基层班组人员岗位匹配，变电检修室基于麦克利兰在管理实践中提出的胜任力（Competency）概念，提炼出“两类两级”评价结构，建立测评适岗技能考核、适岗能力测评、工作业绩评价三大类十个维度组成的岗位匹配能力测评维度库，评估基层员工与相应岗位的匹配程度，有效覆盖检修室11个岗位所需的胜任力，并将测评结果应用于对员工的年度绩效评定和岗位调整。

一、实施背景

220千伏运检模式优化调整后，检修业务量骤增，且在变电站设备装备、运检管理水平、人员专业素质、资源利用效率等方面省检与市检修差距较大，迫切需要创新管理模式，以提升运检效率和保障电网安全运行。

为提高检修效率，变电检修室打破专业壁垒，快速推进一次检修、高试专业融合，220千伏、110千伏检修业务融合，开展“双融合”岗位匹配能力考评加快人员的培养与锻炼，运用岗位工作分析明确职责，以考评为导向，业务技能为核心，学以致用为原则进行教育培训、岗位拓展、提高员工的业务技能素质，确保人岗匹配，并发挥考评效应，用薪酬、内部晋升激励员工工作积极性。

二、主要做法

（一）制定考评方案

岗位匹配是企业系统化构建人力资源发展规划的重要基础之一，描述了公司和员工之间的动态需求和责任。变电检修室结合检修工作特点，按照“两类两级”（适岗能力、工作业绩两类，工区、班组两级）考评机制，建立测评适岗技能考核、适岗能力测评、工作业绩评价三大类十个维度组成的岗位匹配能力测评维度库，制定“双融合”岗位匹配能力考评方案。

1. 设置安全否决项

安全生产，一失万无，为体现安全第一的公司理念，在考评方案里增加安全否决项：发生负主要责任的人身安全事故和六级及以上电网、设备事故，直接评定为不合格；发生被公司考核的违章行为，在考核总分里按2分1次进行扣除。

2. 适岗技能考核

根据检修业务特点，设置理论知识及实际操作两个考核维度。梳理检修各专业应知应会知识，聚焦实际工作场景，构建包括情境题、能力题、图片题等丰富的试题题库。实际操作考核根据专业不同，设置一次专业220千伏一次设备检修、110千伏及以下一次设备检修、高压试验3类常规项目库；二次专业220千伏保护装置常规调试（线路保护、元件保护等）和110千伏站常用保护装置调试项目3类常规项目库。

3. 适岗能力测评

根据班组长和班员职责，分别建立能力指标库：班组长为表率示范作用、沟通协作能力、人才培养能力、团队创新能力四个维度；班员为工作责任心、作风与纪律、创新能力、团队精神四个维度。

4. 工作业绩评价

根据班组长和班员职责，分别建立业绩指标库：班组长为班组工作业绩、现场工作业绩、技能培训成效、团队创新成果、创新工作业绩、班组建设六个维度；班员为现场工作业绩、创新工作业绩、综合能力提升三个维度。

（二）人岗匹配考评

1. 适岗技能考核

每年1月份分批分专业组织所有人员（已完成165人次）分别赴苏州、南通培训中心开展检修、试验和继保、自动化实操能力考核；并进行理论知识考试，考评结果班组长和班员分别按权重30%和50%计入总分。

2. 适岗能力测评

每年1月份组织工区与班组2个层面对班长、班员分别从四个维度进行测评打分，打分汇总后班组长和班员分别按权重30%和25%计入总分。

3. 工作业绩评价

测评完成后，组织对班组长、班员进行业绩统计积分，并根据相应权重计入总分。

（三）考评结果应用

考评结果按照专业，对每个班组分别按总分进行排序，用于年度绩效考评和岗级调整。岗位基本能力考评结果为“优秀”者，当年年度绩效优先推荐为A，考评结果为“不及格”者，当年年度绩效直接评定为C；班员取班考评总分为“良好”及以上，技能等级符合要求，且总分排名为班组前30%的人员，班组长取本专业排名前两名，且考评总分为“良好”及以上的，上报公司人力资源部申请调岗。

三、实施效果

（一）成效分析

目前，变电检修室已连续三年开展考评工作，8位班组长根据排名，取本专业排名前两名，且考评总分为"良好"及以上；53名班员按照班组对总分进行排序，班员取班考评总分为"良好"及以上，且排名为班组前30%的人员。上报公司人力资源部申请调岗（班组长岗级已满及班员岗位已达到中级等级的本次不作调整），目前已有3个班组长、16个班员完成升岗。

人员与岗位匹配是促使员工更好地完成工作职责、提升工作效率的一个重要手段和途径。通过体系化的考评机制，对基层员工进行了全方位职能和业绩考核，提高了员工参与意识，最大限度发挥考评效应，实现了人力资源的优化配置和最大组织绩效的目标。

（二）改进方向

进一步优化考评量化指标体系，准确评估各层级人员与融合岗位的匹配度，坚持"能上能下"的原则，鼓励员工主动提升进步，常态化开展岗位提升能力考评，不断优化检修人才队伍结构。

（撰稿人：孙素娟　王锦程）

“三革新”打造调控技能人才“高地”

国网响水县供电公司调控运行班

【摘要】针对优秀调控运行人员岗位责任重、素养要求高、培养周期长等因素，为了更加全面、高效地对调控员进行全方位的培训，调控运行班在调控系统传统培训体系的基础上，通过“师带徒”培训、现场实训、反事故演习培训等“三革新”，实现了培训过程各参与者的有效“互动”，通过培训“互动性”的革新与尝试，让班组成员在有效“互动”中把每个人的调控技能存储充分释放，进而实现调控员理论、经验、实践相融合的最佳培训效果。

一、实施背景

国网响水县供电公司调控运行班成立于2010年5月，前身为电力调度中心调度班与220千伏盐响监控中心，主要负责响水县域内26座变电站的监控及调度，现有班组成员10人，其中研究生3人，本科7人；党员4人。班组曾获“和谐班组”“一流班组”“标杆班组”“五一文明班组”“星级标准化班组”“工人先锋号”等荣誉称号，在“学安规 重安全”安全生产知识竞赛中获得二等奖，被评为国网盐城供电公司“企业文化建设示范点”。

班组以安全生产为核心，以培养全方位调控运行人才为依托，以建设坚强电网为根本，努力实现业务技能比学赶超、安全标准高严细实、创新成果亮优多好，为响水电网安全稳定运行保驾护航。“人”一直是影响调控运行班组最关键因素之一，因此如何高效地对调控员进行全方位的培训，是一个值得深究的课题。长期以来，如何快速且全面提升调控员业务技能和专业素养，一直是调控系统和各级管理者关注的重点之一。

然而，在众多培训中，每个人的调控技能经验一直无法找到合适的方法来实现全员有效互动与分享，从而使个人技能产生量变到质变的升级。而调控经验，是调控运行值班的宝贵财富，只有革新培训方式，全面实现调控值班员之间技能互动，才能真正达到理论、经验、实践相融合的最佳效果。

二、主要做法

调控运行班针对调控员素质提升以及相关的培训形式实现了多样化、体系化，调控员培训形式如图1所示。

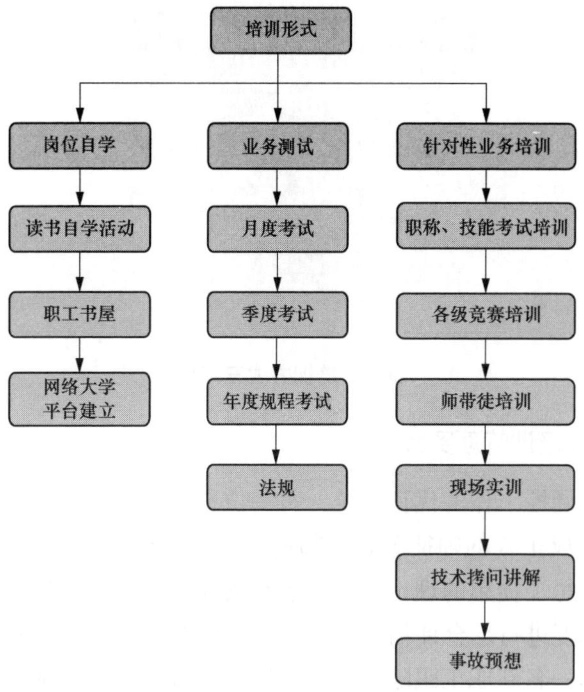

图1　调控员培训形式

调控员培训主要包括：一是岗位自学，如读书自学活动，职工书屋、网络大学学习平台建立等；二是各种业务测试，如月度、季度、年度规程、法规等业务学习和考试等；三是各级调控机构组织的针对性业务培训，职称、技能考试培训，各级竞赛培训，“师带徒”培训，现场实训，技术拷问讲解，事故预想等。

值班调控员构成一般会存在以下三种情况，调控老师傅、重要岗位新角色、新入职人员。在企业文化确立过程中，不同特点的调控员具有不同的现实特色，如老调控员具有丰富的工作经验，业务能力强；重要岗位新角色学习需求迫切，但新岗位经验不足；新入职人员可能有老的职业文化影响，但调控运行班组文化为零，可塑性强、上进心强。为了更好分享每个人的调控经验，实现全员参与互动，让调控运行培训达到实效，对传统培训进行了思考和创新。我们立足现实，对培训方式进行了革新与实践，培训方式三革新如图2所示。

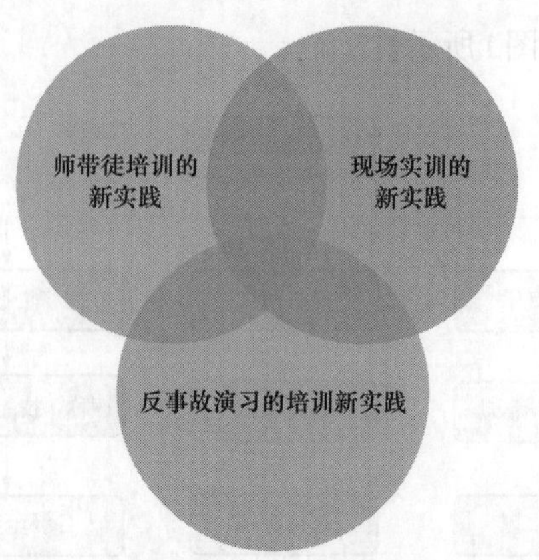

图2　培训方式三革新

（一）师带徒培训的新实践

以老带新是调控工作的优良传统，每一位青年员工工作第一天均与老师傅签订师徒协议，形成正式的师徒关系，师傅主要为徒弟答疑解惑。根据协议规定，学徒期满后将对每个徒弟的理论和技能水平的高低，实际工作能力的强、弱，职业道德和工作态度进行综合评估，确定优秀、良好和合格，存入个人档案。

班组考虑到一名新职工跟随一名老师傅时间过长，会出现老师傅的优点与缺点同时影响新人员的情况。为此，我们积极做思想铺垫，逐步形成班组共识，逐步打破旧有传统，通过阶段性值班人员班次调整，有效地解决了这个问题。利用不同时期不同人员的班次组合，既实现了相互学习、相互促进，又有利于团队团结。由于响水调控运行班为双人值班模式，通过阶段性值班人员班次调整，调度员互相之间都有交流的机会，阶段性值班模式如图3所示。

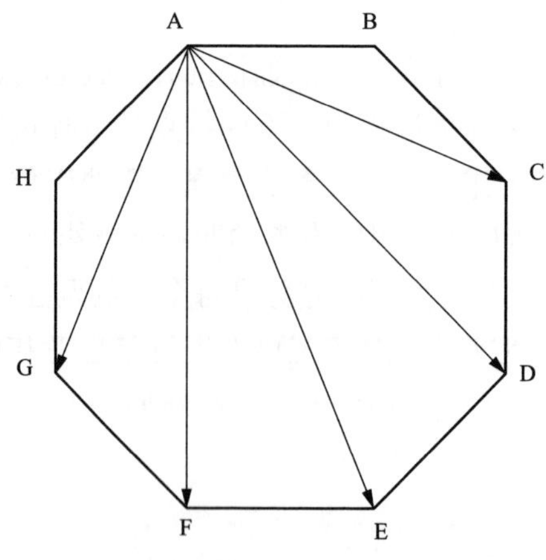

图3　阶段性值班模式

（二）现场实训的新实践

现场实训是调控培训的一个重要内容，但如何解决现场培训的实效性，从走马观花到下马观花，再到俯身育花也一直是个课题。

我们采取的方式为先走马观花，通过短时间的走马观花了解现场大概及设备情况、运作程序，为下马观花找出课题。此过程时间相对短暂但频率较高、形式自由多样、内容宽泛、目的具有发散性。课题确定后，经过多方酝酿，逐步引导下马观花。再次深入了解现场情况，针对课题进行研究学习，找出不足与困惑。此过程在内因与外因作用下，积极引导，自动自发同时适时安排。较第一阶段目的明确，时间较长，内容深入。最后，集中安排人员，到现场通过两个方式达到俯身育花。具有阶段性、群体针对性特点。在育花过程中，我们实践了两个较好的措施：

一是现场技术骨干讲现场与调控人员讲现场。协调现场技术骨干进行集中详细讲解与答惑、研讨。在较集中的时间，通过现场技术骨干或负责人的讲解解惑、沟通探讨，使调控员对现场有了更深入的了解。同时组织调控人员对现场人员进行现场讲解，并且由现场人员对调控人员进行提问，真正达到调控人员对现场了如指掌。

二是创新现场演习法。一方面调控员现场观摩操作程序及方法，即调控人员在现场下达调控指令后，跟随操作人员观看模拟操作。另一方面又实时采取调控人员与现场人员角色模拟换位，让现场人员下令，调控人员执行指令，进行现场换位演习、操作。这样，不仅让调控人员对现场有了调控指令与现场影像的交汇，而且能够让调控员充分了解现场、理解现场。

（三）反事故演习的培训新实践

反事故演习是调控运行工作的一项重要措施，在反事故演习中，往往突出的重点为对调控人员素养和对事故处理预案合理性的检验，而忽视了反事故演习的培训能力。调控运行人员都知道，几场典型反事故演习所包含的内容几乎能涵盖调度对调控员所有的业务素养要求。我们抓住此点转化视角，把反事故演习逐步引导为系统的调控培训措施，呈现出意想不到的效果。

我们通过创立"反演培训法"，即：题目精心设定、角色全员分配、演习互动、主演自评、参演人员互评、个人总结、典型报告整理、问题提出及跟踪反馈等步骤，把反事故演习逐步引导入培训模式，反演培训法流程如图4所示。反事故演习的题目主要来源于重要节日、重大活动、特殊天气以及迎峰度夏、迎峰度冬、常见故障等，要求调控人员依据不同时段不同气候特点充分考虑实际情况，开展反事故演习，反事故演习题目如图5所示。

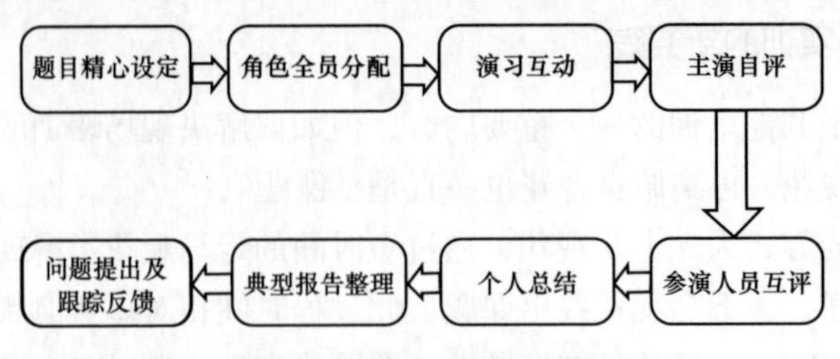

图4 反演培训法流程图

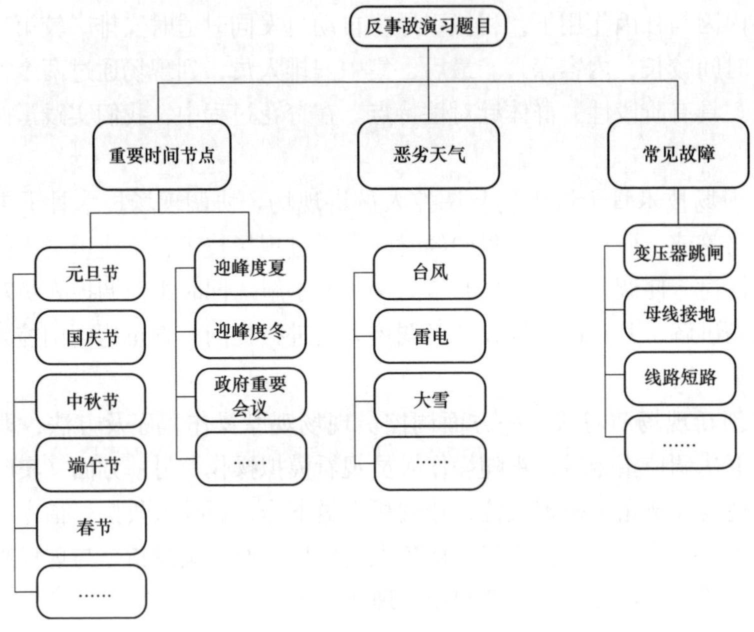

图5 反事故演习题目

图6 反事故演习现场

反演题目应设立多个，在演习前一小时左右调度员抽取题目，开始撰写调度操作票及做好相关准备，但最终主演者参演题目、搭档、次序均由抽签决定。全员参演，大体分两个部分，一部分为导演组，主要由几名经验丰富的老师傅担任，在对演习题目、目标、进程进行沟通后，分别担任变电操作、农电、检修、地调、客户等角色，推动反演进程。另一部分为主演人员，一次两人，分别为演习正值和演习副值，可针对需要明确该组演习主角。各级领导均可参与观摩，但应明确其角色仅为观摩和点评，不涉及个人考核，反事故演习现场如图6所示。

三、实施效果

一是通过“师带徒培训的新实践”，在极短时间内我们克服了多位新带班正值调控员、一位新实习副值调控员同时上岗的岗位压力，并顺利推送他们快速融入各自岗位角色，达到了培训目的。目前，班组共有技师3人，高级工4人，工程师5人，助理工程师4人，在师傅们的带领下，年轻调控员通过这种新的培训方式，今年已分别有两人一次性顺利通过副值调度员、正值调度员的考试。同时，阶段性值班人员班次调整，有效地解决了人员思想懈怠的问题，给年轻一代的调控员营造了积极的氛围，呵护他们茁壮成长，不同班组间人员的轮转也有效加强了班组之间的沟通，有利于班组日常事务的开展和班组风格之间的相互学习和促进。

班组为调控员的成长建立了培养+激励的成才模式，通过多维度的考核模式，将班组卫生情况、人员着装情况、考勤率、班组事务参与度、操作票正确率、发令正确率、事故处理及时度、获奖情况等指标纳入月度考核，并进行月度打分月度绩效考核标准如图7所示。通过一年累计积分，确定年度推优及绩效。在2020年年度推优中，一人推荐为“2020年度安全生产先进个人”，一人年度绩效考核为A岗，其余调控员也均获B岗，一人获“安全之星”称号，调控运行班全年操作票及指令正确率、规范率均达到100%。

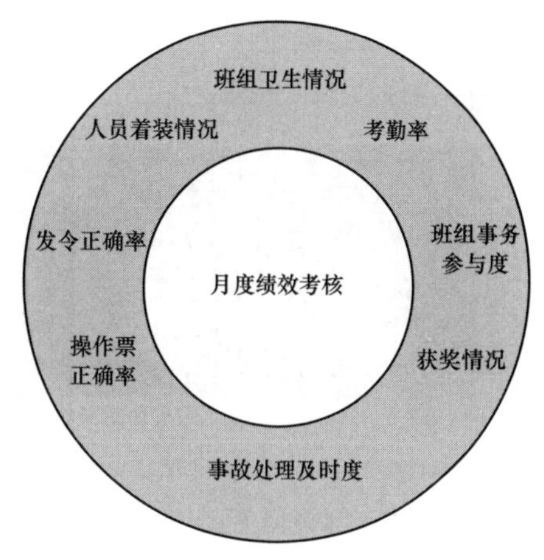

图7　月度绩效考核标准

二是通过“现场实训新实践”，使得年轻调控员加强了对现场设备的了解，熟知了从发令到执行汇报的整个操作流程，对每个环节做到心中有数，而不是“模棱两可、生搬硬套”，碰到问题也能根据现场实际正确思考，独立处置，这一过程有利于年轻调控员的成长，遇到事情先有自己的想法和思路，这对于调控人才的培养和积累有积极的作用。

在今年的中高考、端午节、建党一百周年保电工作中，年轻调控员通过参与编制、集中学习、问题讨论的方式，结合现场针对性地实训，对涉及的保电变电站、线路等进行了实地考察，已经能够熟知每次保电工作的电网运行方式、薄弱环节和监视重点以及事故处置预案的执行，对现场的实际情况已经了然于心，最终调控运行班圆满完成了各项保电任务，也给年轻调度员积累了宝贵的经验。

三是通过“反事故演培训”，集思广益，高度模拟现场事故，调控员们增强了自信心和独立思考的能力。在2021年6月15日35千伏七套变10千伏I段母线单相接地事故处置中，由于两条线路同时同相接地，单相接地智能研判系统未能判别出接地线路，两条线路同时同相接地为之前从未出现过的情况。调控员处变不惊，未能通过单相接地智能研判系统查找出单线接地线路之后，调控员随即手动拉路，逐条线路分析，及时根据试送结果通知现场人员检查，快速准确处置这一起特殊的接地故障。事后调控分中心对此进行了事故分析，并且上报了事件启示和研判系统的改进措施（见图8）。

响水公司单相接地智能研判应用案例分析

2020年6月

案例1：响水公司6月15日七套变10kV I段母线单相接地智能研判应用案例分析

一、事件概况

13时16分09秒，响水公司七套变10kV I段母线接地。

（一）故障前运行方式

七套变1、2号主变运行，10kV侧分列运行，10kV母联110开关热备用。

图例：七套变一次系统图

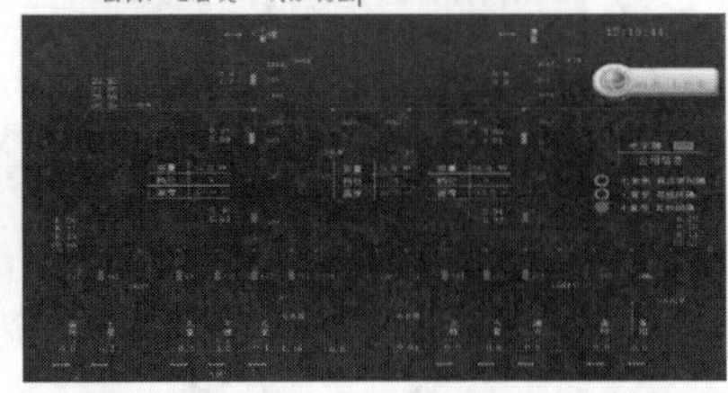

（二）监控信息及接地判断情况

13时16分09秒，D5000监控机发“10kVI段母线电压接地”、“10千伏I段母线电压0.57越下限”等告警信号，因无接地选线设备，故无法判断接地线路。

（三）调控处理过程

1、13:19:53调控员使用单相接地一键顺控系统拉路，13:21:12系统拉路10kVI段母线上所有出线开关(八里132、八套143、七星142、平建133开关），未判断出接地线路。

2、13:24:10调控员手动遥控拉开八里132、八套143、七星142开关后，10kVI段母线A、C相电压恢复正常，B相电压1.05kV，判断可能压变B相熔丝熔断，通知运维班现场检查。

3、13:27:18调控员手动遥控合上八里132开关后，10kVI段母线A电压上升至9.93kV，B相电压0.88kV，C相电压0.31kV，判断八里132线路C相有接地故障，随即遥控拉开八里132开关，通知七套供电所对八里132线进行带电巡线。

4、13:33:17调控员手动遥控合上七星142开关后，10kVI段母线A电压上升至9.80kV，B相电压0.69kV，C相电压0.51kV，判断七星142线路C相有接地故障，随即遥控拉开

图8　单相接地事故分析

调控运行班在调控系统传统培训体系的基础上，通过“师带徒”培训、现场实训、反事故演习培训等“三革新”不仅调出了老师傅的业务积淀，提高了年轻职工的学习力，有利于“传帮带”光荣传统回归，也有助于师徒双方产生相互影响、相互促进的作用，同时还影响和带动周边的同时，并有效地转变了班组文化，形成良好的积极向上的班组氛围，为班组文化的进一步提升打下了良好基础。

（撰稿人：刘文庆）

做好修试工作的“好医生”

国网连云港供电公司修试一班

【摘要】要保证电力设备运行的安全，就必须在事故发生之前，发现事故的苗头，消除事故隐患。如何在事故发生前发现事故苗头，是电力巡检人员极为关注的问题，也是电力巡检人员正在探索的课题。巡检人员在设备巡检过程中，严格按照安全规程，用高度的责任感和“望、闻、问、切”的巡检方法，可以及时发现、消除事故隐患。任何设备事故的发生，都有一个从量变到质变的过程，都要经历从设备正常、事故隐患出现再到事故发生这三个阶段。从设备正常到出现事故隐患的渐变过程，是个量变的集聚过程，在这个过程中，设备的量变都由具体特征表现出来。这对设备检修人员的技能提出了更高的要求，经过实践用“望、闻、问、切”办法来进行巡检，就可以及时发现量变过程中出现的这些反映出来的特征，在设备事故发生质变前进行处理，积极预防质变，防止事故的发生。

一、实施背景

检修设备的基本工作就是对自己所辖的设备进行掌握，发现问题分析问题，从而解决问题，使设备运行在安全稳定的状态上。所以，作为设备的主人，设备的管理者，做好自己的职责，提高自己的专业技术水平是很重要的。而我们担负的任务，正是做好设备的医生，为设备的健康水平把好脉。作为一个医生，讲究的是四诊，即：望闻问切。望，指观气色；闻，指听声息；问，指询问症状；切，指摸脉象。医生是给人看病，我们是给设备看病，作为设备的医生，我们应具备自己特有的的望、闻、问、切技能。

二、主要做法

电气试验专业以发现问题为主，我们可以把它比作电力系统的体检医生，而一次检修专业可以看作电力系统的外科医生，以解决问题为主。目前修试专业融合，就是要求班组成员既可以发现问题，又可以解决问题，成为职能更全面的电力系统“全科”医生。修试融合后，国网连云港供电公司修试一班根据试验检修的工作特点，参考中医的望闻问切，编排出“望、闻、问、切”修试工作特色四字口诀。

（一）望诊

望诊是对病人的神、色、形、态、舌象等进行有目的的观察，以测知内脏病变。对于电气设备，我们每天都安排巡检，第一步就是对设备的外表进行观察：看看压变、流变的油位是否正常，不能有渗漏油现象。看看变压器的温度、油位计是否超标。看看断路器的密度继电器是否正常，看看避雷器的监测器是否偏大。看看主变散热器风扇罩、风扇是否有破损，风扇罩网上是否堵有杂物影响散热。看看其电动机的紧固螺栓是否松动，地角螺栓松动会引起电机的振动等。

（二）闻诊

闻诊包括听声音和气味两个方面。主要是听患者语言气息的高低、强弱、清浊、缓急等变化，以分辨病情的虚实寒热。对于电气设备，我们听听变压器有无杂音，若有杂音，则要弄清是悬浮放电的声音还是油气泡击穿的，内部的轻微的沉闷声是由油气泡发出的，一般没事。设备异常时内部会发出异常的声音，通过仔细倾听可以发现设备存在的问题。电流互感器和电压互感器一般没有声音或者很小的声音，若有异常声音，说明内部有放电现象；同时要闻闻开关室内开关柜有无异味，电气设备发生闪络、短路、过负荷、过电压时常常会因绝缘介质击穿烧毁而产生异常气味。故通过鼻子闻对气味进行分辨也可以发现设备的异常情况。如开关柜内流变对地放电或绝缘板局放等会产生强烈的绝缘烧焦气味。

（三）问诊

问诊是通过询问患者或其陪诊者，以了解病情，有关疾病发生的时间、原因、经过、既往病史、患者的病痛所在，以及生活习惯、饮食爱好等与疾病有关的情况，这些均要通过问诊才能了解，故问诊是了解病情和病史的重要方法之一，在四诊中占有重要的位置。巡检时要与运行人员及时沟通，及时了解电气设备运行状况，有什么异常情况，有什么缺陷，可以得到第一手资料。

（四）切诊

切诊包括脉诊和按诊两部分，是医生用手指的触觉，在病者的一定部位进行触、摸、按、压，以了解病情的方法。对电气设备，则是利用在线检测仪或停电试验，对一次设备进行泄漏电流、油中溶解气体等的检测，或者进行绝缘介质的介损正切角、电容量、直流电阻和交流耐压试验等试验，得到表征绝缘性能的有关参数、数据，查出绝缘缺陷并及时处理，可使事故防患于未然。

三、实施效果

（一）提升队伍专业能力

通过树立成为修试工作“好医生”的愿景，带动班组员工探索与实践电气设备巡检“望、闻、问、切”工作法，形成了一套科学的设备隐患诊断方法，显著提高了班组员工工作能力，进一步提升了班组专业管理水平，打造出一支更加专业化的设备修试“好医生”队伍。

（二）保障设备运行安全

“好医生”专业队伍与“望、闻、问、切”工作法的结合，全面提高了设备巡检工作质量与效率，确保做到在事故发生之前，发现事故的苗头，消除事故隐患。通过“好医生”队伍的建设，“望、闻、问、切”方法的全面应用，全面提升了班组管理效能，设备隐患发现与消除率得到了显著提升，设备故障率下降了60%以上，为电网设备运行安全提供了更加可靠的保障。

（**撰稿人：**张志恒　丁　超）

“三举措三闭环”铸造“技术型铁军”

国网江苏超高压公司扬州运维站江都变电运维班

【摘要】江都变电运维班在系统分析明确培训重点后，通过三种举措和三类闭环，铸造“技术型铁军”，多次完成重要高难度改造工作，及时发现GIS闸刀未分闸到位故障避免了带地线送电，并获得各类竞赛奖项10余个。在培训工作开展方面，培训前通过系统分析识别岗位技能要求，明确生产工作风险点、操作管控要点、典型信号发信机制等关键点，作为培训重点；培训中通过多维分析案例制度、专题研究小模块、举办微型讲堂三种举措，完成专业知识从学习到应用；培训后通过微讲堂、月检验、季竞赛，实现零碎知识和应知应会技能的闭环，全面强化现场实战技能。

一、实施背景

国家电网有限公司董事长、党组书记辛保安同志曾提到，近些年发生的人身事故，100%都是违章作业，80%是重复发生的事故。而反观各类通报中出现的事故与跳闸，事故原因大同小异，究其原因还是制度“入脑不入心”现场“缺少明白人”。对此江都变电运维班以“三种举措三闭环”紧抓运维专业培训工作，提升人员技能，保障安全。

二、主要做法

（一）系统分析，明确岗位能力要求

一是明确生产工作风险点源，梳理关键环节的风险防控重点，如高邮双母双分段改造工作的重点是新上母差和旧母差间隔迁移过渡期间的安措布置和功能验收等。

二是明确操作管控要点，深入学习事故案例，深入理解规定规范，关联理解强化认识，实现对操作风险提前预控。

三是深入理解典型信号发信机制，明确控回断线、事故总、PT断线等典型信号的发信机制，助力有效辨识设备异常。

（二）搭建平台，解决交流分享难题

一是搭建技术交流平台，及时掌握最新动态。组建专业培训微信群畅通实时交流渠道，提供培训工作布置、技术问题探讨等需求。运用线上会议系统提供定

期交流渠道，便于共享课件，便于远程授课和交流。

二是搭建资源分享平台，快速获取有效信息。将规章制度、图纸资料、说明书等资料存放于服务器并定期更新，便于运维人员查阅和研究。

（三）三项举措，综合提升岗位能力

一是学习案例制度吸取经验教训。汇编系统内外典型事故及异常案例，横向提炼分析挖掘事故背后的原因；同时以事故关联制度和新发布制度为重点学习对象，加强最新精神领悟。

二是制作专题模块解决重点难点。聚焦安全重点、技术难点、生产痛点，对事故异常根本原因、重点回路等内容进行分析和研究。由此制作出了双母双分段改造、三相不一致改造验收、失灵联跳回路等"小模块"课题，结合现场应用，吃透专题内容的内涵外延，奠定安全基石。

图1　微讲堂进行案例剖析

三是举办微型讲堂促进技术交流。以微讲堂的模式，由专业骨干牵头，小模块的制作人对专题研究内容进行授课（见图1）。让教授者加深对专题内容的领悟，让听课者在分享和讨论中理解知识。

（四）三类闭环，理论实践全面提升

一是周问答实现零碎知识闭环。在每周学制度案例后，结合现场情况对学习内容进行讨论问答，完成零碎理论知识的"本地化"领悟。

二是月检验实现应知技能闭环。结合考试考查重点宣贯规范、重要分析回路等内容的掌握情况，发现薄弱点后及时补短板、强弱项，完成应知技能的闭环。

图2　集中培训和仿真竞赛

三是季竞赛实现应会技能闭环。每季度组织集中培训和竞赛仿真，利用2020年国家电网公司变电运维大赛集训成果，利用变电站仿真系统多维复现现场事故（见图2），强化员工实际操作和各类事故异常处理能力。

三、实施效果与经验总结

培训工作的开展，在竞赛比武中和生产工作中均有诸多效果。竞赛比武方面，近五年获得省公司级变电运维竞赛个人二等奖1次，公司级变电运维竞赛个人奖项5次，团体奖项3次。派出总教练助力省公司竞赛队伍在国家电网公司竞赛中获得团体第二名，助力公司竞赛团队获得省公司竞赛团体第一名。生产工作方面，结合培训进行难题攻关，应用培训成果及时发现异常。如在明确母线闸刀倒闸操作原理与要点基础上，及时发现未分闸到位的GIS闸刀，避免带电合地刀的事故（见图3）；如通过小模块研究助力圆满完成涉及12张工作票、母差结排分四阶段调整、历时8天8夜的高邮变双母双分段改造工作。

江苏电力安全简报

2020年第20期

（2020年5月23日至5月29日）

国网江苏省电力有限公司安全监察部　　2020年5月29日

贡献嘉奖事例

检修公司排除GIS闸刀分闸不到位重大隐患

5月，**检修公司**某变电站220千伏VI、VIII段母线停役操作过程中，拉开220千伏V、VI段母联4630开关后，运维人员发现5号主变4605开关间隔附近存在异响，立刻暂停操作。倒闸操作人员及到岗到位人员立即开展进一步检查，分析异响原因。现场人员注意到该缺陷恰好发生在母线倒排完成后，而且响声跟内部放电声响很像，现场机械和电气指示均为分闸状态，初步怀疑是46052闸刀内部没有分闸到位。现场检查闸刀相间连杆，发现C相（主刀相）传动连杆尼龙齿套与传动轴脱离，导致AB相分闸不到位，46052闸刀动触头对静触头放电。运维人员及时发现并判断出缺陷，避免了母刀对空母线持续放电，可能造成母线故障及带电合地刀的恶性安全事件。

图3　技能扎实及时发现异常并被嘉奖

培训前通过系统分析识别岗位技能要求，明确生产工作风险点、操作管控要点、典型信号发信机制等关键点，作为培训重点。培训中通过多维分析案例制度、专题研究小模块、举办微型讲堂三种举措，完成专业知识从学习到应用；培训后通过微讲堂、月检验、季竞赛，实现零碎知识和应知应会技能的闭环，全面强化现场实战技能。

培训是一项长期化、系统化的工作，江都变电运维班将从自身实际出发，以“抓细抓小”的态度做实培训工作，以“持之以恒”的态度实现能力的提升，通过“三举措三闭环”培训法，持续打造“技术型铁军”。

（**撰稿人：**秦　喆　包明杰）

“请进来+走出去”结合
提升电网基建管理团队综合技能

国网江苏省电力工程咨询有限公司项目管理中心

【**摘要**】项目管理中心共有员工64人，采用“一体两翼”（本部+两个项目室）的模式运作，全面负责江苏省内500千伏及特高压输变电工程建设管理工作，人才队伍呈现出人才当量高、年轻化、冲劲足的优势，也存在关键管理人员结构年轻化，实践经验相对缺乏，在预见和解决现场实际问题方面还有一定短板等不足。对此，项目管理中心从专业理论、专项技能、实践实训等方面入手，采用“请进来与走出去”相结合的方式，开展“电咨询”关键人员技能提升培训，有效拓展500千伏及特高压电网工程建设管理人员专业知识背景，充分弥补项目关键管理人员知识短板，稳步提升电网一线管理人员综合素质，进一步凸显专业管理团队人力资源集聚效应。

一、实施背景

人员及队伍管理一直以来都是工程建设全过程工作推进的重要支撑。近年来，电网基建工程数量持续增长，规模不断扩大，电压等级逐渐升高，整体呈现项目点多面广、安全风险多、管理难度大等特点，在建设管理过程中容易产生一系列“盲点”“痛点”“难点”。

在此背景下，国网江苏省电力工程咨询有限公司项目管理中心针对关键管理人员结构年轻化，实践经验相对缺乏，在预见和解决现场实际问题方面还存在一定短板的情况，从专业理论、专项技能、实践实训等方面入手，采用“请进来与走出去”相结合的方式，于2020年6月~12月开展“电咨询”关键人员技能提升培训，累计完成20期头雁专题讲堂及4阶段雏雁专题讲堂，并先后前往常州、盐城等地开展3阶段飞雁专项行动，有效拓展500千伏及特高压电网工程建设管理人员专业知识背景，充分弥补项目关键管理人员知识短板，稳步提升电网一线管理人员综合素质，进一步凸显专业管理团队人力资源集聚效应。

二、主要做法

（一）细化前期策划组织

1.深化调研需求，协同制定方案

2020年6月上旬，项目管理中心启动“电咨询”专题培训策划工作，调研中心核心骨干项目经理、总监及部分新员工培训需求，从理论知识专项突破、实践平台定点搭建的角度着手设计培训方案，并积极向国网江苏省电力有限公司检修分公司、信息通信分公司、江苏省送变电有限公司省检、省电力设计院、省信通及省送等基建业务相关单位专家请教，坚持围绕“出实招、见真效”目标，反复谋划推演“电咨询”培训方案，细化落实课程，优化阶段流程，编制培训教材，策划形成并整理完善具体培训方案。

“电咨询”关键人员技能提升培养专项方案分为“请进来——专题讲堂”和“走出去——飞雁行动”两部分。其中，专题讲堂分为“电咨询”头雁专题讲堂及“电咨询”雏雁专题讲堂两个子品牌，飞雁行动则依托流动培养机制开展现场实训。

2.坚持问题导向，精准设置课程

课程设置过程中，项目管理中心坚持问题导向，结合工程实际，按照“因材施教”的总体原则，精准划分课程目标群体。头雁专题讲堂重点面向业主项目经理和总监，依托自主开发的线上、线下同步培训平台，邀请调度、检修、信通、设计、施工、设备厂家等单位相关专家，对输变电工程设计、安装、调试、验收、启动等关键链条、关键要素进行专项技能培训；雏雁专题讲堂设置通识课程，重点培养一般监理人员和新近监理人员项目管理及监理业务基本技能；飞雁行动分三阶段实施，依托2020年下半年投运工程，利用流动培养人员与横向单位构建的网络关系，合理设置运行知识专题、调试知识专题、检修知识专题等学习模块，不断夯实业主项目经理专业素养。

（二）丰富培训开展形式

1.坚持目标导向，理论实操有机结合

项目管理中心在各阶段学习期间，除邀请老师课程理论讲授外，还积极组织全体学员深入在运变电站及在建输变电工程现场，进行运维、调试、验收、检修四大专业的系统模拟、实践观摩等活动，在换位思考过程中深入认识、切实感受兄弟单位的工作内容与核心诉求，对自身的工作与业务建立从基建到运维全局一体化的理念，确保了理论和实践有机统一。

2.坚持任务导向，激发团队学习动力

在“飞雁”行动三个阶段开展期间，为确保“走出去”参培人员“带着任务去，带着成绩回"，项目管理中心结合省检培训承载力，构建"学习小组"管理机制，将全体参培人员分为两批，搭配形成A/B角色，培训期间工作互为替补，确保各室日常工作正常运转。两个小组分别设定专人担任小组长、后勤管理员、新闻宣传员等岗位，按分组对两个小组培训期间的表现情况进行对标考核，个人成绩与小组整体表现挂钩。通过引入小组间的内部竞争机制，给各小组适当加压，促使小组成员间"比学赶帮"氛围浓厚，进一步激发了学员学习动力。

3. 坚持结果导向，考核形式多样具体

为保障培训实效，项目管理中心坚持"以考促学"，悉心设置阶段答辩、中期考试、经验分享、终期考试等形式丰富的考核方式，各阶段考评均邀请培训老师，紧扣授课内容准备考试试卷；答辩环节邀请相关专家全程参与，并针对各学员学习情况逐一点评，促使学员进一步补强知识短板。同时，除两个小组按组考评的成绩外，每阶段答辩、闭卷考试均纳入个人考核成绩，考核成绩根据不同阶段动态更新，最终按个人成绩进行总排名。阶段考评成绩纳入3、4季度个人绩效考核结果，压实学员学习责任与动力，不断延拓学习深度，夯实培训效果。

（三）拓展培训深度广度

1. 内训外培结合，拓宽前沿热点眼界

在"电咨询"关键人员技能提升培训阶段性成果的基础上，项目管理中心于2021年继续围绕"实操化""多元化""前沿化"等方向打造新一轮培训课程，拓展培训品牌深度、广度。培训课程既包括施工调试、实测实量等基建专业知识，也包含"双碳"任务等电网发展前沿相关专题，既夯实基础、又拓宽眼界，提升项目管理人员自信心；同时，探索引入"内训师"模式，组织中心各专业管理专职结合各自业务重点、难点、要点，开展内部培训，深入挖掘内部管理经验。

2. 组建柔性团队，常态开展研讨交流

项目管理中心进一步组建柔性管理团队和专业技术小组，创立并常态化推进双周会"典型经验分享"机制和"专业小组月度交流研讨"机制，积极组织项目管理人员在工程实践中不断萃取管理经验，依托双周会、总结会等多种平台分享工程管理中典型问题、典型做法、典型经验，改变以往项目经理以"听"为主的单向信息流通模式，督促各项目经理真正"学进去"，强化内外部交流，不断促进管理"提质增效"。2021年，项目管理中心累计已完成40人次分享，内容涵盖安全、质量、技经、物资、通信、自动化等各种一线实践经验，线路、土建、电气、技经、科技五个专业小组已常态化开展月度专业活动。

三、实施效果

项目管理中心通过针对性开展“电咨询”系列基建专项技能提升培训，有效加深了电网基建关键管理人员对基建各关键链条、关键要素的知识与技能的认知，提升了公司基建管理团队整体专业技能水平，初步达到确保一线管理人员“懂方案”“知流程”“会技能”的效果，形成了可复制、可推广的短时间、长距离、多跨越的电网基建管理团队专项技能提升培训体系，相关经验已形成成果刊登于《中国电力企业管理》等期刊。

未来，项目管理中心将继续总结人才培养典型经验，持续为员工成长成才提供两类展示平台。中心层面，搭建展示自我的平台，持续通过项目经理分享会、电咨询内训教程、专业小组活动、兄弟单位交流等各类渠道，给予员工展示机会，让优秀人才崭露头角，让员工有“敢管”的底气、“能管”的魄力和“善管”的能力。公司及省公司层面，积极打造专家培养及输送的平台，为中心员工提供更多代表省公司参与各级各类会议、检查的机会，从更高层面和站位上提升中心专家团队综合实力。

（撰稿人：林冬阳）

班组自主管理

人性化双向选择+积分标准库考核法

国网南京供电公司220千伏云南路变电运维班

【摘要】220千伏云南路变电运维班采用人性化双向选择+积分标准库绩效考核法，由班组员工和班长对工作进行双向选择，并根据实际工作进行量化积分，有效地整合优化现有人力资源，缓解了"老龄化班组"班组成员精力与体力不足的难题，解决了班组成员家庭与工作的矛盾，发挥了绩效考核的正向激励作用，让员工实现了"安心工作，快乐生活"的目标。

一、实施背景

绩效考核是班组建设必不可少的部分，也是班组管理的"大头难"。绩效考核做得好，就是激励员工担当作为、推动安全生产的"催化剂"；绩效考核若做得不好，就是员工扯皮争吵、破坏班组氛围的"导火索"。传统的绩效考核办法容易造成职责分工不明确、班组员工互相推诿责任、工作积极性降低等问题。为此，220千伏云南路变电运维班在公司和工区制定的员工月度绩效积分标准与薪金兑现规则基础上，结合班组的实际情况，建立了绩效考核"积分标准库"。通过绩效考核，可使班组员工充分了解自己的工作成绩和不足，明确努力方向，不断提升自我素质与工作质量，让班组长全面掌握员工的德、能、勤、绩等情况，更有效地发挥沟通、引导、班组和激励作用，提升班组安全生产水平。

二、主要做法

（一）明确积分标准，优化积分细则

班组在公司和工区制定的员工月度绩效积分标准与薪金兑现规则范围内，进一步进行细化（见图1）。

绩效积分细化为基础分、PMS工作积分、非PMS工作积分、班组内部事务加分、考核减分五部分。其中，基础分是指每名员工的月度基础分值均为100分；PMS工作积分是指国家电网公司PMS系统每项业务的电脑计分；非PMS工作积分是指班组五大员（值长、安全员、资料员、材料员、系统员）、大型新建和技改工作、异常及应急处理、发现和申报缺陷、保电巡视、智辅工作等；班组内部事

务加分是指班组资料的整理、QC活动的开展、通讯报道、参加公司的各项活动和竞赛等；考核减分是指不服从上级工作分配、工作现场违章、人为责任事故、违法违纪等。

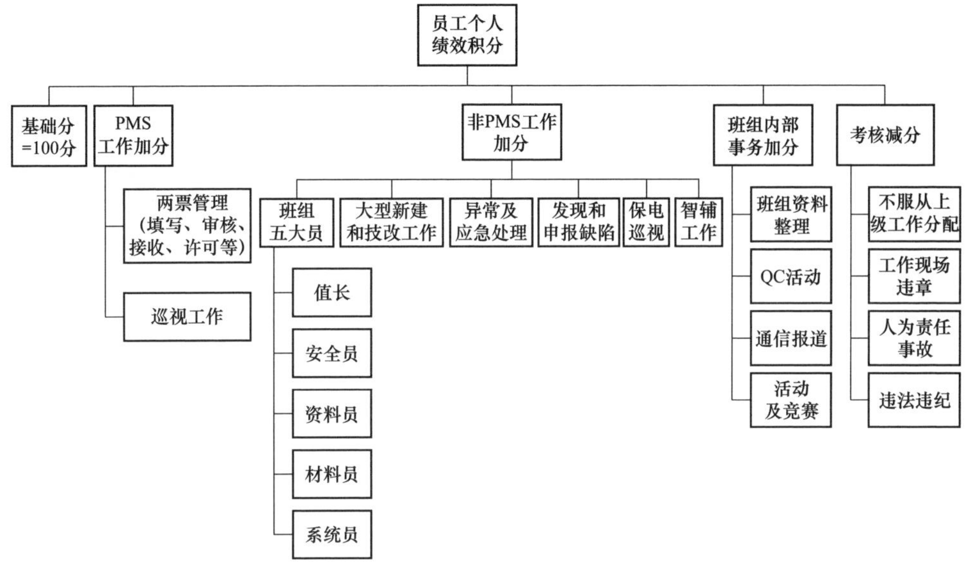

图1　员工绩效积分标准

（二）量化积分核算，执行民主审议

班组按时召开月度绩效考核会，班组绩效专责人（班长）将员工积分情况，逐一提交会议，组织员工进行民主审议，并重点对工作考核部分的加、减分项进行讨论，最终达成一致。

（三）“志愿”双向选择，加强人性化管理

考虑到班组老龄化日趋严重的实际情况，经班委会讨论，提出了“双向选择人性化”绩效管理的方法，每个人可以根据个人的技能水平、实际情况和身体状况，自主填报工作项目“志愿书”，再由班委会根据班组工作计划和员工需求进行合理分工。双项选择流程如图2所示。

具体实施方法如下：

（1）公示绩效积分细则。

（2）在班组公示栏、微信群发布班组工作的月计划、周计划和日计划，供各位员工参考。

（3）班组员工根据自身的实际情况与班组工作计划，选择自己希望参加且能够参加的工作，并按月报送工作需求、按周进行需求调整。副班长负责将员工需

求进行登记、存档，最终每周将员工需求贴于公示栏，供值长参考。

（4）值长根据班组工作计划和员工需求安排每天的工作，计划外的突发性工作由值长根据员工的需求优先筛选。非生产工作，员工可以直接参与，如有名额限制的工作，由班长对报名员工进行优先选择。

图2　双向选择流程

1）工作需求=员工需求。当工作需求正好等于员工需求，且该员工技术水平与精神状态又正好能够胜任该工作时，则直接由该员工完成此项工作。

2）工作需求>员工需求。当工作需求大于员工需求时，由班组长根据工作难度与当值值长商议，安排合适的员工负责此项工作，被安排员工必须服从安排，否则将按照扣分项规定考核。

3）工作需求<员工需求。当工作需求小于员工需求时，由值长优先安排有需求、且前一轮未能够参与工作的员工，以保证每一位员工都有机会参与自己需求的工作。

（四）绩效薪金分配兑现

班组量化积分，每月进行积分核算，去零取整，零头分数纳入下个月，算出得分后再对分数进行二次核算、分档。绩效分数分为100、97、94、91、88五档，确保员工的分值差在可控范围（见表1）。每位员工的最终积分结果经月度绩效考核会审议通过后执行，实行“按分计酬”，即根据个人绩效积分结果占班组员工整体积分比例情况，对绩效薪金进行分配。兑现公式如下：

月度考核兑现=班组所属奖金总额/班组绩效总分 × 员工个人绩效分数

表1　班组员工李某和姚某6月工作情况及月积分结果

姓名	基础分	PMS工作积分	非PMS工作积分	班组内部事务加分	考核减分	一次绩效分	二次绩效分
李某	100	2.5	4.5	1.5	0	108.5	91
姚某	100	16	1	0	0	117	100

三、实施效果

（一）公开透明，营造和谐班组氛围

根据每一种工作的难度、强度、重要程度，对积分标准库进行细化、量化、全面化，将每项工作都量化为具体数据，使员工心服口服，促进班组气氛和谐。

（二）柔性管理，提高员工积极性

工作的双向选择，缓解了“老龄化班组”班组成员精力与体力不足的难题，解决了班组成员家庭与工作的矛盾，发挥了绩效考核的正向激励作用，让每一位员工都能够展现自己最优秀的一面，最大程度地让每位员工发挥所长，助力员工以最好的状态投入到每一项工作中。

（三）双向促进，提升班组战斗力

积分规则的公平公正与双向选择的人性化管理相结合，既实现了绩效的约束性，又体现了班组的柔性管理，促进班组气氛和谐，构建团队与个人共同成长的良好态势。班组获得国网南京供电公司“安全生产先进班组”、南京市总工会“工人先锋号”、江苏省“工人先锋号”、国家电网公司“工人先锋号”等多项荣誉。

（**撰稿人：**陈增强　韩　峰　骆　成　李梦园）

"717"管理体系筑牢线路安全屏障

国网南京供电公司输电室输电运检三班

【摘要】输电运检三班成立于2007年11月，负责运维检修南京市江宁区35千伏至110千伏以及江宁、溧水、高淳区220千伏至500千伏的高压输电线路，班组成员8人，其中党员5人；大学本科及以上5人；技师5人；中级职称2人，初级职称4人。班组信条为"关注细节，提升输电专业管理；注重结果，力争线路零外破。""717"管理体系是在认真学习国家电网有限公司战略体系的基础上，结合输电线路专业特性和实际工作内容，提炼得一套指导班组工作的管理体系，可稳步提升班组运维检修水平。

一、实施背景

输电运检班组的主要职责就是做好架空输电线路的运行和检修管理。目前班组成员存在平均年龄偏大，班组青工工作经验欠缺，班组承载力明显不够的情况。为帮助班组理清工作思路与步骤，提升班组工作质效，降低班组所辖线路的故障率，保障电网"大动脉"安全稳定运行，班组结合输电线路专业所涉及的隐患管控、线路巡视、现场勘察、检修消缺、竣工验收、工单诉求、故障抢修七个方面工作，提炼并整合出有效提升以上这7项工作的管理体系。

二、主要做法

输电运检三班提炼的指导班组工作的"717"管理体系（见图1），第一个"7"指的是班组运用"遵循季节（Season）特性，前瞻工作部署；动静结合更新（Survey），优化基础信息；差异运维管控，严守一线安全（Safety）；多维探索（Seek）研讨，深究疑难杂症；雕琢专业技能（Skill），锤炼行家里手；关注优质服务（Service），提升区域把控；突显科学（Science）智能，追逐能源互联的7S管理办法，第二个"7"是班组工作的"隐患管控、线路巡视、现场勘察、检修消缺、竣工验收、工单诉求、故障抢修"7类工作现场，"1"指的是达成输电线路安全运行的目标。

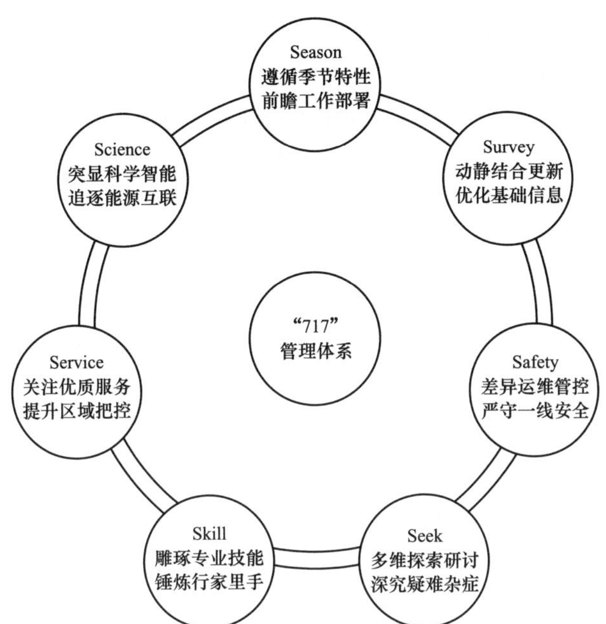

图1　输电运检三班"717"管理体系

（一）7S管理办法

1.遵循季节特性，前瞻工作部署

输电运检工作具有较强的季节性，可结合季节特点，提前部署相应工作事宜。例如夏季前排查接地电阻和防雷、防洪涝措施，夏秋季节前布置好防鸟刺、驱鸟器等防鸟措施及森林防火排查，春检秋检前与相关部门协调好停电事项等。

2.动静结合更新，优化基础信息

运用智慧运维系统，及时录入新设备台账、隐患信息、异物源信息、缺陷情况、树线矛盾、巡视任务及风险预警等资料。同时同步更新班组服务器各项资料信息，每月反馈资产月报、线路沿布图、线路单线图等台账报表，做到基础信息完备可查，为实现全流程管理打下良好基础。

3.差异运维管控，严守一线安全

为达成保障输电线路安全稳定运行的最终目标，班组执行差异化运维策略，220千伏及以上线路一周一巡，110千伏及以下线路一月一巡；220千伏及以上线路隐患点一日一巡，110千伏及以下线路隐患点一周一巡。

4.多维探索研讨，深究疑难杂症

创新是引领发展的第一动力，班组通过师带徒、技师工作室、多部门合作等多种方式，利用科技创新项目、QC小组活动、青创赛、故障论文等多渠道参与专业领域探索，解决工作中遇到的实际问题。

5.雕琢专业技能，锤炼行家里手

培养人才坚持理论和实操“两手都要抓、两手都要硬”，由技师、高级技师、行业领军人物传授专业理论知识，利用单位实操场地、单元制培训等多方式结合培养青工实际动手能力，增强现场实操经验，早日成长成才。

6.关注优质服务，提升区域把控

班组以青工为主体，鼓励青工独立处理工单，积极主动与客户沟通，提供针对问题切实可行的解决方案，提升客户满意率。同时严格实行线路第一责任人制度，线路按片区切实落实到人，增强青工担当责任意识，提升班组对现场的把控能力。

7.突显科学智能，追逐能源互联

发挥青工优势，勇于尝试应用新技术、新设备、新工艺，综合运用人工巡视、无人机精益化巡检、可视化平台轮巡，全方位提升班组日常工作的科技含量。响应国家电网公司号召，为建设具有中国特色国际领先的能源互联网企业而不竭努力。

（二）7类工作现场

1.隐患管控

隐患管控是输电专业的重点工作，随着南京地区经济发展，各类施工隐患点层出不穷，树患和异物隐患也呈上升趋势，对输电线路的安全稳定运行造成了一定的威胁。

2.线路巡视

线路巡视为班组日常工作之一，目前采用分包委外与班组开展相结合的模式，面临管辖线路体量大，班组承载力严重不足的问题。

3.现场勘察

现场勘察多为检修、技改工作或配合设计单位进行前期勘察。由于南京地处丘陵地带地形复杂，存在不易到达的杆塔。

4.检修消缺

检修消缺是消除线路缺陷和隐患的重要工作，目前采用分包委外形式，由班组成员担任工作许可人，安全生产压力较大。

5.验收工作

验收工作为工程前期、中间及完工后班组工程进行现场验收，极其考验专业技术水平和现场把控能力。

6.工单诉求

工单诉求主要为12345、95598服务工单，包括青苗赔偿、安全交底、杆迁咨询等内容，需沟通居民及施工单位诉求，优质服务压力较大。

7.故障抢修

故障抢修是指线路发生跳闸事故后，班组在最短时间内查找故障原因并抢修线路、恢复送电，极其考验事故判研能力、现场经验与专业素养。

三、实施效果

班组实行“717”管理体系以来，效果显著，连续三年未发生有人员责任的重大安全事故，保障电网安全稳定运行。

2018年，班组荣获五星班组称号；班组科技创新成果《110千伏及以下等电位带电作业工具的研制》获国网南京供电公司科技进步一等奖；科技创新成果《输电线路拉门塔张力监测装置的研制》获国网南京供电公司科技进步三等奖；班长陈祥睿同志获评国网江苏电力安全生产先进个人。

2019年，班组获评国网江苏电力“工人先锋号”称号；班组科技创新项目《“三跨”零停运输电线路设备检修技术及系列工器具研发与应用》获评2019年度南京市职工十大科技创新成果；班长陈祥睿同志获评国网江苏电力优秀班组长。

2020年，班组质量管理课题《跨江高塔拉线自动涂油装置的研制》获全国QC成果发表赛专业级成果；班长陈祥睿同志荣获南京市五一劳动奖章、南京市技术能手、南京市青年岗位能手。

（**撰稿人：**陈祥睿　祝仁杰　张　欢　张丽强）

构建“大班组、小作业单元”自主管理新模式

国网徐州供电公司苏堤变电运维班

【摘要】随着变电运维业务优化和模式转型持续推进，工作量呈几何层级增长；值班员老龄化问题日益严重、退休人员迅猛增加，“站多人少”局面日益严峻。运维工作模式的转变进入关键时期。如何最大限度优化人力、物力资源利用，推动运维工作高质量发展成为亟待解决的关键问题。苏堤变电运维班基于人员现状与工作特点，大胆探索，创新性提出“大班组、小作业单元”新型工作模式：通过细化分工成立操作组与巡视组，成立“小单元”分驻地减少运维半径；依托人员“双向选择制”、绩效考核“包干制”、青年员工“轮岗制”等系列新工作方法；鼓励员工进行“小微”创新，主动解决工作中遇到的小难题。通过方法有效提升工作效率、加快青年员工成长、释放人力物力。

一、实施背景

苏堤变电运维班，成立于2018年9月，隶属于国网徐州供电公司变电运维室。实行新模式前，苏堤运维班共24人，平均年龄50.3岁（40岁以下5人，41 ~ 50之间6人，50岁以上13人），共管辖包括徐州市区、铜山、丰县、铜山等15座变电站，运维半径较大。其中，服役在十年之内的变电站有4座，十年至二十年的变电站有6座，二十年以上的变电站有4座。目前，新建变电站不断投运，变电运维值班员人数未来三至五年将缩减1/5左右。部分变电站投运时间长，设备老化问题日益凸显，同样带来巨额运维工作量。

二、主要做法

（一）让合适的人搭配合适的岗位

1.组织结构重组

打破原有班组建制，将苏堤与吴庄两个相邻班组管辖范围进行人员与业务有机融合：班组人员根据技术能力、年龄结构不同进行评级，各单元均设置固定级别人员数量。人员进行双向选择，自由择岗：由班组长选择值班长，值班长选择值班员，被选择人员自由选择管理人员。

2.作业模式重构

因技术、年龄或身体原因不能胜任高强度工作的人员，以2 ~ 3人为一组，组建“小作业单元”巡视组，分区负责日常巡视、维护等工作；各“小单元”内部灵活调配、有机支撑；实行变电站第一责任人制将班组年富力强骨干员工从耗时长但不费力的工作中解脱，组建操作组，负责处理“急难险重”工作。操作组作为班组核心力量，24小时值班运行，负责所辖区域变电站主设备操作、事故应急处理、检修现场等工作。

3.管理方式重建

搭建班组长、值班长、单元负责人逐级负责的管理体系，各类工作责任到人。划分清楚单元任务。其中，巡视与维护类工作设置工单制，负责人员签名留档；验收类工作采用痕迹化管理，验收过程拍照留底作为依据。各类工作根据工作难易度、时长等要素单独设置奖励与考核机制。

“大班组、小单元”作业模式如图1所示。

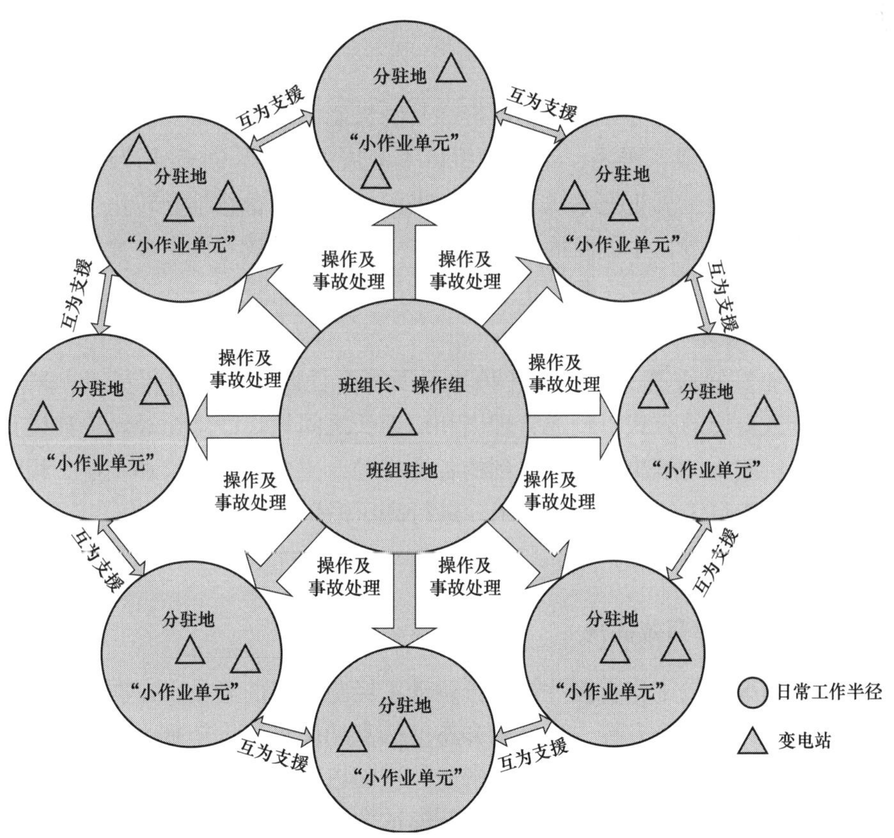

图1 “大班组、小作业单元”作业模式

（二）让付出的人获得应得的报酬

1.“包干制”团队绩效

建立“大班组—小作业单元”精准包干制绩效考核制度。运维室根据班组运维区域划分，科学测算各区域安全责任和工作量，针对不同任务形式单独设定绩效额度和考核标准,“小单元”可根据工作量和绩效额度自行安排人员数量。同时，针对不同任务单独设定奖励机制，比如巡视组“小作业单元”单独设定缺陷发现奖励。班组及小作业单元人员、人数自行设定。以精准的绩效考核与奖励机制激发班组人员斗志。

2.“归纳型”经验分享

年龄偏大的师傅在几十年的运维工作中积累了大量的实践经验，这对变电运维未来工作具有宝贵的指导意义。而老师傅文字表达能力较弱，因此以加分鼓励他们将工作中的所见、所闻、所想讲述给青年员工，由青年员工进行归纳总结，整理成册。目前已整理归纳出三十余条实用型经验分享，该分享册还被县公司运维班作为指导手册使用。

3.“实用化”职工创新

依托变电运维室“五小”项目申报和奖励机制。从班长带头做起，主动发现工作中遇到的“小微”难题，组织班组员工开展“五小”创新建议评选、QC活动小组等攻关活动，真正把来源于员工、来源于一线的智慧结晶转化为服务于生产的有用成果，营造自主创新的思维导向。同时，在绩效考评中设置单独加分机制，让提出问题、寻找方法和真正实施的人员均获得加分。

4.“轮岗制”能力培养

畅通职业发展通道，对于班组40岁以下符合任职条件的青年员工，采取班组推荐和个人自愿的方式，畅通管理岗和班组长之间轮岗锻炼途径。单独设置技术组，以值班制无缝解决一线所遇到的各类难题，主要由班组长和专业工程师组成；同时让青年员工轮流进入技术组，进行高压锻炼。

三、实施效果

（一）工作效率有效提升

班组各情况人员工作积极性被充分调动，经验丰富的老员工专项负责变电站巡视与维护工作，充分发挥丰富经验和态度认真的优势，将年富力强的青壮年骨干从时间长但相对轻松的巡视工作中解脱，从而以更充沛的精力应对停送电、大型检修与事故异常处理等突发、熬夜以及耗神较大的工作。2020年度，班组共完成220千伏汪塘变、阎集变、位庄变、赵山变等四个变电站全站检修工作，220

千伏常店变、赵山变全站综自改造工作，40余条220千伏及以下线路改扩建工作，处理各类异常缺陷300余次，完成倒闸操作20000余步。班组人员身心健康，几乎未发生超额加班情况。

（二）青年员工迅速成长

青年员工拥有更多机会在大型检修现场、事故及异常处理等亲身进行实践，在一线磨练出扎实本领。班组共四名青年员工，其中一人进入设备部管理岗位；一人担任副班长职务；一人参加2020年运维专业技能竞赛，名列全省第七名，获得省公司技能能手称号；一名2018年入职新员工在省公司“菁英班”运维专业培训班取得良好成绩，提前2年获得高级工技能等级评价。

（三）人力物力充分释放

工作中遇到的各类“小微”问题通过“五小创新”、QC活动小组等形式，发明创造出一系列智慧辅助小装置。其中，自动防水挡板与远程钥匙箱系统的自主研发，大幅度缩减了购买成本，也使得运维人员出车次数减少约1/4。“小作业单元”分散驻地模式大幅度减少了班组运维半径，工程车出行里程数缩短近1/3。以上创新项目获得上级部门认可并推广使用。

变电运维工作今后将不断面临更严峻的挑战。因此，苏堤变电运维班将在各方面继续走在前列，继续深化管理创新，鼓励科技创新，为变电运维专业的发展贡献绵薄之力。

（撰稿人：师　珂）

基于末端业务融合的乡镇供电所台区经理“五步法”绩效管理机制探索与实践

常州三新供电服务有限公司金坛分公司
朱林业务所运维采集班

【摘要】面对职能新定位、业务新调整、流程新变化的“全能型”乡镇供电所全新管理模式，朱林业务所运维采集班通过建立“台区经理工作量计算模型”、制定涵盖业绩、过程、行为三类18项“台区经理绩效评价指标”等措施，探索实践台区经理“五步法”绩效管理机制在供电所班组的运用，构建起一套能够满足“全能型”乡镇供电所建设的绩效指标体系、绩效监控体系和绩效考核体系，进一步促进营配业务深度融合，促进员工技能持续提升，促进管理革新更加有效，从而实现员工与公司的共赢发展。

一、实施背景

2017年，国家电网公司提出要打造业务协同运行、人员一专多能、服务一次到位的“全能型”乡镇供电所。在业务上按照“末端融合”的思路，实行营配合一、开展新型业务，推行集运维、营销和客户服务于一体的“台区经理制”。朱林业务所运维采集班有班组成员14人，其中党员9人，大学专科及以上7人，初级职称5人，高级工8人。班组人员平均年龄51.8岁，负责朱林抄表催费，电费审核发行，线损分析，用采维护，运行维护，值班抢修等。班组从2018年1月起，按照“五步法”的绩效管理（见图1）策略积极开展台区经理绩效管理的探索与实践，其绩效管理呈良好的发展态势。

图1 绩效“五步法”图

二、主要做法

（一）绩效计划制定

1. 绩效计划分年度、季度和月度等三种类型

年度绩效计划通过签订《年度业绩考核责任书》的形式予以明确，季度和月度绩效计划通过召开工作例会进行下达，班组的绩效计划由供电所通过所务会的形式予以确定，班组通过班务会将绩效计划分解到台区经理。

2. 建立台区经理工作量化模型

鉴于乡镇供电所管辖的综合变压器设备健康程度不一，每个台区的运维和营销基础管理有差距，为鼓励员工多干肯干，供电所建立了台区经理工作量计算模型（见表1），更加合理体现台区管理难易程度。

表 1　　乡镇供电所台区经理工作量计算模型

计算参数	变压器			营业户数				
	小计	改造到位台区	改造未到位台区	小计	居民	非居民	农区	小区
计算单位	台	台	台	户	户	户	户	户
难度系数		1	1.2		1	1.2	1	0.7
权重	50%	50%		50%	25%		25%	
供电所设备总量	404	398	6	18071	14114	3957	15759	2312
某网格设备总量	39	35	4	1656	1324	332	1656	0
网格平均设备总量	31	30.5	0.5	1390	1086	304	1212	178
网格数量：	13	网格化系数计算结果：1.25						

注：1. 难度系数和权重可以结合各所实际情况进行修正；
2. 有下划线数据为自动计算，无需人工干预；
3. 网格化系数 = ∑（某网格设备总量 / 网格平均设备总量 × 难度系数 × 权重）。

（二）绩效辅导沟通

1. 建立沟通方式

供电所各级管理岗位人员采用到班组、到现场、到家庭等形式拉近领导与员工的距离，通过具体指示、方向引导和鼓励促进等方式，帮助员工及时发现工作短板，开展原因分析，创造工作条件，解决工作难题，并跟踪完成情况。

2. 建立纠偏机制

供电所每月形成绩效问题汇总，定期总结工作问题和不足，形成问题清单进行逐项整改，提高工作质效，将责任落实和问题整改放在同等重要的位置。

（三）绩效考核评价

1. 评价单元

台区经理考核以供电所为单位开展。

2. 评价周期

台区经理绩效考评以月度、季度、年度为周期。

3. 指标体系

台区经理的绩效指标为三类18项（见表2），分别为：业绩类指标主要考核综合变的营销和运维的质量指标，分设12个小指标；过程类指标主要考核台区经理协同供电所推进重点工作成效，分设3个小指标；行为类指标主要考核台区经理的行为规范度和综合职业素养，分设3个小指标。

表2　　乡镇供电所台区经理绩效指标体系一览表

序号	一级指标	权重	二级指标	目标值	权重
1	业绩类指标	60%	低压设备缺陷管理规范率	100%	5%
			抢修工单 App 接单率	100%	5%
			营配数据维护准确率	100%	5%
			变压器超载率	0	10%
			三相负荷不平衡	0	5%
			D类电压合格率	100%	10%
			低压台区线损合格率（统计）	100%	10%
			低压台区线损合格率（在线）	100%	10%
			当月电费回收率	100%	10%
			采集工单处理规范度	100%	5%
			客户实名制认证率	100%	5%
			优质服务投诉率	0	20%
2	过程类指标	20%	“全能型”供电所建设贡献度	100%	25%
			星级供电所（班组）建设贡献度	100%	25%
			移动作业终端使用规范率	100%	50%

续表

序号	一级指标	权重	二级指标	目标值	权重
3	行为类指标	20%	严格执行工作纪律	100%	30%
			严格执行劳动纪律	100%	30%
			严格执行廉洁从业规定	100%	40%

4.评价监督

加强对台区经理的供电服务工作情况进行监督与检查，检查结果纳入台区经理的绩效考核；决策要集体商议，分别召开班务会和所务会进行集体商量，充分听取大家意见；结果进行阳光公示，接受员工监督，对员工提出的异议要及时分析，做到有错必纠，有错必改。

（四）绩效结果应用

1.薪酬分配

建立《供电所员工团队绩效分配方案》和《班组二次分配考核方案》，台区经理的绩效考核结果与薪酬分配挂钩。其中：月度绩效结果是发放台区经理绩效奖的重要依据，计算公式为绩效奖=奖金基数 × 网格化系数 × 绩效得分系数。

2.评优评先

在各类综合性先进的评选中，年度绩效等级评为优秀的台区经理优先考虑，结合台区经理在班组的工作表现，进一步将其作为岗位晋升的主要依据，促进员工岗位成才和班组管理水平的同步提升。

（五）绩效目标提升

绩效目标提升的关键是要还原全貌、分析对策、调整策略、支持变革与持续改进，这是一个PDCA（Plan计划、do执行、check检查、act处理）的持续循环的过程，过程并不是到绩效考核时打出一个分数就结束了，班长与要与台区经理进行面对面的交谈，即绩效反馈面谈。通过绩效反馈面谈，使台区经理全面了解自身的绩效状况，正确认识自己在这一绩效周期中所表现出来的绩效优劣，并为台区经理设定下阶段更高层级的目标，明确努力方向。

三、实施效果

（一）促进管理流程和业务流程优化

组织编制了符合“全能型”供电所运行的标准化业务流程25条，编印了《台区经理服务手册》，优化了供电所工作积分类别和项目数量，积分类别由5个精简为3个，33个积分项目整合为18项，计分单位和标准的合理性进一步提高。

（二）提高员工自我改善和调整意识

通过绩效看板公布每月工作积分，使各台区经理及时掌握自身得分情况，便于后续工作中改进工作方法、提高工作效率，取更多出工机会，争取更多积分。通过自我改善和调整，使自身思想及供电素质得到极大提高，起到了鼓励先进、带动中间、鞭策落后的积极作用。

（三）提升民主监督和业绩管控水平

通过月初下达任务、月末累计积分，排名考核的闭环管理机制，增强了工作计划性。结合班前班后会，增强了供电所民主管理。所长、专职、班长不定时进行工作监督，对未达到要求的工作予以扣分并限时整改，形成了“凡事有人负责，凡事有人监督，凡事有据可查”的工作局面。

（**撰稿人：**赵　剑　胡海俊）

“三措一案”打造“想干事”班组

国网镇江供电公司京口变电运维班

【摘要】京口变电运维班成立于2011年5月1日，现有班组成员15人，其中党员6人，主要负责镇江市东部4座220千伏变电站、9座110千伏变电站和2座35千伏变电站的运行维护工作。班组“三措一案”（三措：标签定位、数据共享和“三维两模”绩效考核；一案：“绿网随行”俱乐部定期活动方案）的实施提升了班组管理水平，营造了班组和谐工作氛围。其中，班组“三模二维”绩效考核法还成功入选国家电网公司绩效管理工具箱，并在公司内部班组间进行推广应用，实现了班组绩效人人参与、及时呈现的效果，激发了员工干事热情、提升了班组工作质效、推动了班组和个人的争先进位。“十三五”期间，班组获得“国家电网公司工人先锋号”称号。

一、实施背景

班组人员年龄结构涵盖老中青三代，三代人的理论知识结构、技能水平和现场运维经验各不相同，如何实现分层分级管理、设立个人小目标成为班组管理难题。另外，班组普遍存在“能做事的多做，少做事的少做”、人员主观能动性不足、个人工作定位不清，人员只是被动式接受任务等现象，如何激发员工内生动力，提升他们的干事热情成为班组管理面临的头号问题。

二、主要做法

（一）“标签定位”分工明责

运维班组工作内容繁多，既包括日常管理、巡视、操作与事故异常处理，也包括空调维护、场地杂草处理等。为实现事事有人管、人人有事做的目标，首先，我们将班组工作涉及的方方面面进行梳理罗列，尽量做到全面。其次，通过班组会议，将班组工作情况与成员进行交流，以补充遗漏删除重复。当班组工作罗列得比较全面时，依据工作内容的多少与难易将班组工作进行细分分割。最后，摸底班员工作情况，了解他们在各方面工作上的表现情况，以找到他们擅长之处和劣势。根据摸底情况，明确各班员的工作任务，帮助他们找准工作定位，并给他们的身份贴上标签，实现标签化管理和人员工作定位。班组工作由过去以班组长为中心进行分配变为以定位标签为中心的柔性团队自主开展工作，形成“你中有我、我中有你”的良好工作互助氛围，实现人员工作定位清晰，事事有人负责。定位标签举例如表1所示。

表1　定位标签举例

姓名	标签
员工1	班组资料、培训、两票、白班正值、技师、党员等
员工2	班组安全、会议、QC、白班副值、高级工、群众等
员工3	班组计划、总结、宣传、晚班正值、高级工程师等

（二）“数据共享”有据可依

十年来，班组一直坚持在做工作日志（如图1和图2）、设备缺陷库、设备备忘录、工作清单、专项检查表等一系列数据的记录和完善工作，并借助网络服务器实现班组数据共享。通过这样的共享形式，实现了班组高效工作和透明化管理。通过强调班组数据积累的重要性，将员工日常工作变成一个个鲜活的数据，有助于提升员工工作的成就感，通过数据分析指导日后工作，也让员工对数据积累工作更加积极。

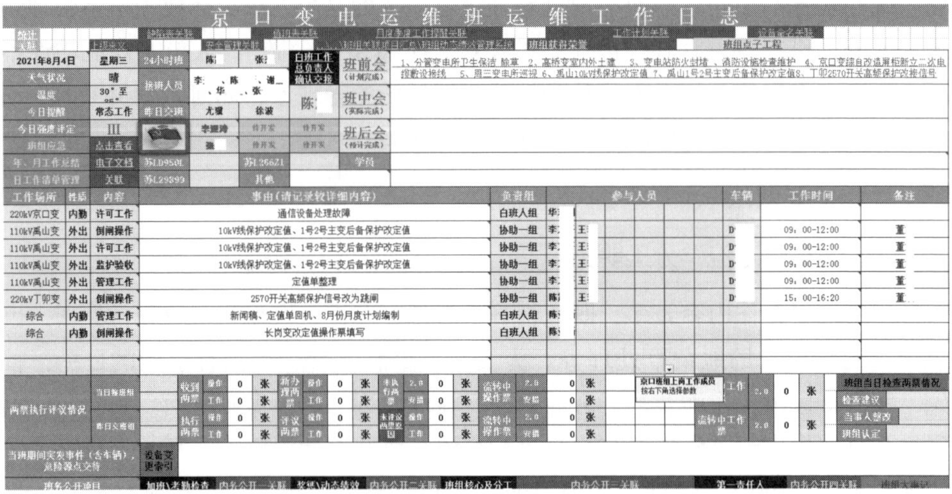

图1　班组运行日志

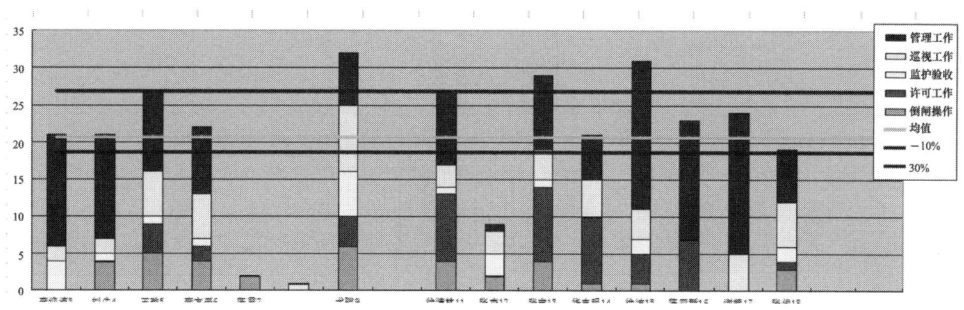

图2　由运行日志实时生成的个人业绩图

（三）“三模二维”绩效激励

变电运维“三模二维”考核法，是建立工作业绩、工作质量、工作综合三个模块一体化的月度“团队+个人”二维积分制，员工月度工作业绩积分由团队业绩得分确定，工作质量和工作综合积分由个人工作得分确定，既强调团队业绩的核心地位，也体现员工个人提升的差异，确保绩效考核的科学性、公平性和时效性，在确保高质量完成工作任务的基础上，有效激励员工主动提升能力业绩。绩效分数组成如图3所示，具体采集过程如图4所示。

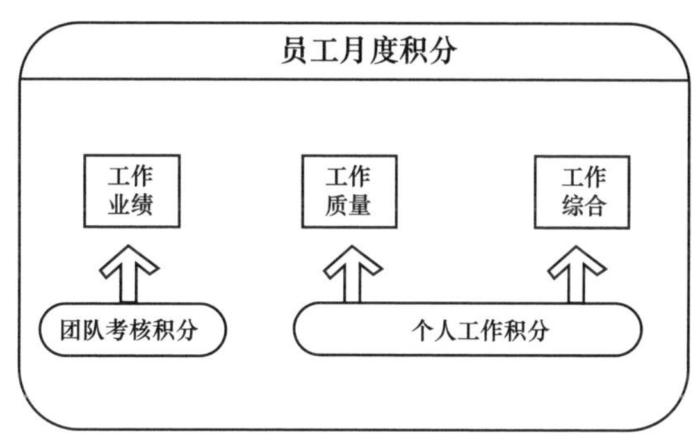

图3　绩效分数组成

考核以月度为周期，满分100分，考核分工作业绩、工作质量、工作综合三个模块，占比分别为65%、15%、20%。具体由班组集体协商确定。工作业绩采用工作任务计数与工作分组分类对比的方式考核，积分由团队业绩得分确定，同一月内同一团队内员工的积分相同。工作质量考核包括稳定班次、贡献嘉奖、专项指标和减分项考核三个维度，维度占比由班组讨论确定，如分别为4%、5%、6%，对应得分上限分别为4、5、6分。工作综合考核包括个人安全指标、个人表现、个人综合素质三个方面，维度占比由班组讨论确定，如分别为10%、5%、5%，对应得分上限分别为10、5、5分。最终绩效考核结果如表2所示，并及时在网络

京口变电运维班绩效管理方式
个人绩效100%
工作业绩65%
自动赋值
工作质量15%
人工赋值
工作综合20%
人工赋值
数据窗口
每日数据
每周数据
月度数据
年度数据
随机数据
录入人
运行日志
倒闸操作50%/50%
许可工作50%/50%
监护验收50%/50%
巡视工作20%/80%
管理工作50%/50%
员工
个人工作量统计
班组平均工作量
员工工作承载比较
分班次、分类贡献度目标值
工作业绩值
考勤绩效4%
工时考勤
班次稳定
按时参会
贡献嘉奖5%
班组荣誉
新闻报道
突出贡献
工作建议
工作延时
专项指标6%
白班负责人
分管工作完成
项目完成
减分考核
工作未完成
两票错误
违章操作
被上级通报
违反劳动记录
班长
专人
工作质量值
安全指标10%
不发生七种危害性较大的事故或事件
表现指标5%
完成班组分工
完成班组培训
获得个人荣誉
素质指标5%
学历（技术、技能）、年龄、班龄、职务、态度/能力
工作综合值
民主审核
个人月度绩效积分
形成年度绩效评价
提高员工工作积极性
指导班组工作持续改进

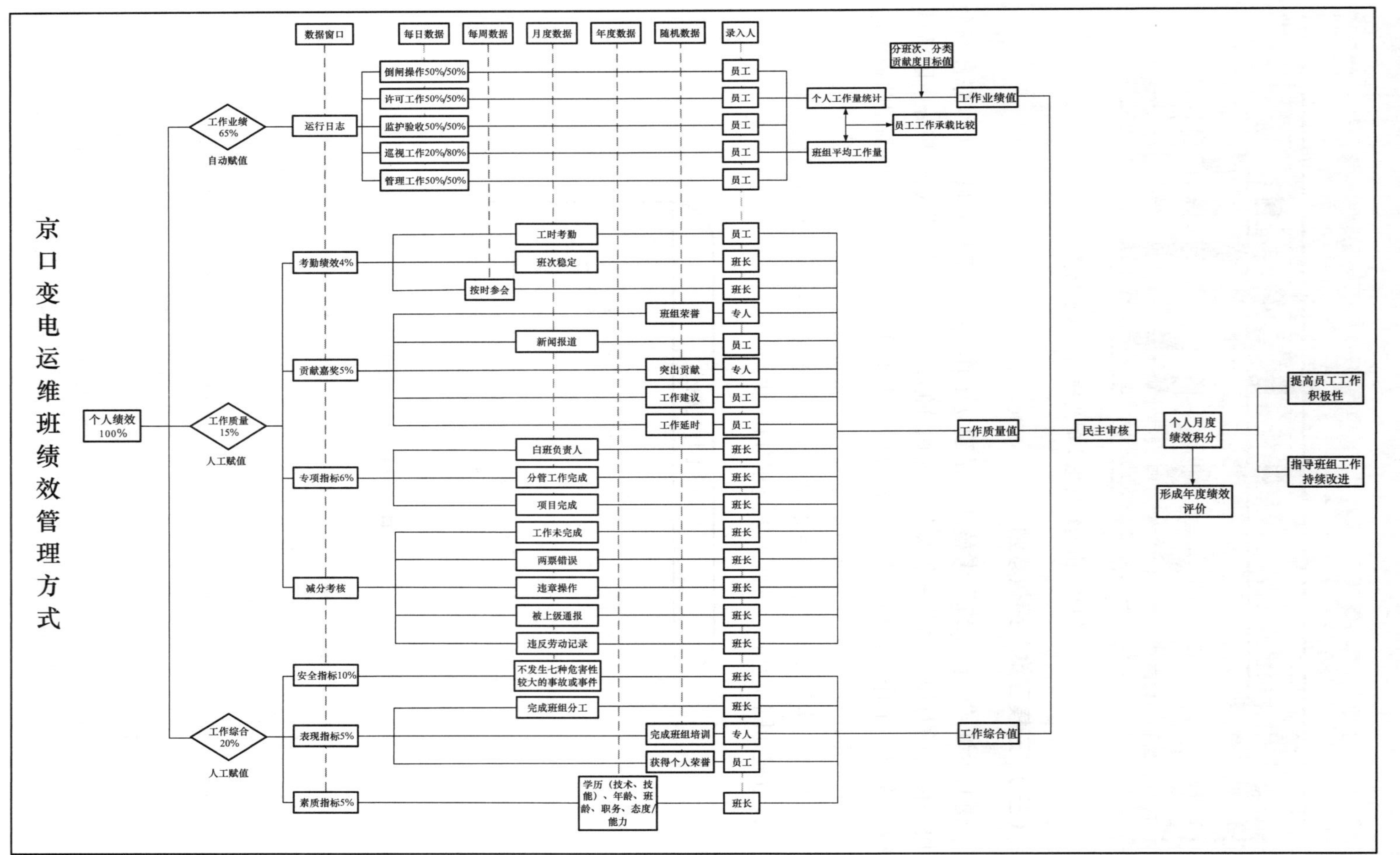

图 4 绩效采集过程

平台共享，接受员工申诉。

表 2　月度个人绩效考核综合得分情况

员工	工作业绩	工作质量	工作综合	汇总得分
员工 1	63.5	8	11	82.5
员工 4	61.4	7	11.5	79.9
员工 8	58.5	12	11	81.5

三、实施效果

通过采取标签定位、数据共享和对比考核等三项措施，一是为员工找准了工作定位，实现了员工分层分级管理；二是为员工提供了数据共享平台，实现了班组透明化管理；三是为员工设立了小目标，提升了员工工作的主动性。另外，班组制定《"绿网随行"俱乐部定期活动方案》，组织员工参加户外活动，为员工提供了工作以外的交流机会，营造员工间良好的工作氛围。

（**撰稿人：**刘　牛　李迎涛　陈亚新　徐　波）

自主型班组绩效管理体系构建与实践

国网泰州供电公司地区调控班

【摘要】地区调控班搭建了“抢”“创”双单式绩效新模式，建立了工作量、工作质量、难易系数三维区间积分框架体系，以调控员自主申报工作绩效、专项牵头人确认、班长审核、中心指导的方式评定绩效积分，采取小额薪酬激励、成果宣传、荣誉激励三位一体的正向绩效策略，构建了一套“自主型”班组绩效管理体系。营造了调控员积极向上、奋勇争先、踏实勤奋、团结一致的工作氛围，培养了“思维全局化、素质全能化、技能专业化”的专业人才，实现了各项工作可控、在控，班组文化不断发扬光大。

一、实施背景

地区调控班在推进班组绩效考核过程中发现仍存在以下问题：在实际工作过程中，由于考核内容设计不精准，考核内容的“定性”“定量”制定不足，需要不断进行动态调整，致使最后绩效目标难以实现；班组月度、年度的绩效考核采用轮流坐庄方式，由此产生的近视效应、老好人、手松手紧等人为因素致使绩效评价缺少依据，考核结果很难保证公平、公正，不能得到广泛认可；班组工作内容固定单一，定期轮岗机制不健全，使得部分班员缺少锻炼，导致培养计划针对性不强，班员才能不能充分发挥，积极性得不到正向刺激。为解决以上问题，地区调控班经多次讨论研究决定，成立绩效管理领导小组，实行自主型班组绩效管理新模式。

二、主要做法

（一）构建闭环绩效工作流程

地区调控班以绩效管理为抓手，实行自主型班组绩效管理新模式，构建闭环绩效工作流程，提升班组绩效管理水平，具体流程（见图1）如下：

（1）制定绩效计划：班组长制定班组年度重点工作计划，分解为九大类工作模块，员工通过“抢单”竞争专业牵头人，由班组长确定最终牵头人人选。

（2）“抢创双单式”自主绩效过程：“抢”单方式，一是“抢单”九大模块工作牵头人；二是“抢单”班组工作任务；三是临时紧急性工作任务，采用应急式“抢单”“创”单方式，在计划之外，班员自主创建新工作任务。自主绩效，调控员在绩效管理平台填写完成相应工作应得积分及差错事项扣减分。

（3）绩效自主评议：定期召开班组绩效委员会议，讨论班组绩效管理开展情况，发现绩效管理新问题，及时修订考核标准。

（4）绩效沟通约谈：根据调控员工作情况进行绩效面谈，及时掌握调控员思想状况以及工作状况，针对性制定工作改进计划。

（5）绩效目标提升与改进：绩效评价结果确定后，班长对调控员存在的问题提出整改措施，调控员如对考核结果存有异议可进行申诉。

（6）绩效结果的应用：采取小额薪酬激励、成果宣传、荣誉激励三位一体的绩效策略正向激励班组调控员。

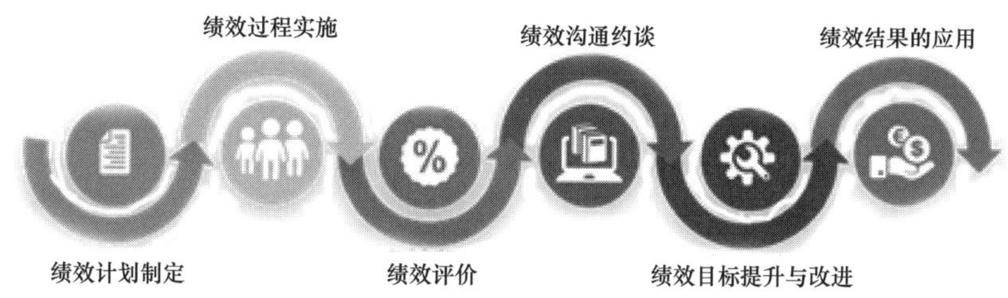

图1　绩效工作流程

（二）构建“抢创双单式”绩效体系

通过建立工作牵头人制，将绩效目标从横向和纵向两个方面层层分解。横向上，将绩效管理工作分为九个专业模块（见图2）。纵向上，小组工作牵头人进一步细化工作任务，明确时间节点及工作内容。

序号	专业模块	工作职责
1	调度运行分析	制定调度运行分析年度工作计划，发现调度运行存在的问题和隐患，对发现存在的问题和安全隐患，提出解决办法和整改措施；对事故异常处置分析形成事故处置典型案例。
2	监控运行分析	制定监控运行分析年度工作计划，发现监控运行存在的问题和隐患，对发现存在的问题和安全隐患，提出解决办法和整改措施。
3	监控信息管理	参与变电设备监控信息接入和验收管理，监控信息分类整治、优化。
4	安全内控	收集宣传国家、电力行业有关安全生产的方针、政策、法规和上级有关规定，规范人员安全行为， 杜绝习惯性、管理性违章，实现调控安全生产全方位、全过程有效监控，推动调控工作标准化、规范化。
5	培训管理	建立培训管理制度，制定年度、月度培训计划并组织实施，收集班组人员培训需求，协助个人制定职业发展规划，组织人员开展培训。
6	电厂用户管理	建立完备的电厂用户资料台账，协助并网运行管理，负责相关运行数据统计维护。
7	项目管理	负责调度项目的申报、管理和验收，掌握项目工作流程，结合项目开展情况，对项目进行总体负责。
8	班组建设	全面推进标准化班组创建，深入开展班组团队活动，丰富班组文化建设，开展5S管理，培育选树学习型班组，加强班组员工队伍建设，提高班组素质，营造班组良好环境，打造特色班组。
9	科技创新	开展“创先争优”、技术创新、质量管理活动，实施电网调度科技攻关，培养科技人才队伍，实现智能调度、精益调度发展目标，提高生产效率效益，解决生产过程中遇到的难题。

图2　绩效九大专业模块

通过建立“抢创双单”制（见图3），激发班员工作热情。班员在平台上进行

“抢单”，抢单成功即代表该成员将与工作牵头人配合共同完成所选工作。在“抢单”之外，班组成员也可与工作牵头人协商，在平台上“创单”，与九大专业模块挂钩，自行提出新工作任务。

通过建立工作交互制，实现路径多样化。班组调控员可“抢单”一个或多个工作牵头人负责的工作，工作牵头人可“抢单”其他工作牵头人负责的工作。

通过建立“低分优先”制，激励积分较低成员弥补差距。月度积分排名靠后的三位调控员拥有“抢单”优先权，即下个月可优先选择工作任务。

通过设定“抢单休克期”，避免恶意“抢单”。绩效管理小组设定“抢单休克期”，对于未能按时保质完成工作任务的班员，给予一定时间禁止参与“抢单”的惩罚。

图3　绩效工作流程

（三）制定可操作性强的积分标准

结合工作特点，确定班组的常规工作、临时工作、公共服务工作的具体项目、考核内容，合理确定每项工作的积分制标准，科学构建工作积分库，建立以工作量、完成质量、工作难易系数为考量标准的三维区间框架积分库。

合理构建调控员积分档案，调控员绩效积分由“抢创单”加分与差错扣减分组成，分别对应“抢创单”积分与固定积分（见图4）。“抢创单”积分依据班组调控员“抢创单”工作的积分所得进行量化加分，固定积分依据班组调控员轮班过程中固定基础性工作差错进行量化减分。

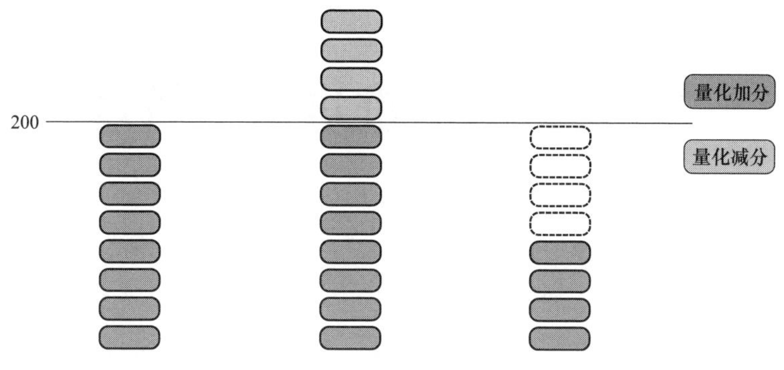

图4 个人绩效积分标准

三、实施效果

（一）责任担当，班员思想观念实现转变

从自主型绩效实施以来，既为班组广大调控员创造了公平竞争的机会，也增强了班组调控员的忧患意识和竞争意识，使得调控员的工作积极性显著提高，安全责任意识深入人心，争着干、抢着干、主动找活干的氛围在班组日益浓厚。

（二）质量提升，保障电网安全稳定运行

班组量化考核的实施极大地调动了广大一线调控员的积极性，班组圆满完成专业、班组的各项业绩指标，工作完成的完整率和及时率都得到显著提高，电网安全得到进一步夯实，班组各项工作的完成质量蒸蒸日上。

（三）引导有力，扎实培养优质全能人才

科学的量化体系将班组工作目标量化为个人工作目标，促使调控员自动自发提高能力素质，改进工作方法，从而实现更高的个人和组织绩效，班员的执行力得到很大的提升，专业视野不断开阔。

（撰稿人：姜秋云　刘　沁　刘光程）

“五要素”法推进班组管理

南通送变电工程有限公司变电二班

【摘要】变电二班班组建设五要素：一个小家、二次空间、三个要素、四个安全、五每工作法。通过“五要素”推进班组建设，营造“立足实践、人皆可为”的氛围，提高员工专业技术水平；强化开展作业现场培训，规范员工现场作业行为，提高员工现场作业能力，同时有效制定事故防范措施，提高员工风险防范意识。目前班组“五要素法”已在南通送变电工程有限公司内部班组建设中实施并推广。

一、实施背景

一直以来，南通送变电工程有限公司高度重视一线青年员工培养工作，把员工培训作为学习型班组建设的一项重要内容，作为加强公司三个建设、培养和锻炼员工队伍和提升安全生产工作水平的有效载体。变电二班现有成员9人，其中党员4人，工程师3人，班组平均年龄为36岁，班组面临着人员减少与老化的矛盾，班组近两年来人员流动频繁，老员工逐步退休，而青年员工难以快速适应工作。但随着公司承建的工程越来越多，班组的工作量日益增大，如何让班组青年员工快速成长，尽快担当重任，成为班组乃至公司关心的问题。针对这一问题，班组管理团队不断总结班组建设工作经验，归纳总结为“五要素法”，推进班组建设。

二、主要做法

（一）一个小家

建设一个小家。在大家结束一天的工作回到班组时，能够第一时间感受到家的温暖。吹吹风：班组合理化建议、日常管理小建议、现场安全提醒、节能节材小技巧等经常在耳边吹吹风；心中有数：班组每周例会纪要，下周工作安排，人员分工和计划等，让每个人心中都有数。我想对你说：说安全、说生活、说工作、说心情、说新闻等，温馨的话语让人倍感温暖。小故事：分享身边真人真事，讲述当下热点话题，分享公司正能量故事等。

（二）二次空间

二次空间，将现场工作与班组日常工作有机结合，做到三个替代：以现场会代替班务会，以开工会代替学习会，以事故案例分析会代替安全学习会，充分利用现场条件，高效完成班务活动，完成班组建设工作。班组建设的台账有近一半都是在现场完成，比如跟安全、学习、培训、创新相关的工作等。二次空间的建设也是班组建设方式的创新，通过微信群等形式加强班组管理和技能交流。

（三）三个要素

将专业技术培训、作业现场培训、事故案例培训作为培训的三个要素，有机结合，打破了传统的教育培训班组技术员授课、其他员工听课的方式，改变了员工学习的主动性和积极性不强，培训效果不明显的局面。班组提出了"人人上讲台、个个当专家"的培训理念，将原来一人讲、多人听的灌输式学习，变为人人讲、大家谈的互动式培训，彻底改变了传统的培训模式。专业技术培训主要运用"四段助推法""三步结合法"开展作业现场培训，提高员工现场工作能力；"4+2"分析法开展事故案例培训，提高员工风险防范意识。以班组新进大学生吴斌为例，刚入班组时对专业迷茫，不知道如何融入工作，通过兰房变、蓬树变等变电站的现场培训与专业技能学习，现在可以独当一面，成为可以在现场管理的工作负责人。

（四）四个安全

强化四个安全，包括安全文化、安全培训、安全检查、安全监护。安全是施工生产的第一要素，在班组员工培训与现场施工中始终贯彻安全理念。开展日常本质安全文化实践，变要我安全为我要安全。要我安全——根据每周安全简报，定期开展安全学习会，安全事故分析会，观看事故案例视频，时刻敲响安全警钟。我要安全——动之以情、晓之以理，打印每人家庭合照和亲人安全寄语放置于办公桌上，让员工深切地感受家人安全的期盼。同时基于现场安全的要求，班组开展创新活动，研制移动视频监控系统。它能实时记录现场施工情况，智能识别现场违章作业，及时上传违章照片并发告警信号，同时通知管理人员进行处理，实现现场作业的全方位管理、全过程控制，有效提高了现场的施工安全和人员安全。安全培训：班组开展安全知识培训，及时传达各类安全文件精神，提升安全意识，做到防患于未然。安全检查：规范落实公司安全管理规定，加强不定期巡查，以危险源头排查为重点，做好安全隐患排查工作。安全监护：结合安规专责监护人制度与视频监控系统加强对现场的安全监护。通过小小手机微信群，及时传递安全信息，方便快捷。安全文化：班组开展安全微讲堂活动，宣传安全知识，美化班组环境，推动班组安全文化建设。做到班前提醒、班中紧盯、班后总结。

（五）五每工作法

现场工作贯彻五每工作法。具体工作要求包括“拧紧每颗螺丝、接对每根电缆、调试每条回路、校验每项功能、核实每个信号”。现场工作中强调质量管理和绩效管理。制定科学合理的量化工作项目表。量化工作项目要求指标全面，可覆盖班组的全部工作；并遵循先进合理、突出特点、简明扼要、持续改进等原则。量化的工作项目由班组全体人员相互沟通确定，且订立的标准明确且便于衡量。通过绩效考核，探讨考核中的绩效问题原因所在，增加组员的自我认识，发现了自己与同事之间的差距，最终帮助组员通过自身的努力逐步改进不足，更有利于组员的成长。

三、实施效果

通过加强班组文化建设与现场培训，工程施工作业现场规范率、事故防范措施有效性100%，将过去安全学习中的“一人领学、大家听”的学习方式，变为“一人分析、多人点评、举一反三”提出具体措施的针对性培训。

通过实施五要素法强化班组建设，切实有效提高班组员工专业技术水平，现场作业能力和风险防范意识，能够助力员工快速成长。该做法为班组人才培养提供了有效途径，在创建学习型班组、提升班组工作能力方面发挥了重要作用。班组《缩短智能变电站二次系统调试时间》等多项QC成果获得省市奖项，今年《综合管廊管道沉降在线监测系统》入围青创赛，还在自主研制QC《变电作业现场人员区域定位报警系统研发》。

（撰稿人：吴留闯）

“246举措”打造“美丽心”服务

国网宿迁供电公司营业班

【摘要】营业班成立于2000年12月，现有员工40人，其中中共党员2人，技师1人，高级工1人，平均年龄31岁，主要受理宿迁市区用电客户需要办理的各类业务。班组采取“二向、四标、六心”的“246举措”管理法，打造宿迁供电营业厅优质服务。一是坚持“二向”理念，即以问题为导向，以客户满意为方向。二是强化“四标”管理，即标准化服务规范、标准化奖惩制度、标准化培训机制、标准化应急预案。三是专注“六心”服务，即用细心、专心精益业务，用爱心、热心服务客户，用齐心、开心构建团队。将服务理念融入营业厅各项工作中，实现营业厅“美丽心”优质服务。

一、实施背景

服务没有最好，只有更好。为贯彻国网宿迁供电公司“以客户为中心、持续改善、专业专注”的核心价值观，助力优化营商环境，提升营业厅人员优质服务水平，提高客户满意度，营业班针对班组人员流动大，业务知识繁杂，政策文件更新快，突发状况多等现实状况，创新地提出“246举措”管理法，创造“美丽心”优质服务班组，有效提升班组服务水平。

二、主要做法

（一）坚持“二向”理念

1. 以客户满意度为方向

客户是服务的主体，营业班的各项工作是否有效，取决于客户的满意度。为了全方位获取客户的真实评价，营业班创新地开展了扫码评、电话回访的方式。客户办完业务以后，通过扫描二维码，可对此次服务满意度进行快速反馈，此种方式解决了当面按评价器碍于面子给出的不属实评价问题，便于营业班了解客户真实的满意度情况。营业厅每天随机抽取客户进行满意度电话回访，记录客户的诉求、建议等，并对客户的满意度进行纵向对比，检验工作的有效性，及时调整工作方式。

2. 以问题为导向

在服务客户的过程中，营业班以问题为导向，深挖问题，开展创新工作。一是广泛收集营业班工作人员在日常工作中遇到的问题、困难，并通过头脑风暴，深入探讨营业厅工作流程设计、班组管理等方面需要改进的地方，积极创新；二是通过调查问卷、电话回访的方式深入客户，了解客户的实际诉求和改进建议，并将其融入到营业厅的班组管理中，进一步提升营业厅优质服务。

（二）强化“四标”管理

1.标准化服务规范

一是严格执行仪容规范、着装规范、举止规范。每天早班会，工作人员结对检查仪容仪表，并总结前一天的举止规范。二是制定详细的《岗位工作细则》，实现个人愿景与班组愿景相结合，个人行为与班组要求相结合，个人素养与班组成长相结合的共同目标。

2.标准化培训机制

一是编制名词解释、应知应会，通过“师带徒”、轮岗制、实操考核等进行新员工培训，促进新员工快速上手工作。二是通过创新工具“思维导图”进行新文件培训，帮助营业厅员工记忆业务知识。三是通过互联网视频会议，采取线上+线下相结合的方式，常态化开展每日早班会及每周晚班会，促进班组知识交流和学习讨论。

3.标准化奖惩制度

一是制定严格的奖惩标准，根据业务办理量、客户满意度评价及投诉率决定奖惩情况。二是制定严格的惩罚机制，包括工作失误、工作量末位、引发投诉等。三是丰富的奖励措施，每月根据工作量和客户满意度评出月度之星，对于提出班组建设的建议且被采纳的，积极参加活动，师带徒表现优异的员工，给予假期和物质奖励。

4.标准化应急预案

一是环境卫生及设备定制管理。制定详细的营业厅环境卫生及定置管理检查表，设备管理责任到人，并由引导员每天早会后逐个检查各个区域的环境卫生及设备情况，并及时汇报给专职负责人。二是客户服务流程化。营业班根据营业厅实际服务中的情况，编制了一套详细的问题处理流程。遇到困难及时汇报，情绪来了换人接待，遇到问题主动与对应班组沟通。三是工作处理闭环显性化。营业班定制了《营业班工作日志》本，包括业务办理、领导交办事宜、工作中存在的问题、对班组建设或意见等，引导员工养成好习惯；编制“营业厅早会检查清单”，由大堂经理复盘前一日工作情况，梳理发现问题，检查最新知识学习及领导交办事宜处理情况，并布置当日工作。

（三）专注"六心"服务

1.用细心、专心精益业务

营业班作为供电公司对外服务窗口，需要记住的业务知识杂乱繁多，客户遇到问题首先想到的是营业厅。营业班在服务探索与创新的过程中，总结形成了"四个一"工作法，即"一日一读、一日一省、一周一考、一月一星"，有力地推动班员技能素质的提升，不断提升服务沟通技巧和业务能力。

2.用爱心、热心服务客户

营业班在开展优质服务过程中，践行"五个一"服务。一声问候、一个微笑、一个座位、一杯水、给客户一个满意的答复，这一套连贯的动作已是营业班在工作中的固定模式。

3.用齐心、开心构建团队

营业班倡导班组成员"团队合作"精神，打造家庭式温馨氛围。实行"老带新"、业务与电费"结对"、不同岗位轮岗等，树立"我帮人人，人人帮我"的团队意识，融入大家庭，协作共赢。

三、实施效果

（一）投诉率逐年降低

自营业班实行"246举措"以来，营销优质服务水平显著提高，客户投诉率显著下降，连续2年实现零投诉。

（二）客户满意度显著提升

通过扫码评及电话回访的统计结果表明，客户满意度逐年上升，从实施前的7.8分到目前的9.2分。

（三）班组建设屡创佳绩

班组依托文化建设，增强了员工的凝聚力和向心力，大家心往一处想，劲往一处使，使得班组建设方面屡传捷报。近年来，班组先后获得全国总工会"全国用户满意服务明星班组"、全国妇联"巾帼示范岗"、国家电网有限公司"青年文明号"及"工人先锋号"、国家电网有限公司"城市供电营业规范化服务示范窗口"、国网江苏省电力有限公司"一流班组"等荣誉。

（**撰稿人：**杨　凡　陈继宁）

班务公开“清单式”管理

国网连云港供电公司凤凰变电运维班

【摘要】班组的荣誉申报、员工奖金二次分配等，存在班务会议事规则不统一、集体决策程序不规范、重要事项公开不到位等现象。凤凰变电运维班实施班务会“清单式”管理，依托“阳光班务温馨小家”班务看板，采用“3431”工作法、制定“四大类”议事清单、规范“三个阶段”的议事程序等，推行班务会信息化管理，班组实现量化评价考核。班务管理规范性得以有效提升，班务工作协同得以有效保障，基层负担得以有效减轻。

一、项目背景

班组作为公司管理最末端，容易存在班务会议事规则不统一、集体决策程序不规范、重要事项公开不到位等现象，容易诱发信访投诉、影响队伍团结、降低工作效率。通过学习英国著名的“傻瓜式”管理智慧，借鉴其“规则越简单，执行越容易，监督越便利，监督成本越低，违规难度就越高”的核心理念，凤凰变电运维班提炼出班务会“清单式”管理理念。基本思路是：结合班组实际情况，进一步规范、简化班务会议事程序，并遵循“易于操作、易于记录、易于监督”的原则，印制《班务会议事规则操作手册指南》，对于班务会参与议事人员层面、议事清单、议事程序、公开公示等内容进行“格式化”，同时对议事规则的执行情况和执行效果进行监督评估。采取先调查研究、再试点检验、最后全面开花结果的递进方式。

二、主要做法

（一）整合建立班务会“清单式”管理机制

提炼出班务会“清单式”管理理念，采用“3431”工作法，固化流程和制度，将班务格式化、实用化、规范化、简单化，建立“动态式”的管理控制清单，实现班务管理过程的“可追溯性”。从而解决班务管理中存在的“议事规则不统一、集体决策程序不规范、重要事项公开不到位、协同监督力度不充分”的问题，最终实现廉政安全、队伍稳定、工作质效提升，不断凝聚人心，促进发展。

清单式管理的核心内容是通过“3431”工作法（见图1）紧抓“两个关键少数”（人的关键少数、事的关键少数），即：明确“三个层面”的议事人员范围。明确班务会由班组长、五大员和协同监督员三个层面人员参加，保证各个层面都有人参与决策、各级人员的声音都有人传递。

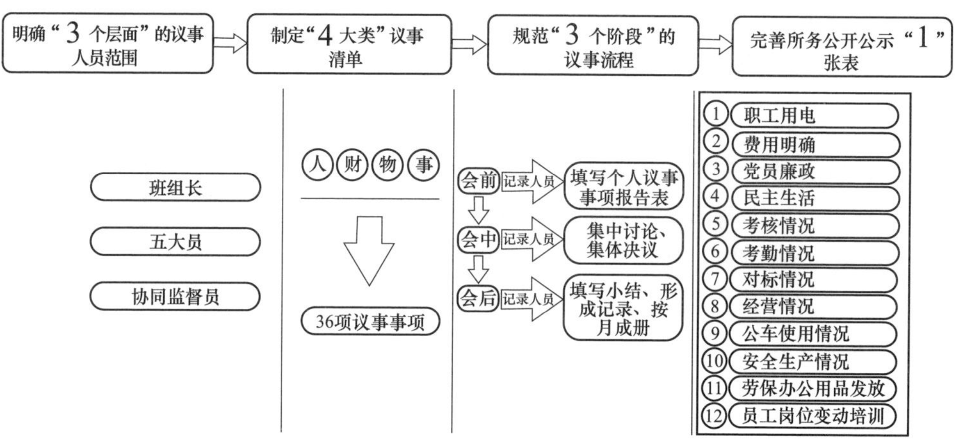

图 1　班务会“清单式”管理“3431”工作法

制定“四大类”议事清单。将班组需提交班务会集体研究的事项，以清单的方式固化为“党的建设、队伍建设、企业文化建设、专业管理”四大类，共36项，确保每个参会人员职责范围内需提交班务会的事项都有明确、详尽的规定。

规范“三个阶段”的议事程序。将班务会分为会前准备、会议决议、会后总结三个阶段，对每个阶段的程序、要求进行逐一明确，并以书面形式记录存档，确保议事决策的过程可追溯。班务会“清单式”管理三个阶段议事流程如图2所示。

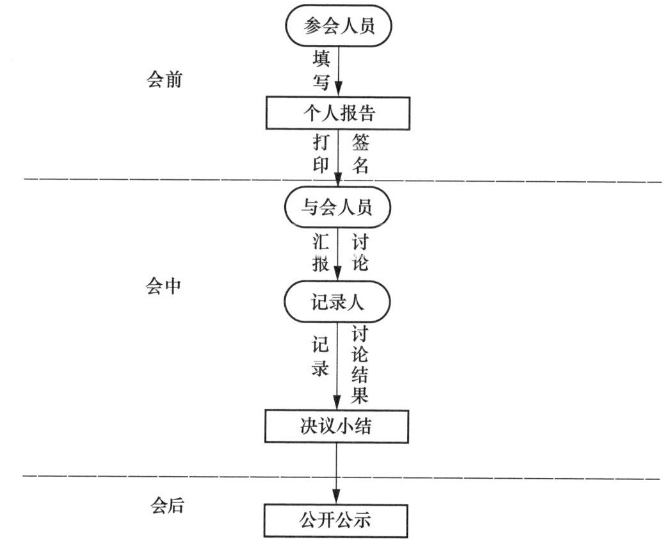

图 2　班务会“清单式”管理三个阶段议事流程

“阳光班务”阳光公示“一张表”。在班务会形成的决议中，选取专业上关注、职工普遍关心的12项内容形成班务会公开公示表，在“阳光班务”看板上予以公开公示，接受民主监督。

（二）建立量化评价考核体系

运用“评价+考核”两个参数，实现班务会成效可应用。实施班务会“透明指数”评价机制，为全面科学评估清单式班务会的工作成效，公司设计了基于党风廉政建设、员工廉洁从业情况、规范管理情况、队伍建设情况、班务公开情况等方面的“透明指数”评价表，每个季度向各班组员工发放并征集评价意见，动态评估各班组的执行情况。实施结果导向的考核应用，制定班务会考核评价办法，将执行成效与评先评优、班组综合考评相挂钩，对于执行效果好、员工满意度高的班组给予一定的绩效奖励，在评先评优时享有优先权，并将权重计分方式融入综合考评。对于在执行上打折扣、搞变通的班组长及时采取约谈提醒、岗位调整等措施进行纠正。

（三）健全结果应用保障机制

运用“协同监督+风险评估”两个抓手，实现议事决策过程可追溯。执行情况纳入协同监督，部门、班组两级协同监督员均将班务会清单的执行情况纳入监督内容，部门协同监督员负责对各班组班务会记录和班务公开情况进行巡查，各班组协同监督员负责对班务会实施过程的规范性及班务会决议公开情况实施监督，确保议事规则严谨规范执行。评估风险进行动态调整，每季度对协同监督结果进行汇总分析，形成风险评估报告。建立“清单”内容优化调整制度，根据风险评估结果对班组议事清单进行调整，对于新发现的廉政风险隐患及时更新进入议事清，确保各类风险通过班务会得到有效管控。

三、实施效果

（一）管理规范性得以有效提升

规范了班组重要事项的议事规则和重大事项的决策程序，并以“清单”的形式予以明晰、固化，管理透明度有效提升，从源头上防范了廉政风险。

（二）工作协同得以有效保障

通过“清单”这一载体，将“班组建设”协同推进、专业管理协同实施进行关联整合，促进党的建设、队伍建设、企业文化建设和专业工作同部署、同落实，进一步提升了工作质效。

（三）和谐稳定工作氛围全面形成

避免信息不公开、事项决策不透明的问题，杜绝权利的“真空运行”，在班组形成公开、公正、透明的决策议事氛围，凝聚力更强。

（四）工作效率得到明显提升

解决班务会不知怎么开、开会不知说什么的问题，杜绝重要事项遗漏或得不到及时决策的情况。探索将清单式班务会管理与现有管理系统进行整合，实现清单式班务会信息化管理，工作效率大幅提升。

（**撰稿人：**潘国和　徐海东　李　力）

“数据化”管理助力“信息化”班组建设

国网江苏超高压公司无锡运维站变电修试二班

【摘要】为了对班组日常工作分派进行科学管理，充分实现“公正、公平、公开”的原则，变电修试二班应用VBA语言设计了一套基于Excel表格的日常工作统计和公示的系统，实现了班组员工工作量的数据化、可视化。该系统可以使班长公平合理地分配工作，也便于班员公开查看，既能提高班组长的工作效率，又可以促进班组和谐，同时为班组后期绩效分配等工作开展奠定基础。

一、实施背景

变电修试二班成立于2019年9月，现有成员16人，其中党员6人、本科及以上学历10人、初级职称4人、中级职称5人、副高职称1人、高级工4人、技师6人、高级技师2人。班组负责无锡及江阴、宜兴地区4座500千伏变电站一次设备的计划检修、定期维护、缺陷管理、事故抢修、验收投运及上级下达的技改、反措等工作。

公平、公正、公开是班组民主管理的一个重要原则，涉及全班每一个成员的日常工作和切身利益。一方面是班长要切实做到公平和公正，无愧于心；另一方面是要做好公开，让全班所有成员均能及时知晓，这对于班组的和谐、团结和稳定是一个重要的先决条件。

在以往的班组管理中，班员工作的分派往往靠班长一个人的记忆或感觉来进行。一方面，这样仅靠班长的印象中谁做得多、谁干得少来进行调整，缺乏数据的支撑，容易造成工作分派的不均；另一方面，班员大多从自己的角度看问题，只知道自己做了多少而不知别人的工作量，容易产生疑问而影响情绪。

传统方式下，由于班长仅仅是将每天的工作安排记录在工作日志本上，对于每天的工作分派确实一目了然，但若想统计一段时间以来每一个班员的工作量则存在一定困难；若想定期地将全班每个人的工作量进行统计和公示，则需要不断地翻查工作日志并对每一个人进行累加，工作反复而琐碎。

二、主要做法

即使在信息大爆炸、数据量激增的今天，Excel表格凭借其强大的计算和统计功能，仍是当前最为广泛使用的数据分析工具。基于Excel表格、应用VBA语言开发出的这套用于日常工作统计和公示的系统，包含“每日工作分派表”及“工作量统计表”，分派表用于数据的初始采集汇总，统计表用于数据分析公示，此系统能最大程度保证班组工作分派的公平、公正和公开。基于Excel表格的“数据化”管理方法主要通过“每日工作分派表”和“工作量统计表”来实现。

（一）每日工作分派表

班长将工作日志详细记录在“每日工作分派表”中，包括每天、每个人参加了哪项工作，以及该项工作的难度如何、是否是抢修、加班等等信息。

任何一个系统中，数据的采集总是内容繁杂、效率低下、容易出错且必须保证正确的环节。“每日工作分派表”的数据采集格式与公司当前模式的“停电计划表”完成了对接，如图1所示。在录入此表格的前半部分（停电间隔、工作内容、计划时间等）时，可以直接将停电工作计划复制过来，大大减少了数据录入的工作量、降低了数据采集的错误率。

生成选中行的任务单　　每日工作分派表　　时间格式变为两行

打印日期：　2021/4/6　　抢修值班---------->>>

变电修试二班2021年4月工作计划及完成情况

序号	停电场所	电压等级	停电间隔或线路	工作内容	计划开始时间	计划结束时间	施工班组	4月1日	4月2日
II	惠泉变		全站一次设备	组合电器检查及补气；	2021/1/1 8:00:00	2021/12/31 18:00:00			杨健、诸刚
培	南京			电气试验高级工单元制培训	2021/3/29 8:00:00	2021/4/2 18:00:00		庄靓洁	庄靓洁
II	岷珠变	500kV	1、2、3号主变	主变本体色谱油样采集；铁芯、夹件接地电流检测	2021/4/1 8:00:00	2021/4/1 18:00:00		顾明、柯于刚、诸刚	
II	岷珠变	500kV	3号主变、1号主变1号低抗、2号主变1号低抗、3号主变2号低抗	3号主变呼吸器油位脏污清洗；1号主变1号低抗呼吸器硅胶变色2/3检查处理；2号主变1号低抗呼吸器硅胶偏少检查处理；3号主变2号低抗渗油检查。【硅胶处理未完成，停用重瓦斯保护需提前向调度申请】	2021/4/1 8:00:00	2021/4/1 18:00:00		张奇、蔡永忠、杨健、邹英杰	
II									
7	惠泉变	500kV	500kV青惠5K47线；青惠线5041开关；青惠线/3号主变5042开关	（1）50412闸刀气室更换；5041开关气室内部点检；50412闸刀、5041开关相关试验；（2）5K47线及5041、5042开关保护定校；（3）5041、5042开关修理；（4）50412闸刀气室漏气处理，处理完成后常规试验及耐压试验等；（5）50412闸刀气室内部清理，检查、更换504127、504167接地闸刀导向槽；50421闸刀气室内部清理，检查、更换504217接地闸刀导向槽；50412、50421闸刀耐压试验；（6）5K47线悬式绝缘子维护	2021/4/12 8:00:00	2021/4/18 18:00:00	省送、变电检修中心、修试二班	基建、周期、修理、反措、消缺	
8	惠泉变	500kV	500kV I母；1号主变5011开关；惠里线5021开关；2号主变5031开关；青惠线5041开关；青泉线5052开关	（1）50111闸刀气室内部清理，检查、更换501117接地闸刀导向槽；50211闸刀气室内部清理，检查、更换502117、5117接地闸刀导向槽；50311闸刀气室内部清理，检查、更换503117接地闸刀导向槽；50411闸刀气室内部清理，检查、更换504117接地闸刀导向槽；50511闸刀气室内部清理，检查、更换505117接地闸刀导向槽；50521闸刀气室内部清理，检查、更换505217接地闸刀导向槽；50111、50211、50311、50411、50511、50521闸刀耐压试验。配合耐压试验，500kV I母母线压变、避雷器拆除及复装；（2）配合50412闸刀气室更换（5041开关气室需内部点检）及相关试验陪停；（3）配合50212闸刀气室更换（5021开关气室需内部点检）及相关试验陪停；（4）5011开关保护搭接母差保护试验	2021/4/12 8:00:00	2021/4/25 18:00:00	省送、电建一公司	基建、反措、技改	
9	惠泉变	500kV	[illegible]	配合50412闸刀气室更换安全距离不足陪停；1206保护CPU板更换	2021/4/13 8:00:00	2021/4/15 18:00:00	省送、二次运检班	基建、消缺	
12	惠泉变	500kV	500kV惠里5228线；惠里线5021开关；惠里线/武泉线5022开关	（1）50212闸刀气室更换；5021开关气室内部点检；50212闸刀、5021开关相关试验；（2）50212闸刀气室内部清理，检查、更换502127、502167接地闸刀导向槽；50221闸刀气室内部清理，检查、更换502217接地闸刀导向槽；50212、50221闸刀耐压试验；（3）5228线及5021、5022开关保护校验（4）惠里5228线避雷器上方构架上有鸟窝检查处理	2021/4/19 8:00:00	2021/4/25 18:00:00	省送、变电检修中心	基建、反措、周期	
15	惠泉变	500kV	1号主变；1号主变5011开关；1号主变/惠梅线5012开关；1号主变2501开关；1号主变35kV母线；1号主变1号电容器；1号主变2号电容器；1号主变3号电抗器	（1）更换1号主变及5011开关保护，送电时保护带负荷测试；（2）配合50212闸刀气室更换安全距离不足陪停；（3）主变风控箱回路改造及喷漆处理；（4）主变悬式绝缘子维护；（5）2501开关三相不一致回路改造；（6）主变低压回路搭接面直阻测量；（7）1号主变及1号主变3号低抗非电量装置更换防雨罩；（8）2501机构箱更换；（9）5011、5012开关防拒动检修	2021/4/20 6:00:00	2021/4/25 22:00:00	省送、修试二班、电建一公司	基建、技改、修理	
20	惠泉变	220kV	220kV I、II母第一套母差保护；220kV III、IV母第一套母差保护	1号主变保护搭接220kV母差	2021/4/24 8:00:00	2021/4/24 12:00:00	二次运检班	技改	

图1　每日工作分派表

由于检修工作的不确定性和人员分派的灵活性，在“每日工作分派表”的每项工作内容后，还需记录该项工作在每一天的参加人员名单，以及该项工作的特殊性质，如抢修、加班、不停电工作、带电作业、勘察辅助类工作、开会培训等。这部分内容则与“统计分析表”形成了数据上的链接。

（二）工作量统计表

当“每日工作分派表”采集的数据更新后，“工作量统计表”实时对每个人当前的工作量进行自动统计分析，如图2所示，清晰地展示了每个人在当月的出工天数。进一步的，还对不同的工作性质用颜色和标注进行了区分。这样，整张统计表上由数字表明每个人的出工天数，由颜色表示了该同志参加的每一次工作的性质和难度，各种宏观信息一目了然。

依据实时更新的“工作量统计表”，班长在进行每天的工作分派时，便可对于前段时间工作量较少的成员多分派任务，对于前段时间工作量较多的成员安排其休息或分派简单任务。

打印日期 2021/4/6　　变电修试二班2021年3月班员工作分布　　刷新

日期	段光辉	邹英杰	杨健	朱振宇	张奇	顾明	陆洪波	蔡永忠	诸刚	何于刚	周涵	庄馥洁	李文兵	王麟佳	沈波	星期
3月1日	惠泉变			★惠泉变									惠泉变			星期一
3月2日	惠泉变	★珽珠变（II）		★惠泉变	★惠泉变				惠泉变				惠泉变			星期二
3月3日	惠泉变（II）	★惠泉变（II）	惠泉变	★惠泉变	★惠泉变	惠泉变	惠泉变	惠泉变	惠泉变	惠泉变			惠泉变	惠泉变		星期三
3月4日	惠泉变	惠泉变	惠泉变	★惠泉变	★惠泉变	惠泉变	惠泉变	惠泉变	惠泉变	惠泉变			惠泉变 ★惠泉变【旁】 ★惠泉变【旁】	惠泉变		星期四
3月5日	惠泉变		惠泉变	★惠泉变	★惠泉变	惠泉变			惠泉变							星期五
3月6日	★珽珠变【旁】	★珽珠变		★惠泉变	★惠泉变	惠泉变		珽珠变		★惠泉变【旁】				珽珠变		星期六
3月7日	★珽珠变【旁】 ★珽珠变【旁】	★珽珠变	珽珠变	★惠泉变 ★惠泉变【旁】					珽珠变				珽珠变	珽珠变		星期日
3月8日	珽珠变	★珽珠变				惠泉变（II）	珽珠变	珽珠变		★惠泉变（II）			珽珠变	珽珠变		星期一
3月9日	★珽珠变	★珽珠变	珽珠变	★珽珠变【管】	惠泉变	★惠泉变	惠泉变			珽珠变			珽珠变【管】			星期二
3月10日		★珽珠变	珽珠变						★珽珠变【旁】							星期三
3月11日				★珽珠变【管】			★珽珠变【验】	★珽珠变【旁】 珽珠变【验】					珽珠变【管】			星期四
3月12日	★珽珠变【旁】 ★珽珠变【旁】 ★惠泉变【旁】	珽珠变	★珽珠变	★陆桥变【加】	惠泉变（II）	★惠泉变（II）	珽珠变	珽珠变	珽珠变	珽珠变			珽珠变 陆桥变【加】	珽珠变		星期五
3月13日																星期六
3月14日	★惠泉变【旁】			★惠泉变【验】												星期日
3月15日		珽珠变	★珽珠变	【调休】	珽珠变	珽珠变	★映月变【验】			映月变【验】			映月变【验】	映月变【验】		星期一
3月16日		珽珠变	★珽珠变		【调休】	【调休】		珽珠变								星期二
3月17日	【调休】	珽珠变	★珽珠变	★惠泉变【旁】	惠泉变（II）	★惠泉变（II）			珽珠变							星期三
3月18日	★冯山变【培】	珽珠变	★珽珠变				珽珠变	珽珠变	珽珠变	珽珠变			冯山变【培】			星期四
3月19日	★惠泉变【旁】	珽珠变	★珽珠变										珽珠变			星期五
3月20日	★惠泉变【旁】															星期六
3月21日																星期日
3月22日	陆桥变	珽珠变	★珽珠变	★惠泉变（II）	陆桥变	★陆桥变	珽珠变	珽珠变	惠泉变（II）	珽珠变			南通【培】	山东【培】		星期一
3月23日				马坨中心【旁】	陆桥变	★陆桥变							南通【培】	山东【培】		星期二
3月24日	陆桥变			陆桥变	★陆桥变	陆桥变		惠泉变（II）	★惠泉变（II）				南通【培】	山东【培】		星期三
3月25日				陆桥变	★陆桥变	陆桥变							南通【培】	山东【培】		星期四
3月26日	惠泉变【辅】	★惠泉变（II）	【调休】	★惠泉变【辅】			惠泉变（II）						南通【培】	山东【培】		星期五
3月27日																星期六
3月28日																星期日
3月29日			陆桥变（II）	珽珠变（II）	★珽珠变（II）	★陆桥变（II）						南京【培】		山东【培】		星期一
3月30日	★惠泉变（II）											南京【培】	惠泉变（II）	山东【培】		星期二
3月31日		★惠泉变（II）		惠泉变（II）			惠泉变（II）					南京【培】	惠泉变（II）	山东【培】		星期三
出工天数	18	17	14	19	14	14	11	10	11	9	0	3	19	15	0	出工天数

说明：在打印日期当天及之前的工作分布情况为实际情况，之后的情况为计划安排。

颜色说明	0	1	2	3	4	5	6	7	8	9	10
	自动	深红	红色	橙色	黄色	浅绿	绿色	浅蓝	蓝色	深蓝	紫色
	一种票	旁站任务单【旁】	加班抢修【加】	休假【调休】		培训【培】	管理【管】	辅助工作【辅】	二种票（II）	带电作业票	自控抢修【抢】

图2　工作量统计表

当班组任何成员任何时候对于工作分派有疑问时均可进行查询；班长也可以每隔一段时间进行公示来实现“公开”。

三、实施效果

“数据化”管理模式与传统管理模式的比较如表1所示。

表1　“数据化”管理与传统方法的区别

方法	传统方法	“数据化”管理
记录方式	工作日志	“每日工作分派表”
分配任务依据	印象记忆	“工作量统计表”

续表

方法	传统方法	“数据化”管理
分配工作后	由于信息不对称，部分班员心里有怨言，影响工作质量和班组和谐	数据透明、信息对称，接受任务后心态平和，能保质保量完成工作任务
工作量统计公示	人工累加计算、工作量大、易出错、耗时长（一整天）	自动计算、统计数据实时更新、公示表格即时打印

在使用本套系统之后，班长在每天工作分派完成时，已实现了对每个人工作量统计的实时掌握，对人员的工作安排实现了“公平公正”。在需要将月度工作量统计公示时，将统计工作时间从原来的一天甚至更长时间变成了“即时打印公示”，极大地压缩了工作时间、提升了工作效率，并保证了数据的准确性。而数据详实且直观的工作量统计表的定期公示，也消弭了每个班员心中可能对工作分配方面的疑惑，促进了班组和谐。

（撰稿人：段光辉）

“五小”供电所建设

以创新服务为动力　以服务质量求发展

国网常熟市供电公司古里供电所营业班

【摘要】古里供电所营业班通过优化营业环境、拓展服务方式、党群结对互助、创新学习方法等措施深化优质服务，融合当地“书香”文化创建“小书屋”开展文化建设，同时将学习理念及服务模式推广至全所，为古里供电所建设五小“全能型”供电所夯基垒台。

一、实施背景

古里供电所服务营业户3.4402万户，管辖公变914个。随着时代发展，群众对美好生活用电需求日益增长，班组人员素质和业务技能面临新考验。营业班亟需消化新知识，整合现有人员，创新服务方式，推动服务质量再上新台阶。

二、主要做法

（一）优化营业环境，提升客户体验

营业班班员常年保持大厅明亮整洁，在柜台上种植点点绿植，把营业厅装扮得绿意盎然。厅内，便民设施齐全，宣传资料完备，为客户提供宾至如归的服务环境。

图1　服务礼仪培训

营业班定期开展服务礼仪培训(见图1)，组织窗口人员学习仪容仪表、接待礼仪、服务用语等标准化服务礼仪知识，开展服务细节演示和互动训练，不断增强员工综合素质，强化服务意识，提升服务能力，为打造优质服务窗口打下坚实基础。

（二）党群结对互助，增长业务水平

营业班6名班组成员中，45岁以上职工有3名，呈老龄化趋势。近两年，新系统逐一上线，对工作中的“老经验、旧方法”产生巨大冲击。

营业班完善组织架构和人员配置，依托“师带徒”结对形式，班内3名党员老同志充分发挥模范带头作用，树立榜样，结对班组青年员工，将专业知识、经

验阅历等倾力传授，不断提升青年员工业务能力。年轻员工创立"营业班学习微信群"，让班组成员实现信息快速交互，学习资源充分共享，并对新系统上线引发的各类问题进行汇总分析。营业班实现"新老共进"良性循环，复合型员工队伍建设成效显著，业务水平持续提高。

同时，营业班也抓住公司窗口人员劳动竞赛契机，通过服务展示、情景演练（见图2）等环节，以小见大展现营业班日常工作点滴，锤炼员工业务技能，培育员工服务自信。

图2　窗口人员竞赛情景演练环节

（三）拓展服务方式，助推地方特色

古里镇坐落鱼米之乡，农业发达。营业班把服务农业生产、助推地方特色产业作为工作重点，主动服务乡村特色农业、产业重点客户，受到一致好评。

近年来，随着农业生产电气化的推进，为实现有效快速办电，营业班及时转换服务方式，贯彻国网常熟市供电公司特快电力"头等舱"服务理念，强化乡村"互联网+营销"服务，为现代化农业增添动能。全体职工积极推广"网上国网"App，引导用户便捷高效线上办电，为农业生产用电开辟绿色通道，让客户办理业务省时高效。

（四）主动对接政府，彰显责任担当

营业班秉承"人民电业为人民"服务宗旨，转变服务理念，主动担当作为，积极配合政府开展美丽常熟建设，推动乡村振兴。

针对古里镇大规模新建住宅小区、政府安置房，大量用户需至营业厅办理各类业务的实际情况，营业班主动联系相关部门，推动镇政府牵头协调，开展一站式现场办公服务，减少用户奔波，节约用户办电时间。三年来，共现场办公受理

业务近3000起，受到广大用户交口称赞，缓解了政府部门工作压力，彰显了央企的中流砥柱作用。

（五）创新班组建设，宣扬书香文化

全面开展班组“三零一创”劳动竞赛，以安全零违章、业务零差错、服务零投诉、创新班组管理为目标，全力提升班组建设质量。营业班积极响应，通过“学、考、精、改、比、亮”六字法则（见图3），深入推进班组“三零一创”建设。

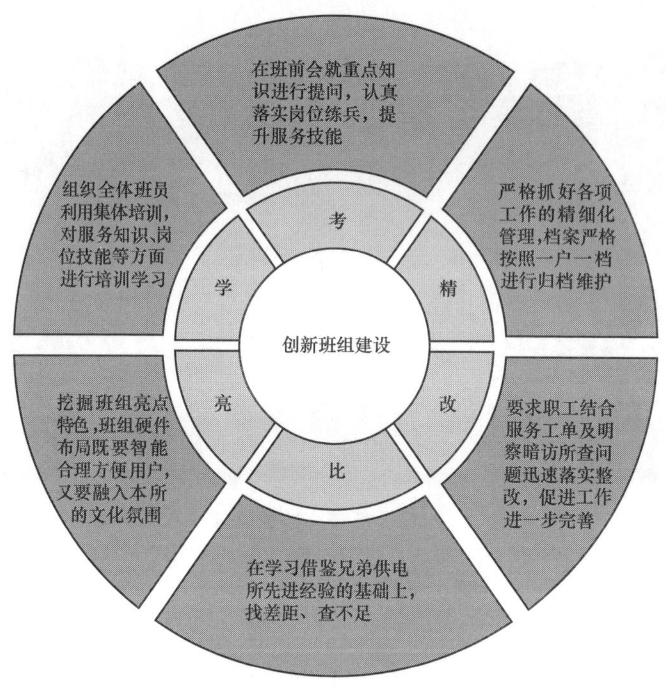

图3　营业班“六字”法则

“学”即组织全体班员利用集体培训，对服务知识、岗位技能等进行培训学习；“考”即在班前会针对重点知识进行提问，认真落实岗位练兵，提升服务技能；“精”即严格抓好精细化管理，按照“一户一档”要求进行用户档案归档维护；“改”即要求职工结合服务工单及明察暗访所查问题迅速落实整改，促进工作进一步完善；“比”即在学习借鉴兄弟供电所先进经验基础上，找差距、查不足，不断提升班组建设水平；“亮”即挖掘班组亮点特色，使班组硬件布局既智能合理方便用户，又充分融入本所文化氛围。

营业班通过“学”“考”温故服务准则、提升业务技能，确保“业务零差错”；通过“精”“改”细化管理模式、优化业务流程，确保“服务零投诉”；通过“比”“亮”开展对标找差、挖掘创新亮点，实现班组管理创新。

同时，营业班因地制宜融合古里镇"书香"特色，结合现有资源，打造职工"小书屋"，开设阅览室及读书角，配置一定数量书籍，满足职工阅读需求，为古里供电所升级完善"五小供电所"提供积极助力。

图4　员工参加"好书互荐"活动

营业班以"小书屋"为载体，将每月25日定为"读书日"，开展"好书互荐"活动（见图4），鼓励职工碰撞思维，激发读书兴趣，引导养成"爱读书、读好书"的良好习惯。班组还充分利用"书香国网"数字阅读平台，依托"小书屋"组织员工参与"古里图书馆"读书活动，有效提升"小书屋"吸引力，使古里书香余韵萦绕于班组，持续增强班组文化底蕴。

（六）综合业务技能，全力推动发展

近年来，古里供电所致力优化布局设置，完善组织架构和人员配置，推进营配合一，打造业务协同运行、人员一专多能、服务一次到位的"全能型"乡镇供电所。营业班当仁不让，全力支撑"全能型"供电建设。

针对用户服务进一步升级，营业班坚持"一证受理、一次告知、首问负责、限时办结"原则，设计"共享实时流程表格"，及时分类录入用户申请信息，方便台区经理高效完成网格区域内营销、运检等外向型业务。营业班班长每日均对流程表格进行梳理，及时发现流程梗阻问题，实现客户业扩报装流程一次到位，有效缩短业扩服务周期，持续推进营配合一、信息互通。

营业班还通过不断培养复合型综合柜员，打造"全科医生"，支撑新业务推广，构建快速响应的服务前端，为建设"全能型"乡镇供电所夯实根基。

三、实施效果

目前，古里"五小"供电所建设已取得显著成效。班组管理井然有序，管理水平明显提高，实现电能替代、电动汽车充换电设施、光伏发电等新型业务"一站式"服务。2020年，辖区内线上低压业扩报装率达100%，低压业扩报装平均时长0.982天，办理电动汽车充换电设施建设业务41起，光伏业务10起，较往年相比有较大幅度提升，同时保持全年服务零投诉，被评为国网苏州供电公司工人先锋号、五星级班组。

2021年，古里供电所营业班全体员工将重新整装出发，深刻践行公司

“十四五”发展战略，紧盯“县域标杆、时代标兵”目标，乘势而上、奋力突破，“以创新服务为动力，以服务质量求发展”，树立更优质的服务形象，打造出崭新的质量服务型班组，为公司发展提供有力的人才支撑。

（**撰稿人：**丁洁琼）

“五小”建设聚合力 “温馨小家”暖人心

无锡三新供电服务有限公司

【摘要】 目前，无锡三新供电服务有限公司25个供电所“小公寓”（值班休息室）、“小食堂”“小浴室”建设已实现了全覆盖，供电所“小书屋”有8个，且所有班组均已设立读书角，2020年建成覆盖率达到100%。“五小”供电所的创建从根本上改善了办公生活环境，使小家有了温度，发挥了暖人聚心作用，切实增强了职工的归属感、获得感和幸福感。

一、实施背景

坚持以人为本、依法合规、因地制宜、注重实效的原则，以星级供电所、“全能型”供电所建设为基础，结合各供电所现有资源，科学谋划，建成一批拥有“小公寓、小食堂、小浴室、小书屋、小菜园”的“五小”供电所，合理打造有温度的“苏电家园”，不断满足职工对美好生活需要。

二、主要做法

（一）结合实际、制定标准

三新公司以星级供电所、“全能型”供电所建设为基础，结合供电所现有资源，制定了《“五小”供电所建设实施方案》，科学谋划，明确了“五小”供电所建设的工作思路、工作目标、职工分工、工作重点、时间安排及要求。因地制宜改善供电所基层配套设施，配备生活物品、文化体育等器具。并制定“五小”管理规范，加强“五小”建成后的后续管理，为职工创造舒适的生产生活场所。

（二）试点先行、全面推广

三新公司以山水城供电所及前洲供电所为重点建设单位，试点先行，随后逐步实现18个供电所“五小”全覆盖。

健康“小食堂”（见图1）：分为厨房、就餐区以及健康角。电气化厨房较传统燃气烹饪更环保安全，就餐采用健康卫生的分餐制，餐厅设立菜品互动区，公示每天菜品，让员工点赞评选出每周最佳菜肴，确保大家吃得健康、吃得满意。就餐区健康角设有职工小药箱、体重计、血压器等健康仪器，并打造饮食健康文化宣传墙，日常饮食与健康养生深入结合，为职工健康撑起“绿色保护伞”。

另外，营业厅设有物联网“智慧电厨房”展示区，配备新型抽油烟机、烤箱、咖啡机、洗碗机、电冰箱等云端电器，通过智能集中开关统一控制操作，深入探索“体验式能源服务”的新模式，通过体验、可接触的方式向广大用户深入展示能源产品，并提供营业厅休憩场所。

图1　小食堂

美丽“小花园”（见图2）：根据场地及实用性，因地制宜将“五小”中的“小菜园”调整为建设“小花园”，目前正在筹建中。小花园位于营业厅休息区橱窗外，占地总面积为290平方米，为员工打造了“四季有景可观，三季有花可赏”的自然生态景观空间。小花园为每个班组分划了责任田，让职工参与日常养护工作，提高员工参与度的同时，体验种植乐趣，小花园也成为供电所一道驻足休息的独特风景。

图2　小花园

互动“小书屋”（见图3）：分为传统书本借阅区、电子阅读区及休闲吧。借阅区域配备自助借阅系统，职工自主借书，减少书屋管理成本。电子阅读区中配备了智能电子阅读器设备，可供线上阅览，搜集线上资料等。打造读书、借书、免费下载、交换图书、交流心得等功能于一体的“小书屋”。

图3 小书屋

舒心"小公寓"（见图4）：床铺、柜子、电视机、空调等一应俱全，营造了家庭式的休息环境。

图4 小公寓

整洁"小浴室"（见图5）：洗衣机、热水器、置衣架等生活设施配置齐全，并有专人打扫，干净卫生的洗浴环境有效保障职工生活起居方便。

图5 小浴室

（三）融入中心、服务发展

服务企业发展是工会工作的主要目的。在“五小”创建中，我们始终坚持两个“融入”。一是融入“职工小家”建设，把“五小”作为职工小家建设内容的丰富和拓展，创建中同步开展技能培训、劳动保护、劳动竞赛、班组微讲堂、心理疏导等活动。二是融入企业生产经营，以“五小”创建的实际效果，助推生产经营管理指标的提升，推动“全能型”供电所由型变到质变的转换，使“五小”建设活动逐步成为“全能型”供电所的“助力器”。最终实现家园有“温度”、人心有“热度”、管理有“深度”、业绩有“高度”。

三、实施效果

今年，在“五小”供电所建设方面，省市公司统筹规划乡镇供电所生产经营场所的功能布局，开展职工小家阵地建设，推动创建“五小”供电所，为职工创造舒适的生产生活场所。在上级公司的支持下，目前，无锡三新供电服务有限公司25个供电所“小公寓”（值班休息室）、“小食堂”“小浴室”建设已实现了全覆盖，供电所“小书屋”有8个，且所有班组均已设立读书角，2020年建成覆盖率达到100%。“五小”供电所的创建从根本上改善了办公生活环境，使小家有了温度，发挥了暖人聚心作用，切实增强了职工的归属感、获得感和幸福感。

（**撰稿人**：吴　慧）

“五小”建设进班组　家园文化氛围浓

常州三新供电服务有限公司溧阳分公司
城郊业务所运维采集二班

【摘要】城郊业务所运维采集二班在高效完成生产工作之余，班组员工亲力亲为、全程参与“五小”建设活动，让“五小”衍生“五化”，创立“1+1”模式，提出“四个必须”“一月一餐”，制定班组“友好互助条约”等，携手聚力打造温馨和谐、相融共生的班组生态，营造出浓厚的家园文化氛围，进而增强了员工归属感，凝聚员工向心力，反过来又促进了班组业绩指标的提升。

一、实施背景

城郊业务所运维采集二班辖区范围涵盖了溧阳高新区、溧阳昆仑街道、古县街道部分区域，服务范围大、用电客户多、供电保障要求高，员工长期在高负荷高压力的状态下开展供电服务工作。班组抓住“五小”建设进班组的契机，大力推进“我为员工办实事”活动，因地制宜开展“小书屋共享化、小菜园乐趣化、小食堂家庭化、小浴室方便化、小公寓温馨化”建设，家园式的班组环境，使员工队伍的精神面貌焕然一新。

二、主要做法

“值班住进小公寓，吃饭就像在家里，外出回来能洗浴，处处都有书香气……”这些员工自己编唱的顺口溜，洋溢着满满的归属感、获得感和幸福感，而这些顺口溜却正是班组“五小”建设的真实写照。

（一）小书屋共享化

“一杯咖啡一盏茶，处处都有书香气”。小书屋是员工茶余饭后汲取知识、自我充电的好去处（见图1）。目前小书屋藏书量已达1000余册，包括文学修养、专业技能、电力科普等，满足员工的不同阅读需求，书籍种类与公司书屋联动更新，员工还自带书籍相互共享。

小书屋建成之后，员工常态化参加学习，技能素质有了显著提升。为此，班组还创立了员工“1+1”技能提升模式：1个创新工作室+1名技能培训师、1名技术能手+1个创新团队。这样，员工在高效完成各项指标任务的同时，还自发组织开展各类创新创意活动，多项成果获得省部级表彰（见图2），多人次获得“江苏省企业首席技师”“常州市突出贡献人才”“常州市技术能手”等称号。

图1　员工书屋

证　书

为表彰2019年全国优秀质量管理小组，特颁发此证书。

企业名称：国网江苏省电力有限公司溧阳市供电分公司

小组名称：攀登高峰QC小组

小组成员：[illegible]

中国质量协会　中华全国总工会　中华全国妇女联合会

二〇一九年八月

图2　成果获奖

（二）小菜园乐趣化

在公司开展“光盘行动、杜绝浪费”的活动后，班组员工自己动手，利用楼顶露台因地制宜开辟了一块“开心菜园”（见图3），共有种植盒40余个蔬菜品种十多个，既减少了伙食支出，又体验了劳动快乐，成为所内一道亮丽的风景线。

班组把种植盒进行网格化管理，“承包”给每位员工，并提出“三个必须”：每人必须有一样特色菜、每季必须有一样采摘菜、每年必须有一样果实菜。潜移默化中培养“你追我赶”的意识，让员工既有参与感又有责任感。

同时，员工用相机记录下自己亲手撒下的种子，从破土而出、到苗壮成长、再到开花结果的过程，成就感油然而生，员工潘伟以此为背景撰写的文章，参加了全市"田园多美意群众更满意"的主题征文并获得了三等奖（见图4）。

图3　开心菜园

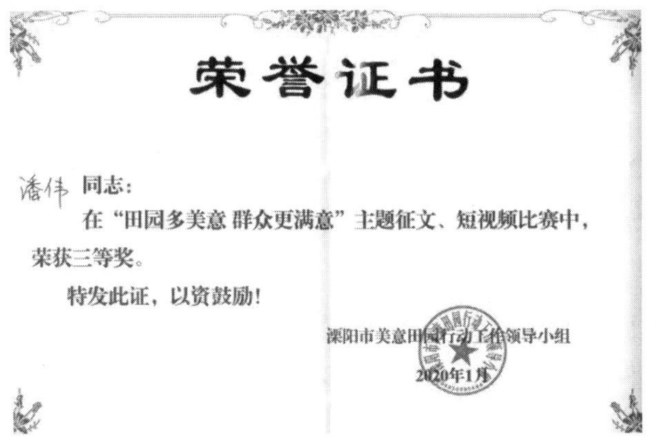

荣誉证书

潘伟 同志：

在"田园多美意 群众更满意"主题征文、短视频比赛中，荣获三等奖。

特发此证，以资鼓励！

溧阳市美意田园行动工作领导小组

2020年1月

图4　征文获奖

（三）小食堂家庭化

班组根据食堂每周配菜安排，利用班务会征求员工意见，精心定制了一份适合员工口味、营养均衡的菜单。同时班组选聘检查员，每周轮流抽检菜品质量、餐具卫生等，餐厅还设立意见箱、每周菜谱公示栏等，全程监督，确保员工吃得健康，吃得满意。

班组还有一条不成文的"一月一餐"之约：利用节假日，员工自带菜肴相约食堂，每月包一顿新鲜美味的家乡馄饨或摆一桌花色丰富的麻辣火锅……犹如家庭聚会，犹如好友相逢，员工谈笑风生，其乐融融。班组通过这种充满浓厚家庭氛围的聚餐，凝聚起员工队伍之间的手足之情。

（四）小浴室方便化

班组日常工作多在室外进行，尤其在闷热的夏季，雨天一身泥，晴天一身汗。为改善员工工作体验，做好后勤保障，所内配置了“小浴室”，同时根据员工建议细化更衣间、淋浴间、卫生间等功能区域，配备洗衣机、楼顶晒衣架，班组又自购了衣架、拖鞋、洗漱用品等供员工使用，实现员工换洗“一站式解决”

班组内部还制定了“友好互助条约”：女同志主动承担起工作鞋服的洗涮洗涤的任务，男同志承担晾晒等体力工作，友好互助，互利共赢。

（五）小公寓温馨化

业务所综合利用办公楼空余房间，开辟员工“小公寓”，统一配置了床铺、空调、电视机等设施，员工自带被褥、床单，班组购置绿植、报架等。小公寓既卫生整洁，又照顾到每位员工的休息需求，营造了一个温馨舒适的休息场所，让员工能够安心休息、养精蓄锐。

班组制定“前后一样”守则：休息前后床铺要一样，督促员工休息后主动整理床铺；休息前后着装要一样，督促员工在办公期间注意仪容仪表。为此，在小公寓隔壁的更衣柜上，还布置了更衣镜和工装穿着对照图。同时，班组还让每位员工在更衣柜贴上自己的全家福照片，时刻谨记安全上班、平安回家。

三、实施效果

运维采集二班贯彻“关心关爱员工，积极为员工办实事”方针，通过“五小”建设让班组面貌焕然一新，员工干劲更足，进一步激发了员工的幸福感、获得感，班组始终保持着团结、和谐、积极、向上的氛围。

班组先后获得江苏省质量信得过班组、国网常州供电公司“工人先锋号”，连续多年被评为“五星级班组”。班组多名员工分别被评为“中国好人”“江苏省企业首席技师”“溧阳市十佳文明职工”等。班组各项业绩指标始终处于第一方阵，有效助力供电所绩效考核在全市名列前茅。

（**撰稿人：**潘　伟　潘颖霞）

以“七心”丰富建设“五小”供电所内涵

国网句容市供电公司茅山供电所

【摘要】茅山供电所坐落于句容市东南片，地处茅山风景区。供电所占地5亩，建筑面积1200平方米。现有正式员工29人、党员18人。服务茅山镇和茅山管委会两个政府。辖区面积152平方公里，行政村13个。目前营业户数25000余户，综合变524台。茅山供电所以服务职工为重点，在推进“全能型”供电所建设的同时，不断完善基层供电所的基础设施，改善基层职工的工作生活环境。同时打造小花园与小健身房，以“七心”丰富建设“五小”供电所内涵。

一、实施背景

建设“五小”供电所，即在供电所建设“小书屋、小浴室、小食堂、小公寓、小菜园”，是近几年国家电网有限公司党组关心关爱职工为职工办实事的一大重要举措。茅山供电所以服务职工为重点，在推进“全能型”供电所建设的同时，不断改善乡镇供电所生产生活条件，因地制宜地开展建设“小食堂、小公寓、小浴室、小书屋、小菜园”后勤服务设施完备的“五小”供电所。同时，茅山供电所党支部积极推动“强根铸魂工程”“卓越服务工程”，以“规定动作不走样、自选动作干精彩、干事创业生态好，改革发展走前列”为标准，积极传承新四军艰苦奋斗的革命精神，结合“五小”供电所建设，促进提升茅山供电所党建整体水平。

二、主要做法

（一）“五小”供电所的建设

茅山供电所以服务职工为重点在推进“全能型”供电所建设的同时，不断改善供电所生产生活条件，因地制宜地开展建设“小食堂、小公寓、小浴室、小书屋、小菜园”后勤服务设施完备的“五小”供电所。同时，立足实际，开拓视角，拓展打造小花园与小健身房。以“七心”丰富建设“五小”供电所内涵。

（1）贴心小食堂，这是员工最关心的，通过完善食堂基础配套设施，分别设置了仓储区、操作区、捡洗区与餐厅区等多个功能区，建成了面积约为131平方米小食堂。

（2）温馨小公寓方面，配备空调、电视、洗漱等设施，环境整洁，设施完备，让员工体验到家的感觉。

（3）爱心小浴室，提供两个洗浴位置，提供24小时热水供应，并配备洗衣机、晾干等设施，不断提升员工舒适度，解决员工单位生活上的后顾之忧。

（4）暖心小书屋，茅山供电所将阅读与休闲融合一体，提供多样性读书阅读，同时不定期开展员工阅读会。

（5）放心小菜园，茅山供电所因地制宜，利用小食堂旁空地建设菜园，种植时令蔬菜瓜果，配菜辅料等。

（6）舒心健身小屋，配备乒乓球桌、跑步机、哑铃、单车等运动健身器材，为员工提供一个健身运动场所，增强员工体质，如图1所示。

（7）称心小花园，利用所内空地，建设小花园，优化所内环境。小花园的建设将道家文化融入其中，以八卦为主元素的散步步道，让职工的心情得到有效地放松。如图2所示。

除了硬件环境，茅山供电所还将软件升级，开展各类文体娱乐活动，积极发动员工参与“五小”建设。让“五小”供电所成为员工学习培训、工作生活互助、休闲活动的“大”阵地，最大限度保护、调动和发挥供电所员工的积极性，舒缓日常工作的压力，增进彼此之间的信任和理解，不断提升工作效率和凝聚力。

图1　舒心健身小屋

图2　称心小花园

（二）全面强化党建领航

茅山供电所党支部始终注重党内政治文化建设，在党内文化建设过程中融入新四军革命文化和道家辩证法思维，结合供电所的党建工作实际，打造“一抹红一道光”党建长廊，凸显党建质效，如图3所示。

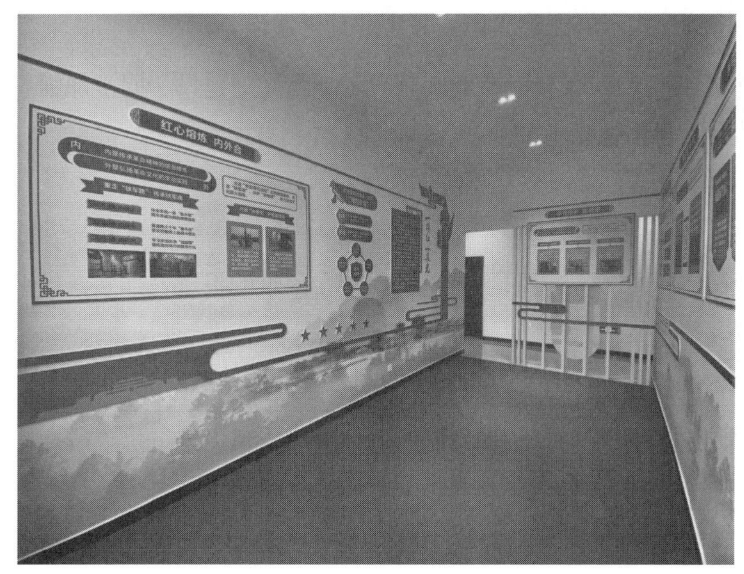

图 3　党建长廊

三、实施效果

目前，茅山供电所电费回收率100%、采集成功稳定在99.95%以上、日均线损合格率99.95%以上等各项指标处于公司前列，先后荣获国家电网有限公司"五星级乡镇供电所"（见图4）、国网江苏省电力有限公司"电网先锋党支部"（见图5）和先进供电所等多项殊荣。

图 4　供电所荣获国家电网有限公司"五星级乡镇供电所"称号

图 5　供电所被评为"电网先锋党支部"

"五小"供电所是2021年国家电网有限公司党组关心关爱职工办实事的一大重要举措。茅山供电所因地制宜组织实施，整合现有资源，为职工创造舒适的生产生活场所。但在"五小"场所文化氛围营造、空置场所的利用以及"五小"后续地推进提升方面还存在一些困难。

针对问题，茅山供电所将从以下四个方面进行改进：

（一）持续深入开展党建文化引领企业文化建设

企业基层党组织建设要坚持党的领导、加强党的建设，同步加强思想理论武装，抓好日常学习教育，坚持党建领航。

（二）因地制宜，抓成效

根据茅山供电所特色以及存在的困难，因地制宜。可以就目前存在情况罗列详细清单列表，可以再完善的尽量完善，存在困难的报送各部室，借助项目，完成改造升级。

（三）继续推广“五小”活动，加强“五小”建设实用制

持续深化推广“五小”活动，同时以“五小”建设推进供电所职工生活、安全生产、业绩指标、优质服务等各项工作提升。

（四）继续深化茅山名片打造

茅山供电所抓住企业文化打造契机，以文化提炼为抓手，深化“五小”文化融入，持续有后作用力地推进文化建设。

（撰稿人：黄　鑫　吴　晨）

打造“五小”示范点　提升管理软实力

扬州三新供电服务有限公司开发供电所

【摘要】开发供电所位于长江之滨，现有员工37名，服务3.35万户。供电所坚持以人为本，从健全“五小”设施着手，建成了“小公寓”“小食堂”“小浴室”“小书屋”“小花园”，并坚持管好、用好，极大地改善了生产生活条件，明显增强了职工的归属感。在完善硬件的基础上，供电所进一步优化综合管理，党建引领构建了活力四射的红色引擎；绩效考核考出了干劲、作风、效率与业绩，为“五星级”供电所创建添砖加瓦。

一、实施背景

开发供电所地处城乡结合部，生活与工作条件一度时期较为艰苦，职工较难安心工作。

开发供电所根据省公司《关于关心关爱职工为职工办实事的实施意见》文件精神，从改善职工生活条件着手，较好地奠定了“班组是我家，发展靠大家”的思想基础，再辅之以科学严格的“量、质、绩”考核，使每位职工切身体会到“干与不干不一样，干多干少不一样，干好干坏不一样”。

二、主要做法

（一）健全“五小”设施，营造班组家庭氛围

开发供电所利用现有房屋与空间资源，建成了温馨“小公寓”、健康“小食堂”、整洁“小浴室”、温馨“小书屋”、空中“小花园”，使全体职工休息有地方、吃饭好营养、洗澡很方便、学习有课堂、休闲有风光，工作精神爽。

“小公寓”面积达62平方米，床位6张，配齐床、橱、柜等生活设施，空调、电视设备齐全，每间都有卫生间、沐浴房。每天有专人负责整理，保持干净整洁，供班组成员午间休息和夜间值班。

“小食堂”（见图1）拥有电磁灶、电蒸箱等全电设备，消毒、防尘、防蝇齐全，功能完好，置放有序。许多职工评价：“每天最满意的一顿在小食堂。”

图1　健康“小食堂”

“小浴室”（见图2）有3个，都安装电热水器、电热暖风机，干湿分离，配全洗衣机、置衣架等设施。

“小书屋”（见图3）藏书2000多本，涵盖政治、职业技能、名著、生活等各类书籍，让职工在业余时间尽情遨游在知识的海洋。

图2　整洁“小浴室”

图3　温馨“小书屋”

“小花园”（见图4）设在供电所四楼100平方米的平顶上，点缀了绿意婆娑的盆栽植物，有茶花、金桔、月季等，闲时职工都喜欢来这里放飞心灵。

“五小”建成后，供电所坚持管好、用好，采取了出台规章制度、明确专人负责、投入维护经费、接受职工监督等一系列措施。2020年，党支部又将“五小”的管理维护划分为“党员责任区”，原则上由2～3名党员负责其中的一“小”，使“五小”成为党员发挥先锋模范作用的阵地之一。

通过优化整合闲置房屋，对站房合理规划利用，职工对“五小”的建设成果十分满意，以前的食堂使用液化气，十分不安全，现在的“全电厨房”既安全又卫生；以前的洗漱间“脏乱差”，现在的小浴室“亮净美”；在小书屋成功举办了“三八悦读分享会”（见图5），讨论育儿、针织、烹饪等女职工关心的家庭生活经验。

图4　空中“小花园”

图5　举办“三人阅读分享会”

（二）优化综合管理，增强班组内生活力

在日常工作中，供电所把“五小”切实转变为职工岗位建功立业的目标和行动，党员不但要管好“五小”，更要率先展示“五好”（学习好、态度好、作风好、业绩好、客户评价好）。党支部成立了一支特别能打硬仗的“党员服务队”，在疫情防控、现场服务、运检抢修工作中展示了服务形象和社会责任担当。

事实上，“吃得好，做得好，洗得好”并不代表“干得好”。2020年，修订了全方位的考核激励机制，紧紧围绕“量、质、绩”三个关键要素，从业绩指标、专业工作、供电服务、综合管理“四个维度”对员工进行月度考核，奖金分配拉开近300元的档次，以此促进多干、实干、干好。

三、实施效果

“五小”助力“五星”，在2020年省公司“五星级”供电所验收工作中，“五小”创建成果给专家组留下了深刻的印象，该所是扬州地区2020年度唯一获评通过单位。“五小”成果明显增强了综合实力，潜移默化地增强了人员管理、运检服务等方面的水平，提升了员工的干事热情，改进了职工行为习惯，在任何艰巨的任务面前，始终能团结协作，奋力进取。

此外，“十三五”期间，开发供电所被评为“国家电网有限公司先进班组”、国网江苏省电力有限公司“五星级乡镇供电所”；职工刘苏扬、陈荣被评为国网扬州供电公司“最美农电人”荣誉称号。

（**撰稿人：**张天余）

立足暖心服务推进“五小”供电所建设

国网泰州供电公司野徐供电所

【摘要】野徐供电所以深化国家电网有限公司“班组建设再提升、建功建家创一流”工程为宗旨，立足关心关爱职工，积极为职工办实事，启动了“五小”（小公寓、小食堂、小浴室、小书屋、小菜园）供电所建设，着力解决供电所员工关心的热点问题，积极为他们营造温馨如家的工作和生活氛围。将“五小”建设与中心工作、安全生产和指标管理结合起来，丰富供电所内的休闲设施，倾情打造职工一线小家，用亲情化加精益化管理手段增强员工的体验价值，使供电所逐步走向管理规范化、常态化的轨道。

一、实施背景

工作累了，靠在椅子上小憩；干活饿了，一个馒头配杯水；衣服脏了，掸掸灰尘靠边站；稍有空闲，掏出旧报纸学知识；回来晚了，光饭泡茶填肚子，这是农电工的形象。近年来，网省公司先后提出要为员工办实事的方针，泰州三新供电服务公司积极响应，本着为职工办实事精神，全面部署落实“五小”供电所建设，明确了建什么样的“五小”，怎样建“五小”，以及“五小”建设的具体标准，不断满足供服员工对美好生活的向往，以此增强了供服员工的归属感。

二、主要做法

（一）紧扣重点，打造职工小家

围绕打造思路，野徐供电所针对“五小”供电所建设三个重点：一是聚思想达共识。公司上下要“一盘棋”思想，针对野徐供电所现状，人人参与其中，提出提升设想，明确各自责任，举全所乃至全公司之力，全面推进“五小”提升举措尽快在野徐所落地；二是走出去找方向。所长走访国家电网公司优秀的兄弟单位，自找差距，取长补短，汲取经验，明确提升方向；三是找帮手助提升。组建各供电所专家人才队伍，将先进的工作方法和技术投入到供电所“五小”建设中去，以“集百家之长”的方式，全面提升野徐供电所软件实力。

（二）追寻创新，建设特色小家

寻找“五小”各自的共同点和不同点，有差异化的创新打造，全面建设职工温暖的心灵港湾。

（1）小公寓。考虑到值班人员睡眠习惯问题，所里分室休息，各有三个床位，照顾到各人卫生习惯不同，单独配备了床上用品，定期洗涤。统一的储物柜、床铺、电视机，让值班室温馨如家，还别出心裁地征集了职工家庭生活照，组成一面照片墙。进入位于大门口的小公寓，看到照片中的牵挂，再苦再累再疲倦也一扫而空。满满的“小家”幸福感，不仅是静心休息的保证，而且也是工作中的安全提示信号。

（2）小食堂（见图1）。前几年的电气化厨房改造，淘汰了老旧煤气罐、碗橱，取而代之是电磁灶、蒸箱等。按照加工区（生熟分开）、烹饪区、就餐区进行功能改造，每日定时消毒，保证用餐卫生、环境整洁。蔬菜都是出自所里小菜园，绿色健康，保温箱更是让全体职工在寒冷的冬季也能吃上热汤热饭。食堂虽然不大，菜品虽然不多，但是却解决了员工的温饱问题，提升了基层员工就餐条件，能量满满也让大家有了更大的工作劲头。

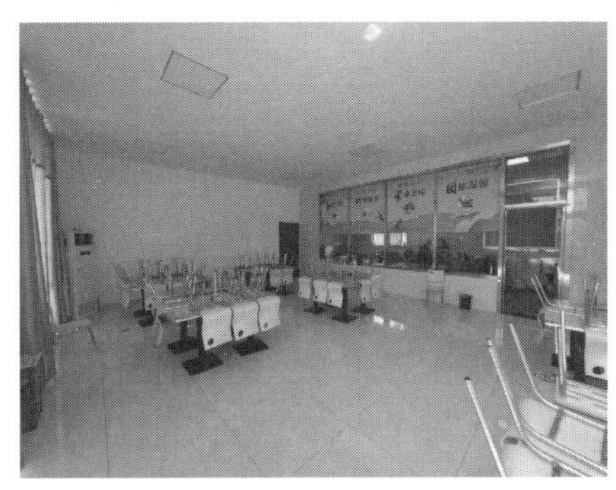

图1　小食堂

（3）小浴室。农村供电所是实施“乡村振兴”战略的主力军，常年在田间地头工作服务。忙活一天，即臭汗淋淋又泥土满身，不仅让用户反感，而且破坏所内整洁度。为此我们设立了小浴室，电锅炉的投入保证了充足的热水量，洗衣房洗去了一身泥泞，更衣室和置物架也给员工提供了便利。小浴室真正让员工脱去了“泥腿子”的帽子，精神面貌焕然一新，也让所内环境变得一尘不染。

图2　小书屋

（4）小书屋（见图2）。野徐供电所的小书屋号称泰州三新公司的“藏经阁”，不仅充分利用了“书香国网”数字阅读平台，而且统筹了线下资源：有员工捐献的天文地理书籍，增长见识；有公司购买的党史著作，凝心聚力；有员工自主创作的书画作品，反腐倡廉；有所内专家能手自编的专业书本，答疑解惑。小书屋丰富了老员工业余文化生活，也成为新员工自学提升的训练屋，他们工作之余可以汲取到新鲜的知识、红色的文化、精辟的理论，员工们的素质得到了质的提升。

（5）小菜园（见图3）。野徐供电所位于镇中心，购买菜品方便，但依然开辟了一块块小菜地，并安排员工分班组打理，定期评比。全体职工共同培育，共同收获，既保证了菜品的绿色安全无农残，也满足了农电工闲不下来的农民勤奋本色，更加美化了供电所的环境。小菜地里，老师傅们告诫新员工，一分耕耘一分收获，点滴积累和付出才能换来成长和成功，员工们从小菜园里学到了工作生活的大道理。

图3　小菜园

（6）其他。野徐供电所在“五小”建设之上，又开辟了小运动室（举重器和跑步机等）和小工作室（王寿祥技师工作室），使员工不仅体能上得到锻炼，而且专业技能也获得了升华。员工们会在工作之余一起锻炼身体，缓解工作压力，也会一起坐在工作室里，各抒己见，各展所长，共同研制小发明。供电所更像一个大家，每个人都想投入自己最大的心血。

三、实施效果

凝心聚力是“五小”供电所的意义所在，在所长的带领下，多个QC课题先后在省市公司获奖。在工作中，大家群策群力，线损指标名列前茅、HPLC改造工作率先完成、五星级供电所创建成功，这些都是野徐供电所的最新成果，也是对这个“小家”里的成员们最大的慰藉。野徐供电所今后将继续扩大小家建设规模，让员工在所里工作就如在家干活一样踏实和用心，增加归属感。

（撰稿人：潘　挺）

“五小”建设聚合力　供电“小家”暖人心

国网南通供电公司崇川供电所

【摘要】崇川供电所因地制宜，在南通市郊首批建成拥有“小公寓”“小浴室”“小食堂”“小书屋”“小菜园”的“五小”供电所，同时开展个性化举措，开辟小健身房、小果园、小文化长廊，为职工工作生活提供良好环境，营造温馨如家的氛围，激发职工的工作积极性，不断提升基层职工的获得感、归属感和幸福感。

一、实施背景

供电所是供电企业最基层的班组，班组建设是企业管理的根基。建家就是建企业，建家就是建队伍。崇川供电所将“五小”供电所建设与中心工作、安全生产和指标管理结合起来，夯实基层管理基础，切实改善职工生产生活条件，使供电所逐步走向管理规范化、常态化的轨道，将基层站所打造成为新时代的“和美家园”，涵养和发展企业文化，以文化反哺供电所建设，促进了各项业务指标的提升。

二、主要做法

（一）自下而上，明确需求

“五小”供电所怎么建？要建成什么样？刚开始没有现成的模板，大家也是众说纷纭，意见无法统一。为取得第一手资料，崇川供电所给全所职工下发调研表，围绕“小公寓、小食堂、小浴室、小书屋、小菜园”，以实用为主，兼顾舒适、勤俭节约、量力而行为原则，请全所职工出谋划策。供电所职工也积极参与，提出60多条建议，最后经过民主讨论，去掉华而不实的部分，确定以“家”文化为主线，实现“宿舍公寓化、食堂电气化、浴室家庭化、书屋多元化、菜园休闲化”的建设目标，打造和谐大家庭的氛围。

（二）因地制宜，注重实用

崇川供电所是省公司四星级供电所，基础设施较为完善，在“五小”建设过程中，供电所对原有设施没有推掉重来，而是因地制宜，对原有结构和内部装修稍作改动，以较小的投入达到改造目的。

比如“小公寓”建设，是对原有的值班室进行了升级，改变原来“两张床、大白墙、一张大橱靠边站”的传统布置，通过灯光、家具、色彩的重新搭配，实现视觉效果的提升，同样的设施，同样的面积，带给员工的却是“温馨如家”的感觉。“小公寓”如图1所示。

图1　供电所“小公寓”

在“小浴室”建设中，供电所集思广益，将原有卫生间的北侧场地清理，搭建20平方米的阳光房，并与浴室打通，将洗浴区改造成南北通透的“一”字空间，小浴室实现干湿分离，设有淋浴间、卫生间、洗漱台、洗衣机、晾衣房，形成“洗、浴、晒”的动线布局。此次重点建设了晾衣房，彻底解决了职工晾衣不方便的问题。功能完善的小浴室有力保障了值班抢修人员的生活起居。

崇川供电所还从职工最为关心的“小食堂”建设入手，完善了食堂基础配套设施，规范了管理标准，在饮食营养卫生、服务态度、管理和服务水平方面都有了一个很大的提高。此外，供电所根据职工建议和意见，不断修订菜谱，提前一周公布菜单，确保实现低油低盐的健康饮食，让员找到“家”一般的感觉。

在小菜园的建设中，供电所考虑到员工大多是城镇人口，对种田没有什么经验，但是对耕种有浓厚的兴趣，因此种菜目的不以食用为主，而是以休闲活动为主。供电所在东围墙边开辟了约70平方米的空地，划分“责任田”，职工在工作之余进行耕种播种，虽然产量不尽人意，但大家体验了收获的乐趣，体会到劳动的意义。

（三）利用资源、适当延伸

建设“五小供电所”旨在切实改善供电所员工工作生活环境。崇川供电所在“五小”建设的基础之上，利用现有资源，建设了小健身房、小果园、小文化长廊，进一步满足了职工美好生活需求。

根据崇川供电所的实际情况，在供电所中间草坪上建设了“小果园”（见图2），园内有枇杷树、橘子树、桃树、葡萄藤等，果树上挂有领养牌，每棵树都由特定的职工悉心照顾，每到果实成熟期，树上总是硕果累累。园内同时有文化小走廊（见图3），让职工欣赏多彩缤纷的小果园的同时接受企业文化的熏陶。

图 2　供电所“小果园”

图 3　文化小走廊

小健身房内有跑步机、动感单车、仰卧起坐器、飞镖、呼啦圈、跳绳等健身器材，为职工在紧张工作之余提供了一个运动健身场所，提升了职工的身体素质。

三、实施效果

“五小”供电所建设实施以来，员工的归属感和向心力明显增强，一线职工的获得感和幸福感也得到极大提升，很多员工坦言，供电所建设得比家里还好。下一步，崇川供电所将结合“五小”供电所建设，积极推动“全能型”供电所由型变到质变的转换，使“五小”建设活动逐步成为“全能型”供电所的“助力器”，激发所内员工的积极性，不断提升工作效率和凝聚力，更好地服务于广大的电力客户。

（**撰稿人：**陈加俊）

“精准施策”积极建设“五小”供电所

盐城三新供电服务有限公司滨海分公司

【摘要】滨海分公司一直秉承竭诚为职工服务的理念，持续改进改善职工工作、生活环境，通过打造“五小”标杆供电所，不断增强一线员工的获得感和幸福感，让员工更好地服务企业中心工作。截至目前，滨海分公司供电所100%具备“小宿舍、小食堂、小浴室、小书屋”功能，具备“小菜园”供电所达到23%。

一、实施背景

供电所作为供电服务的最前线，直接服务千家万户，供电所职工的精神风貌，直接关系到供电企业形象。滨海分公司积极响应上级公司工会“为职工办实事”的工作要求，以基层供电所“五小”建设为抓手，努力为职工工作生活提供良好环境，营造温馨如家的氛围，不断提升基层职工的获得感、归属感和幸福感；用亲情化、精益化管理方式，力争使供电所逐步走向管理规范化、常态化的轨道。

二、主要做法

为全力做好这项关系到基层员工切身利益的“暖心”工程，滨海分公司认真谋划、精心组织、细致安排，组织成立“五小”建设工作小组，细化工作任务。本着因地制宜、勤俭节约、逐步改善的原则，充分利用现有资源，并积极向上争取项目，系统梳理了各供电所“五小”配置现状及需求，广泛收集基层员工关心关注的热点、难点问题，多渠道为供电所建设配套设施，调配床、空调、热水器、洗衣机等生活设施，统一配置各季节床上用品。

为把好事做好，实事做实，公司制定了规范、简洁、大方、实用的建设目标，广泛收集基层员工意见，通过精准施策、精确投资，并积极开展老旧供电所改造，把“五小”配置纳入供电所基建建设，进一步打造更舒适的职工生活环境。

（一）健康美味“小食堂”

截至目前，滨海分公司建成小食堂18个，建成率100%。除新建供电所具有独立厨房外，其他供电所均在原有房屋中独立出职工食堂，并按照“小食堂”的建设标准添置新的厨房电气化设备、用具及餐具，并张贴"光盘行动""节约粮食"等主题标语，"小食堂"的建成解决了供电所职工用餐问题。餐具做到一用一消毒，特别是疫情期间实行错峰分餐制，避免人员聚集，确保用餐安全。"小食堂"如图1所示。

图1　健康美味"小食堂"

（二）温馨舒适"小宿舍"

建成"小宿舍"115间，建成率100%。除向上级公司争取的配套项目外，其他供电所均在原有宿舍的基础上进行改造，按照"小宿舍"的建设标准配齐床、电视机、空调、衣柜等生活用品，极大优化了职工住宿条件。每天值班人员打扫宿舍卫生，互相监督，互相帮助，始终保持宿舍整洁干净，冬暖夏凉，即使值班也能有宿舍如家的感受，提升了职工的满足感和幸福感，进一步提高了员工工作积极性。

（三）经济适用"小浴室"

建成"小浴室"110个，建成率100%。"小浴室"均配套建设在"小宿舍"内，并配置热水器以及卫生洁具，特别是在遇到恶劣天气抢报修结束后，可以在班上洗个热水澡，职工心里无比温暖，以最好的状态再继续投入其他工作中去，极大方便了职工日常生活。

（四）丰富多彩"小书屋"

所有班组均建成"读书角"，并配置图书，在部分满足房屋条件的供电所建设了"职工书屋"，引导职工形成爱读书的习惯。"小书屋"的部分书籍由工会提供，为丰富藏书种类，职工会主动将家里的书带过来和大家相互交换着看，每个月月末所里会组织一次读书交流分享会，引导职工形成爱读书、读好书的学习习惯。“小书屋”的建成丰富了基层员工的业余文化生活。“小书屋”如图2所示。

（五）绿色便捷“小菜园”

“小菜园”建设受前期供电所规划所限，大部分供电所没有建设“小菜园”的基本条件，但公司克服困难，积极鼓励供电所对院内土地进行整合、发掘，达到所内空间充分利用，目前有3个供电所的“小菜园”建成。由老员工带动年轻员工自己动手种时令蔬菜，让年轻人感受种地的乐趣，忆苦思甜，体会老百姓的不容易，明白更要勤俭节约，杜绝浪费。“小菜园”的建设不仅美化供电所环境，并且丰富职工餐桌食材，为大家提供绿色食品。“小菜园”如图3所示。

图2　多彩“小书屋”

图3　绿色“小菜园”

三、实施效果

滨海分公司通过开展“五小”供电所建设，进一步改善职工生活条件，打造出温馨舒适的职工一线小家，增强了一线员工的归属感和幸福感；在工作方面，积极推动“全能型”供电所由型变到质变的转换，使“五小”建设活动逐步成为“全能型”供电所的助推器，成为员工学习培训、生活互助、休闲活动的舞台，激发全所员工的积极性，从而更好地服务于广大电力客户。

下阶段，滨海分公司将对所属13个供电所“五小”建设情况再次进行梳理、优化，制定优化方案，并严格按照规范建设方案、房屋修缮及设备设施配置标准，“高标准、高质量、高速度”推进供电所“五小”建设。

（撰稿人：张　涛）

深化"5+X"示范点　打造职工温馨"晓家"

国网宿迁供电公司晓店供电所

【摘要】晓店供电所位于湖滨新区晓店街道白杨路6号，服务宿迁湖滨新区、宿豫化工园区、晓店街道和井头街道等8个行政区域，30个行政村（居），约5万用电客户，辖区面积193.93平方公里。所辖10千伏城农网供电线路78条，专变490台，公变585台，户均容量5.28千伏安。供电所现有职工59名，平均年龄47.5岁。其中：男职工45名，女职工14名；研究生1人，本科9人，大专5人，中专及以下44人；技师1人，高级工13人，中级工37人。晓店供电所以"五小"供电所建设为概念，引入员工的"小讲堂""小扩展"等，切实把关心关爱职工生活落到实处，以此激发员工的工作积极性、主动性和创造性。

一、实施背景

晓店供电所按照省公司建设"五小"供电所的相关要求，坚持以人为本、依法合规、因地制宜、注重实效的原则，用"五小"夯实基层管理基础，改善职工生产生活条件，切实解决事关职工切身利益的问题，不断满足职工对美好生活的需要。

二、主要做法

晓店供电所致力于将供电所建设为幸福温暖的职工"晓家"，坚持从"持家、治家和齐家"入手，以妥善解决职工住宿难、洗澡难、就餐难等基本保障问题为目标，切实解决事关职工切身利益的问题，形成独具宿迁特色的"晓家文化"，不断满足职工对美好生活的需要。

（一）小公寓

建成"小公寓"（见图1），设置值班休息室3间（可供6名值班人员使用）、职工休息室11间（可供22名职工使用），打造舒适的休息环境，为一线值班员工提供保障。标准化小公寓建设，床、衣柜、书桌、空调等生活设施一应俱全，电气消防等安全保障也全部到位，细节处无微不至，最大程度保障供电所交流人员和值班人员休息。

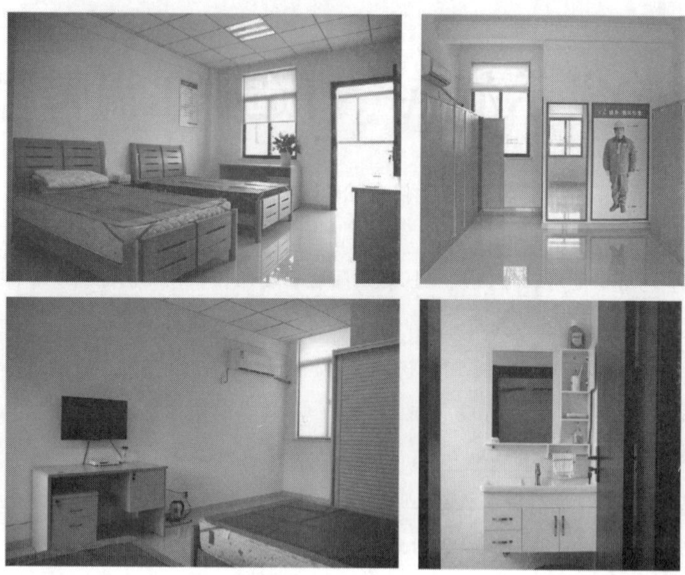

图1　小公寓

（二）小浴室

建成“小浴室”，分别设置男女职工浴室各一间，安装多功能热水器和优质花洒，置办滚筒式洗衣机、衣架、毛巾架、吹风机等生活用品。在外奋战了一整天的一线职工，特别是在酷暑难耐的盛夏，回到单位能洗一个舒舒服服的热水澡，洗去一身的风尘仆仆，也洗去一天的疲惫。

（三）“小菜园”

晓店供电所在地方政府的大扶持下，利用营业厅前绿化带剩余空地，搭建属于职工的一片小田园（见图2）。“小菜园”内当季蔬果竞相生长，满园绿色，勃勃生机。从菜园到食堂，员工能吃到第一手新鲜健康的蔬菜，提高了员工的归属感和幸福感。

图2　小菜园

（四）小食堂

建成“小食堂”（见图3），吃得安心，吃得放心。晓店供电所区分厨房烹饪和餐厅等功能区域，厨房洗涤、通风、消毒、防尘、防蝇、排风抽烟、污水排放等设施设备配置齐全，功能完好，置放有序。依据季节和职工健康状况，每周制定合理菜谱。健康营养美味的食物，温馨整洁的就餐环境，让员工在单位也能感受到汤汤水水、热热乎乎的生活。

图3　小食堂

(五)小书屋

建成"小书屋"，书香墨香，带来满屋清香。晓店供电所充分利用现有房屋资源，为职工打造了温馨的"晓世书屋"和"图书角"。"晓世书屋"处处透露出"人性化"的设计构思，整齐的书桌搭配绿色植物，明亮的色彩透露出健康向上的气息。丰富的书籍、安静柔和的照明光线，使小书屋成为员工继续学习的新课堂，丰富自我的好去处。

(六)小讲堂

扩展打造"小讲堂"(见图4)，为职工邀请名匠专家和业务能手传授业务技能和心得体会，帮助提升青年职工理论水平和业务水平。针对工作难题开展头脑风暴、组织课题攻关、推动职工创新，培养人员一专多能，提高职工工作积极性。

图4　小讲堂

(七)小扩展

积极倡导健康文明的生活方式，专门打造了环境优美的"小花园"(见图5)，亭阁流水，赏心悦目。设置"小健身"文体活动中心(见图6)，跑步机、乒乓球台等各种小型休闲娱乐设施极大地丰富了职工的业余生活，满足职工日益增长的精神文化需求，提高职工队伍的整体精气神。

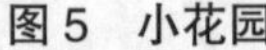
图5　小花园

图6　健身文体活动中心

三、实施效果

晓店供电所始终坚持为职工办实事，立足于“五+X”供电所示范点建设，切实把关心关爱职工生活落到实处，用亲情化加精益化管理手段增强职工的体验，改善职工生产生活条件，为职工创造舒适的生产生活场所，用心用情打造职工信赖向往的温馨“晓家”。近年来被江苏省总工会评为“工人先锋号”，被国家电网有限公司评为“先进班组”“企业文化示范点”“五星级”乡镇供电所等荣誉称号。

（**撰稿人：**徐　乐）

“5+N”共筑“小而精”和谐家园

连云港三新供电服务有限公司锦屏供电所

【摘要】锦屏供电所建于2012年，建筑面积1160平方米，地处连云港市海州区，管理1个镇、2个街道，辖区低压用电客户2万余户。2017年，朐阳供电所与之合并。锦屏供电所坚持以人为本、依法合规、因地制宜、注重实效的原则，以星级供电所“全能型”供电所建设经验为基础，结合年度房屋维修改造规划和营业厅改造升级计划，科学谋划，软硬件改造双管齐下，合理打造出了“小而精可复制5+N”的暖心职工之家，提升了基层职工的获得感、归属感和幸福感，大大提升了工作质效。

一、实施背景

锦屏供电所人员多、面积小，在“五小”打造前，虽然有小食堂和小浴室，但设施配备陈旧、不齐全；受房屋结构的影响，各部室规划不规范，职工工作环境拥挤，房屋利用率低；因所占面积的限制，小菜园、小书屋、小公寓均没有，基础设施的落后严重制约了职工对美好生活的需求。针对所内的实际情况，锦屏供电所聚焦职工需求，希望通过“五小”供电所打造这一契机，着力解决一线职工关心关注的热点问题，逐步改善供电所硬件设施，全面提升供电所生产和生活环境，打造出温馨舒适的职工一线小家。

二、主要做法

锦屏供电所围绕“适用、简洁、环保、共享”打造思路，推出了“5+N”多方向打造新模式。

（一）“5”即抓好五个重点、五个方向

1.聚思想、达共识

锦屏供电所上下一盘棋思想，人人参与其中，发挥主人翁意识，提升设想，明确责任，所内全体职工全程参与，实时跟踪进度，及时向公司主管领导汇报相关情况，根据实际情况和要求及时调整实施方案，负责“五小”施工过程的监督，将上级开展“五小”的宗旨在供电所进行宣贯，举全所之力，推进“五小”打造尽快落地。

2.因地制宜、完善优化

对“小公寓”“小食堂”“小浴室”等建设要求，根据《国家电网公司乡镇供电所生产营业用房典型设计》规定，坚持不浪费、适用的原则，结合供电所现有资源，按照标准配齐设施设备、完善优化。

3.软硬件改造双管齐下

在硬件建设方面，锦屏供电所围绕“小而精”目标，从“三精”着手升级打造：一是“精工”规划、重置布局。对原先各楼层办公室进行升级改造，重新划分各部室，并规划出宽敞向阳的房间打造成“小公寓”“小书屋”，精心布局，采用暖色调墙漆、配备相对应的设施设备，例如在“小公寓”配备软床、定制衣橱、书桌、电视、空调、绿植等，解决了值班、借调学习和外地在连职工的需求，让他们体会到家的温馨。同时，在所内墙角处新开辟了“小菜园”，以不影响生产集训和正常工作为原则，采取分班组认领种植的方式，以种植当季绿色有机蔬菜为主，为值班抢修员工提供便利的绿色食材，实现生态健康又绿色养眼。二是“精细”改造、功能完善。在小食堂划分出加工区、切配区、烹饪区、就餐区，并配置冰柜、消毒柜、全自动智能型中央净水机、更换职工就餐桌椅等，提升食堂的卫生环境和安全品质；在小浴室划分出洗浴间、更衣间、晾晒间，改造洗浴设施和其他陈旧设施，添置浴霸、洗衣机、晾晒架，更贴近家的生活，给员工带来了更多便利。三是“精审”人文、增加内涵。在综合利用现有资源配齐相关设施情况下，选择适宜的标语和图片，增加人文色彩，例如小食堂张贴的“光盘行动”“节约粮食”等文化标语和小故事，让原本单调的食堂增色不少；公示栏里的“一周食谱”和“生日榜”体现了供电所对职工的关怀;“小书屋”和“健康室”等处悬挂的“锦心似玉”等职工字画，突显了锦屏所的文化底蕴和企业内涵。

在软实力提升方面，锦屏供电所将提升职工的责任心、凝聚力、精神文化水平作为目标，结合地域文化，提炼出“担当为锦，聚心为屏”的特色文化主题，旨在从内而外传播企业文化，用文化铸魂。围绕这个主题，该所运维采集班总结出了“五到位”管理工作法，对落后指标进行分析、解决、跟踪，促进业绩指标地有效提升，营业班也规范细化章程，将不断提升服务质量作为永恒的目标。

4.统一标准，实现最佳

作为三新公司第一家打造“五小”的供电所，锦屏供电所为了更好地体现“样板”的作用，提出“精心、精致、精简、精彩、精耕”10字目标，即精心小食堂、精致小公寓、精简小浴室、精彩小书屋、精耕小菜园，同步推出建设标准和配置标准，实现目标可视化，建设要求一目了然。

5.将“五小”建设与重点指标管控深度融合

将“五小”建设与供电所安全生产、线损管理、优质服务等重点指标管控等深度融合，最大限度地调动职工积极性，不断提升工作质效，打造出环境优美、业务协同运行、人员一专多能的"全能型"供电所。

（二）"N"即不局限于、无限可能

锦屏供电所在打造"五小"过程中，为切实把事情办好、实事做实，还有很多举措，比如广泛收集职工诉求，量身定制"五小"方案，从场所规划、设计到物品的采购、安装、包房严格把关，切实改善供电所员工工作生活环境。在打造"精心小食堂""精致小公寓""精简小浴室""精彩小书屋""精耕小菜园""五小"的同时，根据收集调查的结果，鉴于所内职工平均年龄50岁，呈现老龄化趋势，并都非常关注自身健康这一需求，拓展建设了配有应急急救药物、血压仪等物品的健康室与配备基础健身器材的健身室，职工可以随时测量血压、心率，及时了解自身健康状况，可以在闲暇之余开启多种方式的锻炼模式，增强体质。未来，还有更多可能。

三、实施效果

通过"五小"供电所建设，大大改善了员工工作、生产、生活环境，对员工的工作积极性起到很大的激励作用。班组文化的建设、企业文化的深入挖掘，加强了员工间的凝聚力，激发了班组间的协作力、巩固了员工与企业间的粘合力，由此推动了锦屏供电所由型变到质变的转变。业务协同运行，实现班组综合能力提升。"五小"供电所的成功打造，为员工提供了坚强的后勤保障，让员工更专注于为用户提供高质的用电服务。通过积极跟进辖区内大型企事业单位、居民社区、新建工业园区等客户的实际需求，寻求不同合作商跨界融合，拓展新型业务模式，推进能源替代、乡村家庭电气化、综合零售业务等能源服务新业态的落地，联合多方力量强化综合用能服务和营销能力，实现班组综合能力地提升。人员一专多能，实现线上线下一体化转型。供电所班组以智能设备为依托，充分利用自助服务终端、智能体验终端、智能数据采集设备、台区经理移动作业终端等硬件设备提高服务效率。网上国网App推广率提升40%，为强化客户体验、信息点对点精准推送实现了渠道融合，做到人员、班组、业务流程各个环节无缝对接，实现人员、渠道、流程一体化深度融合。

面对日益完善的生活设施、日益优美的生活环境和日趋温馨的人文氛围，锦屏供电所的职工从"五小"一点一滴的变化中感受到了供电所的温暖，一种家的聚合力在每个职工的心中生根发芽，增强了归属感和责任感，提高了大家扎根基层、服务基层的积极性和主动性。锦屏供电所的"五小"打造和企业文化建设达到了"文化"铸魂、"五小"暖心的改造目标，真正实现了"小而精，可复制"的建设目标。

（**撰稿人：**衡　星　卢思羽）